아름다운 수식문서 작성 프로그램 [Ⅱ] 활용편

LATEX

심송용 · 강희모 지음

教友社

예제파일

머리말

TEX은 Donald Knuth가 만든 고급 문서 작성기이다. 처음 발표할 때 그리스 문자인 $\tau\epsilon\chi$으로 이름을 지었기 때문에 "텍"으로 발음하는 것이 관례이다. TEX은 컴퓨터 랭귀지와 같은 구조로 랭귀지에 익숙지 않은 사용자에게는 사용하기가 불편하였는데 Leslie Lamport가 TEX의 매크로 패키지인 LATEX을 발표하여 사용이 훨씬 편리해졌다. LATEX의 발음은 TEX의 발음을 따라서 "레이텍" 또는 "라텍"으로 하는 것이 관례이다. 요즘에는 일반 사용자들은 TEX을 사용하는 경우가 많지 않아서 TEX라고 하더라도 LATEX을 일컫는 경우가 많다. 특별히 LATEX이 아닌 TEX을 이를 때에는 plainTEX이라고 부른다. LATEX의 현재 버전은 LATEX 2_ε이며 LATEX3 프로젝트가

`http://www.latex-project.org/`

에서 진행 중이다.

TEX이 공개 프로그램이어서 TEX에 관련되거나 TEX에서 파생된 프로그램은 LATEX을 비롯한 거의 모든 것이 공개 프로그램으로 인터넷을 통하여 얻을 수 있다. TEX의 배포판은 여러 가지가 있으며 윈도우 계열의 운영체계에서 가장 많이 사용하는 것이 KC2008이나 MiKTEX인 것으로 보인다. 이 책에서 소개하는 내용은 한글 TEX 사용자 그룹(Korean TeX User Group; KTUG)의 KC2008과 MiKTEX 버전 2.4 + Hpack 및 MiKTEX 버전 2.7 및 `ko.tex`에서 테스트되고 그 결과로 얻어진 출력을 그대로 인쇄한 것이다. KC2008과 MiKTEX은 각각

`http://www.ktug.or.kr/`

및

http://www.miktex.org/

에서 얻을 수 있다.

LaTeX이나 TeX은 현재 영어뿐 원하는 언어의 글자와 부속 매크로, 패키지만 있으면 다른 언어도 사용가능하여 로마자 뿐 아니라 일본어, 漢字까지 있다. LaTeX은 학자들 사이에 논문제작용으로 많이 사용되며 일부 학술지의 경우에는 LaTeX 파일로만 논문을 접수받거나 일부 대학의 경우 그 학교의 학위논문의 형식에 맞게 출력시켜 주는 LaTeX패키지가 만들어져 있다.

LaTeX은 보통의 사용자가 익숙해질 때까지 시간이 필요하지만 수식 편집, 표, 그림 등의 번호 및 면수 등은 자동으로 불러 쓸 수 있으며, 색인 만들기, 참고문헌 등도 많은 노력 없이 만들 수 있는 장점이 있다.

LaTeX을 처음 사용하거나 plainTeX 또는 AMSLaTeX만을 사용한 독자는 부록 B를 먼저 보아주기 바란다. 부록 B에는 몇 가지 틀과 그 틀을 만들기 위해 사용한 입력이 주어져 있다. 이들은 응용편에 첨부한 CD에 모두 수록하였으므로 따로 입력할 필요는 없을 것이다. AMSLaTeX을 LaTeX에서 사용할 수 있는 몇 가지 패키지는 4.19절 , 4.18절 및 4.20절에서 설명하였다.

전체의 페이지수가 다소 많아서 두 권으로 만들었으며 각각 기본적인 LaTeX 사용법과 응용된 LaTeX 사용법을 다루었다. 기본적인 LaTeX 사용법에서는 전체적인 모양, 글자체, 기본 개념, 수학식, 인용 등 LaTeX2.09에서부터 있던 LaTeX의 기능 위주로 다루되 응용편으로 연결될 수 있도록 상호인용을 많이 하였다. 응용된 사용법에서 다양한 패키지의 소개 및 관련 프로그램의 응용, PostScript 및 PDF 관련된 내용 등을 다루었다.

기본적인 LaTeX 사용법의 구성은 다음과 같다. 제1장에서 소스 파일의 작성, 제2장에서는 페이지 디자인, 제3장에서는 LaTeX의 박스(box) 등을 포함하여 전체적인 LaTeX 소스 파일의 작성과 그에 따른 조정을 다루었다.

제4장에서는 수학식에 대한 내용을, 제5장에서는 목록만들기를, 제6장에서는 단원나누기 및 번호기에 대해 설명하였다. LaTeX에서 인용은 제7장에서 다루고, 새 명령의 정의는 제8장에서 소개하였다.

제9장에서는 그림과 표 등의 유동체를 소개하고 제10장에서는 참고문헌 데이터베이스를 만드는 BibTeX을 소개하였다.

LaTeX의 `picture` 환경, `eepic` 패키지, PGF를 사용한 그림그리기는 각각 제12장, 제13장, 제14장에서 설명하였고 `graphics`나 `color` 및 `colordvi` 패키지에 의한 그림은 제15장에 소개하였다.

응용된 LaTeX 사용법으로 LaTeXCAD를 사용한 그림은 16장에 설명하였다.LaTeX의 출력은 LaTeX이 설치되지 않은 컴퓨터에서 사용할 수 있도록 PostScript 형식으로 만드는 경우가 많았으나 최근 경향 중 하나는 출력을 PDF 형식으로 얻는 것이다. LaTeX과 관련된 PDF와 PostScript 형식의 출력 및 하이퍼링크에 대해서는 제17장에서 다루었다.

다른 프로그램이나 카메라 등으로 만들어진 (Encapsulated) PostScript, PDF, JPG, PNG, BMP, PCX, GIF 형식 등의 그림을 LaTeX 문서에 포함하거나, GNUplot 등을 사용한 그림 삽입 등은 제18장에서 설명하였으며, 제11장에서는 LaTeX에서 색인만들기를 알아보았다.

제19장에서는 관련된 장에서 소개하지 못하였으나 알아두면 좋은 여러가지 유용한 패키지를 소개하였고, 제20장에서는 LaTeXBeamer를 사용한 프리젠테이션, 멀티미디어 활용 및 `slides`나 `seminar` 클래스를 이용한 슬라이드 만들기를 설명하였다.

제22장 및 제23장에서는 KC2008 및 MiKTeX의 설치 및 필요한 설정에 대해서 알아보고, 제24장에서는 LaTeX의 한글화에 대해서 알아보았다.

부록에는 LaTeX의 부호, 예제 파일 및 LaTeX 컴파일 중에 자주 만나는 에러메세지에 대해 해결방법에 대해서 알아보았다. 예제 파일은 사용자가 간단하게 소스와 출력을 비교하는 것이 목적이기도 하지만 이 책의 형식과 양립할 수 없는 클래스나 패키지를 보여주기 위한 목적도 있다.

끝으로 이 책은 MiKTEX버전 2.7 및 한글LATEX KC2008로 테스트하고 최종출력은 DVI ⟶ PostScript ⟶ PDF로 만들어졌음을 밝힌다. 내부 버전은 TEX 3.141592 Metafont 2.718281이다.

2009년 6월 22일

심송용 강희모

목 차

그림 목차

표 목차

알고리듬 차례[1]

[1] 이는 float 패키지를 설명하기 위한 예임.19.3절 참조.

제 16 장

LaTeXCAD 프로그램

LaTeXCAD는 윈도우에서 사용할 수 있는 프로그램으로서 John Leis가 개발하였으며 CTAN에서 무료로 다운받아 사용할 수 있는 공개된 프로그램이다. 이 프로그램은 그림판처럼 만들어진 프로그램에서 마우스와 자판을 이용하여 그림을 그린 후 그림의 내용을 LaTeX 명령으로 저장하여 LaTeX 파일에 불러 들이던가 `\input` 등의 명령을 사용하여 호출하여 그림을 그릴 수 있다. LaTeXCAD의 설치 및 사용은[1]

LaTeXCAD의 출력은 LaTeX 명령어로 이루어진 파일로 저장할 수 있으며 내부에서는 그림을 그리기 위해 제 13장의 `epic` 및 `eepic` 패키지의 명령들을 사용한다.[2] 프로그램의 설치는 다음의 순서로 간단하게 설치할 수 있다.

1. 이 프로그램은 다운 받아서 `zip`을 풀면 여러 개의 `latexcad.sty`을 포함하여 스타일 파일이 생기는데 이 스타일 파일을 `texinput` 디렉토

[1] LaTeXCAD는 최초 개발 이후 더 이상 새 버전이 나오고 있지 않고 있다.
[2] 이 패키지를 따로 사용하지 않아도 내부에서 불러들인다.

리에 복사하여야 한다.[3][4]

2. LaTeXCAD 를 실행하여 그림을 그린 후 이 파일을 적당한 위치에 저장한다.

3. LaTeX 파일에서

   `\usepackage{latexcad}`

   를 `\begin{document}` 이전에 실행한다.

4. LaTeX 파일에서 그림이 들어 갈 위치에 2번에서 저장한 파일을 `\input` 또는 `\include` 명령을 이용하여 불러들이거나 문서 편집기의 기능을 이용하여 직접 LaTeX 파일에 끼워넣기를 한다.

5. LaTeX을 실행한다.

순서로 한다.

16.1. 프로그램 사용법

이 프로그램은 윈도우용 프로그램이므로 아이콘을 두 번 클릭하여 프로그램을 시작할 수 있는데 아이콘을 두 번 클릭하면 그림 16.1과 같은 화면이 뜬다. 이 그림에서 마우스와 자판을 사용하여 적절한 그림을 그린 후에 저장하면 된다. LaTeXCAD 출력의 기본 확장자는 `.lp`이다.

이제 그림 16.1의 화면에 그림의 요소를 넣는 방법을 알아보자.

---

[3]LaTeXCAD가 사용하는 스타일에는 `epic.sty`, `eepic.sty`이 있는데, 이들이 LaTeXCAD 개발 후 새 버전이 나왔다. `epic.sty`, `eepic.sty`의 새 버전은 `latexcad.sty`과 호환이 되지 않으므로 호환성이 문제가 되는 경우 `http://jupiter.hallym.ac.kr` 에서 LaTeXCAD를 받으면 된다.

[4]`latexcad.sty`을 포함한 `.sty` 파일을 적절한 위치에 복사한 후에 패키지 데이터 베이스를 업데이트하여야 하는 경우가 있다. MiKTeX의 경우는 그림 22.8의 FNDB 업데이트를 참조하고 KC2008의 경우 그림 23.25에서 TDS를 갱신한다.

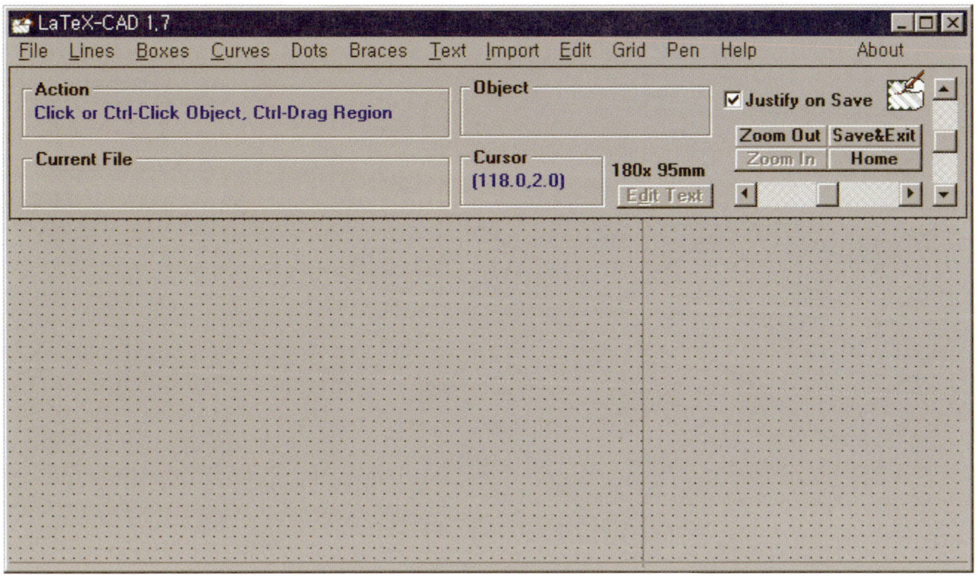

그림 16.1: LaTeXCAD의 실행 화면

16.2. 선 그리기

선 그리기는 그림 16.1의 `Lines` 옵션에서 `Normal`, `Dashed`, `Dotted` 또는 `Vector` 중의 하나로 선의 종류를 선택하고 선이 시작할 점에서부터 마우스의 왼쪽 버튼을 클릭하면 매번 클릭할 때마다 꼭지점이 생기는 꺾은선이 만들어진다. 선 그리기를 끝내려면 마우스의 오른쪽 버튼을 클릭한다. 그림 16.2은 위의 `Lines` 옵션에서 `Normal`, `Dashed`, `Dotted` 또는 `Vector` 메뉴를 순서대로 사용하여 만든 것으로 이 때의 윈도우 창의 모습이다. 이러한 그림을 만든 후에 저장하고 싶으면 `File` 메뉴에서 저장하기를 선택하여 저장하면 저장한 파일의 내용은

```
% Drawing generated by LaTeX-CAD 1.7 - requires latexcad.sty
% (c) 1996 John Leis leis@usq.edu.au
\begin{picture}(128,68)
\thicklines
\drawpath{6.0}{64.0}{26.0}{50.0}
```

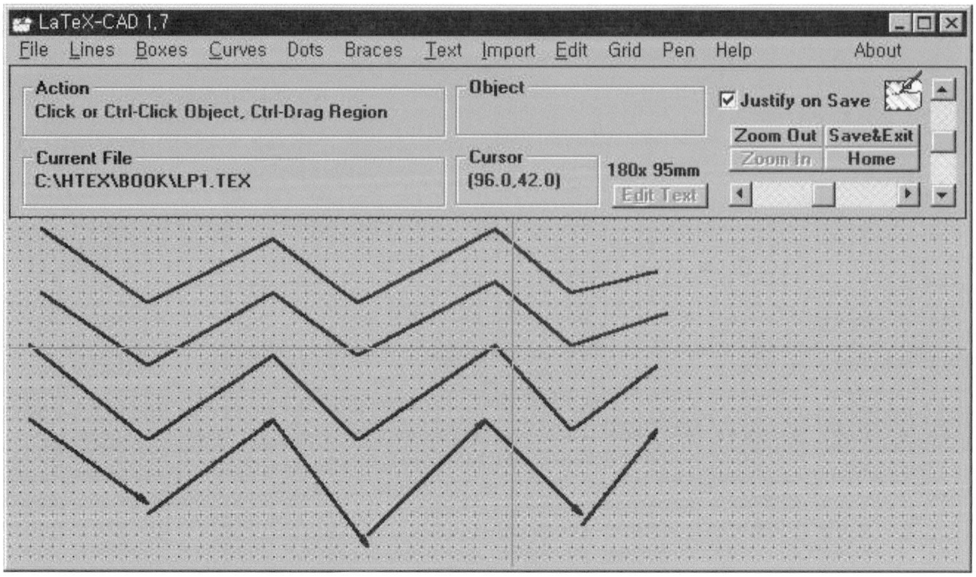

그림 16.2: LATEXCAD의 선 그리기 화면

```
\drawpath{26.0}{50.0}{50.0}{62.0}
\drawpath{50.0}{62.0}{66.0}{50.0}
\drawpath{66.0}{50.0}{92.0}{64.0}
\drawpath{92.0}{64.0}{106.0}{52.0}
\drawpath{106.0}{52.0}{122.0}{56.0}
\drawdashline{6.0}{52.0}{26.0}{38.0}
\drawdashline{26.0}{38.0}{50.0}{52.0}
\drawdashline{50.0}{52.0}{66.0}{40.0}
\drawdashline{66.0}{40.0}{92.0}{54.0}
\drawdashline{92.0}{54.0}{106.0}{42.0}
\drawdashline{106.0}{42.0}{124.0}{48.0}
\drawdotline{4.0}{42.0}{26.0}{24.0}
\drawdotline{26.0}{24.0}{50.0}{40.0}
\drawdotline{50.0}{40.0}{66.0}{24.0}
\drawdotline{66.0}{24.0}{92.0}{42.0}
```

```
\drawdotline{92.0}{42.0}{106.0}{26.0}
\drawdotline{106.0}{26.0}{122.0}{38.0}
\drawvector{4.0}{28.0}{22.0}{4}{-3}
\drawvector{26.0}{10.0}{24.0}{4}{3}
\drawvector{50.0}{28.0}{18.0}{3}{-4}
\drawvector{68.0}{6.0}{22.0}{1}{1}
\drawvector{90.0}{28.0}{18.0}{1}{-1}
\drawvector{108.0}{8.0}{14.0}{3}{4}
\end{picture}
```

이다. 여기서 사용한 각종 명령들은 latexcad.sty라는 파일에 정의되어 있으므로 이 스타일을 반드시 사용하여야 한다. 이 파일을 \include나 \input 명령으로 불러들이거나 문서 편집기의 불러들이기 기능을 이용하여 LaTeX 파일의 내부로 불러들여서 LaTeX을 돌리면 그림 16.3와 같은 그림을 얻는다. 참고로 DVI viewer에 따라 보이는 그림의 크기가 달라지는 경우가 있는데, 이 경우 적절하게 단위를 바꾸어 주면 알맞은 크기의 그림을 얻을 수 있다. 단위는 \begin{figure}이전에

```
\unitlength=0.8mm
```

와 같이 \unitlength 명령으로 바꾸어준다.

16.3. 상자 만들기

상자 만들기는 주메뉴에서 Boxes를 선택하여 보면 네 가지 작은 메뉴에서 고른 한 가지를 선택하여 상자를 만들 수 있다. 상자를 만들 때는 상자의 왼쪽 위 모서리가 만들어질 위치에 클릭을 한 다음 마우스를 이동하여 오른쪽 아래 모서리가 만들어질 위치에서 클릭을 한다. 만일 중간에서 상자 만들기를 취소하려면 마우스의 오른쪽 버튼을 클릭한다.

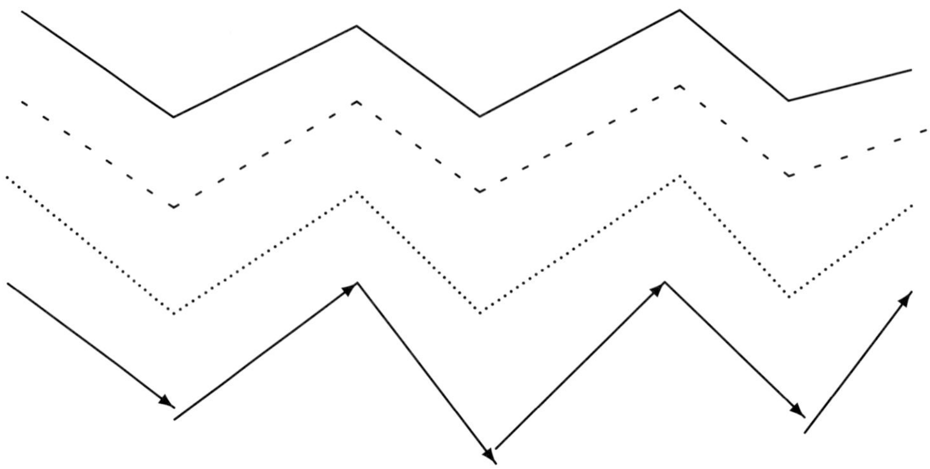

그림 16.3: LATEXCAD의 선 그리기 화면의 결과

이 상자는 왼쪽에서 오른쪽으로 순서대로 Boxes 메뉴항목의 보조항목인 Framebox, Frame Shadow Box, Dashed Box 및 Shaded Box인데 이들은 순서대로 실선으로 만든 박스, 그림자가 있는 박스, 파선으로 만든 박스 및 회색으로 칠을 한 박스를 만드는데 이들 박스 안에 넣을 문자열은 상자를 만드는 도중에 LATEXCAD에서 대화창으로 나오므로 문자열 등을 넣고 싶으면 대화창에서 넣어주면 된다.[5] 상자 안에 들어 갈 글자가 여러 개이면 \\를 사용하여 줄을 바꿀 수 있다. 또 Shadow 박스에는 그림자의 진한 정도를 설정할 수 있는 대화창이 있으므로 필요한 만큼 스크롤 바를 이용하여 농도를 정해 줄 수 있다. 그림 16.4 에는 왼쪽에서 오른쪽으로 Framebox, Frame Shadow Box, Dashed Box 및 Shaded Box를 만든 것이다.

16.4. 원, 타원, 오벌, 곡선 및 원호 그리기

주메뉴의 Curves에 있는 보조 메뉴를 사용하면 원, 타원, 곡선, 원호 등을 다양하게 그릴 수 있다.

[5]복잡한 수식 등을 넣어야 하는 경우에는 이를 대화창에서 입력하기 보다는 나중에 출력을 저장한 후 저장된 파일을 편집하는 것을 권장한다.

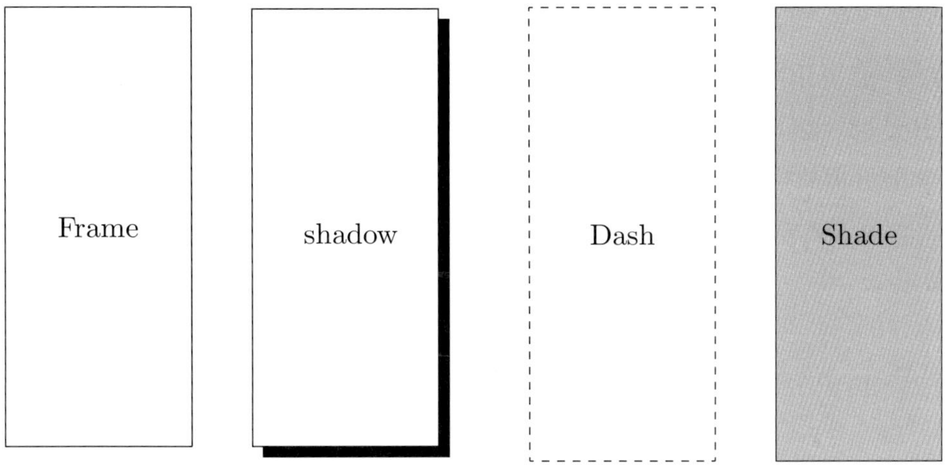

그림 16.4: LATEXCAD의 상자 그리기

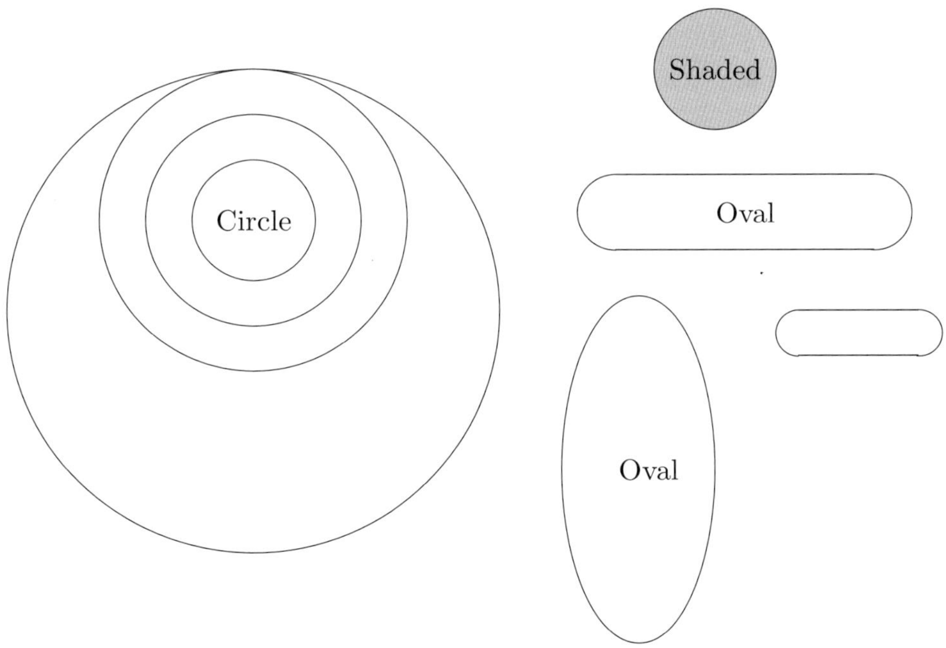

그림 16.5: LATEXCAD에서 원, 타원, 오벌

16.4.1. 원, 타원 및 오벌

원은 안이 비어 있는 원(테두리)이나 안에 음영을 줄 수 있는 원 두 가지가 있는 이들은 각각 `Circle`과 `Shaded Circle` 을 선택하여 만든다. 이 네 가지는 원이나 음영이 있는 원을 만들 때에는 원 중심의 좌표를 먼저 클릭하고 마우스를 이동하면 이 객체에 외접하는 사각형의 그림이 나타나는데 원하는 크기의 원이 만들어지면 다시 한 번 마우스의 왼쪽 버튼을 클릭한다. 이렇게 그림을 만들고 나면 그림 안에 들어갈 문자를 선택할 수 있는 대화창이 나오는데 원하는 문자열이 있는 경우에만 입력하고 그렇지 않으면 `Accept` 버튼만 클릭한다. 음영을 준 원을 만들 때에는 음영의 농도를 선택할 수 있는 대화창에서 0에서 100 사이의 숫자를 주거나 슬라이드 바를 밀어서 농도를 설정할 수 있다.

타원과 오벌은 각각 `Ellipse`와 `Oval` 옵션을 선택한다. 이 네 가지는 타원이나 오벌을 외접하는 직사각형의 왼쪽 위 모서리의 위치를 클릭하고 마우스를 이동하면 이 객체에 외접하는 사각형의 그림이 나타나는데 원하는 크기의 타원이나 오벌이 만들어지면 다시 한 번 마우스의 왼쪽 버튼을 클릭한다. 이렇게 그림을 만들고 나면 그림 안에 들어갈 문자를 선택할 수 있는 대화창이 나오는데 원하는 문자열이 있는 경우에만 입력하고 그렇지 않으면 `Accept` 버튼만 클릭한다.

만일 중심의 좌표를 선택(클릭)한 후에 원, 타원, 오벌을 만들기를 중지하고 싶으면 마우스의 오른쪽 버튼을 클릭한다. 그림 16.5에는 원, 음영이 있는 원, 타원 및 오벌을 LaTeX CAD로 만든 예를 담았다.

16.4.2. 곡선 그리기

곡선은 `Bezier`메뉴를 이용하는데 이 곡선을 만드는 방식에 따라 3점 또는 4점을 이용한 곡선을 만들 수 있다 이 3점식은 곡선의 양 끝에 해당하는 두 점을 먼저 클릭하고 세번째 점은 마우스를 이동할 때 생기는 곡선의 모양를 보고 결정하면 되고 4점식은 곡건의 양쪽 끝점과 나머지 한점을 선택하

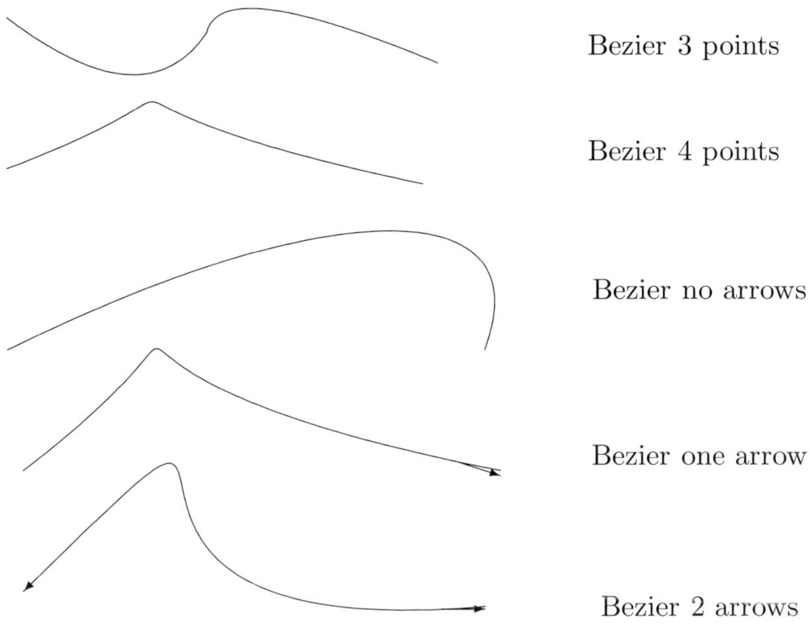

그림 16.6: LATEXCAD에서 곡선 만들기

여 마우스를 움직여 생기는 곡선의 모양을 보고 마지막 클릭을 한다.

Bezier에 관련된 그 다음의 메뉴들은 4점식 Bezier와 사용법은 동일한데 만들어진 곡선에 0, 1, 또는 두 개의 화살표가 만들어 지는 점이 차이점이다. 곡선을 LATEXCAD로 그린 보기는 그림 16.6에 실었다.

16.4.3. 원호 그리기

원호를 그리는 방법은 두 가지가 있는데 원의 중심을 클릭하고 원주 위의 한 점을 크릭하여 반지름을 준 다음에 마우스를 이동하여 원하는 모양에서 클릭하는 방법과 원호의 양점을 클릭한 다음에 마우스를 이동하여 원하는 모양의 원호가 되었을 때 마우스를 클릭하는 방법이다. 처음 방법은 보조 메뉴에서 `Arc(center+radius)`를 선택하고 두 번째 방법은 `Arc(endpoints)` 메뉴를 선택하면 된다. 원호를 그리다가 중간에 취소하려면 마우스의 오른

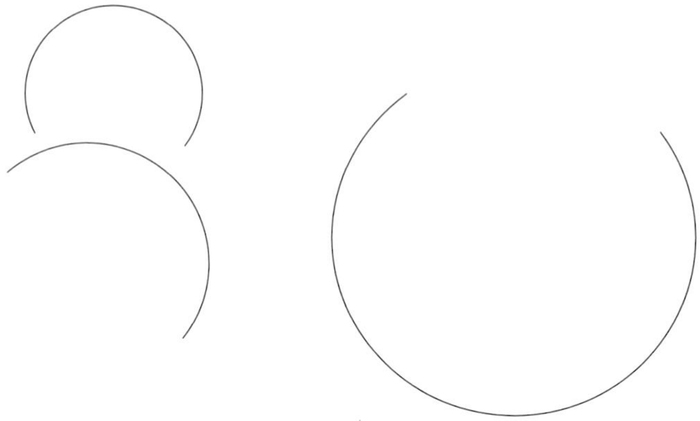

쪽 버튼을 클릭한다.

16.5. 점, 큰 괄호 및 문자열

LaTeXCAD는 몇가지 종류의 점 및 큰 괄호 종류와 상자 모양을 제공한다. 이 상자의 모양은 19.13절의 fancybox 패키지를 사용한다.[6]

16.5.1. 점 만들기

점은 큰점을 말하는 것으로 Dots 메뉴에서 Dot, Thick Dot 및 Hollow dot의 보조 메뉴를 갖는다. 이들은 각각 점, 좀더 큰 점 및 가운데가 비어 있는 점을 만들며 점이 만들어질 자리에 마우스 클릭을 한 번씩 하면 만들어진다. 그림 16.7 에 있는 점 중에서 위에서부터 아래로 순서대로 만들어 진다.

16.5.2. 괄호 만들기

괄호는 왼쪽, 오른쪽, 위 및 아래괄호를 만들 수 있으며 Braces 메뉴에서 선택할 수 있다. 만드는 방법은 괄호가 시작할 부분에 마우스 클릭을 한 다

[6] latexcad 패키지에서 자동으로 호출되므로 fancybox 패키지를 별도로 호출하지 않아도 된다.

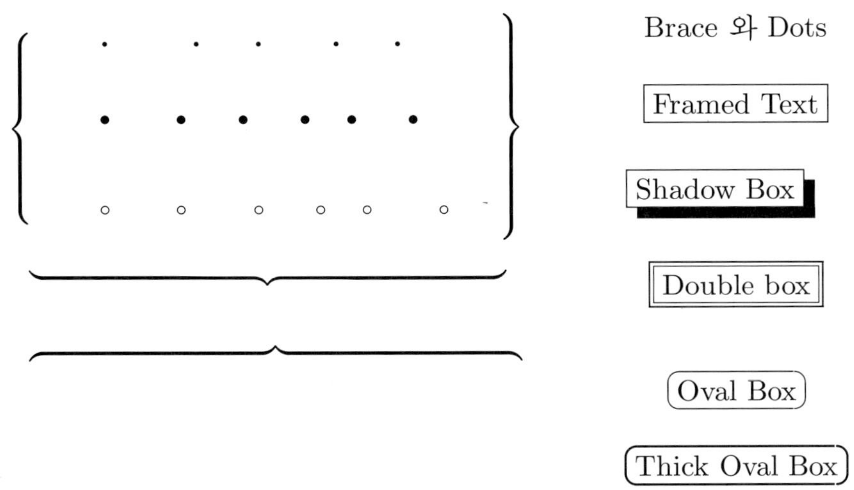

그림 16.7: LaTeXCAD에서 원호 만들기

음에 괄호가 끝나는 부분으로 이동하여 다시 한 번 클릭하여 만든다. 그림 16.7의 점 왼쪽은 `Left Brace`, 오른쪽은 `Right Brace`, 아래쪽 첫 부분은 `Under Brace`, 아래쪽 마지막 부분은 `Over Brace`의 결과이다.

16.5.3. 문자열 만들기

문자열 만들기는 `Text` 메뉴를 선택하여 만들 수 있으며 그림 16.7의 오른쪽 열의 문자열이 그 보기이다. 이 메뉴의 보조 메뉴를 선택하면 문자열을 입력할 수 있는 대화창이 뜨는데 이 창에 입력할 문자열을 준 다음 `Accept` 버튼을 클릭하면 마우스가 이동함에 따라 상자 모양이 LaTeXCAD 화면이 움직이는데 문자열을 만들고 싶은 위치로 이동하여 마우스를 클릭하면 된다. 그림 16.7에 있는 문자열은 순서대로 `Normal`, `Framed`, `ShadowBox`, `DoubleBox`, `OvalBox` 및 `ThickOvalBox` 보조 메뉴를 선택한 결과이다.

입력해야 할 문자열에 복잡한 LaTeX명령이 포함되는 경우가 있는데 이 경우에는 해당 문자열을 모두 입력하기 보다는 대략 적당한 문자열을 입력하여 LaTeXCAD를 저장하여 저장된 파일에서 원하는 문자열을 넣는 것이

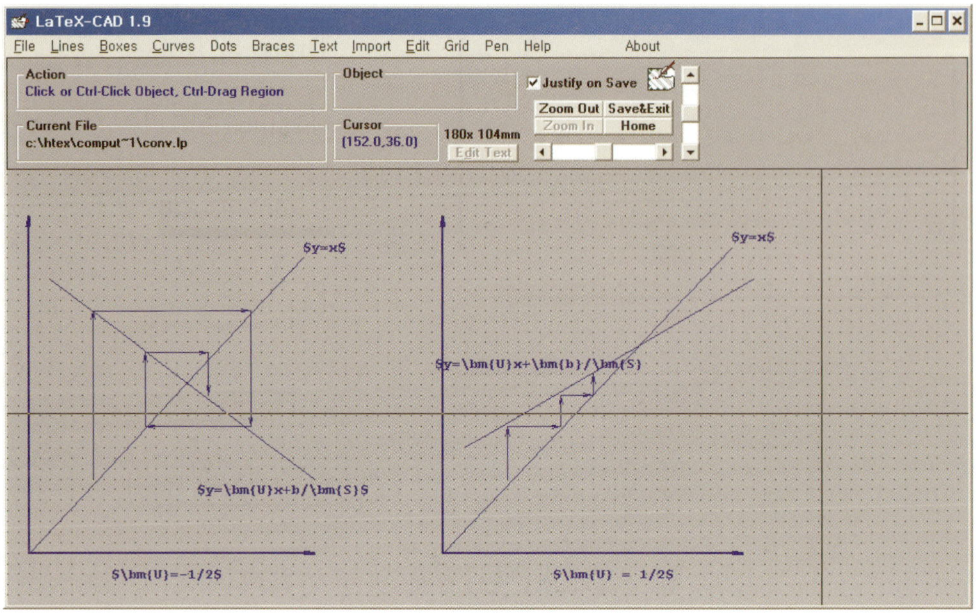

그림 16.8: LATEXCAD 화면

컴파일 중의 에러를 줄이는 방법이다. 실제 LATEXCAD의 텍스트 입력 대화창이 작아서 조금만 길어도 문자열을 넣다가 오탈자를 발생시키기가 쉽기 때문이다.

16.5.4. 사용 예

그림 16.8은 그림 16.1의 화면에서 필요한 그림을 그린 것이다. 또 다른 보기는 475면의 예 18.1 및 20.19절 등에서 찾아볼 수 있다. 이 그림이 완성된 후 `File` → `Save As`에서 그림의 내용을 LATEXCAD로 저장한다. 이 파일의 내용은 다음과 같다.

```
% Drawing generated by LaTeX-CAD 1.9 - requires latexcad.sty
% (c) 1998 John Leis leis@usq.edu.au
\unitlength=0.87mm
\begin{picture}(150,78)
```

```
\thicklines
\drawvector{4.0}{10.0}{64.0}{0}{1}
\drawvector{4.0}{10.0}{54.0}{1}{0}
\drawvector{82.0}{10.0}{64.0}{0}{1}
\drawvector{82.0}{10.0}{56.0}{1}{0}
\thinlines
\drawpath{4.0}{10.0}{56.0}{66.0}
\drawpath{82.0}{10.0}{136.0}{68.0}
\drawpath{8.0}{62.0}{58.0}{24.0}
\drawpath{86.0}{30.0}{140.0}{62.0}
\drawvector{16.0}{24.0}{32.0}{0}{1}
\drawvector{16.0}{56.0}{30.0}{1}{0}
\drawvector{46.0}{56.0}{22.0}{0}{-1}
\drawvector{46.0}{34.0}{20.0}{-1}{0}
\drawvector{26.0}{34.0}{14.0}{0}{1}
\drawvector{26.0}{48.0}{12.0}{1}{0}
\drawvector{38.0}{48.0}{8.0}{0}{-1}
\drawvector{94.0}{24.0}{10.0}{0}{1}
\drawvector{94.0}{34.0}{10.0}{1}{0}
\drawvector{104.0}{34.0}{6.0}{0}{1}
\drawvector{104.0}{40.0}{6.0}{1}{0}
\drawvector{110.0}{40.0}{4.0}{0}{1}
\drawcenteredtext{30.0}{6.0}{$\bm{U}=-1/2$}
\drawcenteredtext{114.0}{6.0}{$\bm{U} = 1/2$}
\drawcenteredtext{60.0}{68.0}{$y=x$}
\drawcenteredtext{140.0}{70.0}{$y=x$}
\drawcenteredtext{52.0}{22.0}{$y=\bm{U}x+b/\bm{S}$}
\drawcenteredtext{100.0}{46.0}{$y=\bm{U}x+\bm{b}/\bm{S}$}
\end{picture}
```

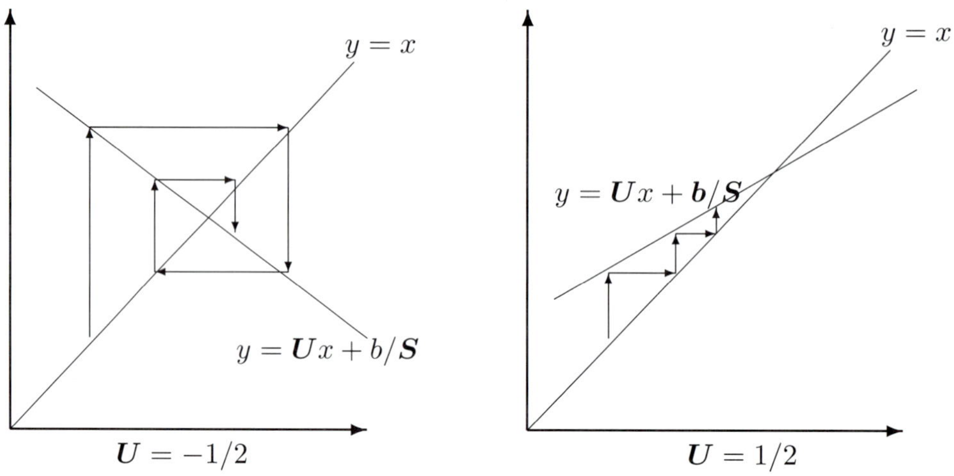

그림 16.9: LaTeX으로 그린 그림

이 내용을 그림에 포함시키면 그림 16.9이 얻어진다.

16.6. 기타

LaTeXCAD는 앞서 본 것 외에도 다양한 기능이 있다. 이 기능들은

- LaTeXCAD에서 사용할 선의 굵기는 `Pen` 메뉴에서 `Thin`, `Thick` 또는 `THICK` 중의 하나를 선택하여 정할 수 있는데 순서대로 선이 굵어진다.
- 또 편집기능이 있는데 이는 `Edit` 메뉴를 선택하여 일반적으로 할 수 있는 `Delete`(지우기), `Cut`(오려두기) 및 `Paste`(붙여넣기)가 가능하다. 지우기나 오려두기를 하기 위해선 콘트롤(`Ctrl`)키를 누른 상태에서 마우스의 복사할 부분의 왼쪽 위 모서리를 클릭한 채 마우스를 이동하면 선택된 항목은 붉은색으로 변하는데 원하는 부분에서 마우스 버튼을 놓으면 된다. 이때 붉은색으로 된 부분을 지우려면 `Delete`, 오려두려면 `Cut` 보조 메뉴를 선택한다.
- 붙여넣기는 `Paste` 메뉴항목을 선택하고 마우스를 움직이면 오려둔 부

분의 모양이 LaTeXCAD 화면에서 만들어지고 마우스의 이동에 따라 같이 움직인다. 붙여넣기를 원하는 장소에서 마우스를 클릭하면 붙여넣기가 완성된다.

- LaTeXCAD는 GNUplot, PostScript 또는 (x, y) 좌표를 준 점들도 읽어 들일 수가 있는데 이는 `Import`메뉴에서 각각 `GNUplot` (18.9 절 참조.), `PostScript Graphics` 또는 `X-Y Data` 항목을 선택하여 얻을 수 있다. 이들 항목은 선택한 후에는 이 그림이 들어갈 위치를 마우스를 이용하여 알려 주어야 하고 위치를 알려 주고 나면 파일 이름을 입력할 수 있는 대화창이 나오는데 여기에 파일 이름을 준다.

- PostScript 파일을 넣는 방법은 PostScript 파일을 LaTeX 명령으로 바꾸는 것이 아니고 제 18 장에서 보는 `\epsfig` 나 DVIPS의 `\special`과 비슷한 방법이므로 DVIPS 등과 같이 PostScript로 바꾼 장치(Device)로 넘겨주어 볼 수 있다. 실제로 그림 16.10는 LaTeXCAD에 Ghostscript에 포함된 `Colorcir.ps` 파일을 넣은 것이다.[7] 실제로 그림을 집어 넣고 LaTeXCAD의 결과를 저장하여 그 파일의 내용을 살펴 보면

```
\drawpostscript
```

라는 명령이 사용된 것을 볼 수 있으며 이 명령은 LaTeXCAD로 저장된 파일을 편집하여 사용자가 직접 입력하는 방법으로 사용할 수도 있다.

그림 16.10는 LaTeXCAD의 출력을 저장한 결과 다음과 같았다.

```
\begin{picture}(120,96)
\thinlines
\drawpostscript{39.0}{48.0}{70.0}{88.0}{colorcir.ps}
\drawcenteredtext{106.0}{86.0}{Ghostscript의 }
\drawcenteredtext{106.0}{78.0}{Colorcir.ps 파일을}
```

[7]따라서 실제 그림은 원색이다.

그림 16.10: LaTeXCAD에 PostScript 그림을 불러들인 예

```
\drawcenteredtext{106.0}{68.0}{\LaTeX CAD를 }
\drawcenteredtext{106.0}{60.0}{사용하여 }
\drawcenteredtext{106.0}{52.0}{입력한 예}
\end{picture}
```

제 17 장

DVI → PostScript 또는 PDF

인터넷에서 제공되는 정보를 비롯하여 많은 문서가 PDF(Portable Document Format)로 저장되고 있다. PDF의 장점은 하이퍼링크(hyperlink), 목록 등의 편리한 기능이 많은 것에 더하여 대부분의 경우 파일의 크기가 작다는 것이다. 어떤 문서를 PDF로 저장하는 것은 이곳에서 다루기에 적절지 않으나 LaTeX 과 관련된 부분만 다루기로 한다. PDF 형식으로 저장된 문서를 보고, 인쇄하는 기본적인(만들지는 못함) 기능을 가진 PDF reader 프로그램은 무료로 Adobe 사에서 제공되는데 이 프로그램 `Acrobat Reader`는

`http://www.adobe.com/products/acrobat/`

에서 내려 받을 수 있다. 요즘은 많은 경우에 브라우저 연결되어 브라우저에서 바로 위의 프로그램을 연다.

17.1. `pdflatex` 프로그램

MiKTeX과 KC2008에 포함되어 있는 `pdflatex`를 사용하면 LaTeX 파일에서 PDF 파일로 변환할 수 있다. 사용방법은

```
% pdflatex [options] input[.tex] [output.pdf]
```

인데 LaTeX 파일 *input.tex*을 PDF 파일로 변환하여 그 결과를 *output.pdf* 로 결과를 저장한다. LaTeX 파일 이름 *input.tex*에서 파일의 확장자가 `.tex`이면 생략할 수 있으며 *output.pdf* 도 생략할 수 있다. *output.pdf* 가 생략되면 결과는 *input.pdf* 로 저장된다. *options*에서 사용할 수 있는 옵션은 일반 사용자가 필요한 것이 거의 없으므로 생략한다. 사용할 수 있는 옵션의 목록은

```
% pdflatex -help
```

명령으로 얻을 수 있다.

17.2. GSview에서 PDF 변환

LaTeX의 결과를 `dvips` 등을 사용하여 PostScript로 저장하게 되는 경우가 많은데 이런 경우 PostScript를 PDF 파일 형식으로 변환할 수가 있다. 많은 윈도우 사용자가 PostScript를 모르기 때문에 이런 사용자와 이메일 등으로 문서를 주고 받고자 하면 PostScript 파일을 PDF 등으로 변환하는 것이 좋다. 여기서는 GSview를 사용하여 PostScript를 PDF 형식으로 변환하는 방법을 알아보자. GSview는

```
http://www.cs.wisc.edu/~ghost/gsview/
```

에서 내려 받을 수 있으며 무료 프로그램이다. GSview를 설치하기 위해서는 Ghostscript가 필요한데 위의 사이트에 가면 자세히 안내되어 있다. Ghostscript도 무료이다. GSview에 PostScript 파일을 PDF로 변환하려면 다음 순서를 따른다.

1. 먼저 `dvips` 등을 이용하여 PostScript 파일을 만든다.
2. GSview를 이용하여 이 파일을 연다.
3. GSview의 `File` 메뉴를 선택한다.
4. 메뉴항목의 `Convert`를 선택한다.
5. `device`에 `pdfwrite`를 설정한다.
6. `resolution`에 필요한(대부분 600dpi) 해상도를 설정한 다음 `OK` 버튼을 누른다. 이 때 여러 가지 옵션을 선택할 수 있는데 `Properties` 버튼을 눌러서 선택할 수 있다. 선택할 수 있는 옵션에 대해서는 17.3절을 참고하자.

일반적으로 PostScript 형식으로 변환된 그림은 파일의 크기가 큰 경우가 대부분인데 Ghostscript는 `gzip`(GNU zip)으로 압축한 파일을 바로 열 수 있으므로 PostScript 파일을 압축한 형태로 저장장치에 보관할 수 있어 편리하다. 즉, Ghostscript는 `picture.ps.gz` 파일을 인식하여 열 파일 목록에서 파일을 확인할 수 있게 해 준다.

17.3. ps2pdf 프로그램

`ps2pdf`는 앞에서 말한 Ghostscript에서 기본으로 제공되는데 PostScript 파일을 PDF 형식으로 변환해주는 프로그램이다. 이 프로그램은 Ghostscript가 설치된 디렉토리 아래의 `lib` 디렉토리와 MiKTEX 이나 KC2008 배포판의 실행 파일 경로에 위치해 있다. 따라서 대부분의 경우 이 프로그램 파일의 전체 경로는

```
c:\Program Files\gs\gs8.53\lib\ps2pdf.bat
```

또는

```
/texroot/배포판경로/bin/
```

이 된다. 8.53은 Ghostscript의 버전 번호이므로 사용하는 Ghostscript의 버전에 따라 이 값은 달라진다.

LaTeX 배포판을 설치할 경우 이들이 환경변수에 설정되지만, 그렇지 않은 경우엔 이 디렉토리를 경로(PATH)에 포함시켜야 한다. 이 경로는 대부분 PATH 환경에 설치되어 있지 않으므로 다음과 같은 배치 파일을 만들어서 PATH에 주어진 디렉토리에 pstopdf.bat 등과 같은 이름으로 넣어두면 된다. 즉 pstopdf.bat 파일의 내용을

```
@echo off
set PATH=%PATH%;C:\GS\GS8.53\BIN;c:\GS\GS8.53\LIB
c:\gs\gs8.53\lib\ps2pdf %1 %2 %3
```

로 하여 pstopdf.bat을 만들면 이의 사용법은

```
% pstopdf [options] input.[e]ps [output.pdf]
```

이 된다. 이는 ps2pdf의 사용법과 같다. 출력 파일이름 *output.pdf*는 생략될 수 있으며 입력 파일 이름은 ps 또는 eps(encapsulated postscript)의 확장자를 갖는 경우 확장자를 생략할 수 있다.

위의 환경변수 PATH에 주어진 디렉토리를 찾아보면 ps2pdf 뿐만 아니라 ps2pdf12.bat, ps2pdf13.bat, ps2pdf14.bat 등이 있는데 이들은 각각 Acrobat PDF1.2, PDF1.3, PDF1.4 형식의 출력을 만들게 하는 배치 파일들이다. 1.2, 1.3, 1.4는 Acrobat PDF reader의 버전 3.*, 4.*, 5.*와 뒤로 호환성을 갖는다(backward compatible). 즉, ps2pdf13.bat로 만든 PDF 파일은 PDF reader 4.*나 5.*는 읽을 수 있으나 3.* 버전으로는 읽지 못한다. ps2pdf에서 사용할 수 있는 *options*은

`-dNOPAUSE` 페이지 중간에 쉬지 않음.

`-q` 'quiet' 모드로 동작함. 즉, 화면으로 동작 상태 등을 보여주지 않음.

`-r`*resolution* 해상도를 지정하며 *resolution* pixel/inch의 해상도를 가짐.

`-sOutputFile=`*file* 출력을 *file*로 저장

등이 있다.

17.4. dvipdfm 프로그램

`dvipdfm`은 MiKTEX과 KC2008에 기본으로 설치된 프로그램으로 `dvi` 파일을 PDF 형식으로 변환하는 프로그램이다. 사용법은 `dvips`와 마찬가지로 유닉스 스타일이다. 사용방법은

```
% dvipdfm [options] dvifile
```

이며 사용할 수 있는 *options*은

`-c` 색을 사용한 것을 무시하는 옵션이다. 흑백만 사용한다.

`-f` `font map` 파일이름을 지정한다. 기본값은 `t1fonts.map`이며 MiKTEX의 경우에는 `C:\miktex\dvipdfm\base`에 위치한다.

`-o` 출력 파일 이름을 지정한다. 기본값은 `dvifile.pdf` 이다. `dvifile`은 위의 명령에서 준 파일 이름이다.

`-l` 가로로 출력형태를 만든다.(landscape)

`-m` *number*: *number*에 주어진 양만큼 추가 확대한다.

-p 출력할 종이 크기로 기본값은 letter(미국 공문 크기)이며 사용할 수 있는 값은 letter, legal, ledger, tabloid, a4 또는 a3이다.

-r DPI 단위의 해상도이다. 기본값은 600이다.

-s pdf 파일로 만들 페이지 선택. 3에서 10면 사이이면 -s 3-10 과 같이 -를 사용할 수 있다. 또한 -s 1-3,5-6와 같이 여러 범위를 줄 수도 있다.

-t 썸네일 이미지(thumbnail images)를 임베드한다.

-d 셈네일 이미지를 삭제한다.

-x 가로 오프셋(offset). 출력 종이의 가로 여백 크기. 기본 값은 1.0in이다.

-y 세로 오프셋(offset). 출력 종이의 가로 여백 크기. 기본 값은 1.0in이다.

-e 글자체의 일부만 사용하는 것을 못하게 한다(그 글자체가 없는 경우 대체하기도 함). 기본값은 사용하는 것이다.

-z 압축비율의 값으로 0–9를 사용한다. 기본값은 9이다.

-v 프로그램 실행 중 각종정보를 출력하게 한다(verbose).

-vv 프로그램 실행 중 각종정보를 -v보다 더 상세하게 출력하게 한다.

17.5. hyperref 패키지

hyperref 패키지는 LaTeX에서 하이퍼링크 기능을 사용할 수 있는 패키지로 PDF 형식으로 변환할 것을 전제로 LaTeX 문서를 만들 때 사용할 수 있는 패키지이다. 따라서 위에서 본 여러 가지 PDF 드라이버들이 이 패키지를 얼마나 지원하느냐 하는 것은 각각의 프로그램에 따라 달라지는데 아직까지는 일부만 지원한다. 앞으로 계속 지원되는 범위가 넓어질 것으로 보고 hyperref 패키지에 대해서 알아보기로 한다.

LaTeX 파일를 PDF 파일로 만드는 것을 지원하는 드라이버는 다양하며, 이것들 중 `dvips`, `ps2pdf`,`dvipdfm`, `pdflatex`은 이 장에서 사용법을 소개하고 있다. 이러한 드라이버를 사용하여 PDF 파일로 변환할 때 `hyperref` 패키지를 사용하면 LaTeX의 `\label` 명령으로 만들어진 번호들을 `\ref`나 `\pageref`로 참조한다. 기본적으로 `\label` 명령을 사용할 수 있는 곳은

- 그림(fugire)
- 표(table)
- 편(part)
- 부록(appendix)
- 수식(equation)
- 목록(enumerate)
- 장(chapter)
- 절(section)
- 소절(subsection)
- 소소절(subsubsection)
- 문단(paragraph)
- 각주(footname)
- 정리(theorem)
- 페이지(page)

이며, 그 이외의 `hyperref` 패키지에서 제공하는 레이블과 참조 기능으로

- 웹 사이트의 URI(`http://`, `telnet`, `mailto:` 등) 연결.

- PDF 내에서 링크된 특정 페이지나 참조된 위치로 이동.
- PDF 파일에서 링크된 응용프로그램 연결(워드프로세서 문서, 스프레드시트 문서 등으로 응용프로그램이 설치되어 있어야 함).
- 장이나 절로 이동할 수 있는 북마크(Bookmark) 기능과 Thumbnail 기능

등에 사용할 수 있다.

17.5.1. hyperref 설정

하이퍼링크를 사용하기 위하여 hyperref 패키지의 설정방법을 알아보자. LaTeX 파일 안에서 PDF 파일로 변환하는 드라이버를 지정하여 그 내용들을 hyperref로 전달할 수 있다. 특정한 PDF 파일로 변환하는 드라이버를 설정하는 방법은

```
\documentclass[driver]{class}
```

이며 *driver*에 PDF 변환 드라이버를 설정한다. PDF 변환 드라이버의 종류는 17.5.3.3절에 있으니 참조하자. 이 설정을 반드시 해야 하는 것은 아니고 이후에 PDF 파일변환 드라이버를 지정할 수도 있다.

hyperref 패키지 설정방법은 두 가지이며 첫 번째 방법은 *preamble*에 \usepackage{hyperref}를 선언한다. 이렇게 함으로서 기본값으로 설정된 hyperref.cfg 파일의 내용을 읽어온다. \usepackage{hyperref}는 다른 LaTeX 명령들을 다시 정의해서 사용하는 경우가 있기 때문에 로딩할 패키지들 중 맨 끝에 선언하는 것이 좋다. hyperref 패키지를 \usepackage에 선언할 때 옵션을 직접 설정할 수 있으며, 이 결과 hyperref.cfg의 설정값을 다시 정의하게 된다. 옵션 설정은

```
\usepackage[key=value]{hyperref}
```

이다. 설정 옵션 *key*=*value*에서 *key*만 사용할 수도 있고 *key*=*value*를 사용하는 경우도 있다. 만일 *key* 값이 `boolean`[1]을 가질 때, *key*를 `true`로 설정하려면 *key* 또는 *key*=`true`로 입력할 수 있고, `false`로 설정하려면 *key*=`false`로 한다. 옵션의 설정은 이후에 14.2.3절에서 소개하니 참조하자.

이 방법으로 `hyperref` 설정이 적용된 예는 다음과 같다.

```
\usepackage[pdftitle={링크 연습},colorlinks=false]{hyperref}
```

여기서

- `pdftitle={링크 연습}`은 PDF 파일의 제목 설정이고(17.5.3.6절 참조),
- `colorlinks=false`는 하이퍼링크에 칼라색을 사용하지 않겠다고 설정한 것이다(17.5.3.5절 참조).

두 번째로 `hyperref` 설정은 *preamble*에 `\usepackage{hyperref}`를 선언하고 이후에 `hypersetup`에 옵션을 설정한다. 옵션의 설정방법은

```
\hypersetup{key=value}
```

이며, 첫 번째 방법과 옵션 설정은 동일하다. 다음은 `\hypersetup`의 설정값에 대한 보기로 `hyperref`에 설정된 값이다.

```
\hypersetup{backref, pdfpagemode=FullScreen, colorlinks=true}
```

[1] 이 값은 참 `true`와 거짓 `false` 중 한 값 만 가질 수 있다.

- backref 옵션은 참고문헌에 참조한 내용이 있는 페이지에 대하여 하이퍼링크를 설정하였고(17.5.3.4절 참조),
- pdfpagemode=FullScreen은 PDF 파일의 페이지 출력을 프리젠테이션에 사용하는 전체화면으로 하였으며(17.5.3.6절 참조),
- colorlinks=true는 하이퍼링크에 칼라색을 사용한다고 설정하였는데 이 옵션은 기본값이 true이므로 생략해도 적용된다(17.5.3.4절 참조).

17.5.2. 이름주기 : hyperref

LaTeX에서 기본적으로 제공하는 레이블 명령은 \label, 참조 명령은 \ref, \pageref가 있으며, PDF 파일에서 하이퍼링크에 자동으로 사용된다. 이 명령들은 164면 7.1절에 소개되어 있으니 사용 예만 보기로 하자. 그리고 hyperref 패키지도 레이블과 참조 명령이 여러 가지 있으며 그 종류는 다음과 같다.

\label{*name*} LaTeX에서 참조할 *name*을 설정한다. 이후 *name*을 참조하면 사각형 안에 참조한 문자열이 보이며 이것을 누르면 *name*이 선언된 곳으로 이동한다.

\ref{*name*} \label 명령에서 사용한 *name*을 참조하며 장, 절, 소절, 수식 등의 숫자를 가져 온다. 이 명령은 \autoref와 기능은 같으나 하이퍼링크 문자열이 약간 다르다.

제 1절과 제 section 2절 .... 제 \ref{ss:mean}절과 제 \autoref{ss:median}절

출력에서 \ref는 숫자만 보이는 반면 \autoref는 숫자 앞에 장이나 절 등 정보를 더 보여준다. 결과는 716면 참조.

`\pageref{`*name*`}` `\label` 명령에서 사용한 *name*이 있는 페이지를 참조하며 클릭하면 해당 페이지로 이동한다. 결과는 716면 참조.

> 371면의 .... `\pageref{def:var}`면의

`\href{`*URL*`}{`*text*`}` *text*는 *URL*[2]로 하이퍼링크를 걸기 때문에 *text*를 누르면 해당 *URL*로 이동한다.

> 한림대학교 .... `\href{\http://www.hallym.ac.kr}{한림대학교}`

`\nolinkurl{`*URL*`}` 하이퍼링크를 연결하지 않고 입력한 URL 주소만 화면에 보여주며 문자 테두리에 사각형이 없다.

> `http://www.hallym.ac.kr` .... `\nolinkurl{http://www.hallym.ac.kr}`

`\url{`*URL*`}` `\href{`*URL*`}{\nolinkurl{`*URL*`}}`과 동일하다. 하이퍼링크를 제공하며 `\href`는 클릭하는 문자열이 *text*이나 `\href`는 입력한 *URL*을 클릭하도록 되어있다.

---

[2]URL(uniform resource locator)은 웹에서 문서의 http, mailto, telnet 등과 같은 각종 서버들에 있는 파일의 위치를 표시하는 표준을 가리킨다. 그러나 요즘은 URL과 URN(Uniform Resource Name)을 포함한 더 포괄적인 것으로 URL(Uniform Resource Identifier)을 많이 사용한다.

http://www.hallym.ac.kr .... `\url{http://www.hallym.ac.kr}`

`\hyperbaseurl{`*URL*`}` 이 문서에서 사용할 기초 URL을 설정하여 다른 URL 사용에 미리 대비하는 것으로 이후 PDF를 만들기가 쉬워진다. 이 명령은 설정명령이기 때문에 화면에는 보이지 않는다.

`\hyperimage{`*imageURL*`}{`*text*`}` *imageURL*에 이미지의 주소를 입력하고 *text*를 클릭하면 이미지로 연결할 수 있다. PDF 변환 드라이버가 HTML을 지원하면 이미지 자체가 브라우저에 삽입되므로 *text*가 무시되고 이미지가 보이게 된다.

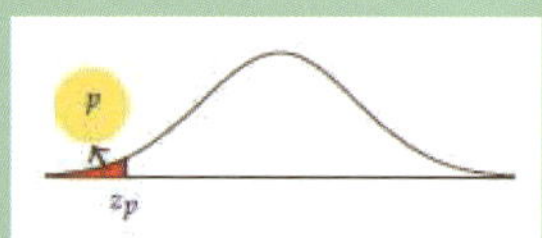

.... `\hyperimage{images/normal.eps}{정규분포}`

`\hyperdef{`*category*`}{`*name*`}{`*text*`}`문서가 연결될 곳이 *text*이며 하이퍼링크가 설정된 이름은 *category.name*이다. 하이퍼링크가 설정된 곳은 바로 다음에 나오는 `hyperref` 명령으로 연결할 수 있다.

중앙값(Median)은 .... `\hyperdef{stat}{median}{중앙값}(Median)은`

이 예는 하이퍼링크 이름이 `stat.median`이며 중앙값에 하이퍼링크를 설정하였다. 그림에 보이는 노랑색은 하이퍼링크가 연결된 곳을 강조하기 위하여 저자가 임의로 색을 설정한 것으로 실제로는 아무런 배경색도 없으며 글자만 보이게 된다. 결과는 716면 참조.

`\hyperref`{*URL*}{*category*}{*name*}{*text*} *text* 문자로 만들어진 하이퍼링크는 `\hyperdef`에 설정된 *URL#category.name*이다. 만일 같은 파일 내에서 `\hyperdef`에 설정된 곳으로 이동하려면 `\hyperref`의 {*URL*}에 아무 것도 입력하지 않고 {}를 입력한다.

중앙값은 여기에

```
중앙값은 \hyperref{file:temp7.pdf}{stat}{median}
{여기}에
```

이 예에서 여기를 누르면 `temp7.pdf` 파일에 `\hyperdef` 명령으로 설정한 하이퍼링크 이름 `stat.median`이 있는 곳으로 연결된다. 결과는 716면 참조.

`\hyperref`[*label*]{*text*} 파일 내에서 특정한 위치로 연결하는 것으로 *text*를 누르면 이미 `\label`이 정의된 페이지로 이동한다. 결과는 716면 참조.

평균과 중앙값

```
\hyperref[ss:mean]{평균}과 중앙값
```

`\hypertarget`{*name*}{*text*} 문서 내에 특정한 곳에 하이퍼링크를 설정한 것으로 *name*은 하이퍼링크 이름이고 *text*는 하이퍼링크된 곳이 보이는 문자열로 `\hyperlink`에서 문서 연결에 사용한다. 결과는 716면 참조.

공분산은 .... `\hypertarget{cov}{공분산}은`

위에서 cov는 링크 이름이고 공분산은 하이퍼링크를 연결할 문자열이다. 실제로 문자열은 바탕색이 없으나 링크가 설정되었음을 알리기 위하여 저자가 임의로 노랑색을 칠하였다. 결과는 716면 참조.

`\hyperlink{`*name*`}{`*text*`}` 문자열 *text*를 누르면 `\hypertarget`에 설정된 하이퍼링크 문자열 *name*으로 이동한다.

공분산에 .... `\hyperlink{cov}{공분산}에`

위에서 cov는 `\hypertarget`에 이미 만들어진 링크 이름이고 네모 안의 공분산은 링크로 연결할 문자열이다. 결과는 716면 참조.

`\autoref{`*label*`}` `\ref`와 동일한 기능을 제공하는 명령으로, `\ref` 명령보다 하이퍼링크로 된 문자열의 정보를 많이 보여준다. 사용 예는 408면의 `\ref` 명령에 있으니 참조하고 결과는 716면 참조.

`\autopageref{`*label*`}` `\pageref`와 동일한 기능을 제공한다.

hyperref에 설정할 수 있는 옵션의 종류 *key*=*value*에 대하여 알아보자.

17.5.3. hyperref 패키지에서 사용하는 옵션들

hyperref 패키지에는 설정할 수 있는 옵션들이 매우 많으며 이것들 중에서 일부분만 정리하였다. 좀 더 자세한 내용은 사용자 설명서를 참조하자.

17.5.3.1. 일반적인 옵션들

PDF 파일에 설정되는 일반적인 형태와 페이지 크기 설정에 대한 옵션으로 종류는 다음과 같다.

draft 모든 하이퍼텍스트 옵션을 끄게 설정하며 기본값은 false

final 모든 하이퍼텍스트 옵션을 켜게 설정하며 기본값은 true

debug 변환과정에서 진행 과정에 대한 메세지가 로그파일로 저장되도록 설정하는 것으로 기본값은 false

verbose debug와 동일함

implicit LaTeX 내부에 다시 정의할 것에 대한 설정으로 기본값은 true

hypertexnames 링크를 위하여 사용할 이름설정으로 기본값은 true

naturalnames 링크를 위하여 LaTeX에서 계산된 이름설정으로 기본값은 false

a4paper 페이지 크기를 210mm × 297mm로 설정 기본값은 true

a5paper 페이지 크기를 148mm × 210mm로 설정하고 기본값은 false

b5paper 페이지 크기를 176mm × 250mm로 설정하고 기본값은 false

letterpaper 페이지 크기를 8.5in × 11in로 설정하고 기본값은 false

legalpaper 페이지 크기를 8.5in × 14in로 설정하고 기본값은 false

executivepaper 페이지 크기를 7.2in × 10.5in로 설정 기본값은 false

setpagesize 페이지 크기를 특정 드리이버 명령으로 만들수 있도록 설정 true

17.5.3.2. 환경설정 옵션들

하이퍼링크나 링크가 시작되는 곳(anchor)의 설정에 대한 옵션으로 종류는 다음과 같다.

`raiselinks` hypertex 드라이버에서 링크의 높이를 자동 계산되도록 설정하며 기본값은 true.

`breaklinks` 링크된 문자열 PDF 파일 안에서 연결할 수 없을 때 사선을 그을 수 있도록 설정하며 기본값은 false. 이 옵션은 동일한 타겟에 여러 번 참조하는 경우 여러 줄이 그어진다.

`pageanchor` 모든 페이지에 링크 걸기를 명확하게 설정하는 것으로 이 옵션을 설정하지 않는 경우 찾아보기에서 색인에 사용된 페이지가 깨질 수도 있으며 설정 기본값은 true.

`plainpages` pageanchor에 설정된 페이지는 아리비아 숫자로 설정하며 기본값은 true.

17.5.3.3. 후위처리(Backend) 드라이버 옵션들

PDF로 변환할 드라이버를 설정하는 옵션이다. LaTeX 파일을 PDF 변환에 사용하는 드라이버는 설정하지 않으면 기본 드라이버가 hypertex이며, 다음과 같은 드라이버를 지정할 수 있다.

`dvipdfm` hyperref에 사용할 드라이버를 dvipdfm으로 설정한다.

`dvipdfmx` hyperref에 사용할 드라이버를 dvipdfmx으로 설정한다.

`dvips` hyperref에 사용할 드라이버를 dvips으로 설정한다.

`dvipsone` hyperref에 사용할 드라이버를 dvipsone으로 설정한다.

`dviwindo` hyperref에 사용할 드라이버를 dviwindo으로 설정한다.

hypertex hyperref에 사용할 드라이버를 hypertex으로 설정한다.

latex2html latex2html로 호환되도록 몇 개의 매크로를 재정의하는 옵션이다.

nativepdf dvips의 앨리어스(alias)이다.

pdfmark dvips의 앨리어스(alias)이다.

pdftex hyperref에 사용할 드라이버를 pdftex으로 설정한다.

ps2pdf Ghostscript의 PDF writer로 호환되도록 몇 개의 매크로를 재정의하는 옵션이다.

tex4ht TEX4ht를 사용한다고 설정이다.

textures Textures를 사용한다고 설정한다.

vtex VTeX를 사용한다고 설정한다.

vtexpdfmark VTeX의 PostScript 후위 처리(backend)를 사용한다.

xetex XeTEX로 사용한다고 설정하는 것으로 후위처리는 dvipdfm을 사용한다.

17.5.3.4. 확장 옵션들

하이퍼링크나 참조에 대하여 설정하는 옵션으로 *key*=*value*의 형태로 사용하며 종류는 다음과 같다.

extension 파일 링크로 생성된 파일의 확장자를 설정으로 *value*에는 문자열을 사용한다.

hyperfigure 그림에 하이퍼링크를 설정으로 *value*에는 boolean을 사용한다.

`backref` 참고문헌 리스트의 맨 끝에 인용된 페이지로 연결될 수 있도록 설정하는 것이며 기본값은 `false`. 다음은 `backref` 옵션을 사용하여 참고문헌 리스트에 참조된 페이지가 표시되었다. 결과는 716면 참조.

> [2] Hogg, R. V. and Craig, A. T. *Introduction to Mathematical Statistics*, 4th edition, MacMillan, New York, NY. 371

`pagebackref` `backref`의 기능에 추가적으로 하이퍼링크 페이지를 추가한 것으로 기본값은 `false`.

`hyperindex` 찾아보기의 각 색인(index)에 페이지 번호를 하이퍼링크에 추가하며 기본값은 `true` 이 명령은 `pageanchor`와 `plainpages`가 모두 `false`인 경우에 사용한다.

`hyperfootnotes` 각주를 하이퍼링크로 연결하기 위하여 설정하는 것으로 기본값은 `true`.

`linktocpage` TOC, LOF, LOT에 하이퍼링크를 연결할 페이지를 설정하는 것으로 기본값은 `false`

`breaklinks` 링크가 허락된 문자열에 사선을 그을 수 있도록 설정하며 기본값은 `false`. 이 옵션은 동일한 타겟에 여러 번 참조하는 경우 여러 줄이 그어진다.

`colorlinks` 링크나 링크될 텍스트 값, URL, 연결을 설정한 파일 등의 색을 설정하는 것으로 기본값은 `false`.

`linkcolor` 보통 내부 컬러 링크 색 설정 보통으로 기본값은 `red`.

`anchorcolor` 링크가 연결될 곳을 가르키는 문자열(anchor)에 대한 색을 설정하는 것으로 기본값은 `black`.

`citecolor` 참고문헌을 참조할 문자열의 색을 설정하는 것으로 기본값은 `green`.

filecolor 내부의 파일을 연결하는 경우 문자열의 색을 설정하며 기본값은 magenta.

menucolor Acrobat의 메뉴의 색을 설정하며 기본값은 red.

runcolor 링크된 곳을 누를 때 색을 설정하는 것으로 기본값을 filecolor.

urlcolor URF 색을 설정하며 기본값은 cyan.

frenchlinks 칼라 링크 대신 작은 캡 사용을 설정하는 것으로 기본값은 false.

17.5.3.5. PDF 문서 디스플레이 옵션들

PDF 파일의 출력형태를 설정하는 옵션 이다. 또한 PDF 파일 출력에 관련된 옵션으로

bookmarks Acrobat의 북마크 설정으로 기본값은 false. 북마크는 PDF 파일에 제목, 장, 절 등을 작은 표의 목록으로 만들어 이것을 누르면 해당 장이나 절로 이동하는 기능을 제공한다. 북마크 피일은 확장자가 .out로 저장되며 이 파일은 LaTeX 파일을 컴파일한 결과로 만들어졌다. 한글로 쓴 장이나 절은 북마크에서 글자가 깨지는 현상이 발생하며 MiKTeX나 KC2008에서 제공하는 dvipdfmx 명령을 사용하면 해결할 수 있다고 알려져 있다. 그림 17.1의 PDF 파일은 pdflatex로 만들었으며 화면 왼쪽에 북마크가 보이며 한글로 작성된 절은 글자가 깨져서 보인다.

bookmarksopen PDF 파일을 열 때 모든 장과 절을 펼쳐보이도록 북마크 디스플레이 형태를 설정하는 것으로 그림 17.1에 북마크가 펼쳐진 것이 보이며 기본값은 false.

bookmarksopenlevel PDF 파일을 열 때 북마크 디스플레이 레벨을 설정한다.

bookmarksnumbered 북마크를 열었을 때 북마크에 절 번호를 포함하도록 설정하며 기본값은 false.

bookmarkstype 북마트 스타일을 지정하는 것으로 그림 17.1의 내용이 기본값인 toc이다.

CJKbookmarks CJK 언어로 북마크를 설정하는 것이며 기본값은 false. CJK 언어는 Chinese, Japanese, Korean의 약어로 중국어, 일본어, 한국어로 북마크를 설정한다. 이 북마크 언어설정이기 때문에 unicode 언어설정과 동시에 사용할 수 없다.

pdfhighlight 링크 버튼을 선택하였을 때 행동으로 */I*는 배경색과 글자색이 서로 바뀌는 반전, */N*은 설정값이 없고, */O*는 테두리에 효과가 설정되며 /P는 하이라이팅이 삽입된다. 기본값은 */I*.

citebordercolor 하이퍼링크 된 참고문헌 참조의 문자열 테두리의 색을 설정하는 것으로 기본값을 RGB(0,1,0).

filebordercolor 하이퍼링크 된 파일 참조의 테두리 색을 설정으로 기본값은 RGB(0,0.5,0.5).

linkbordercolor 보통 하이퍼링크 테두리의 색을 설정하는 것으로 기본값은 RGB(1,0,0).

menubordercolor Acrobat의 메뉴 하이퍼링크 테두리의 색을 설정하는 것으로 기본값은 RGB(1,0,0).

urlbordercolor URL 하이퍼링크 테두리의 색을 설정하는 것으로 기본값은 RGB((0,1,1).

runbordercolor 링크를 클릭할 때 테두리의 색을 설정하는 것으로 기본값은 RGB(0,0.7,0.7).

pdfborder 하이퍼링크의 테두리 스타일을 설정하는 것으로 기본값을 1pt로 설정된다.

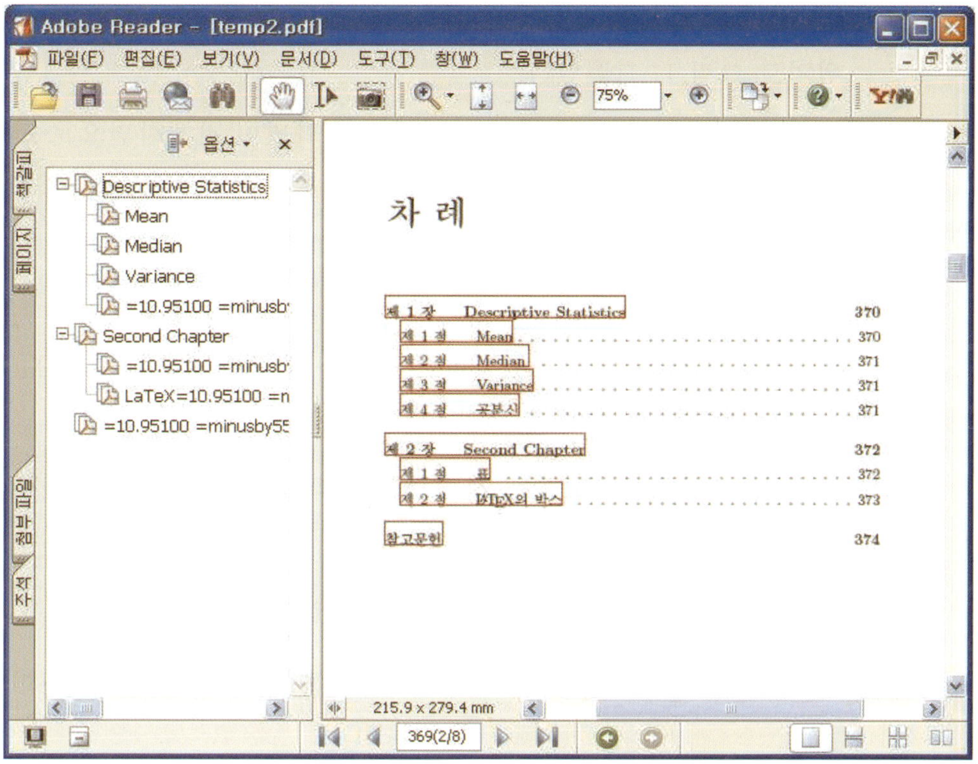

그림 17.1: hyperref로 만든 PDF 파일(716면의 예제 파일)

17.5.3.6. PDF 디스플레이와 정보 옵션들

이 옵션들은 PDF 파일의 출력과 PDF 파일제목, 부제목, 저자 등 정보를 제공한다.

baseurl PDF 파일의 기본 URL 설정한다.

pgfpagemode Acrobat 파일을 열 때 페이지 형태를 지정하는 것으로 사용할 수 있는 값들은 다음과 같다.

UseThumbs Thumbnails 형태로 왼쪽화면에는 페이지 화면이 오른쪽에는 파일내용이 위치한다.

None 은 설정값이 지정하지 않는다.

UseOutlines 왼쪽화면에는 **북마크** 화면이 오른쪽에는 파일내용이 위치로 그림 17.1에 있다.

FullScreen 파일이 시작할 때 프리젠테이션 화면이 전체화면으로 된다.

pdftitle PDF 파일의 제목 설정하며 입력값은 문자열이다.

pdfauthor PDF 파일의 저자 설정하며 입력값은 문자열이다.

pdfsubject PDF 파일의 부제목 설정하며 입력값은 문자열이다.

pdfcreator PDF 파일 최초로 만든 사람을 설정하며 입력값은 문자열이다.

pdfproducer PDF 파일을 만든 사람을 설정하며 입력값은 문자열이다.

pdfkeywords PDF 파일의 키워드의 정보을 설정하며 입력값은 문자열이다.

pdfview PDF 파일을 보는 것에 대한 기본값 설정하며 입력값은 문자열이다.

pdfstartpage PDF 파일을 열 때 시작하는 페이지를 설정하는 것으로 입력값은 숫자이고 기본값은 `1`.

pdfpagescrop PDF 파일의 crop box를 설정으로 입력값은 네 개의 숫자이다.

pdfcenterwindow 화면 가운데에서 문서의 위치를 설정하는 것으로 입력값은 `boolean`이고 기본값은 `false`.

pdfdirection 방향 설정으로 입력값은 문자열이고 기본값은 비어있다.

pdfdisplaydoctitle 제목표시줄에 파일이름 대신 문사의 제목을 사용하는 것으로 입력값은 `boolean`이고, 기본값은 `false`.

pdfduplex 프린트 창에서 용지 핸들링 옵션으로 입력값은 문자열이고 기본값은 비어있다.

pdffitwindow 문서 창 크기를 변경하였을 때 문서의 글자크기가 창에 맞게 조절할 수 있도록 설정하는 것으로 기본값은 false.

pdflang PDF 파일의 언어 설정으로 입력값은 문자열이고 기본값은 비어있다.

pdfmenubar PDF 뷰어 파일의 메뉴바가 보이도록 설정하는 것으로 입력값은 boolean이고 기본값은 true.

pdfnewwindow PDF 파일에서 새로운 PDF 파일을 연결하여 열 때 새로운 창에서 파일이 열리도록 설정하는 것으로 기본값은 false.

pdfnonfullscreenpagemode PDF 파일의 페이지 모드를 전체화면 모드에서 벗어나도록 실정 boolean 값을 입력한다.

pdfnumcopies 복사할 장수를 설정하는 것으로 정수를 입력한다.

pdfpagelayout PDF 파일의 페이지 레이아웃을 설정하는 것으로 문자열을 입력한다.

pdfpagelabels PDF 파일의 페이지 레이블 설정으로 입력은 boolean이고, 기본값은 true.

pdfpagetransition PDF 파일의 페이지 변경 스타일 설정하는 것으로 입력값은 문자열이고 기본값은 비어있다.

pdfpicktrackbypdfsize 프린트의 창에 대한 옵션을 설정하는 것으로 입력값은 문자열이고 기본값은 비어있다.

pdfprintarea 뷰어의 페이지 영역을 설정하는 것으로 입력값은 문자열이고 기본값은 비어있다.

`pdfprintclip` PrintClip의 설정으로 입력값은 문자열이고 기본값은 비어 있다.

`pdfprintpagerange` 프린트페이지 영역을 설정하는 것으로 입력은 두 자연수이고 기본값은 비어있다.

`pdfprintscaling` 프린트 대화창에 페이지 크기 옵션 설정으로 입력값은 문자열이고 기본값은 비어있다.

`pdftoolbar` PDF의 툴바를 보이게 할 것인지 설정하는 것으로 입력값은 `boolean`이고 기본값은 `true`.

`pdfviewarea` 뷰어에서 보이는 영역을 설정하는 것으로 입력값은 문자열이고 기본값은 비어있다.

`pdfviewclip` 뷰어의 ViewerClip을 설정하는 것으로 입력값은 문자열이고 기본값은 비어있다.

`pdfwindowui` PDF에서 User Interface가 보이도록 설정하는 것으로 입력값은 `boolean`이고 `false`.

`unicode` PDF 파일의 문자열을 유니코드로 인코드하는 것으로 입력값은 `boolean`이고 기본값은 `false`.

17.6. dvips와 GhostScript, GSview

그림 파일은 여러 가지 형식이 있으나 PostScript는 컴퓨터 언어 형식으로 만들어진 그림 파일이며 이 파일은 JPEG, BMP, PNG 등의 그림 파일과 달리 텍스트 파일이다. 따라서 PostScript 언어를 이해하는 사람은 이 파일의 내용을 `notepad++`나 `vi`, `emacs` 등의 문서 편집기를 사용하여 내용을 직접 수정할 수도 있다.

PostScript가 한때 그림형식의 대표주자였기 때문에 LaTeX 관련된 문서 편집에서 그림은 많은 경우에 PostScript 그림을 지원하였고, 현재까지도 이런 경향은 마찬가지이다. PostScript 형식의 그림을 LaTeX 문서에 삽입하는 방법은 제18장, 다른 형식의 그림을 PostScript 형식으로 변환하는 것은 18.14.1절의 `GraphicMagick` 등을 참고하기로 한다.

17.6.1. dvips란?

CTAN 등에서 얻을 수 있는 공개 프로그램인 `dvips`는 LaTeX의 출력인 `.dvi` 파일을 PostScript나 Encapsulated PostScript 형식으로 바꾸어 주는 `dvi` 구동자이다. 사용법은

```
% dvips [options] file.dvi
```

인데 옵션에는 표 17.1에 주어진 것이 있다. 예를 들어 `test.tex`을 이용하여 만든 `test.dvi`를 5면에서 시작하여 세 면을 `.eps` 파일로 받으려면

```
% dvips -p5 -n3 -E1 test
```

로 명령한다. 옵션 `A`와 `B`는 `\documentclass`의 옵션이 `twoside`일 경우에 유용한 옵션이다. 양면 인쇄이므로 홀수면 만 먼저 인쇄하고 짝수면은 그 종이를 다시 프린터에 뒤집어 넣어서 짝수면 만 인쇄할 수 있기 때문이다.

17.6.2. dvips의 설정 파일

`dvips`의 설정은 `/texmf`가 TDS(TeX Directory Structure)에서의[3] 최상위 디렉토리라고 할 때

```
/texmf/dvips/config
```

[3] TeX에 설치되는 파일은 일정한 규칙을 가지고 특정한 폴더에 설치하도록 하고 있으며 이러한 TeX의 디렉토리 구조를 TDS라고 한다.

표 17.1: 자주 사용하는 dvips의 커맨드 라인 옵션

옵션	옵션의 내용
c #	# 매수 만큼의 사본. 세 면짜리이면 1 2 3 1 2 3면이 순서대로 출력됨
l #	# 마지막 면의 면수
n #	# 최대허용 매수
o file	출력을 file에 저장
p #	첫 면의 쪽수
r*	*가 0이면 정상 순서로, 1이면 원래의 역순으로 인쇄.
A	홀수 면 만 출력 (양면인쇄용)
B	짝수 면 만 출력 (양면인쇄용)
C #	# 만큼의 사본. 세 면짜리이면 1 1 2 2 3 3 면이 순서대로 출력됨
D #	해상도를 #(DPI)로 출력
E*	*가 1이면 Encapsulated PostScript로 출력하고 0이면 PostScript로 출력한다. 이 옵션이 주어지지 않으면 0 을 사용한다.
O	출력의 위치 조정. 프린터에 따라 출력을 좌우 또는 상하로 조정할 경우가 있다. 가로 세로의 값을 , 를 사이에 두고 준다.
T c	출력할 종이의 크기 c는 콤마(,)로 준 가로 세로 길이. 예 7in,25cm
X #	수평 해상도를 #로 함.
Y #	수직 해상도를 #로 함.

에 config.ps 파일에 설정되어 있다.

dvips의 인쇄용지 설정이 US letter 크기로 잡혀있는 경우가 있기 때문에 A4 용지에 인쇄하면 출력이 오른쪽으로 치우쳐 보이는 경우가 있는데 (프린터에 따라 왼쪽) 이를 바로 잡으려면 파일에서 다음 부분을 찾아 * 를 없애주고

```
*@ a4size 210mm 297mm
*@+ %%PaperSize: a4
```

그 바로 다음의

```
@ letterSize 8.5in 11in
@+ %%PaperSize: Letter
```

를

```
*@ letterSize 8.5in 11in
*@+ %%PaperSize: Letter
```

로 바꾼다.

요즘은 600DPI 급 레이저 프린터가 많은데, 일부 dvips의 경우에는 300DPI로 .ps 파일이 만들어지게 되어 있으므로[4] 이를 조정하기 위해서는 D 옵션을 이용한다.

> **참고** : 위와 같이 A4 용지로 바꾼 후에도 프린터에 따라 dvips에서 만든 .ps 파일의 출력이 항상 어느 쪽으로 치우치는 수가 있다. 이런 경우에 -O 옵션을 쓴다. 이런 경우
>
> `dvips -O0cm,-2cm test`
>
> 와 같이 명령하면 항상 위로 2cm 올려서 출력하기 때문에 아래로 치우친 출력을 교정할 수 있는 예이다.
>
> 이와 같은 명령은 batch 파일에 (예 dvips.bat) 미리 넣어 두면 매번 입력하는 수고를 덜 수 있다. dvips의 실행파일은 MiKTEX의 경우
>
> `C:/texmf/miktex/bin/dvips.exe`

이다.

[4] 300DPI의 .ps 파일을 600DPI 급 레이저 프린터 바로 인쇄하면 1/4 크기로 출력된다.

17.6.3. dvips와 Ghostscript, GSview

.dvi 파일을 dvips를 이용하여 PostScript로 변환한 후 이를 화면에서 보기 위해서는 그림 파일을 볼 수 있는 프로그램을 사용하면 되나 일부 프로그램에서는 PostScript를 지원하지 않기 때문에 LaTeX 사용자에게 유용한 Ghostscript와 윈도우용 프로그램인 GSview를 소개하고자 한다. 이들 프로그램은

http://pages.cs.wisc.edu/~ghost/

에서 얻을 수 있다.

윈도우 사용자의 경우 GSview를 사용하려면 Ghostscript를 먼저 설치하여야 하는데

gs863w32.exe 32bit 설치 파일

gs863w64.exe 64bit 설치 파일

중의 하나를(대부분 32bit) 실행하면 설치된다. Ghostscript를 설치하였으면 이제 GSview를 설치하는데 Ghostscript의 경우와 마찬가지로

gsv49w32.exe 32bit 설치 파일

gsv49w64.exe 64bit 설치 파일

중의 하나를 설치한다. GSview가 설치될 때 Ghostscript가 설치된 것을 확인하므로 반드시 같은 bit의 Ghostscript를 먼저 설치하여야 한다.

그림 17.2는 Ghostscript가 설치될 때 포함된 tiger.eps 파일을 GSview의 화면에서 띄운 것이다.

주의 : Ghostscript가 \Prgram Files\gs라는 이름의 디렉토리에 설치되지 않았거나 폰트가 \Program Files\gs\fonts 디렉

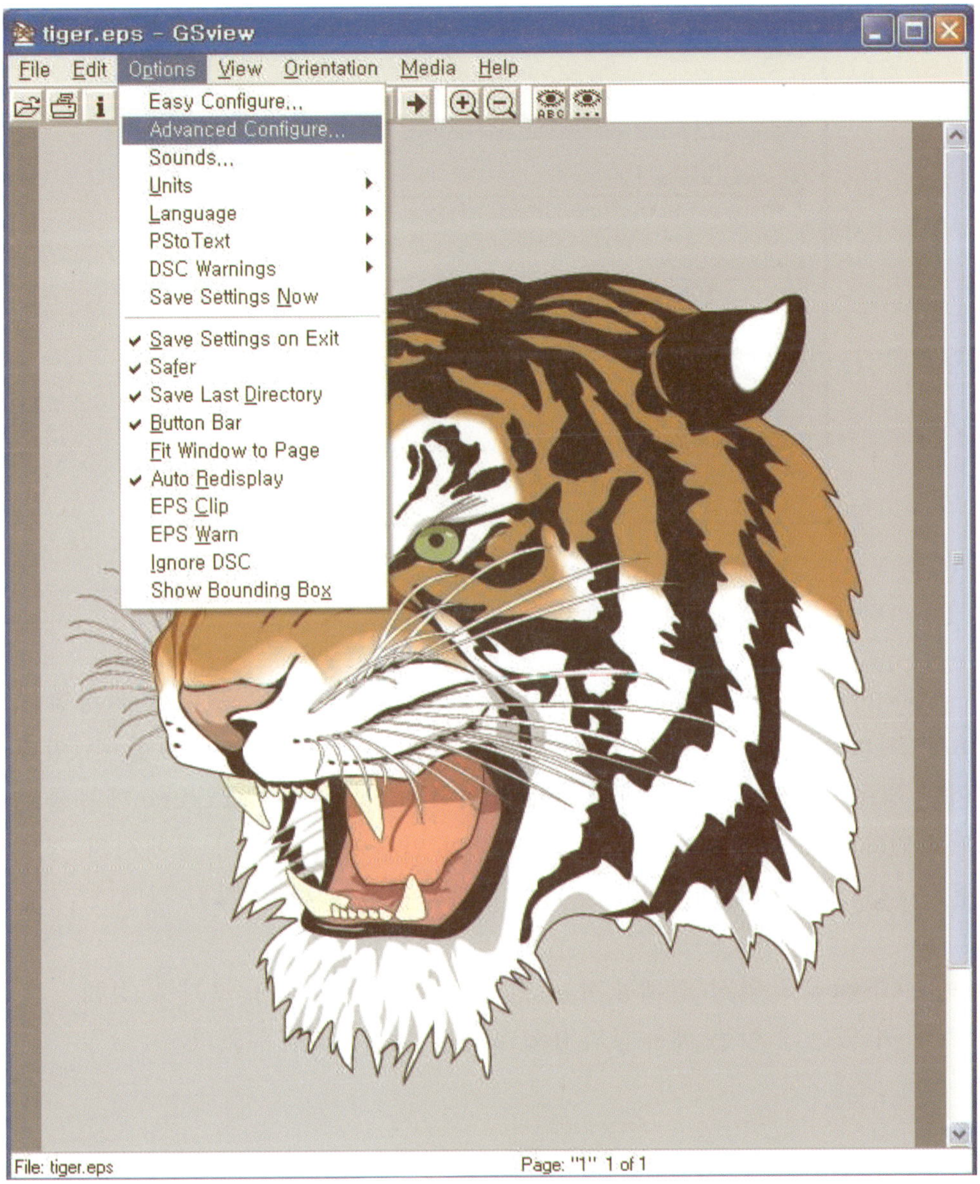

그림 17.2: Ghostview의 한 장면

토리에 있지 않으면 않으면 폰트를 찾지 못하는 경우가 있으므로 Ghostscript를 설치할 때는 기본적인 경로에 설치하는 것이 좋다.

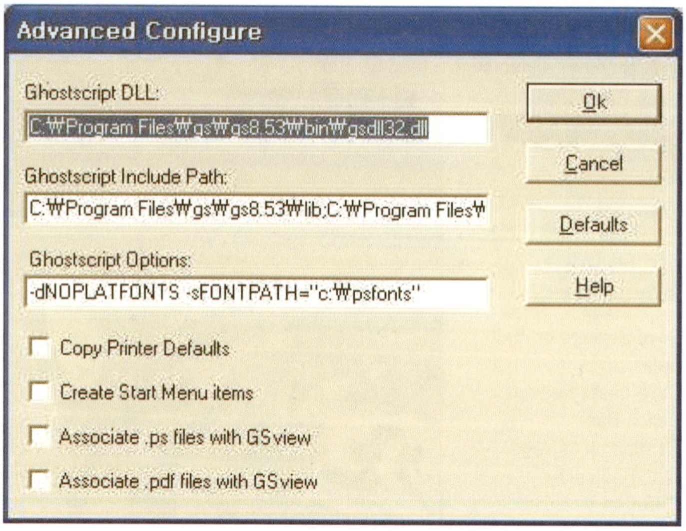

그림 17.3: GSview 설정

GSview는 설치될 때 Ghostscript를 찾아서 설정되므로 따로 설정할 필요가 거의 없지만 가끔 폰트 등이 따로 설치되는 경우 등이 있을 수 있다. 이런 경우 GSview의 메뉴에서 `Options` → `Advanced Configure` 메뉴를 선택하면(그림 17.2) 그림 17.3와 같은 창이 만들어지므로 이 창에서의 경로, 폰트 디렉토리 실행 파일등이 이 맞게 주어졌는지 확인한다.

> GSview도 역시 인쇄용지는 미국 규격인 US letter 크기로 정해져 있는데 이는 메뉴창의 `Media`에서 A4로 바꿀 수있다.

제 18 장

그림 파일을 LaTeX에 포함하기

제 12장에서는 LaTeX의 기본 환경 picture 환경을 이용하여 그림을 그리는 경우를, 제14장에서는 pgf 패키지를 이용하여 필요한 그림을 그리는 경우를, 제16장에서는 LaTeXCAD를 이용하여 그림을 그려 LaTeX의 picture 환경에 의해 그림을 LaTeX에 불러들이는 경우에 대하여 알아보았다. 이 경우의 그림은 별도의 스타일 파일이 필요할 수도 있기는 하지만 그림의 내용이 LaTeX 명령이었다.

이 장에서는 LaTeX에 포함할 그림이 디지털 카메라, 포토샵, GIMP 등으로 만든 JPEG, BMP, PNG, GIF 등의 그림이거나, R 언어나 Splus, SAS 등의 프로그램에서 생성된 (Encapsulated) PostScript 그림인 경우에 대해서 알아보기로 하자.

외부에서 만든 그림은 그림의 형식이 PostScript 또는 Encapsulated PostScript인 경우는 MiKTeX의 YAP이나, KC2008의 dviout 등을 포함하여 많은 DVI 구동자가 일부분 처리해 주지만[1] JPEG, PNG, BMP 등의 이진 파일 형식은 그림은 대부분의 DVI 구동자가 이를 직접 처리하지 못한다. PDF, JPG, PNG 타입의 그림은 pdflatex 으로 컴파일 하면 18.10절의 방법으로 그림을 넣을 때 인식된다.

[1] 이 경우에도 DVI 구동자를 설정해 주어야 하는 경우가 많다.

DVI 구동자에 특별한 명령을 처리하여야 할 경우를 대비하여 TeX의 최초 개발자인 Knuth는 `\special`이라는 TeX 명령을 마련해 두었다. `\special` 명령은 DVI 구동자에서 처리할 명령이며 TeX의 컴파일 과정에서는 무시되며 주로 그림을 처리하는 목적으로 많이 사용되었다.

최근에는 `graphics`나 `graphicx` 패키지의 `\includegraphics` 명령에 의해 그림이 처리되는 것이 일반적이다. TeX 또는 LaTeX의 출력인 DVI는 DeVice Independent에서 따온 말이며 기본적으로 장치(device)와 무관하도록 되어 있지만 외부 그림은 장치 의존(device dependent)하다는 것을 이해하면 이 장에서 소개하는 내용이 필요한 이유를 이해할 수 있을 것이다.

외부에서 만든 그림을 LaTeX에 포함하는 것이 장치 의존적이기 때문에 그림을 포함하는 방법은 사용하는 DVI 구동자(장치)에 따라서 달라진다. 즉, MiKTeX의 YAP 사용자인 경우, `dvips` 사용자인 경우, `pdflatex` 또는 KC2008의 `dviout`을 사용자의 경우 등에 따라서 그림을 포함하는 방식이 달라진다.[2]

이 장에서는 그림을 단순히 포함하는 것 뿐 아니라 그림을 변형하거나 그림의 위치를 조정하는 패키지 등에 대해서도 알아보고, GNUplot을 사용하여 LaTeX 형식의 그림을 별도의 파일로 얻는 방법에 대해서도 알아보기로 한다.

18.1. 잘라 붙이기

가장 원시적인 방법이긴 하지만 가장 빠른 방법이기도 한 이 방법은 그림이 차지할 만큼의 공간을 미리 비워 놓았다가 그 자리에 그림을 오려 붙이는 것이다. 이 방법의 장점은 어떤 그림이나 사진도 사용할 수 있다는 것이다.[3] 예를 들어 그림의 높이가 5cm이고 이 그림의 제목이 "오려 붙일 그림"

[2]모든 DVI 구동자에서 달라지는 것이 아니고 때로는 같은 형식을 서로 지원하여 서로 다른 장치에서 동작하기도 한다.

[3]스캐너를 이용하여 뒤에서 설명할 그림파일 형식으로 저장하면 오려 붙이지 않고서도 모든 그림을 LaTeX에 불러들일 수 있다.

```
그림을 오려 붙일 자리
```

그림 18.1: 오려 붙일 그림

이라면 아래와 같이 5cm를 비운 다음 이 공간에 그림을 오려 붙이면 된다. 그림 18.1은 아래 명령의 결과이다.

```
\begin{figure}
\vspace{1.5cm}
\centerline{\fbox{그림을 오려 붙일 자리}}
\vspace{1.5cm}
\caption{오려 붙일 그림\label{abc}}
\end{figure}
```

18.2. \includegraphics 명령

문서를 만들다 보면 LaTeX이 아닌 다른 프로그램이나 스캐너로 만든 외부 파일에 따로 저장한 그림을 출력하고자 할 때가 있다. `\includegraphics` 명령은 이러한 그래픽 파일을 LaTeX 출력에 불러들이는 명령이다. 이 명령은 `graphics`나 `graphicx` 패키지에서 제공된다. 그림 파일 *file*을 LaTeX에 포함시키려면 다음과 같이 명령한다.

```
\includegraphics[options]{ file }
```

그림 18.2: \includegraphics 명령으로 부른 그림

라고 하면 된다. *option*은 graphics 패키지에서는 인식하지 못하며 옵션을 줄 때는 graphicx 패키지을 사용하여야 한다. 그림 18.2은 \includegraphics 명령으로 .eps 파일로 된 그림을 불러들인 예이다. 이 그림을 만들기 위한 명령은 다음과 같다.

```
\begin{figure}[t]
\centering\includegraphics{images/house.eps}
\caption{\includegraphics 명령으로 부른 그림
  \label{fig:texgr}}
\end{figure}
```

18.2.1. 그림의 폭과 높이를 바꾸는 설정

\includegraphics 명령의 옵션에 길이나 폭을 설정하면 그림의 원래 크기에 상관없이 지정된 크기로 그림을 불러온다. 그림의 크기 조절은 graphicx 패키지에서 지원되므로 이 패키지를 사용하여야 한다. \includegraphics 명령의 옵션은 [] 사이에 설정하여 포함할 그림 크기 설정은 다음과 같이 포함할 그림의 폭과 높이를 지정한다.

그림 18.3: \includegraphics 명령의 그림 크기 조절

```
\includegraphics[width=wd, height=ht]{file}
```

여기서 *wd*는 그림의 폭, *ht*는 그림의 높이이며 *file*은 그림 파일의 이름이다. width나 height는 둘 중에 하나만 설정할 수도 있는데 width(height)만 설정될 경우 height(width)는 원래 그림의 가로 세로에 비례하게 자동으로 정해진다. 그림 파일이 현재의 작업 디렉토리가 아닌 곳에 있을 때 경로 구분은 Unix 스타일인 /로 한다. 예를 들어 그림 18.3는 다음의 명령으로 만들어진 것이다.

```
\centerline{
      \includegraphics[width=9.6cm, height=6cm]{house.eps} }
```

18.2.2. 그림의 축소 및 확대

그림의 크기를 원래 그림의 배율을 지정할 수 있는 옵션도 있다. 이 옵션은 scale이며 다음과 같이 사용한다.

```
\includegraphics[scale=scale]{file}
```

여기서 *file*은 불러들일 파일의 이름이며 *scale*은 그림의 배율이다. 이 값이 1이면 원래 크기이며, 1보다 작으면 축소, 크면 확대이다. 사용 보기는 492면의 그림 18.27 및 493면의 그림 18.28이다. 또한 20.2절에서 `scale` 옵션이 사용되었다.

18.3. \includegraphics* 명령

`\includegraphics*` 명령은 `\includegraphics` 명령과 사용법이 같게

```
\includegraphics*[options]{ file }
```

로 사용하면서 *options*에 `width`, `height` 및 `scale`을 사용하면 *가 없는 `\includegraphics` 명령과 같은 결과를 얻을 수 있다. *가 붙은 이 명령의 또 다른 사용법으로

```
\includegraphics*[llx, lly][urx, ury]{ file }
```

로 두 개의 옵션을 주면 주어진 *file*의 왼쪽 아래의 좌표와 오른쪽 아래의 좌표가 각각 (*llx,lly*) 및 (*urx,ury*)로 이루어진 사각형으로 이루어진 그림의 일부분만 불러들인다. 그림 18.4는 그림 18.2의 일부만 오려 넣은 것이다. 그림 18.4를 만든 명령은

그림 18.4: graphics 패키지를 이용한 그림

```
\begin{figure}[t]
\caption{\texttt{graphics} 패키지를 이용한
                그림 \label{fig:texgr2}}
\centering \includegraphics*[80pt,50pt][280pt,110pt]
                                        {images/house.eps}
\end{figure}
```

이다. 그림 18.4에서 보는 것처럼 오려 붙일 그림의 왼쪽 아래의 x, y 좌표와 오른쪽 위의 x, y 좌표를 준다.[4] 여기서 PostScript 나 Encapsulated PostScript 그림인 경우 파일의 첫 부분에 다음과 같이 그림의 크기가 pt 단위(1pt=1/72 inch)로 주어져 있기 때문에 어느 부분을 자를 것인지 결정하고 나면 x, y 좌표는 쉽게 구할 수 있다.

```
%%BoundingBox: 0 0 360 166
```

여기서 처음 두 숫자 0 0은 그림의 왼쪽 아래의 (x, y) 좌표이고 그 다음 두 숫자(360 166)는 오른쪽 위의 (x, y) 좌표이다.

\includegraphics* 명령의 또다른 사용 방법은 Bounding Box를 설정하여 그림의 일부분만 잘라 오는 것이다. 사용 방법은

> \includegraphics*[bb=*llx lly urx ury*]{*file*}

[4]PostScript의 기준 좌표는 왼쪽 아래의 좌표가 (0,0)이다. 이는 최신의 그래픽에서는 왼쪽 위의 좌표가 (0,0)인 것과는 차이가 있다. \epsfig의 clip과 bbllx 등 참고.

이며 여기서 *llx lly urx ury*는 순서대로 그림을 잘라올 부분의 왼쪽아래(lower left)의 x, y 및 오른쪽 위(upper right)의 x, y 좌표이며[5]

그림의 일부분만 잘라 붙일 경우에도 그림의 크기 설정할 수 있는데, `\includegraphics` 명령에서 본 `height`, `width` 등을 추가적인 옵션으로 줄 수 있다. 예를 들면

```
\includegraphics*[bb=llx lly urx ury, width=wd, height=ht]{file}
```

로 사용할 수 있는데 이는 (*llx, lly*)와 (*urx,ury*)로 만들어지는 사각형의 그림부분만 잘라와서 그 크기를 폭 *wd*, 높이 *ht*만큼으로 만들라는 것이다. 다음 명령의 결과는 그림 18.5이다.

```
\includegraphics*[bb=80 50 280 110, width=0.434\textwidth,
                 height=.3\textwidth] {images/house.eps}
```

또다른 보기로 111면의 그림 4.1는 `10pt`로 만든 다음 LaTeX 명령의 결과를 PostScript로 저장한 후

```
\documentclass{article}
\begin{document}
$\Biggl\{\biggl\{\Bigl\{\bigl\{ \{ \}\bigr\}\Bigr\}
 \biggr\}\Biggr\}$
\end{document}
```

[5]PostScript 그림에서 잘라내기 원하는 위치의 좌표를 찾기 위해서는 17.6.3절에서 소개하는 GSview를 사용하여 마우스를 그림위에 올리면 그림의 아래쪽에 좌표가 나타나므로 쉽게 확인할 수 있다.

그림 18.5: \includegraphics* 명령의 그림 크기 조절

일부만 다음 명령

```
\centerline{
\includegraphics*[bb=147 672 216 713]{./images/mathtmp.ps} }
```

으로 불러온 것이다.

18.4. 그림의 경로와 \graphicspath 명령

LaTeX 문서에 그림을 포함하고자 할 때 경우에 따라서는 그림의 수가 많을 수 있다. 이런 경우에는 그림을 따로 특정한 디렉토리에 넣는 것이 편리한데 \includegraphics 명령을 사용할 때는 매번 그 경로를 사용해야 하는 불편함이 있다. 이런 경우 \graphicspath 명령 또는 \includegraphics 명령으로 그림을 포함하고자 할 때 그림이 있는 경로를 미리 지정해 둘 수 있다. 이 명령의 사용법은

```
\graphicspath{{path1}{path2}···{pathn}}
```

으로 그림의 경로를 알려줄 수 있다. 예를 들어 그림이 있는 디렉토리가 현재의 디렉토리 기준으로 images, eps, jpeg이라면

```
\graphicspath{{./images/}{./eps/}{./jpeg/}}
```

으로 설정한다. 이와 같이 설정한 후[6]

```
\includegraphic{mypicture.jpg}
```

라고 하면 현재의 디렉토리에 그림이 없더라도 images, eps, jpeg 디렉토리에서 그림을 찾게 된다.

18.5. epsfig을 이용하기–PostScript 파일

epsfig는 graphics에 포함되어 있는 패키지의 하나인데 이전의 Trevor J. Darrell이 만든 LaTeX 매크로 프로그램인 psfig.tex을 확장한 것이다. psfig.tex은 PostScript 파일만을 지원하나 epsfig 패키지는 PostScript와 Encapsulated PostScript 파일을 모두 지원하여 LaTeX에 불러들일 수 있는 패키지이다. 이 절에서는 매크로 파일인 psfig.tex나 epsfig 패키지를 이용하여 PostScript 파일을 LaTeX으로 불러들이는 방법에 대해서 알아보자.

그림 18.6는 스캐너를 이용하여 그림을 복사한 후 PostScript 형식 파일 hallymboy.ps로 저장한 것을 LaTeX에서 epsfig 클래스를 이용하여 TeX 파일로 불러들여 인쇄한 것이다. 이를 위해서는 먼저 psfig.tex 또는 epsfig 패키지가 불려들여져야 한다. 이 명령은 LaTeX파일의 첫 부분에 넣어두면 편리한데 저자는 주로 \begin{document} 전에 아래와 같이

```
\usepackage{epsfig}
```

를 넣는다. 만일 psfig.tex을 사용한다면

```
\include{psfig}  또는 \input psfig
```

[6]여기서 .은 현재의 경로를 의미한다.

라고 명령한다.[7] \psfig 명령이나 \epsfig 명령의 사용법은

```
\epsfig{file=, figure=, height=, width=, bbllx=,
             bblly=, bburx=, bbury=, rheight=,
             rwidth=, clip=, angle=, silent=}
```

와 같으며 표 18.1에는 \epsfig 명령에서 사용할 수 있는 매개변수들을 요약하였다. 여기서 PostScript의 BoundingBox는 PostScript에서 정해 준 그림의 크기를 PostScript 단위로 왼쪽(left) 아래(lower)와 오른쪽 위 모서리의 x, y의 좌표이다.(여기서 bbllx 는 Bounding Box Lower Left x의 영문 머릿글을 딴 것이다.) PostScript의 한 단위는 약 1/72 인치이다.

크기를 정해주는 변수인 width나 height는 위의 예에서처럼 둘 다 명시할 수도 있고 둘 중의 하나만 명시할 수도 있는데 그런 경우에는 명시되지 않은 쪽의 크기는 명시된 쪽의 크기에 따라 자동으로 같은 비율로 축소 혹은 확대된다. (18.6절의 \epsfxsize및 \epsfysize 참조)

예를 들어 그림 파일 hallymboy.ps가 현재 작업 디렉토리 아래의 images 디렉토리에 있다고 하면 그림이 들어갈 위치에 다음과 같은 명령을 주면 된다.

```
\begin{figure}[htb]
\centerline{ \epsfig{figure=images/hallymboy.ps,width=5in,
                     height=6.7in, silent=} }
\caption{PostScript 그림 hallymboy.ps를 \LaTeX 에서 부른 그림}
\end{figure}
```

여기서 \centerline 명령은 그림의 위치를 좌우 중앙에 두기 위한 명령이며 silent는 psfig에서만 사용한다. width와 height는 그림의 폭과 높이를 정하여 주는 명령인데 원래 그림의 크기와 상관 없이 사용자가 주는 크

[7] psfig.tex을 사용하는 경우 이 장의 설명 중의 모든 \epsfig 대신에 \psfig를 사용하면 된다.

그림 18.6: PostScript 그림 `hallymboy.ps`를 LATEX에서 부른 그림

표 18.1: \epsfig 또는 \psfig에 사용되는 변수

file	figure와 같음 PostScript 파일명을 준다
figure	file와 같음
width, height	그림의 넓이, 높이
bbllx, bblly, bburx, bbury	PostScript 의 BoundingBox
rheight, rwidth	TEX이 생각하는 그림의 크기 그림의 크기가 TEX의 textwidth
clip	그림을 오려서 일부만 붙일 것인지를 말해준다. T 또는 true 이면 그림을 오려 붙이는데 자르는 범위는 위의 bbllx 등에서 주어진 값이다.
angle	그림의 회전 각도
slient	TEX을 수행할 때 아무런 메시지가 없게 함

기로 축소 혹은 확대되어 그림이 만들어진다. 즉 같은 그림을 다음과 같은 명령으로

```
\centerline{\epsfig{figure=images/hallymboy.ps,
                  width=5in, height=3in,angle=45} }
```

그 크기를 달리 주면 그림 18.7과 같이 가로를 길게 하여 파노라마를 만들고 이를 시계 반대 방향으로 45°회전시킬 수도 있고 다음의 명령으로는 그림 18.8와 같이 세로로 길게 늘여 볼 수도 있다.

```
\centerline{\epsfig{figure=images/hallymboy.ps,
                  width=7.62cm,height=17cm}}
```

여기서 hallymboy.ps 파일의 내용은 그림 18.6, 그림 18.7, 그림 18.8나 뒤에 나올 그림 18.9, 그림 18.10 등을 만들면서 조금도 바꿀 필요가 없다.

> 참고: 여기서 한 가지 주의할 점은 폭과 높이를 지정할 때 반드시 그 단위를 써야 한다는 것이다. 이 책에서의 보기들은 그

그림 18.7: PostScript 형식 그림 `hallymboy.ps`를TEX으로: 축소, 회전

림 18.6와 그림 18.7에서는 인치를 사용하였고 그림 18.8에서는 센티미터 단위를 사용하였다. 7.62cm과 17cm은 각각 3inch와 6.7inch의 근사값들이다.

참고 : LATEX 배포판에서 제공하는 DVI viewer 들은 PostScript

그림 18.8: PostScript 형식 그림 hallymboy.ps를 TEX으로; 세로확대

> 파일을 항상 지원하는 것은 아니다. 최근에는 대부분의 DVI 구동자들이 PostScript를 지원하기 시작하였으나 `pdflatex` 등의 PDF 관련 프로그램이나 DVI 구동자가 PS 파일을 지원하지 않는 경우가 많다.
>
> 만일 DVI 구동자가 PS를 지원하지 않으면 `.dvi`를 PS로 바꾸어 주는 `dvips` 등을 사용하여 다시 PostScript로 변환한 후에 PostScript가 지원되는 프린터로 출력하든가 Ghostscript나 GSview 등을 이용하여 컴퓨터 화면으로 보아야 한다. 이들 GSview, Ghostscript 등은 17.6.3절 등을 참고하기로 한다.
>
> `dvips`는 DVI 파일을 PS(PostScript) 또는 EPS (Encapsulated PS) 파일로 바꿔주는 프로그램인데 KC2008이나 MiKTeX 등 대부분의 TeX 프로그램에 포함되어 있다.

`epsfig` 패키지를 이용하여 PostScript 파일을 부르면 TeX에서 다음과 같이

```
File: hallymboy.ps Graphic file (type eps)
<hallymboy.ps>
```

라고 화면에 보여준다. `psfig.tex`은 화면에 다음과 같은 메시지를 출력시킨다.

```
psfig: searching hallymboy.ps for bounding box
psfig: including hallymboy.ps
```

이 과정을 없애 주는 것이 `silent` 옵션이다. 따라서 그림 18.6를 emTeX에 불러들일 때에는 위의 메시지가 나오지 않고 나머지 그림이 불려질 때에는 위의 메시지가 나오게 된다. 여기서 한 가지 주의할 점은 `silent`와 `clip`을 사용할 때는 반드시 "=" 부호를 같이 붙여야 한다는 것이다.

참고 : psfig.tex에서 그림이 잘 들어가지 않을 때에는 그 명령어 안에 있는 공란을 지워 보면 좋은 결과를 얻는 경우가 많다.

18.6. epsf 패키지의 이용 – PostScript 파일

DVIPS에서 얻을 수 있는 epsf.sty 혹은 epsf.tex를 이용하여 PostScript 파일을 LaTeX으로 인쇄하는 방법에 대하여 알아보자. 이를 이용하기 위해서는 먼저 LaTeX파일의 \documentstyle에서 epsf.sty를 다음과 같이

```
\usepackage{epsf}
```

*preamble*에 명령한다. 이 패키지를 사용하면 \epsffile 명령이 제공되며 포함할 그림의 크기, 위치, 회전 등을 위한 명령들이 제공된다. 사용법은

\epsffile{*[e]ps_file*}

이다.

사용예를 먼저 보면서 알아보기로 하자. 그림이 위치할 자리에서 다음과 같은 명령으로 그림을 불러들인다.

```
\begin{figure}
   \epsfxsize=5in
   \epsfverbosetrue
   \epsffile{images/hallymboy.ps}
\end{figure}
```

이상의 명령들은 다음을 하기 위한 것이다.

그림 18.9: epsf를 이용한 그림

- 우선 `\begin{figure}` 명령과 `\end{figure}` 명령은 그림을 지정하기 위한 명령이고
- `hallymboy.ps`는 그림이 들어 있는 PostScript 파일명이다.
- `\epsfxsize` 명령은 그림의 가로크기를 정하는 명령인데 세로크기는 가로크기의 배율에 따라 변한다. 이 경우는 원래 `hallymboy.ps`의 크기에 상관 없이 그림의 가로폭은 4인치가 되고 그 높이는 폭과 같은 배율로 축소 혹은 확대된다.
- 같은 목적의 명령으로 세로크기를 정해주는 명령어로는 `\epsfysize`가 있다.
- `\epsfverbosetrue`는 LaTeX이 그림을 처리할 때 터미널로 그 정보를 알려 주게 하는 명령이다.

위의 명령으로 만들어진 그림은 그림 18.9이다.

18.7. DVIPS의 \special의 이용

마지막으로 DVIPS의 `\special`을 이용한 방법이 있는데 이의 명령은 다음과 같다.

```
\special{psfile=filename.ps key=value}
```

`psfile`에는 PostScript 파일이름을 준다. 사용하는 *key*는 표 18.2에 설명하였다. 이 때 표 18.2에서 `offset`이나 `size`에서의 단위는 LaTeX에서의 pt, 즉 약 1/72인치이다. 다음의 예를 보자.

```
\begin{figure}
```

그림 18.10: DVIPS \special을 이용한 그림

표 18.2: DVIPS \special의 변수들과 그 내용

hoffset	그림의 왼쪽 아래 점의 수평 좌표 (주지 않으면 0 임)
voffset	그림의 왼쪽 아래 점의 수직 좌표 (주지 않으면 0 임)
hsize	그림의 최대폭(정하지 않으면 612)
vsize	그림의 최대높이(정하지 않으면 792)
hscale	가로배율 (100 기준)
vscale	세로배율 (100 기준)
angle	회전각
clip	그림이 종이크기를 넘을 때 넘는 범위 무시

```
  \vspace*{7in}
  \special{psfile=images/hallymboy.ps hoffset=10
          hscale=60 vscale=70}
  \caption{ \texttt{\symbol{92}special} ... }
\end{figure}
```

이 명령에 의하면 그림 파일 hallymboy.ps를 오른쪽으로 10/72인치 옮겨(10pt) 가로 60% 세로 70%로 축소한 그림을 \vspace*{7in}로 만들어진 높이 7인치의 강제 여백에 그린다.

> **참고:** \special{psfile···}을 사용할 때는 그림이 차지하는 공간만큼의 여백을 위에서처럼 사용자가 여백으로 남겨야 한다. 위의 경우 이 공간(7인치)을 \caption 다음에 주지 않으면 그림 주(\caption)나 LaTeX의 다른 내용을 이 그림이 가린다.

위의 명령으로 그려넣은 그림은 448면의 그림 18.10이다. \special은 천연색 그림도 불러들이는 것이 가능하다. 다음에 보는 그림 18.11은 스캐너로 만든 컬러 PostScript 파일인 hallymgirl.eps를 아래 명령으로 불러들였다. 독자는 Ghostscript에 있는 천연색 그림인 tiger.ps나 colorcir.ps 등으로 시도해 볼 수 있을 것이다.

```
\centerline{
\special{psfile=images/hallymgirl.eps hoffset=0 voffset=0
                 hsize=350 vsize=450 vscale=100 hscale=90}}
```

천연색을 지원하지 않는 프린터에서는 흑백으로 그림이 인쇄되기 때문에 여기서는 흑백으로 나타나지만 천연색 PostScript를 지원하는 프린터에서는 천연색으로 인쇄시킬 수 있다. (당연히 Ghostscript에서는 천연색으로 화면에 나타난다.)

18.8. YAP에서의 그림 불러오기

Yet Another Driver에서 머리글을 따온 YAP은 MiKTEX에 기본으로 설치되어 있는 DVI 드라이버이다. YAP의 기본설정은 22.6절을 참고하기로 한다. YAP은 PostScript 형식의 그림은 기본적으로 지원하지만 `rotating` 패키지나 `graphics` 패키지의 회전, 대칭 등의 일부 기능은 지원하지 않는다.

YAP은 오래전에 사용하던 emTEX과 DVIWIN의 `\special`을 지원하므로 일부 예전의 LATEX 파일을 그대로 사용할 수도 있으며 이전 방식의 `\special` 명령을 사용할 수도 있다. 자세한 것은 18.8.4절을 참조하기로 한다.

`bmp` 파일이나 PostScript 그림를 제외한 나머지 그림 파일은 적당한 변환을 한 후에 사용할 수 있게 되어 있는데 이 변환의 설정은 MiKTEX이 `/texmf`에 설치되었다고 할 때 MiKTEX의 버전의 2.4일 경우는

```
/texmf/miktex/config/miktex.ini
```

파일의 `[Graphics]` 부분에 MiKTEX의 버전이 2.7일 경우

```
Program Files/MiKTeX 2.7/miktex/config/yap.ini
```

그림 18.11: Ghostscript의 `hallymgirl.eps`를 LaTeX에서 부른 그림

주어져 있다. 여기서 texmf와 Program Files/MiKTeX 2.7은 각각 버전 2.4와 2.7의 MiKTeX이 설치되는 기본 최상위 디렉토리(루트 디렉토리)이다.

18.8.1. GIF 파일과 PNG 파일

gif 파일은 인터넷에서 보편적으로 사용되는 파일이나 gif의 특허와 관련하여 여러 가지 제약이 있으므로 요즘은 png 파일의 사용을 권한다. png 파일은 gif와 마찬가지로 interlaced 및 transparency를 지원하면서 파일의 크기가 작으므로 인터넷에서 사용이 권장된다. 기존의 gif 파일은 ifranView는

```
http://www.irfanview.com/
http://www.ryansimmons.com/users/irfanview/
http://members.chello.at/irfan.skiljan/
```

등에서 구할수 있는 윈도우 계열 및 유닉스 계열 무료 프로그램이며

gif2png는 는 gif 형식에서 png 형식으로 변환하는 무료 프로그램으로

```
http://gnuwin32.net
```

에서 얻을 수 있다. 이도 역시 윈도우나 유닉스 계열에서 사용할 수 있는 프로그램으로 실행 파일과 또는 소스 파일이 공개된 프로그램이다.

YAP에서 GIF 파일을 보기 위해서는

```
\usepackage{graphicx}
\DeclareGraphicsRule{.gif}{bmp}{}{}%
```

를 PNG 파일을 불러들이기 위해서는

```
\usepackage{graphicx}
\DeclareGraphicsRule{.png}{bmp}{}{}%
```

를 *preamble*에 선언하고 그림이 들어 갈 자리에

```
\includegraphics[width=2in,height=1in]{file}
```

이라고 하면 YAP에서 `file`에 준 이름의 그림 파일을 LaTeX에 불러들일 수 있다. 이렇게 사용하기 위해서는 먼저 MiKTeX을 설정하여야 한다.

18.8.1.1. 이진 파일 그림을 보기 위한 MiKTeX의 설정

MiKTeX이 `/texmf`에 설치되었다고 할 때

- MiKTeX 버전 2.4에서는

  `/texmf/miktex/config/miktex.ini`

  파일에서 `[Graphics]` 항목에 GIF인 경우

  `.gif.bmp=giftopnm %i | ppmtobmp -windows > %o`

  PNG인 경우는

  `.png.bmp=pngtopnm "%i" | ppmtobmp -windows > "%o"`

  가 설정되어 있어야 하는데 이의 의미는 `.gif.bmp`는 `gif` 형식을 `bmp` 형식으로 변환하고 `.png.bmp`는 `png` 형식을 `bmp` 형식으로 변환한다는 의미이며 이 변환의 방법은 GIF 파일의 경우 `giftopnm` 프로그램의 출력을 `ppmtobmp` 파일의 입력으로 사용하여 이를 윈도우에 보여주라는 의미이다. 당연히 PNG 그림의 경우 `pngtopnm` 프로그램의 출력을 `ppmtobmp` 파일의 입력으로 사용하여 윈도우에 보여주라는 의미이다.

- MiKTeX 버전 2.7에서는 위의 두 줄의 내용을

그림 18.12: YAP에서 \includegraphics 명령으로 .gif 파일 부르기

```
% initexmf --edit-config-file=yap
```

이라고 하여 yap.ini 파일의 내용을 수정하여야 한다. 이전에 한 번 도 설정을 변경한 적이 없으면 빈 파일의 내용이 편집기에 뜬다. 버전 2.7에서는 MiKTeX이 설치될 때 생성된 .ini 파일의 직접 수정은 금지되어 있다.

여기서 설정된 세 가지 프로그램 giftopnm, ppmtobmp 및 pngtopnm은 TeX이 \texmf에 설치되었다고 할 때

/texmf/miktex/bin

에 실행파일 형태로 설치되어 있어야 한다. MiKTeX 2.7의 기본 설치 디랙토리는 Program Files/MiKTeX 2.7이다. MiKTeX이 설치될 때 일부는 함께 설치되지만 설치되어 있지 않을 경우 이들 프로그램은 여러 사이트에서 무료로 얻을 수 있는데 예를 들면

http://www.mit.edu/afs/athena/software/windows-graphics/bin/

그림 18.13: YAP에서 `\includegraphics` 명령으로 `.png` 파일 부르기

이다. 이때 주의할 점은 여기서 사용하는 일부 프로그램은 DLL 파일도 함께 요구되는 경우가 있으며 DLL 파일도 위의 사이트에서 함께 제공된다. 예를 들면 `giftopnm.exe`가 `libpbm.dll` 파일을 필요로 하기 때문에 위의 장소에서 이 파일을 내려 받아 `miktex/miktex/bin` 폴더에 저장한다.

18.8.1.2. 그림을 넣기 위한 LaTeX 명령

그림을 입력하기 위해서는 18.2절에서 설명된 `\includegraphics` 명령을 사용한다. 사용하는 방법은 18.2절에서 설명하였으므로 여기서는 그 결과와 해당되는 명령을 보기로 한다.

그림 18.12는 다음의 명령으로

```
\centerline{
   \includegraphics[width=3in, height=2in]{korea.gif} }
```

그림 18.13는 다음의 명령으로

```
\centerline{ \includegraphics[width=3.4in, height=2in]
             {./images/hallymlogo.png} }
```

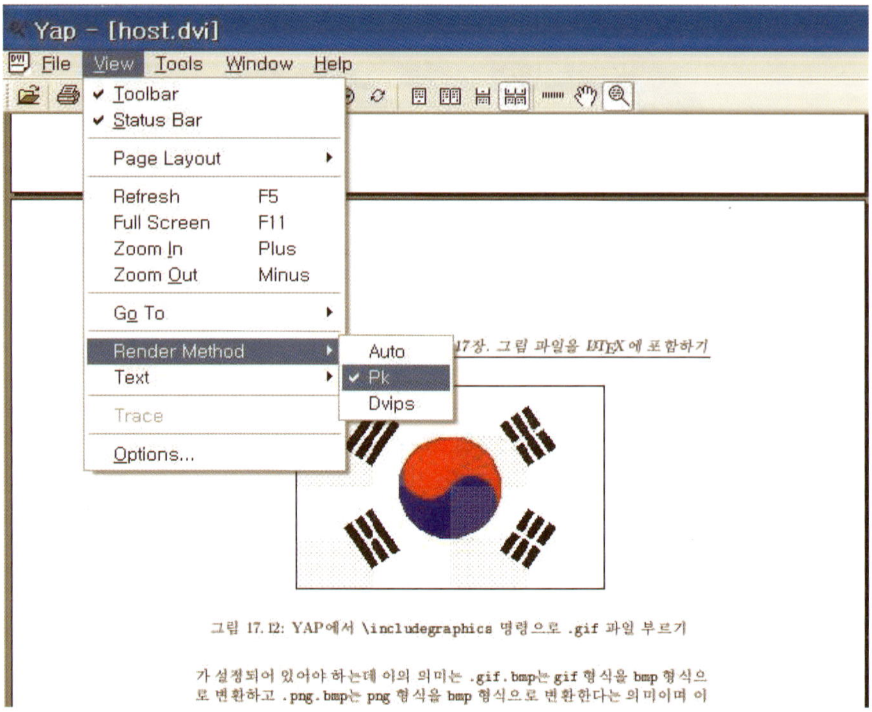

그림 18.14: YAP의 rendering method

만들어진 것이다.

18.8.1.3. YAP에서 그림이 보이지 않을 때 MiKTEX 2.7

MiKTEX 2.7 버전은 2.4와 화면에서 그림을 보여주기 위한 방법을 다르게 하고 있다. MiKTEX2.4의 경우 PostScript 이든 BMP이든 한 번에 화면에 보여주지만 2.7에서는 그림을 보여주는 방법을 사용자가 선택할 수 있도록 하고 있다. 버전 2.7에서 이진 파일 형식의 그림이 보이지 않는 경우 그림 18.14의 화면에서 보이는 `View` → `Render method`를 `Pk`로 바꾸면된다. 그림 22.28의 설정창에서 `Display` 탭을 선택하여 Default render method에서 바꾸어도 같은 결과를 얻을 수 있다. Render Method를 `Pk`로 바꾸게 되면 PostScript 그림 등은 볼 수 없다.

18.8.2. JPEG 파일의 처리

앞에서 본 것과 마찬가지로 먼저

```
\usepackage{graphicx}
\DeclareGraphicsRule{.jpg}{bmp}{}{}%
```

를 *preamble*에 선언하고 그림이 들어 갈 자리에

```
\includegraphics[width=2in,height=1in]{./images/picture.jpg}
```

라고 하면 YAP에서 그림을 볼 수 있다. 이 때 사전 작업으로 MiKTEX 버전 2.4에서는 MiKTEX이 /texmf에 설치되었다고 할 때

```
/texmf/miktex/config/miktex.ini
```

파일에서

```
[Graphics]
.jpg.bmp=jpegtopnm "%i" | ppmtobmp -windows > "%o"
```

과 같이 선언해 주어야 하는데 이의 의미는 .jpg.bmp는 jpg 형식을 bmp 형식으로 변환한다는 의미이며 이 변환의 방법은 jpegtopnm 프로그램의 출력을 ppmtobmp 파일의 입력으로 사용하여 이를 윈도우에 보여 주라는 의미이다.

MiKTEX버전 2.7의 경우는 같은 내용을 18.8.1.1절에서 설명된 initexmf 명령을 사용하는 방법으로 설정을 추가하고 필요한 경우 jpegtopnm 프로그램을 설치하여야 한다. jpegtopnm 프로그램도 여러 사이트에서 무료로 얻을 수 있는데 예를 들면

```
http://www.mit.edu/afs/athena/software/windows-graphics/bin/
```

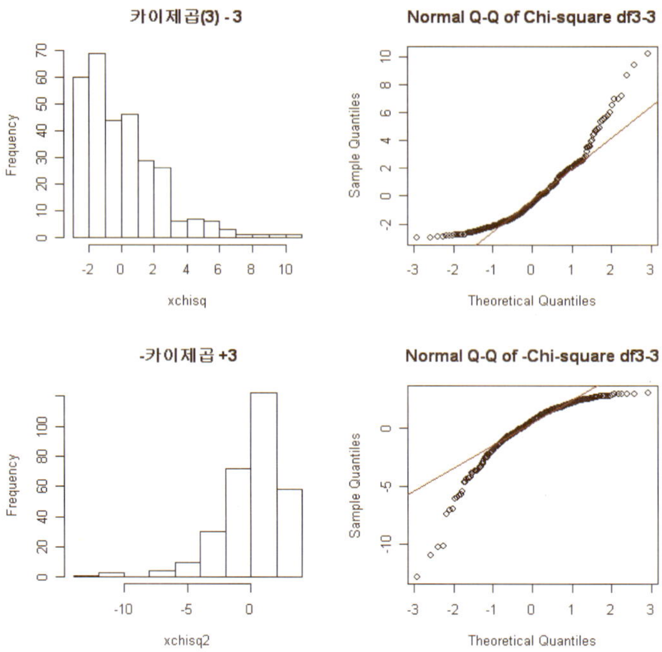

그림 18.15: YAP의 \includegraphics 명령을 이용한 jpg 그림

이다. 이때 주의할 점은 여기서 사용하는 jpegtopnm.exe가 libpbm.dll, libpgm.dll, libpnm.dll, libpgm.dll 및 libppm.dll 파일을 필요로 하기 때문에 같은 장소에서 이 파일을 내려 받아 /texroot/miktex/bin 폴더에 저장한다. 실행 파일이 어떤 DLL 파일을 필요로 하는지는 실행 파일을 직접 실행해 보면 된다. 그림 18.15는 다음의 명령으로 얻어진 것이다.

```
\centerline{
\includegraphics[width=9cm, height=9cm]{./images/qqplot3.jpg} }
```

실제로 \DeclareGraphicsRule 명령의 사용은

```
\DeclareGraphicsRule{.ext}{conv}{bb}{command}
```

인데 *.ext*는 파일의 확장자, *conv*는 변환될 파일형식, *bb*는 Bounding Box로 LaTeX에서 요구하는 그림의 크기, *command*는 변환할 명령이다. 예를 들어

```
\DeclareGraphicsRule{.bmp}{eps}{.bb}{bmeps #1}
```

이라고 한다면 `.bmp`라는 파일의 확장자를 가진 그래픽을 포함하게 되면 `bmeps`라는 명령을 이용하여 `eps` 형식으로 바꾸는데 이때 그림의 크기는 원래 파일 이름(예를 들어 `test.bmp`)에 확장자 `bb`가 붙은(이 경우 파일의 이름이 `test.bmp.bb`임) 경우에 들어 있다는 뜻이다. 따라서 DVI driver는

```
\includegraphics{images/test.bmp}
```

를 만나면 이를 `eps` 형식으로 바꾸어서 처리(화면에 보이든가, 인쇄)하게 된다. PostScript를 제외한 대부분의 그림 파일 형식은 ASCII 형식이 아니라서 bounding box들 따로 줄 수가 없는데 이 경우는 *.bb* 부분은 비워두면 된다. PostScript와 같이 그림 안에 bounding box가 선언되지 않은 그래픽을 사용할 때는 반드시

```
\includegraphics[width=5cm,height=7cm]{test.bmp}
```

와 같이 `width`와 `height`를 설정하거나 `.bb` 파일이 있어야 한다.

18.8.3. PCX 파일

앞에서 본 것과 마찬가지로 먼저

```
\usepackage{graphicx}
\DeclareGraphicsRule{.pcx}{bmp}{}{}%
```

를 *preamble*에 선언하고 그림이 들어 갈 자리에

그림 18.16: YAP에서 \includegraphics 명령을 이용한 .PCX 그림 부르기

```
\includegraphics[width=2in,height=1in]{./images/picture.pcx}
```

라고 하면 YAP에서 그림을 볼 수 있다. 이 때 사전 작업으로 MiKTEX이 /texmf에 설치되었다고 MiK 버전 2.4인 경우

```
/texmf/miktex/config/miktex.ini
```

파일에서

```
.pcx.bmp=pcxtoppm "%i" | ppmtobmp -windows > "%o"
```

를 설정하여야 한다.

MiKTEX 버전 2.7인 경우 기본적으로 이 설정이 되어 있고, 실행 파일도 설치되어 있다. 따로 설정하고자 할 때는 18.8.1.1절의 설명에 따라 위의 설정 내용을 저장하고, 필요한 실행 파일을 적절한 위치에 복사해 주면 된다.

다음은 편지지의 머릿글로 사용될 수 있는 그림 18.16은 다음 명령의 결과이다.

```
\centerline{
\includegraphics[width=4cm, height=4cm]{hallym_2.pcx} }
```

일반적으로 그림의 위치는 잡기가 쉽지 않은데 한 번에 원하는 위치에 그림을 넣을 수 있다기보다는 몇 번의 시행착오를 거치는 것이 상례이다. 이는 특히 emTEX에서는 그림의 크기를 조절하는 명령이 없기 때문에 더욱 그러하다.

18.8.4. YAP에서의 emTEX과 DVIWIN의 \special 명령

emTEX은 1990년대 중반까지 윈도우에서 사용하는 대표적은 LATEX 이었으며 emTEX에서 제공하는 DVI 구동자인 v.bat이 있었으나 당시 윈도우에서 LATEX을 사용하는 많은 사람이 DVIWIN이라는 DVI 구동자를 사용하였다.

> **주의:** 사용하는 MiKTEX의 버전이 2.7인 경우 18.8.1.3절에서 설명된 방법으로 rendering method를 바꾸어야 이 절에서 DVIWIN의 \special 명령으로 설명된 그림 삽입하는 방법으로 들어간 그림을 볼 수 있다. 버전이 2.4인 경우 따로 설정을 바꾸지 않아도 된다.

MiKTEX에서 제공하는 DVI 구동자인 YAP은 이전 사용자의 편의를 위해서 emTEX과 DVIWIN의 \special 명령을 지원한다. emTEX의 \special 명령은

```
\special{em:graph graph_file_name}
```

또는

```
\special{em:graph graph_file_name, width, height}
```

로 사용하며 *graph_file_name*에는 불러들일 파일의 이름을 주고, *width*와 *height*는 출력에 나타날 그림의 크기를 준다.

DVIWIN의 `\special`은

```
\special{anisoscale file, width, height}
```

또는

```
\special{isoscale file, width, height}
```

위에서 *file*에는 불러들일 그림 파일의 이름을 준다. *file* 앞에 `isoscale`이나 `anisoscale` 대신에 `center`를 사용할 수도 있다. `center`는 그림을 중앙에 두게 하며 `isoscale`은 그림을 주어진 가로 세로에 맞게 축소 혹은 확대하되 가로와 세로의 확대 혹은 축소 비율이 같게 하여 그림이 어느 한 쪽으로 찌그러지지 않게 한다. `anisoscale`은 주어진 *width*와 *height*에 맞추어 그림을 출력한다.

YAP은 이 중에서 `anisoscale`인 경우만 지원한다. 18.8.1절, 18.8.2절 및 18.8.3절에서 설명한 `miktex.ini`나(버전 2,4) `yap.ini`(버전 2,7) 파일의 설정 및 해당 실행 파일이 있는 경우 PNG, JPG, GIF, PCX 등의 그림도 emTEX과 DVIWIN의 `\special` 명령으로 그림을 불러 들일 수 있다. 즉, emTEX의 `\special` 명령인 경우

```
\special{em:graph korea.gif, 3in 2in}
\special{em:graph ./images/hallymlogo.png, 3.4in 2in}
\special{em:graph ./images/qqplot3.jpg, 9cm 9cm}
```

한림대학교
통계학과

200-702 춘천시
옥천동 1번지

그림 18.17: emTEX의 `\special` 명령을 사용한 .PCX 그림

```
\special{em:graph hallym_2.pcx, 5cm, 4cm}
```

와 DVIWIN의 `\special` 명령인 경우

```
\special{anisoscale korea.gif, 3in 2in}
\special{anisoscale ./images/hallymlogo.png, 3.4in 2in}
\special{anisoscale ./images/qqplot3.jpg, 9cm 9cm}
\special{anisoscale hallym_2.pcx, 5cm 4cm}
```

으로 사용하면 각각 그림 18.12, 그림 18.13, 그림 18.15 및 그림 18.16과 같은 결과를 YAP을 통해 확인할 수 있다. 그림 18.17는 emTEX의 `\special` 명령을 사용한 다음 보기의 결과이다.

```
\begin{figure}[t]
\caption{DVIWIN의 special을 이용한 .PCX 그림
  \label{fig:hallym}}
  \begin{minipage}[t]{2in}
   \begin{center}
   \vspace{.5in}
   {\LARGE \bfseries 한림대학교}
   {\large 통계학과}
```

```
    \end{center}\end{minipage}
    \begin{minipage}[t]{1.5in}
    \special{em:graph images/hallym_2.pcx}
     \vspace{1.5in}
    \end{minipage}
    \begin{minipage}[t]{2in}
     \vspace{.5in}
     \hspace*{1.5in}\mbox{\large 춘천시 옥천동}
     \hspace*{1.5in}\mbox{\large 1번지}
    \end{minipage}
  \end{figure}
```

emTeX 이나 DVIWIN의 \special 명령에 의한 그림 포함은 제17장에서 소개한 dvips를 사용하거나 PDF로 변환하는 경우에는 인식되지 않는 경우가 많다. 또한 emTeX 이나 DVIWIN의 \special 명령으로 그림을 포함할 때는 그림의 높이 만큼의 공간을 \vspace 명령 등으로 확보해 주어야 그림 다음의 내용과 겹치지 않는다.

18.8.5. 윈도우 형식인 BMP와 WMF 형식의 그림

.bmp 파일과 .wmf(Window Meta File) 파일 형식은 18.8.4절에서 소개한 DVIWIN의 \special 명령으로 별도의 실행 파일에 의한 변환없이 LaTeX에 포함할 수 있다. 즉,

```
\special{anisoscale trail.bmp, 4.5in 6.5in}
\vspace{6.8in}
```

와 같이 사용하면 picture.bmp 파일을 LaTeX 안에서 볼 수 있게 된다. 그림 18.18는 위의 명령으로 만들어진 그림이다.

그림 18.18: YAP에서 DVIWIN의 \special에 의한 BMP 파일 부르기

18.9. Gnuplot의 이용

제16장의 LATEXCAD를 이용한 그림은 사용자가 마우스를 이용하여 그림을 그리고 그 내용을 LATEX 명령으로 저장할 수 있었다. 이 절에서는 공개 프로그램인 Gnuplot을 이용하여 그림을 그려서 LATEX파일에 불러 보자. Gnuplot은 Thomas Williams와 Colin Kelley가 공동으로 제작한 그래픽용 프로그램으로 사각형, 원, 곡선 등의 대략적인 그림이 아니고 함수에 의해서 정의된 그림을 그리는 데 유용한 공개 프로그램이다. 공식 홈페이지는

`http://www.gnuplot.info/`

이며 공개된 프로그램이므로 무료로 사용할 수 있다.

> **참고**: GNUplot의 최초 설치 후에 한글이 깨져 보이는 경우가 있는데 이런 경우 GNUplot의 설정을 바꾸어주면 해결된다. 윈도우의 GNUplot의 설정은 GNUPLOT4.0 버전까지는 `Windows` 디렉토리에 `WGNUPLOT.INI`라는 파일을 만들어서 설정하며 4.2 버전에서는
>
> `C:\Documents and Settings\사용자\Application Data`
>
> 에 같은 이름의 파일을 만들어서 설정할 수 있다.[8] 여기서 **사용자**에는 윈도우에서 계정을 만들었을 때 각 계정의 사용자 이름이다. `WGNUPLOT.INI` 파일의 내용은
>
> ```
> [WGNUPLOT]
> TextOrigin=0 0
> TextSize=800 700
> TextFont=Courier New Bold,11
> ```

[8] Gnuplot의 도움말에는 `GNUPLOT.INI`라고 하고 있으나 4.2 버전까지는 이 파일 이름으로 초기 설정이 되며 `GNUPLOT.INI`를 사용하면 읽지 못한다.

```
GraphOrigin=0 150
GraphSize=600 400
GraphFont=Arial,10
GraphColor=1
GraphToTop=1

GraphBackground=255 255 255
Border=0 0 0 0 0
Axis=192 192 192 2 2
Line1=0 0 255 0 0
Line2=0 255 0 0 1
Line3=255 0 0 0 2
Line4=255 0 255 0 3
Line5=0 0 128 0 4
```

와 같이 설정할 수 있다.

GNUplot의 기능 중에 그림을 그려서 그림의 내용을 LaTeX 파일로 저장하게 하는 선택 기능이 있다. 예로 아래와 같은 Gnuplot의 명령은

```
set terminal latex
set output 'd:\htex\man\gnuplot.tex'
set title "Gnuplot $y=\sin(x)$"
set xlabel "radian degree"
set ylabel "$\sin(x)$"
plot [0:2*pi] [-1.2:1.2] sin(x)
```

$y = \sin(x)$의 그래프를 $(0, 2\pi)$의 범위에서 그리되 그 출력을 LaTeX파일 "gnuplot.tex"로 하라는 뜻이다. 여기서 처음 두 줄인

```
set terminal latex
```

```
set output 'd:\htex\man\gnuplot.tex'
```

가 그 일을 하게 하는 명령이다.

> **참고:** 여기서 LaTeX 사용자에게 유용한 터미널 타입으로 `latex` 뿐 아니라 `eepic`, `pslatex` 등이 있다.[9] 만일 터미널 타입을 `eepic`으로 한 경우에는 `eepic` 패키지, `epic` 패키지 및 `tpic` 패키지를 사용하는 것을 가정하며 터미널 타입을 `pslatex`으로 한 경우에는 옵션을 사용하여 그림의 색 등을 선택할 수 있게 하려는 것이다. 이 경우 LaTeX 출력인 DVI를 처리하는 dvi driver가 PostScript를 이해하는 드라이버를 사용하는 것을 가정하므로 (예, dvips, yap, xdvi 등) dvi 드라이버 PostScript를 이해하지 못하는 경우에는 사용하지 않는 것이 좋다. 터미널 타입이 `pslatex`인 경우엔 몇 가지 옵션을 사용할 수 있으므로 GNUplot 관련 메뉴얼이나 심송용(2005) 등을 참고하기로 하자.

그 다음의 세 줄은 그림의 제목, x, y축의 이름을 설정하는 것이고 마지막 명령이 주어진 범위에서 $\sin(x)$의 그림을 그리라는 것이다. 한 가지 Gnuplot에서 불편한 점은 y축의 이름을 세로로 쓰기가 불편하다는 것이다.[10] 그러나 Gnuplot은 LaTeX에서 사용하는 모든 글자체, 특수문자 등을 지원하기 때문에 축이름에 첨자나 π 등의 그리스 문자 등을 넣고자 할 경우에 매우 유용하다.

축의 이름을 여러 줄로 하고자 할 경우 Gnuplot의 명령 중 `xlabel`과 `ylabel`에서 `\\`를 주면 x축 y축의 이름에서 줄을 바꿀 수 있으므로 긴 이름은 여러 줄로 만들어 줄 수 있다. 그림 18.19은 다음 명령으로 만들어진 그림이다.

[9] 뿐만 아니라 GIF, PNG 등 각종 그래픽 형식이나 프린터 출력을 정해 줄 수도 있다. 자세한 것은 Gnuplot에 관련된 문헌 심송용(2005) 등을 참고하기로 하자.

[10] Splus나 Splus와 같은 명령체계를 가지면서도 공개된 프로그램인 R 등은 y 축 이름을 세로로 준다.

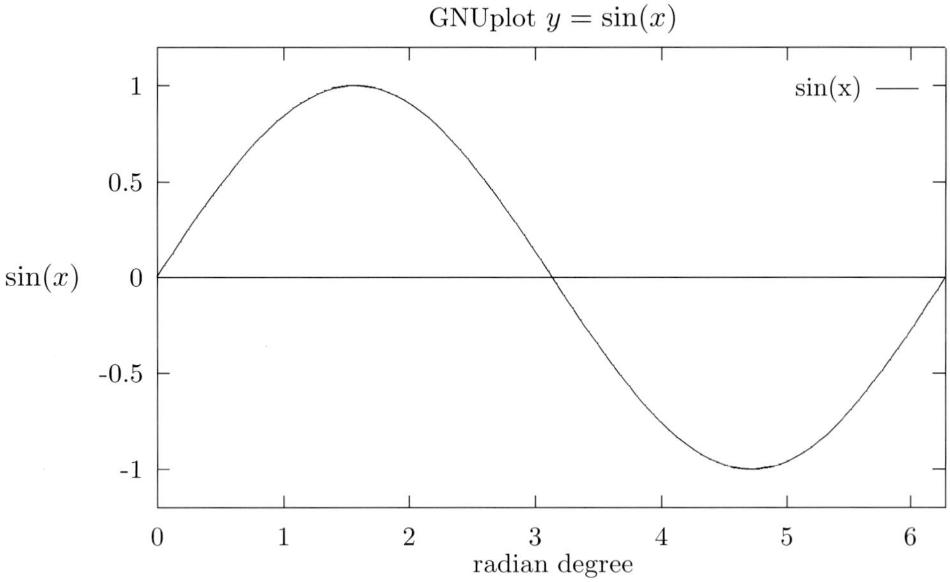

그림 18.19: Gnuplot의 LaTeX그림을 부른 그림

```
\begin{figure}
   \begin{center}
   \input gnuplot
   \end{center}
   \caption{Gnuplot의 \LaTeX\ 그림을 부른 그림
           \label{fig:Gnuplot}}
\end{figure}
```

Gnuplot을 이용한 LaTeX 그림을 이용하면 DVI 구동자가 그림 형식을 처리해주는 것과 상관없이 DVI 구동자에서 보인다. 이는 GNUplot의 출력이 LaTeX 명령이기 때문이다.

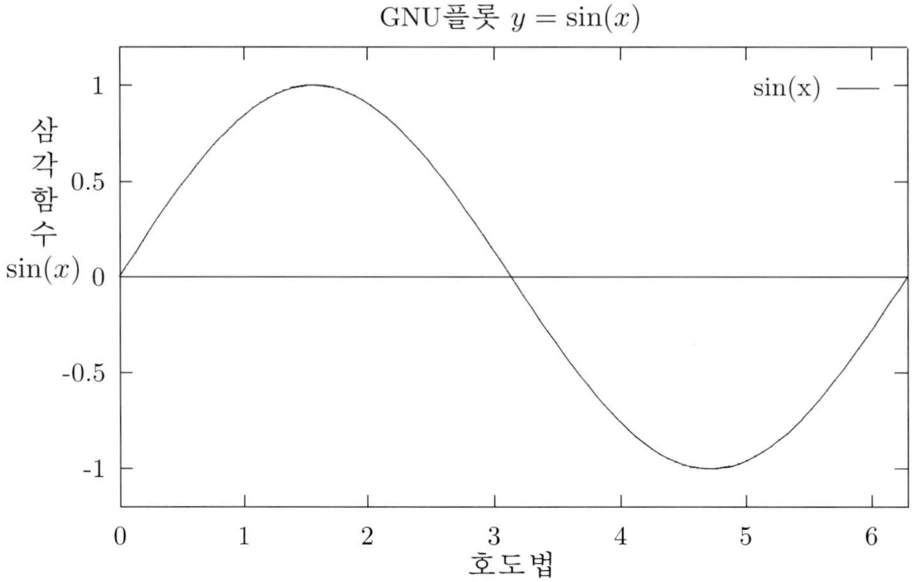

그림 18.20: Gnuplot의 LATEX 그림에 한글을 넣은 그림

한글 이용

Gnuplot을 사용하면서 직접 한글을 입력할 수는 없기 때문에 Gnuplot의 그림 내부에 바로 한글을 입력할 수는 없다. 하지만 Gnuplot으로 그린 그림은 LATEX파일을 만들어 주므로 제16장의 LATEXCAD에서 사용한 방법으로 한글을 그림에 입력할 수 있다. 그림 18.19과 그림 18.20에서 보는 것처럼 x축의 이름은 "호도법"이라 하고 y축의 이름에 "삼각함수"를 세로로 첨가하여 보자. 또 어색하지만 제목의 plot을 "플랏"으로 대신하기로 하자. 우선 영문으로 된 파일 "`gnuplot.tex`"을 편집기를 이용하여 살펴보면 다음 줄을 찾을 수 있다.

```
\put(45,472){\makebox(0,0){$\sin(x)$}}
\put(828,23){\makebox(0,0){radian degree}}
\put(828,877){\makebox(0,0){Gnuplot $y=\sin(x)$}}
\put(1306,767){\makebox(0,0)[r]{sin(x)}}
```

위의 줄들은 Gnuplot 사용자가 준 그림제목, 축이름 등을 포함하고 있으므로 바로 찾아낼 수 있다. 이제 위의 제목들의 자리에 아래와 같이 한글을 대신 입력시키면 된다.

```
\put(45,472){\shortstack{삼\\각\\함\\수\\$\sin(x)$}}
\put(828,23){\makebox(0,0){호도법}}
\put(828,877){\makebox(0,0){GNU플랏 $y=\sin(x)$}}
\put(1306,767){\makebox(0,0)[r]{sin(x)}}
```

위에서 "삼각함수" 줄에는 `\makebox(0,0)` 자리에 `\shortstack`을 사용하여 "삼각함수"가 세로로 나타나게 하였음을 참고하기 바란다. 제12장에서 설명된 `picture` 환경의 명령들이 유용하게 사용될 수 있다.

예를 들어

$$z = f(x, y) = 2(x^2 + y^2)\exp\{-x^2 - y^2\}$$

의 함수를 $-2 < x, y < 2$의 범위에서 그리기 위해서

```
gnuplot> set output "c:/htex/book/splot3.tex"
gnuplot> set terminal latex
Terminal type set to 'latex'
Options are '(document specific font)'
gnuplot> set isosamples 20,20
gnuplot> set hidden3d
gnuplot> f(x,y) = sin(x**2+y**2)
gnuplot> splot [-2:2] [-2:2] f(x,y)
gnuplot> set output
```

라고 하여 그림 파일의 내용을 `splot3.tex`로 만든 후에 다음과 같이 명령하면

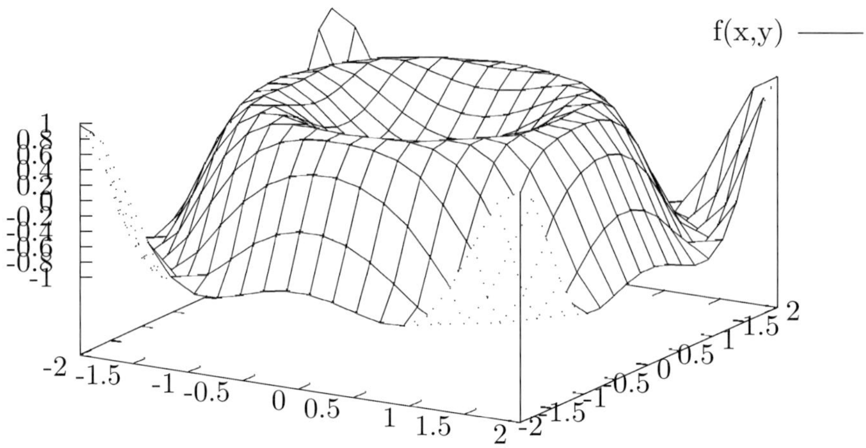

그림 18.21: `hidden3d`가 설정된 삼차원 표면 그림

```
\begin{figure}
\input {/htex/graphics/gnuplot/splot3.tex}
\caption{\texttt{hidden3d}가 설정된 삼차원 표면 그림
        \label{fig:splot3}}
\end{figure}
```

그림 18.21에서 보는 것을 얻을 수 있다. `splot3.tex` 파일은 LaTeX 명령을 가득 포함하는 그림 파일이다. 참고로 GNUplot의 `splot` 함수는 다음과 같이 사용한다.

```
splot [x1:x2] [y1:y2] [z1:z2] <function>
splot [x1:x2] <function>          (x의 범위만 설정)
splot [] [y1:y2] <function>       (y의 범위만 설정)
splot [] [] [z1:z2] <function>    (z의 범위만 설정)
```

18.10. pdflatex 명령에서의 그림

LaTeX을 컴파일하여 .dvi 파일로 변환하는 과정을 거치지 않고 바로 PDF 형식을 출력을 얻으려면

```
% pdflatex test[.tex]
```

으로 명령하는 것은 앞에서 보았다. 이와 같이 pdflatex을 사용하는 경우에도 \includegraphics 명령을 사용할 수 있으며, pdflatex에서 지원되는 그림 파일의 종류로는 .jpg, .png, .pdf 형식의 그림 파일이다.

한편 pdflatex 명령을 사용할 경우 .gif, .ps, .eps, .bmp 등의 형식인 그림파일은 지원되지 않는다.

그림 18.22은 다음 명령의 결과를 pdflatex 명령으로 컴파일하여 만든 PDF 파일을 Adobe Reader에 띄운 그림이다. 여기서 사용한 그림 파일만 pdflatex에서 지원되는 그림 형식인 jpg, png를 사용한 것 외에는 사용법이 모두 같음을 알 수 있다.

```
\LaTeX 을 컴파일하여 \texttt{.dvi} 파일로 변환하는 과정을 거치지
않고 바로 PDF 형식을 출력을 얻으려면
\begin{verbatim}
% pdflatex test[.tex]
\ end{verbatim}
으로 명령하는 것은 앞에서 보았다. 이와 같이 \texttt{pdflatex}을
사용하는 경우에는 \verb|\includegraphics| 명령을 사용할 수
있으며 \texttt{.jpg}, \texttt{.png},\texttt{.pdf} 형식의 파일은
지원되지만 \texttt{.gif}, \texttt{.ps}, \texttt{.eps},
\texttt{.bmp} 등 다른 형식의 그림은 지원되지 않는다.
\begin{figure}
\includegraphics[width=.5\textwidth]{./images/qqplot3.jpg}
```

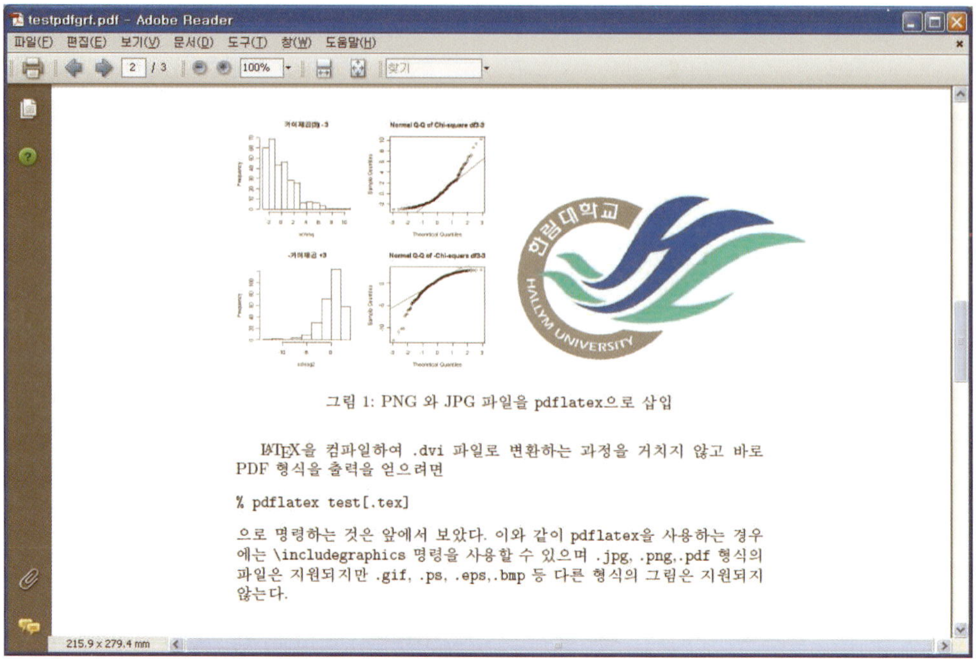

그림 18.22: pdflatex 명령으로 컴파일한 결과와 Adobe 뷰어

```
\includegraphics[width=3in]
            {./images/hallymlogo.png}
\caption{PNG 와 JPG 파일을 \texttt{pdflatex}으로 삽입
         \label{fig:pdfjpgpng}}
\end{figure}
```

여기서 사용한 그림 qqplot3.jpg와 hallymlogo.png는 각각 그림 18.15와 그림 18.13에서 사용한 것과 같은 그림이다.

18.11. 그림과 그림 또는 글을 옆으로 놓기

보고서의 작성이나 책을 쓸 때 왼쪽 반은 그림이고 오른쪽 반은 그 그림을 설명하는 글이 들어간 경우, 혹은 따로 그려진 그림을 옆으로 나란히 배열하고자 할 경우에 대해서 알아보자.

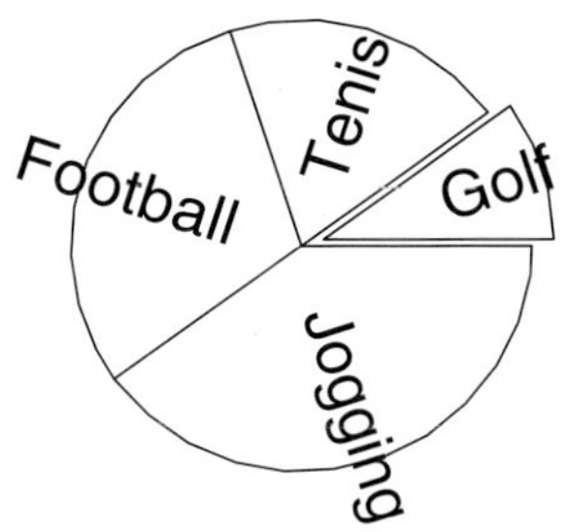

(a)원 그래프

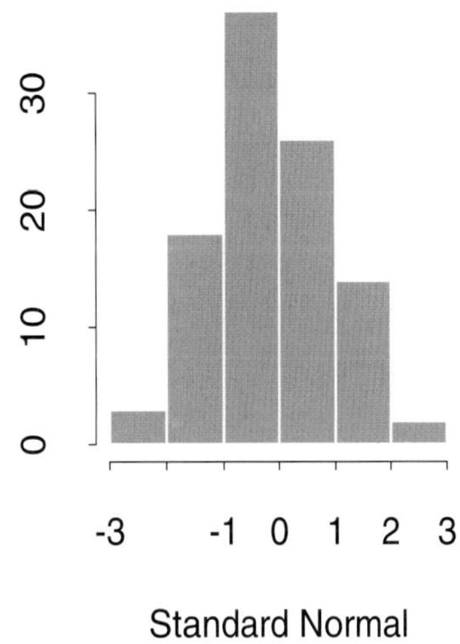

(b)막대 그래프

그림 18.23: 원 그래프와 막대 그래프

18.11.1. minipage 환경의 이용

minipage 환경을 이용하여 그림과 텍스트를 옆으로 만들 수 있다. minipage 환경은 3.4.3절을 참고하기로 하며 이 환경의 응용예는 8.3절 등을 참고하기로 한다.

이 절에서는 miniapage 환경의 응용예의 하나로 텍스트와 그림을 옆으로 만드는 경우를 생각해보자. 물론 그림과 그림을 옆으로 배열하는 것도 가능하다.

다음과 같은 출력을 만드는 방법을 생각해보자.

예 18.1 오른쪽 그림과 같이, 함수 $f(x) = x^3 - \sqrt{3}x$의 그래프 위의 점 $(a_0, f(a_0))$에서 접선을 긋고 (단 $a_0 > 3$) x축과의 교점을 $(a_1, 0)$이라 한다. 다음에 점 $(a_1, f(a_1))$에서 접선을 긋고 x축과의 교점을 $(a_2, 0)$ 이라 한다. 이러한 방법으로 계속하여 일반적으로 점 $(a_{n-1}, f(a_{n-1}))$에서 접선을 긋고 x축과의 교점을 $(a_n, 0)$이라 한다. 이 때 다음 물음에 답하여라.

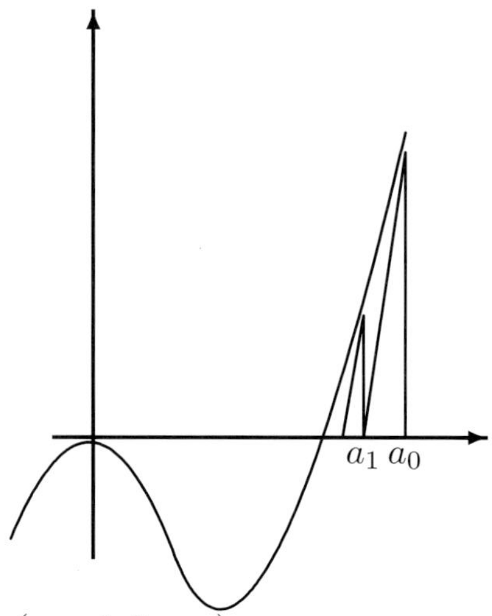

1. a_n을 a_{n-1}의 식으로 나타내어라. $(n = 1, 2, \cdots)$
2. $a_0 > a_1 > a_2 > \cdots > a_n > \cdots \geq \sqrt{3}$이 됨을 보여라.
3. $\lim\limits_{n\to\infty} a_n$을 구하여라.

위의 보기는 다음의 명령으로 만들어진 것이다.

```
\begin{minipage}[t]{2.1in}
오른쪽 그림과 같이, 함수 $f(x)=x^3-\sqrt3x$의 그래프 위의 점
$(a_0,f(a_0))$에서 접선을 긋고 (단 $a_0>3$) $x$축과의 교점을
$(a_1,0)$이라 한다. 다음에 점 $(a_1,f(a_1))$에서 접선을 긋고
$x$축과의 교점을 $(a_2,0)$ 이라 한다. 이러한 방법으로 계속하여
일반적으로 점 $(a_{n-1},f(a_{n-1}))$에서 접선을 긋고 $x$축과의
교점을 $(a_n,0)$이라 한다. 이 때 다음 물음에 답하여라.
\end{minipage}
\ \hfill \
\begin{minipage}[t]{2.2in}
\unitlength=1.1mm
```

```
% Drawing generated by LaTeX-CAD 1.9 - requires latexcad.sty
% (c) 1998 John Leis leis@usq.edu.au %% sby.lp
\begin{picture}(54,66)
\Thicklines
\drawvector{8.0}{20.0}{42.0}{1}{0}
\drawvector{12.0}{8.0}{54.0}{0}{1}
\thicklines
\path(4.0,10.0)(4.0,10.0)(4.15,10.38)(4.3,10.77)(4.46,11.15)
(4.63,11.52)(4.8,11.88)(4.96,12.24)(5.11,12.59)(5.26,12.93)
\path(5.26,12.93)(5.42,13.25)(5.59,13.56)(5.76,13.88)
(5.92,14.18)(6.06,14.49)(6.22,14.77)(6.39,15.04)
(6.55,15.31)(6.72,15.58)
\path(6.72,15.58)(6.88,15.83)(7.02,16.08)(7.19,16.31)
(7.35,16.54)(7.52,16.75)(7.68,16.97)(7.84,17.18)(8.0,17.36)
(8.14,17.56)
\path(8.14,17.56)(8.31,17.72)(8.47,17.9)(8.63,18.06)
(8.78,18.22)(8.94,18.36)(9.1,18.49)(9.27,18.61)(9.43,18.74)
(9.59,18.84)
\path(9.59,18.84)(9.75,18.95)(9.9,19.04)(10.06,19.13)
(10.22,19.2)(10.39,19.27)(10.55,19.33)(10.71,19.38)
(10.86,19.43)(11.02,19.45)
\path(11.02,19.45)(11.18,19.49)(11.35,19.5)(11.51,19.52)
(11.67,19.52)(11.82,19.5)(11.98,19.5)(12.14,19.47)
(12.31,19.43)(12.47,19.4)
\path(12.47,19.4)(12.63,19.34)(12.78,19.29)(12.94,19.22)
(13.1,19.15)(13.27,19.06)(13.43,18.97)(13.59,18.88)
(13.75,18.77)(13.9,18.65)
\path(13.9,18.65)(14.06,18.52)(14.22,18.38)(14.38,18.25)
(14.54,18.09)(14.7,17.93)(14.87,17.77)(15.03,17.59)
```

```
(15.19,17.41)(15.35,17.22)
\path(15.35,17.22)(15.51,17.02)(15.67,16.81)(15.82,16.59)
(15.98,16.36)(16.14,16.13)(16.3,15.88)(16.46,15.63)
(16.62,15.38)(16.79,15.11)
\path(16.79,15.11)(16.95,14.84)(17.11,14.54)(17.27,14.25)
(17.43,13.95)(17.59,13.65)(17.75,13.33)(17.9,13.0)
(18.06,12.66)(18.22,12.33)
\path(18.22,12.33)(18.38,11.97)(18.54,11.61)(18.7,11.25)
(18.87,10.86)(19.03,10.47)(19.19,10.09)(19.35,9.68)
(19.51,9.27)(19.67,8.86)
\path(19.67,8.86)(19.82,8.43)(19.98,8.0)(20.0,8.0)
\path(20.0,8.0)(20.0,8.0)(20.15,7.6)(20.31,7.22)(20.47,6.87)
(20.63,6.53)(20.8,6.2)(20.97,5.88)(21.13,5.6)(21.3,5.31)
\path(21.3,5.31)(21.47,5.05)(21.64,4.8)(21.82,4.59)(22.0,4.37)
(22.18,4.18)(22.35,4.0)(22.53,3.84)(22.7,3.69)(22.88,3.55)
\path(22.88,3.55)(23.06,3.45)(23.25,3.36)(23.44,3.28)
(23.62,3.2)(23.8,3.15)(23.98,3.12)(24.18,3.12)(24.37,3.12)
(24.55,3.13)
\path(24.55,3.13)(24.75,3.17)(24.95,3.21)(25.13,3.29)
(25.34,3.37)(25.53,3.47)(25.72,3.59)(25.93,3.71)
(26.12,3.87)(26.32,4.04)
\path(26.32,4.04)(26.53,4.21)(26.73,4.42)(26.94,4.63)
(27.14,4.87)(27.35,5.11)(27.55,5.37)(27.77,5.65)
(27.97,5.95)(28.2,6.27)
\path(28.2,6.27)(28.4,6.6)(28.62,6.95)(28.84,7.3)(29.05,7.69)
(29.28,8.08)(29.48,8.49)(29.71,8.91)(29.94,9.36)(30.15,9.83)
\path(30.15,9.83)(30.38,10.31)(30.61,10.79)(30.84,11.31)
(31.06,11.84)(31.29,12.38)(31.52,12.93)(31.75,13.5)
(31.99,14.11)(32.22,14.72)
```

```
\path(32.22,14.72)(32.45,15.34)(32.68,15.97)(32.93,16.63)
(33.16,17.31)(33.4,18.0)(33.65,18.7)(33.88,19.43)
(34.13,20.16)(34.38,20.93)
\path(34.38,20.93)(34.63,21.7)(34.86,22.49)(35.11,23.29)
(35.36,24.11)(35.61,24.95)(35.86,25.81)(36.13,26.68)
(36.38,27.56)(36.63,28.47)
\path(36.63,28.47)(36.88,29.4)(37.15,30.33)(37.4,31.27)
(37.66,32.25)(37.93,33.24)(38.18,34.24)(38.45,35.25)
(38.72,36.29)(38.99,37.34)
\path(38.99,37.34)(39.25,38.4)(39.52,39.5)(39.79,40.59)
(40.06,41.72)(40.34,42.84)(40.61,44.0)(40.88,45.16)
(41.15,46.34)(41.43,47.55)
\path(41.43,47.55)(41.72,48.76)(41.99,49.98)(42.0,50.0)
\drawpath{42.0}{20.0}{42.0}{48.0}
\drawpath{42.0}{48.0}{38.0}{20.0}
\drawpath{38.0}{20.0}{38.0}{32.0}
\drawpath{38.0}{32.0}{36.0}{20.0}
\thinlines
\drawcenteredtext{42.0}{18.0}{$a_0$}
\drawcenteredtext{38.0}{18.0}{$a_1$}
\end{picture}
\end{minipage}
\begin{enumerate}
\vspace*{-\baselineskip}
\item $a_n$을 $a_{n-1}$의 식으로 나타내어라. $(n=1,2,\cdots)$
\item $a_0>a_1>a_2>\cdots >a_n>\cdots \geq \sqrt{3}$이 됨을
보여라.
\item  $\dlim{n\go \infty}a_n$을 구하여라.
\end{enumerate}
```

보기 1의 그림은 제16장에서 설명된 LaTeXCAD를 이용하여 그린 것이다.

minipage 환경을 이용하여 그림과 그림을 나란히 놓으려면 다음과 같이 명령을 주면 된다.

```
\begin{figure}
\noindent
\begin{minipage}[t]{2.5in}
\centerline{\epsfig{figure=pie.ps,width=3.1in,height=3.1in}}
\centerline{(a)원 그래프}
\end{minipage}  \hfill
\begin{minipage}[t]{2.5in}
\centerline{\epsfig{figure=hist.ps,width=2.4in,height=3.1in}}
\centerline{(b)막대 그래프}
\end{minipage}
\caption{원 그래프와 막대 그래프 \label{fig:hist}}
\end{figure}
```

참고로 여기서 나온 두 그림 pie.ps와 hist.ps는 Splus를(Splus와 비슷하면서 공개된 프로그램으로 R 언어(language)가 있다. 이는 R 홈 페이지인

http://cran.r-project.org

에서 무료로 내려받아 사용할 수 있다.) 이용하여 PostScript 형식으로 받은 그림인데 두 그림을 만들기 위한 명령은 아래와 같다. 서로 다른 두 그림을 나란히 둘 수 있다는 것을 보이기 위해 두 그림은 따로 만들어졌지만 일반적으로는 한 번에 만들 수 있다. 다음은 막대그래프를 만든 Splus 프로그램이다.

```
histgraph <- function() { # Histogram
  x <- rnorm(100) # 100 Standard Normal Random Numbers
```

```
  PostScript("hist.ps") # Saving the graph in PostScript
    hist(x,xlab="Standard Normal")
  graphics.off()
}
```

다음은 pie 그래프를 만든 Splus 프로그램이다.

```
piegraph <- function() {# PIE graph
  x <- c(10,20,30,40) # Percentage
  xlabel <- c("Golf","Tenis","Football","Jogging")
  explode <- c(T,F,F,F)
  PostScript("pie.ps") # Saving the Graph PostScript
    pie(x,names=xlabel,explode=explode,density=-1,col=NA)
  graphics.off()
}
```

18.11.2. subfigure 패키지의 이용

Steven Cochran이 만든 subfigure.sty는 figure 환경 내에서 여러 개의 그림을 만들 수 있게 한다. 사용법은

```
\begin{figure}
  \subfigure[그림제목]{그림 내용}
  \subfigure[그림제목]{그림 내용}
  \subfigure[그림제목]{그림 내용}
\end{figure}
```

이다. 이 때 \subfigure 명령으로 만든 그림에는 번호가 (a), (b), (c) 등으로 붙게 되는데 이를 조정하는 번호기는 subfigure이며 그 번호를 출력하는 명령은 \thesubfigure이다. 그림 18.24은 subfigure 스타일을 이용하여

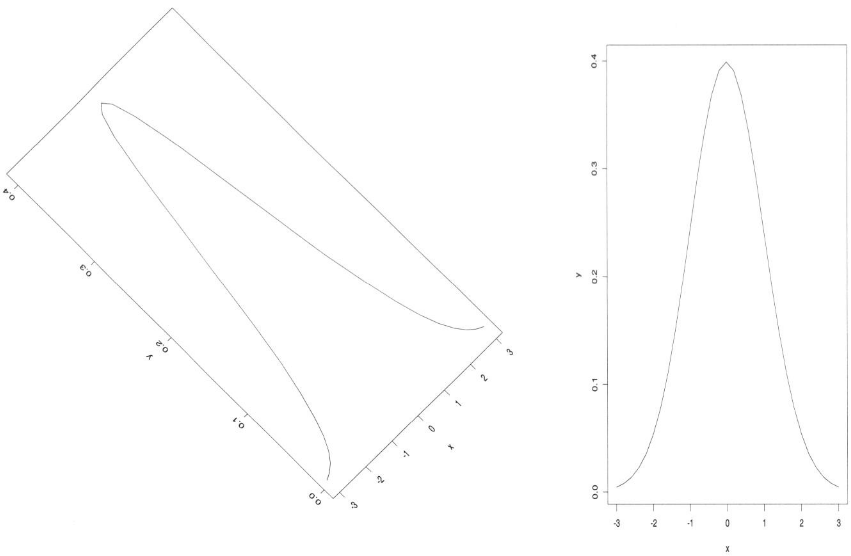

(a) 회전 (b) 원래 크기

그림 18.24: `subfigure` 패키지를 이용한 그림

그린 그림으로 그림 18.23의 출력과 비슷한 결과를 볼 수 있다. 그림 18.24를 만든 명령은 다음과 같다.

```
\begin{figure}
\caption{\texttt{subfigure} 패키지를 이용한
   그림 \label{fig:subfigure}}
\centerline{
    \subfigure[원래 크기]{\epsfig{figure=%
         pdf.ps,width=1.5in,height=2.5in}}
    \subfigure[회전]{\epsfig{figure=pdf.ps,
         width=1.5in,height=2.5in,angle=45}}
}
\end{figure}
```

이 그림에서 한글을 사용할 때 문제될 부분은 각 그림의 번호가 영문 알파벳인 점인데 이는 `\renewcommand`명령으로 바꿀 수 있다. 즉 다음과 같이 `henumerate` 환경에서 정의한 한글 번호기를 이용하면

`\renewcommand{\thesubfigure}{(\hangulb{subfigure})\space}`

위의 그림 18.24는 다음의 그림 18.25처럼 각 그림의 번호가 한글에 적절하게 바꾸어진다. 참고로 그림 18.24의 그림은 Splus로 그린 PostScript 그림인데 그 명령은 다음과 같다.

```
x <- seq(-3,3,by=0.2)
y <- dnorm(x)
PostScript("pdf.ps")
  plot(x,y,pch=".",type="l")
graphics.off()
```

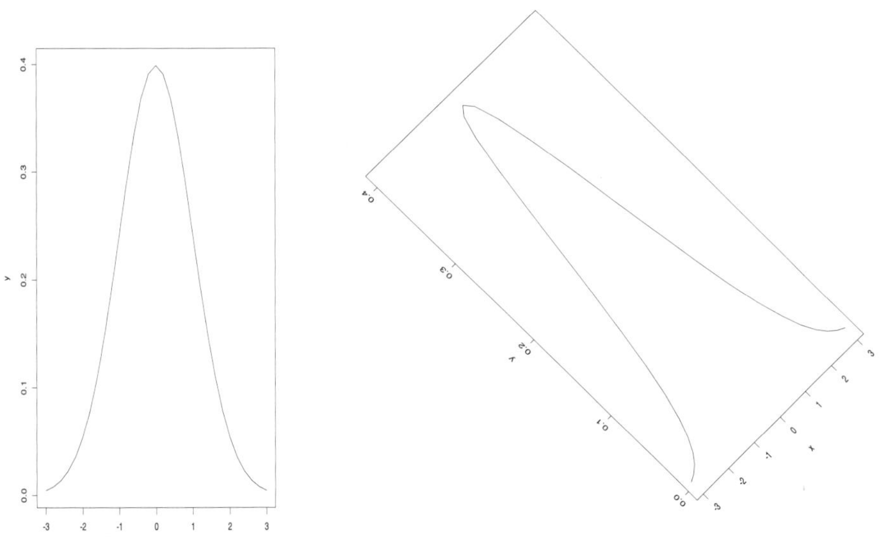

(갑) 원래 크기 (을) 회전

그림 18.25: `subfigure`를 이용한 그림–한글 번호

여기서 seq(-3,3,by=0.2)는 −3부터 3까지 공차가 0.2인 숫자를 만들라는 뜻이며 dnorm(x)은 x에서의 표준정규분포의 함수값

$$f(x) = \frac{1}{\sqrt{2\pi}} \exp\Big\{-\frac{x^2}{2}\Big\} \tag{18.1}$$

을 구하라는 의미이다. 또 plot 함수는 산점도 x와 y의 산점도를 산점으로 .을 사용하고 그 산점을 선으로 이어서(l) 그리는 함수이다. 따라서 위의 결과로 생긴 그림은 표준 정규분포함수의 그림이다.

18.12. 작은 그림이나 표와 연속되는 텍스트

지금까지 LaTeX에 그림이나 표 등의 유동체를 넣은 방법은 모두 이 유동체가 한 면의 폭을 전부 다 차지하였다. 그러나 표나 그림의 폭이 넓지 않은 경우는 이와 같은 방법이 부자연스러운 방법이므로 표나 그림의 좌우에 필요한 텍스트가 들어도록 하는 것이 좋을 것이다.

이 목적으로 사용할 수 있는 방법이 여러 가지가 있는데, plainTeX 명령을 직접 사용하거나 패키지를 사용하는 방법 등이 있다. wrapfig 패키지가 이런 목적으로 사용될 수 있는데 floatingfigure와 floatingtable 환경 및 wrapfigure 환경을 정의하여 사용한다.

18.12.1. TeX의 BOX를 이용한 방법

이 절에서는 TeX의 box를 이용하여 문단을 디자인하고 그중 한 box에 그림을 넣는 방법을 생각해 보기로 하자. 이 방법은 좀 복잡하지만 나름의 장점이 있기 때문에 소개하고자 한다.

485면의 왼쪽 그림은 앞에서 사용한 pie.ps를 문단 내에 넣어 본 것이다. 일반적으로 그림을 원하는 위치에 꼭 맞게 넣기 위해서는 많은 시행착오가 요구된다. 먼저 TeX명령인 \hangindent 명령과 \hangafter 및 \lower

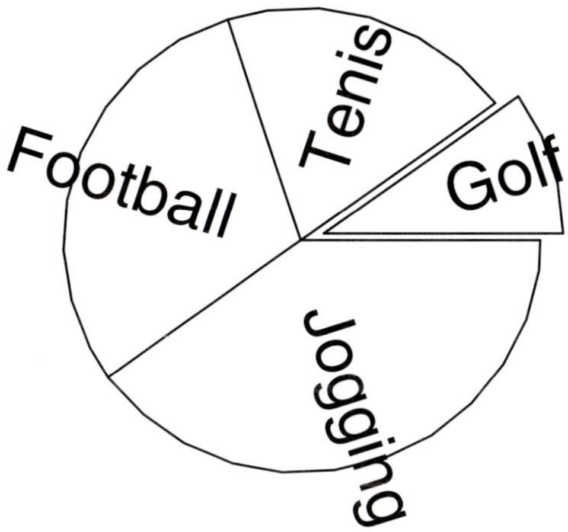

명령으로 그림이 들어갈 공간만큼 비우게 된다. \hangindent 명령과 \hangafter 명령은 같이 사용되는데 그 명령의 결과는 hangindent에서 주어진 공간만큼 를 이용하여 문단의 모양을 그림이 \hangafter 줄까지 들여쓰기를 하는 것이다. \hangindent의 값이 음수이면 문단의 오른쪽을 들여쓰며 양수이면 왼쪽에 들여쓴다. \hangafter의 값이 음수이면 문단의 처음에 들여쓰고 양수이면 문단의 끝부터 들여쓴다. 위의 내용은 다음과 같은 명령으로 만들어진 것이다.

```
\noindent\hangindent=3.3in\hangafter=-15
\setbox0=\hbox{\epsfig{figure=pie.ps,width=3.1in,height=3.1in,
          clip=true, bbllx=238pt, bblly=318pt, bburx=389pt,
          bbury=480pt}}
\hskip-4.1in\setbox0=\hbox to 3.3in{\lower 1.5in\box0\hss}%
\dp0=0in\ht0=0in\box0
```

18.13. wrapfig 패키지

앞 절과 비슷한 결과를 얻기 위해 편하게 사용할 수 있는 Donald Arseneau가 만든 wrapfig 패키지가 있다. 이 패키지도 그림이나 표를 만들 때 그림이나 표를 텍스트로 둘러싸게 할 수 있는 패키지이다. 이 패키지를 사용하려면 다른 패키지와 마찬가지로

```
\usepackage[option]{wrapfig}
```

라고 *preamble*[11] 에 선언하는데 *option*으로 verbose를 사용할 수 있다. 이 옵션을 사용하면 wrapfig 패키지 사용 때의 각종 정보가 .log 파일에 기록된다.

이 패키지는 그림을 만드는 wrapfigure 환경과 표를 만드는 wraptable 환경을 제공한다. 이 둘은 figure 환경과 table 환경에서와 마찬가지로 \caption을 사용할 수 있으며 그럴 경우에 표와 그림의 번호를 각각 table 환경과 figure 환경에 따라 붙인다. 다만 table 환경과 figure 환경으로 만든 표나 그림과 순서가 틀릴 수 있으므로 꼭 번호를 확인하여야 한다. (가끔 table 환경으로 만든 표가 wraptable 환경으로 만든 표보다 앞이나 뒤에 출력되면서 그 번호는 크거나 작은 수가 있다. figure 환경과 wrapfigure 환경도 마찬가지임.)

사용법은

```
\begin{wrapfigure}[lines]{loc}[overhang]{width}
그림 내용
\end{wrapfigure}
```

인데 *lines*와 *overhang*은 옵션이다. 표는 wrapfigure 자리에 wraptable을 주면 되는데 wraptable 환경의 사용법도 wrapfigure 환경과 같다.

*lines*는 몇 줄의 텍스트를 짧게 만들어서 그림이나 표를 만들 것인지 정하고 *overhang* 은 얼마나 텍스트 바깥으로 나오게 할 지 정한 길이이다. *lines*는 LATEX에서 계산하게 하는 것이 편하고 *overhang*은 0pt로 정하여져

[11] \begin{document} 이전.

있다. 이 값은 `\wrapoverhang`에 저장하고 있는데 `\setlength`를 이용하여 바꿀 수 있다. 반드시 주어야 할 값으로 *loc*는 그림이나 표의 위치를 주는데 가능한 값과 그 결과는 표 18.3에 주어져 있다 이 표는 보는 바와 같이 `wraptable` 환경으로 만들었다. 표 18.3에 대문자 옵션과 소문자 옵션이 있는데 대문자는 `table`이나 `figure` 환경처럼 유동체로 만들어서 그림과 표의 위치를 LaTeX이 정하고 소문자인 경우에 입력한 자리에 표나 그림을 만든다. *width*는 그림이나 표가 차지할 폭을 정하여 주는 값이다. LaTeX의 길이가 사용된다.

표 18.3: `wrapfig`의 *loc* 옵션

옵션	결과
`r R`	텍스트의 오른쪽에 그림이나 표를 만든다.
`l L`	텍스트의 왼쪽에 그림이나 표를 만든다.
`i I`	책을 기준으로 책을 펼쳤을 때 그림이 안쪽으로 들어가게 한다.
`o O`	책을 기준으로 책을 펼쳤을 때 그림이 바깥쪽으로 들어가게 한다.

다음은 표 18.3를 만들기 위한 명령이다.

```
\begin{wraptable}[15]{l}{8cm}
\caption{\texttt{wrapfig} 의 \emph{loc} 옵션
\label{tab:wraptable}}
\begin{tabular}{p{2cm}|p{5cm}} \hline
옵션 & 결과 \\ \hline
\texttt{r  R}  &  텍스트의 오른쪽에 그림이나 표를 만든다. \\
\texttt{l  L}  &  텍스트의 왼쪽에 그림이나 표를 만든다. \\
\texttt{i  I}  &  책을 기준으로 책을 펼쳤을 때
```

```
그림이 안 쪽으로 들어가게 한다. \\
\texttt{o O} & 책을 기준으로 책을 펼쳤을 때
그림이 바깥 쪽으로 들어가게 한다. \\ \hline
\end{tabular}\\
\end{wraptable}
```

wrapfig 패키지는 list 환경의 전후 또는 list 환경의 내부에서 사용하지 않는 것이 좋다. wrapfig에서 제공하는 환경은 minipage, parbox 등에서 사용할 수도 있는데 그런 경우에는 짧은 문장들이 그러한 환경이 끝나기 전에 모두 끝나야 한다. 또한 wrapfigure 환경 근처에서 너무 긴 수식이나 절의 제목 등은 그림을 둘러싸는 내용으로 적절치 못하다. 일반적으로 보통의 텍스트가 그림을 둘러싸기에 가장 무리가 없다.

wrapfigure 환경이나 wraptable 환경은 면이 나누어지는 중간에 사용하면서 *loc* 에 소문자를 사용하면 안 된다. 이럴 경우 표나 그림은 나누어지지 않고 텍스트만 나누어지는 결과를 얻는다. 따라서 그림이나 표가 나타나는 면에서는 그림이나 표의 크기가 면의 높이보다 커지며 다른 한 면은 그림 또는 표가 차지할 나머지의 빈 공간만 만들어진다. 대문자 옵션을 사용할 때는 표나 그림의 위치를 LATEX이 찾는데 이런 경우 새 문단이 시작할 때 그림이나 표를 위치시킨다.

그림 18.26: wrapfigure 환경으로 만든 pdf.ps

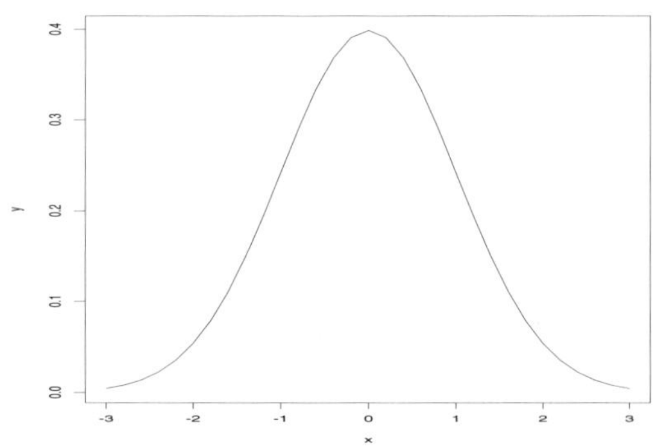

다음은 그림 18.26를 만든 명령이다.

```
\begin{wrapfigure}[14]{r}{7cm}
```

```
\caption{\texttt{wrapfigure} 환경으로 만든 \texttt{pdf.ps}
\label{fig:wrapfigure}}
\epsfig{file=pdf.ps,width=7cm,height=5cm}
\end{wrapfigure}
```

`wrapfig` 패키지와 비슷한 기능을 하는 패키지로 `floatflt` 패키지가 있는데(심송용(1996)) 이 패키지는 다음과 같은 이유로 권장되지 않는다.

1. 다른 패키지와의 충돌이 잦다.
2. 그림 또는 표를 적절한 위치에 넣지 못할 때 해당 그림이나 표가 사라진다.

18.14. 다른 형식의 그림을 PostScript 형태로 변환

LaTeX은 기본적인 그림 파일의 형식을 (encapsulated) PostScript 형태로 하고 있으므로 LaTeX 문서에 그림을 포함시킬 경우 PostScript 형식이 가장 편리한 방법이다. PostScript 파일은 ASCII 파일이므로 파일의 정보를 일반 문서 편집기를 사용하여 확인/수정 등을 할 수 있는 장점이 있는 반면 PostScript 파일의 크기가 큰 경우가 있어서 메모리를 많이 차지하거나 처리하는데 시간이 걸리는 단점이 있다.

18.14.1. GraphicsMagick

PostScript는 LaTeX이 다른 프로그램의 도움없이 가장 편리하게 다룰 수 있으므로 GIF, PNG, BMP, JPG 등의 다른 형태의 그림을 PostScript로 변환하는 프로그램을 하나 소개한다. 이 프로그램은 원래는 많은 형태의 그림 파일을 서로 다른 형태의 그림 파일로 변환할 뿐 아니라 그림 파일을 보는데 사용하는 프로그램이다. 이 프로그램의 이름은 GraphicsMagick이며

```
http://www.graphicsmagick.org/
```

이 홈페이지이다. 이 프로그램은 무료이며 홈페이지에서 내려 받을 수 있다. 실행할 파일은

```
GraphicsMagick-1.3.5-Q8-windows-dll.exe
```

또는

```
GraphicsMagick-1.3.5-Q16-windows-dll.exe
```

위의 실행 프로그램이 이름에서 앞의 숫자 1.3.5는 버전을 나타내며 Q8 보통해상도, Q16은 고해상도를 의미한다. 대부분의 경우 보통 해상도라도 충분하다.

프로그램을 설치하면 gm이라는 실행 파일을 이용하여 여러 가지 작업을 할 수 있는데 변환은

```
% gm -convert picture.jpg picture.eps
```

와 같이 -convert 옵션을 사용한다. 위의 명령은 JPEG 형식인 그림 파일 picture.jpg을 encapsulated PostScript 형태인 picture.eps 형식으로 바꾸어 저장하라는 말이다. 이 때 원본 그림은 그대로 남는다. gm 명령이 확장자에 따라서 파일 형식을 인식하므로 그림 파일의 확장자만 적절히 정해주면 된다. 예를 들어 BMP 형식의 파일 picture.bmp를 JPEG 형식의 파일 foto.jpg로 변환하려면

```
% gm -convert picture.bmp foto.jpg
```

라고 명령하면 된다.

그림을 화면으로 보기위해서는

```
% gmdisplay picture.jpg
```

와 같이 gmdisplay 명령을 사용한다.

18.15. psfrag 패키지와 PostScript 그림에 LaTeX 명령 넣기

R-언어나, SAS 등의 프로그램을 사용하여 그림출력을 얻을 때 PostScript 출력을 얻는 경우가 있는데, 이들 프로그램이 LaTeX 명령을 지원하지 않는다. 또한 많은 경우에 한글도 지원되지 않는다. 그림에 μ 등의 수학기호나 수학식을 넣을 때, 또는 축의 이름에 특수문자를 사용하고자 할 때 PostScript 파일에 LaTeX 명령을 넣을 수 있는 패키지로 psfrag가 있다. 이 패키지는 PostScript 파일을 생성하는 과정에서 특수문자의 지원이 되지 않았더라도 추후에 이를 만들고자 하는 것으로 부가적으로 한글도 넣을 수가 있다.

이 패키지가 제공하는 명령으로 \psfrag가 있는데 사용법은

```
\psfrag{tag}[pos][ps_pos][scale][rot]{latex_cmd}
```

여기서 *tag*는 원래 PostScript 그림 파일에 있는 내용을 *latex_cmd*에 준 LaTeX 명령들로 대치하라는 의미이다. *pos*과 *ps_pos*는 대체할 위치를 정해주는데 t, b, B, c(각각 top, bottom, baseline, center) 중에서 한 문자와 l, r, c(각각 left, right, center)중에서 하나씩 사용하여 최대 두 개의 문자의 조합으로 준다.

실제 사용한 보기를 살펴보자. 먼저 그림 18.27은 다음의 R 언어

```
x <- seq(-3, 6, by=0.1)
y1 <- dnorm(x)
y2 <- dnorm(x-3)
```

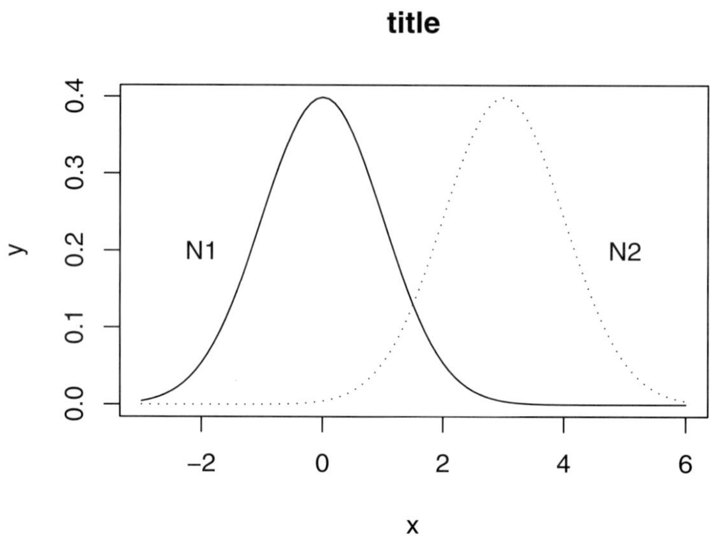

그림 18.27: R 언어로 만든 정규분포 그림

```
postscript(file="c:/htex/book/images/mypsfragold.ps",
      width=5, height=4, horizontal=F)
  plot(x, y1, type="l", main="title", xlab="x", ylab="y")
  lines(x, y2, type="l", lty=3)
  text(-2,.2, label="N1")
  text(5,.2, label="N2")
graphics.off()
```

로 만든 정규분포 $N(0,1)$과 $N(0,3)$의 그림이다. 이 그림에서 보는 것과 같이 제목 등에 사용된 문자는 LaTeX 명령이 아니며, 실제로 LaTeX 명령을 주더라도 적용이 되지 않는다. 이제 18.27에서 `title`는 'Compare $\mu = 0$ with $\mu = 3$ when $\sigma^2 = 1$'로 `x`는 x, `y`는 $f(x)$로 바꾸고 `N1`과 `N2`는 각각

$$f(x) = \frac{1}{\sqrt{2\pi}} e^{-\frac{(x-3)^2}{2}}$$

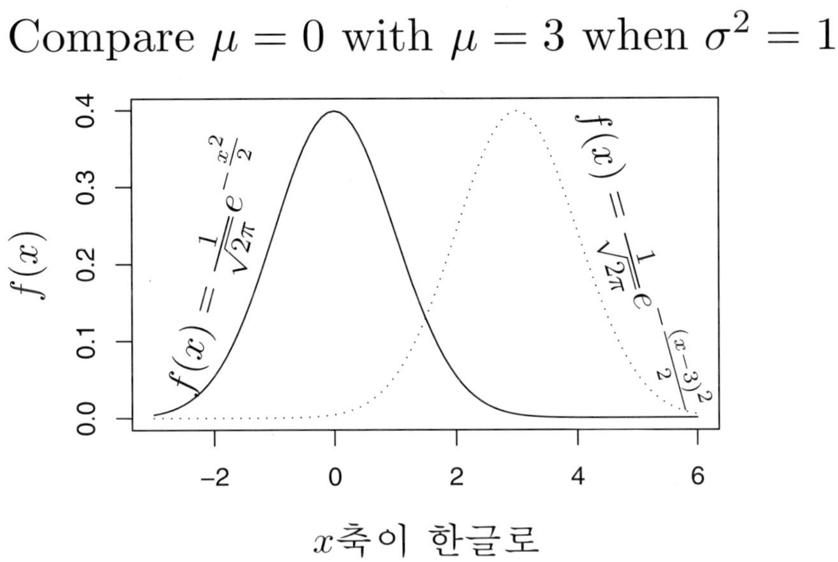

그림 18.28: R 언어로 만든 정규분포 그림

에서 μ가 0과 3일 때의 함수로 대체해 보자. 이를 위해서

```
\psfrag{title}[][][1.6]
       {Compare $\mu=0$ with $\mu=3$ when $\sigma^2=1$}
\psfrag{x}[][][1.3]{$x$축이 한글로}
\psfrag{y}[][][1.3]{$f(x)$}
\psfrag{N1}[][][1.3][75]
       {$f(x)=\frac{1}{\sqrt{2\pi}}e^{-\frac{x^2}{2}}$}
\psfrag{N2}[][][1.3][-75]
       {$f(x)=\frac{1}{\sqrt{2\pi}}e^{-\frac{(x-3)^2}{2}}$}
```

를 figure 환경안에 선언하고

```
\includegraphics[scale=.8]{./images/colortblold.ps}
```

을 명령하면 그림 18.28가 만들어진다.

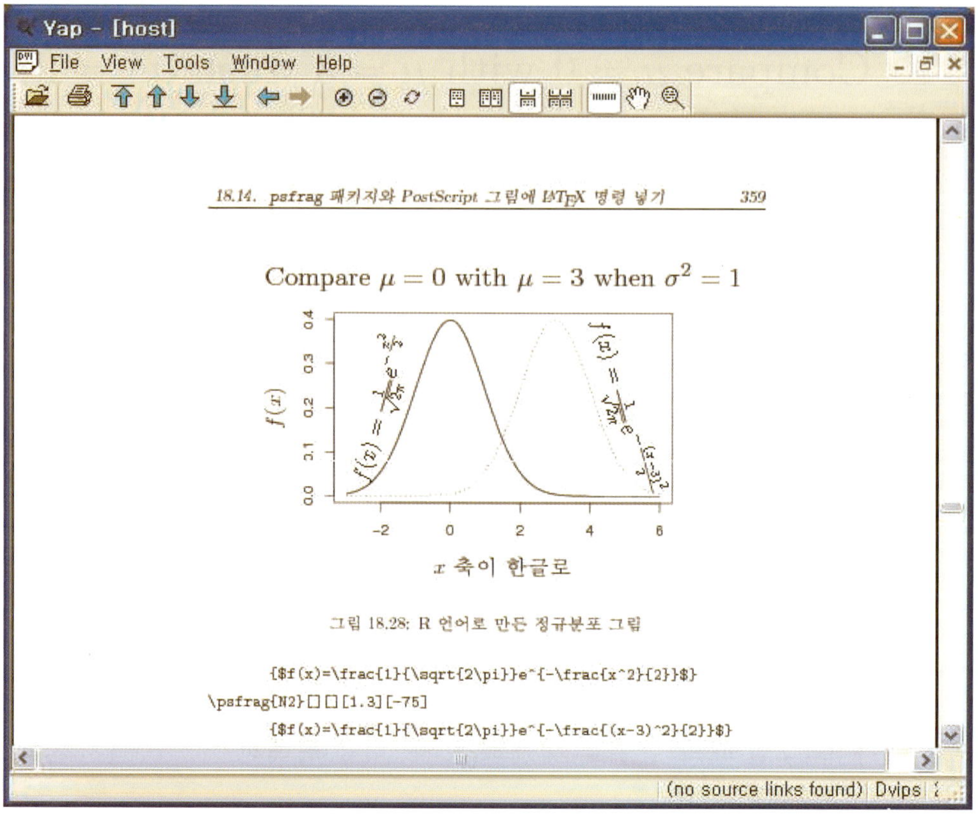

그림 18.29: psfrag에 의한 PostScript 파일에 한글 넣기

> **참고**: Ghostscript를 기본으로 사용하지 않거나 설정이 PostScript 비지원으로 된 일부 DVI 구동자의 경우 이 패키지의 기능을 지원하지 않을 경우가 있을 수 있다. 이럴 경우는 전체를 `dvips`를 사용하여 PostScript로 변환하거나 아래에서 소개한 방법으로 별도의 파일을 만들면 된다.

위에서 설명한 방법으로는 PostScript 파일의 내용자체는 바뀌지 않으므로 만일 그림 파일을 메일로 보내는 등의 작업이 필요할 경우에는 그림 18.27를 보내야 한다. 따라서 위의 코드를 포함한 LaTeX 파일을 만들어서(이 파일을 `mypsfrag.tex`이라 하자.) 이를 컴파일 한 후 그 결과를 `dvips`를 사용하여 새로운 그림 파일로 저장하는 것도 하나의 방법이다. 즉,

```
% latex mypsfrag
% dvips mypsfrag -o mypsfragnew.ps
```

으로 새로운 파일 mypsfragnew.ps를 만들어서 이를

```
\includegraphics[scale=.8]{mypsfrgnew.ps}
```

등으로 불러들이면 된다.

> **참고**: psfrag 패키지의 기능을 사용하여 한글을 넣고자 하는 경우 MiKTeX 2.7에서의 테스트 결과로는 dvips에서는 한글이 지원되지 않으나 YAP에서는 그림 18.28에서 보는 것과 같이 한글이 지원된다. 이 책이 최종적으로 dvips→ .pdf로 변환될 가능성이 있으며 그럴 경우 그림 18.28에 한글이 나타나지 않을 수도 있다. 만일의 경우에 대비하여 그림 18.29를 포함하였다.

제 19 장

몇 가지 유용한 패키지와 설치

19.1. 패키지의 수동 설치

MiKTEX 이나 KC2008과 같은 배포판 TEX은 패키지가 자동 설치되도록 하는 기능이 있다. 하지만 이러한 자동설치는 꼭 필요한 스타일 파일(`.sty`)만 설치하는 경우가 많다. 그러나 실제 패키지의 배포판에는 보통의 경우 `README`, *pack_name*`.ins`, *pack_name*`.dtx`, *pack_name*`.doc` 등의 파일이 제공되며, 이 파일내부에 *pack_name*`.sty` 파일이 존재한다. 여기서 `README` 파일은 이름 그대로 해당 패키지에 대한 간략한 정보가 들어가 있다. 실제 패키지의 생성은 LATEX의 docstrip 기능을 사용하여야 한다. 이 기능은 사용자 입장에서는 너무도 간단하게 LATEX 컴파일을 한두 번 해주면 된다.

% latex *pack_name*.ins

를 실행하면 패키지의 기본 파일 *pack_name*`.sty`과 경우에 따라 추가되는 여러개의 파일이 만들어진다. 이 패키지 *pack_name*의 사용법과 자세한 설명은

% latex *pack_name*.dtx

명령에 따라서 만들어지는 *pack_name*.dvi 파일에 기록되어 있으므로 사용 설명이나 제공되는 명령/환경 등의 정보는 이 dvi 파일에서 확인이 가능하다.

때로는 .dtx 파일자체도 .doc 파일안에 있어서 패키지의 배포판이 .ins와 .doc 파일로 구성될 수 있는데 이런 경우

% latex *pack_name*.ins

명령에 의해 .dtx, .sty 파일이 만들어진다.

LaTeX 배포판을 설치하는 경우에는 설명서나 관련 내용을 확인하고자 할 때는 texdoc 명령을 사용한다. 이 명령은

```
% texdoc package_name
```

으로 사용한다. 예를 들어 hyperref 패키지에 대한 설명을 보고자 하면

% texdoc hyperref

라고 하면 된다.

19.2. draftcopy 패키지

draftcopy 패키지는 Jürgen Vollmer가 만든 것으로 출력에 DRAFT 라고 옅은 색의 문자열을 아주 큰 대각선으로 인쇄하여 준다. 따라서 이 패키지는 나중에 최종본과 구별하기 위한 목적으로 사용하여 기본적으로 PostScript 구동자에서 구현되므로 일부 구동자에서는 보이지 않을 수 있고, dvips 등의 사용이 권장된다.

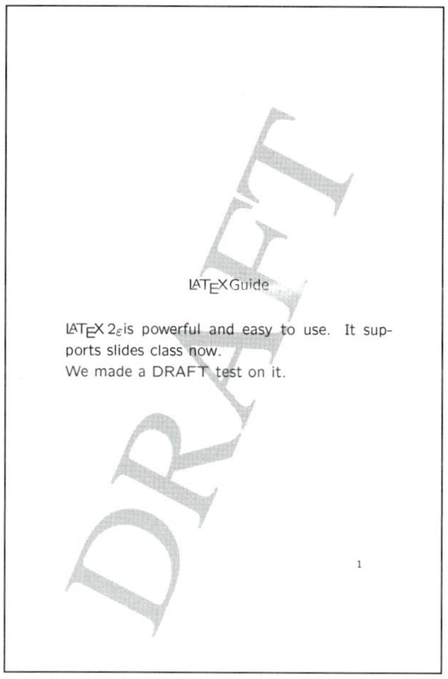


```
\documentclass[clock]{slides}
\usepackage[first,dark]{draftopy}
\begin{document}
\begin{slide}
\begin{center}
\LaTeX Guide
\end{center}
\LaTeXe is powerful and
easy to use. It supports
slides class now. \par
We made a DRAFT test on it.
\end{slide}
\end{document}
```

위에서 보는 \par 명령은 plainTEX명령으로 새 문단을 시작하라는 뜻이다. 이 패키지의 옵션은 다음과 같다.

english|german 영어인지 또는 독일어인지 정해 준다. 영어인 경우와 독일어인 경우 각각 'DRAFT'와 'ENTWURF'가 인쇄된다.

first|firsttwo|all 'DRAFT'를 인쇄할 면을 정한다. 각각 첫 장, 처음 두 장, 그리고 모든 출력에 'DRAFT' 를 인쇄한다.

light|dark 'DRAFT'의 색의 농도를 정한다.

이들 옵션은 정하지 않으면 english, all, dark이다.

사용자가 정할 수 있는 세 가지 값이 있는데 다음과 같다. 아래의 옵션은 *preamble*에 정해 주어야 한다.

\draftcopySetGrey 0부터 1사이의 값으로 0에 가까울수록 더 짙은 회색이 된다.

\draftcopyLastPage 'DRAFT'가 인쇄될 마지막 면을 정해 준다.

`\draftcopyName` 두 개의 변수를 갖는데 첫 번째 변수는 'DRAFT' 대신에 들어갈 단어를 주고 두 번째 변수는 글자가 얼마나 클지 정해 주는 scale factor이다.

```
\draftcopyName{SCRATCH}{170}
```

이라고 하면 'DRAFT' 대신 'SCRATCH' 가 인쇄된다. 참고로 'DRAFT' 일 때의 scale factor는 215이다.

> 참고 : emTEX의 `v.bat`을 포함하여 많은 DVI driver는 이 출력을 보여 주지 않는 경우가 많다. `dvips558`이나 Ghostview 등은 제대로 출력되었다.

19.3. float 패키지

Anselm Lingnau가 쓴 이 패키지는 LATEX의 `\newtheorem` 명령으로 새 정리를 정의할 수 있듯이(8.2절 참조.) `table` 이나 `figure` 같은 새로운 유동체를 정의해 준다. 사용법은

```
if (a1 .eq. b2) then
  print a1
else
  print b2
endif
```

알고리듬 19.1: float 환경 : boxed 스타일

알고리듬 19.2 float 환경 : ruled 스타일

```
if (a1 .eq. b2) then
  print a1
else
  print b2
endif
```

`\newfloat{`*type*`}{`*placement*`}{`*ext*`}[`*within*`]`

이다. 여기서 *type*은 새 유동체의 환경 이름이다. 예를 들어 algorithm 이라고 *type*을 주었다면 `\newtheorem`으로 정의한 환경을 사용하듯이

`\begin{alogorithm}` 내용 `\end{algorithm}`

으로 사용한다. 이는 `\newtheorem`과 아주 비슷하다. *placement*에는 `t`, `b`, `h`, `p` 및 `H`가 있는데 `t`, `b`, `h`, `p` 는 LaTeX의 유동체인 `table`이나 `figure` 환경에서와 같은 의미를 가지고 (9.1절 참조.) `H`는 지정한 장소에 반드시 인쇄하게 한다.(따라서 유동체가 아니다.) LaTeX에서 `h`는 LaTeX이 그렇게 해도 좋다고 생각할 때만 지정된 자리에 놓는다. *ext*는 `\newfloat`로 정의한 환경의 제목을 모아둘 파일의 확장자를 말한다. LaTeX의 `.toc`, `.lot`나 `.lof` 파일을 생각하면 된다. 만일 *type* 이 algorithm 이었다면 `loa`(List Of Algorithm)가 적절하다고 생각된다. *within*은 새로 정의된 유동체의 번호를 어떻게 붙이는지 정한다. 이는 `\newtheorem`의 *within*과 같다.

`\floatstyle{`*style*`}`은 스타일을 정해준다. 가능한 *style*은 `ruled`, `boxed`, `plain`이 있는데 사용 예는 알고리듬 19.1와 알고리듬 19.2에 있다. `plain`은 LaTeX에서 보는 `figure`나 `table`과 같이 아무 장식 없이 출력하는 옵션이다.

`\floatname{program}{Program}` 명령은 `\newfloat` 명령에서 정의한 *type* 인 program이 출력에서 이름을 Program으로 하라는 뜻이다. 8.2절의 `\newtheorem` 명령 참조.

`\restylefloat` 은 `figure` 나 `table` 의 스타일을 바꿔 주는 역할을 하거나 이미 정해준 스타일을 바꾸는 역할을 한다. 예를 들면

```
\floatstyle{boxed}
\restylefloat{table}
```

으로 명령하면 이후의 table 환경으로 만들어지는 유동체는 boxed 스타일을 갖는다.

\listof 명령은 \listoftables나 \listoffigures와 같은 명령으로서 새로 정의한 유동체의 목차를 만들어 준다.

\floatplacement 명령은 유동체의 위치를 변경할 때 사용한다. LaTeX의 유동체 환경에서 사용하는 것 외에도 H를 쓸 수 있다. 사용법은 \floatplacement{algorithm}{htbp}와 같은 방법으로 사용한다.

알고리듬 19.1와 알고리듬 19.2는 다음 명령의 결과로 만들어진 것이다. 여기서 \listof와 \newfloat 명령의 위치는 다음에 보여준 자리에 있어도 되지만 실제로는 이 책의 맨 앞에 입력된 것이다. xxxi면의 알고리듬 목차는 아래의 \listof와 \newfloat 명령을 입력파일의 첫 부분에 두어서 만든 것이다. 참고로 \newfloat 명령 이전에 \listof 명령을 쓸 수 없다.

```
\newfloat{algorithm}{h}{loa}[chapter]
\floatstyle{boxed}
\restylefloat{algorithm}
\floatname{algorithm}{알고리듬}
\listof{algorithm}{알고리듬 목차\protect%
\myfootnote{이는 \texttt{float} 패키지를 설명하기 위한 예임.}}
\begin{algorithm}
\begin{verbatim}
      if (a1 .eq. b2) then
        print a1
      else
        print b2
      endif
```

```
\end{verbatim}

\caption{\texttt{float} 환경 : \texttt{boxed} 스타일}
\end{algorithm}
\floatstyle{ruled}
\restylefloat{algorithm}
\begin{algorithm}
\begin{verbatim}
      if (a1 .eq. b2) then
        print a1
      else
        print b2
      endif
\end{verbatim}
\caption{\texttt{float} 환경 : \texttt{ruled} 스타일}
\end{algorithm}
```

19.4. rotating 패키지

rotating 패키지는 Leonor Barroca가 만든 것으로 텍스트의 일부나 그림 등을 회전할 수 있게 하였다. 이 패키지는 15.1절에서의 \rotatbox 명령으로는 할 수 없는 다른 환경을 제공한다. 이 패키지가 제공하는 환경은 표 19.1에 정리하였다.

다음에 보는 예는 각각 원래의 박스, turn을 이용한 박스, 그리고 roatate 환경을 이용한 박스이다. 이 중 turn과 roatate 환경으로 만든 박스와 좌우의 '—' 과의 상대적인 위치를 살펴보기 바란다. turn으로 만든 박스는 회전 후의 공간만큼을 차지하였고 rotate 환경으로 만든 박스는 회전하기 전, 즉 맨 왼쪽의 박스만큼의 공간만 취하였다. turn 환경과 rotate 환경은 얼핏 보면 같은 내용이지만 이러한 현상이 이 둘의 차이이다. sideways 환경

은 정확하게 90도 회전시킨다.(반시계 방향)

위의 네 박스는 좌로부터 다음의 명령으로 만들었다.[1]

```
\begin{center}
---\fbox{\shortstack{\LARGE A B C\\ \LARGE D E F\\
\LARGE G H I}}---
---\begin{turn}{30}
\fbox{\shortstack{\LARGE A B C\\ \LARGE D E F\\ \LARGE G H I}}
\end{turn}---
---\begin{rotate}{30}
\fbox{\shortstack{\LARGE A B C\\ \LARGE D E F\\ \LARGE G H I}}
\end{rotate}---
---\begin{sideways}
\fbox{\shortstack{\LARGE A B C\\ \LARGE D E F\\ \LARGE G H I}}
\end{sideways}---
\end{center}
```

rotating 패키지가 제공하는 sidewaystable 환경과 sidewaysfigure 환경은 LaTeX의 table 환경과 figure 환경에 대응시킬 수 있는데 세로보다 가로가 훨씬 길어서 출력을 돌려서 얻고 싶을 때 유용한 환경이다.

sidewaystable과 sidewaysfigure 환경을 사용한 보기는 A.6절의 사용 예에서 보기로 한다.

[1]다음의 반복되는 박스는 \savebox 등의 명령이 사용될 수 있을 것이다. 제12장 참조.

표 19.1: `rotating` 패키지의 환경

`sideways`	`\begin{sideways}`와 `\end{sideways}`에 회전할 내용을 입력하며 주어진 내용은 시계 반대 방향으로 90도 회전시킨다.
`turn`	`\begin{turn}{각도}`와 `\end{turn}`에 내용을 사용한다. `turn`은 주어진 내용을 주어진 각도만 큼 회전시킨다.
`rotate`	`\begin{rotate}{각도}`와 `\end{rotate}`에 내 용을 사용한다. `rotate`도 주어진 내용을 주어진 각도만큼 회전시키는데 `turn`과의 차이는 회전 후의 출력을 위한 공간을 남기지 않는다는 것 이다.
`sidewaysfigure`	`\begin{figure}`와 `\end{figure}`의 `figure` 대신에 `sidewaysfigure`를 쓰면 그림을 90도 회전시킨다.
`sidewaystable`	`\begin{table}`와 `\end{table}`의 `table` 대신에 `sidewaystable`를 쓰면 표를 90도 회전시킨다.

19.5. fancyhdr 패키지

이 면을 포함한 한두 면의 *header*와 *footer*는 이 절의 설명을 위해 다른 부분과 다르다. 이러한 *header*와 *footer*를 만들기 위한 명령은 이 절에 설명되어 있다.

LATEX에 기본적으로 제공되는 heading으로 `plain`, `headings`, `empty` 및 `myheadings`가 있다.(2.5절 참조.) 그러나 이들로 사용자의 모든 욕구를 충족시키지는 못하는 경우가 많다. (이 책의 heading 은 LATEX에서 제공하는 것이 아니다. 사실은 `fancyhdr` 패키지를 이용한 것도 아니고 개인적으로 따로 만든 것이다.) 이러한 LATEX 사용자의 욕구를 충족시킬 수 있는 것이 `fancyhdr` 패키지이다. 이 패키지의 옛날 버전으로 `fancyheadings` 패키지가 있으나 새 패키지의 사용을 권장한다. `fancyhdr` 패키지를 이용하면 *header*나 *footer*에 밑줄을 그을 수도 있고 *header*나 *footer*가 본문의 폭보다 더 넓게 또는 짝수면과 홀수면의 *header*와 *footer*를 다르게(이 책처럼) 할 수도 있다. `fancyhdr`와 비슷한 기능의 `headerfooter` 패키지도 있으나 그 기능이 `fancyhdr` 기능의 부분집합이므로 설명하지는 않기로 한다. `fancyhdr`를 사용하려면 2.5절에서 본 것처럼 `\pagestyle` 또는 `\thispagestyle`로 어떤 heading을 사용할 것인지 정해 주어야 한다. `fancyhdr` 패키지를 사용할 때는 다음과 같이 선언한다.

```
\pagestyle{fancy} 또는 \thispagestyle{fancy}
```

2.5절에서 본 것처럼 `\thispagestyle` 명령은 현재의 출력 면의 스타일만 바꾸는 것이다. `fancyhdr` 패키지를 이용하면 기본적으로 여섯 개의 변수를 정해 줄 수 있다.

```
\lhead  \rhead  \chead
\lfoot  \cfoot  \rfoot
```

이들은 모두 옵션인 변수와 반드시 있어야 하는 변수로 두 가지 변수를 취할 수 있는데 옵션에 준 것은 `twoside` 옵션을 사용할 때 쓰인다.[2] 예를 들어(이 책은 `twoside` 옵션을 쓰지 않았지만 LaTeX은 `twoside` 로 인식한다.)

```
\lhead[짝수면의 왼쪽 head]{홀수면의 왼쪽 head}
\rhead[짝수면의 오른쪽 head]{홀수면의 오른쪽 head}
\chead[짝수면의 중앙 head]{홀수면의 중앙 head}
\lfoot[짝수면의 왼쪽 foot]{홀수면의 왼쪽 foot}
\cfoot[\thepage]{\thepage}
\rfoot[짝수면의 오른쪽 foot]{홀수면의 오른쪽 foot}
\thispagestyle{fancy}
```

라고 하면 출력은 지금 보는 면과 이전 면과 같이 짝수면과 홀수면의 *header*와 *footer*가 출력된다. 만일 `twoside` 옵션을 선택하지 않으면 짝수면의 *header*와 *footer*는 무시된다.

[2] `\documentclass`의 옵션임.

19.5.1. 줄의 조정

fancyhdr 패키지에서 *header*는 밑줄을 긋고 *footer*는 밑줄을 긋지 않는 것이 기본인데 이 것도 사용자가 바꾸어 줄 수 있다. *header*의 밑줄의 굵기와 *footer*의 밑줄의 굵기는 각각 \headrulewidth와 \footrulewidth에 0.4pt와 0pt[3]로 정해져 있는데 이들은 \setlength 명령으로 바꾸어 줄 수 있다. 즉

```
\setlength{\headrulewidth}{1pt}
\setlength{\footrulewidth}{.4pt}
```

라고 하면 *footer*에도 밑줄을 긋고 *header*의 줄의 굵기가 굵어진다. A.3절에서 이 명령의 결과로 생긴 *header*와 *footer*를 볼 수 있다.

19.5.2. fancyplain 페이지 스타일

report나 book 클래스의 chpater 등이 시작하는 면은 fancy 스타일을 사용하여도 plain 스타일로 인쇄된다. 이는 chapter 등을 만들 때

```
\thispagestyle{plain}
```

이 선언되기 때문이다. 이럴 경우에 생길 수 있는 문제는 사용자가 면수를 굵은 글씨로 하거나 또는 다른 특별한 모양으로 하였을 경우 새 장이 시작하는 면의 스타일과 다른 면의 스타일 간에 일치성을 잃게 된다는 것이다. 이를 해결하기 위해 사용할 수 있는 페이지 스타일이 fancyplain 페이지 스타일이다. 사용하려면

1. 먼저

   \pagestyle{fancyplain} 또는 \thispagestyle{fancyplain}

[3]굵기가 0 이기 때문에 출력되지 않는다. 따라서 줄을 긋지 않은 것과 마찬가지의 효과를 얻는다.

을 선언한다.

2. `\fancyplain` 이란 명령을 이용하여 LaTeX에서 `plain` 스타일을 사용할 장소의 *header*와 *footer*를 준다. 이 명령은

   `\fancyplain{ plain 에서의 출력}{정상적 출력}`

   로 사용한다.

예를 들어

```
\rfoot{\fancyplain{}{}}
\lfoot{\fancyplain{}{}}
\cfoot{\fancyplain{\thepage}{}}
\lhead{\fancyplain{}{}}
\chead{\fancyplain{}{}}
\rhead{\fancyplain{}{\thepage}}
```

라고 선언하였다면 *header*와 *footer*에는 면수만 사용되며 LaTeX에서 `plain` 스타일이 사용될 자리에는 면수가 *footer* 중앙에 나타나고 그 외의 면은 오른쪽 위에 면수가 출력된다. 이는 많은 학위논문에서 사용하는 페이지 스타일이다.

19.6. 인쇄용지 패키지

보통 인쇄 용지로 많이 사용하는 것은 A4 크기이며, 이는 대부분의 나라에서 사용하는 표준이다. 미국을 포함한 일부 국가에서 A4보다 폭이 조금 넓고 길이가 조금 짧은 US letter 규격을 사용한다. 따라서 LaTeX도 이 둘의 인쇄용지를 지원하지만 상하좌우 여백이 다소 많은 느낌을 준다. 이를 해소하기 위한 패키지가 소개되어 있는 그 중 두 개 정도 알아보기로 하자.

19.6.1. fullpage와 a4 패키지

a4 패키지는 출력을 우리가 가장 자주 사용하는 규격인 A4에 인쇄할 때 사용하기 알맞은 패키지이다. 이는 Johannes Braams가 쓴 것인데 LaTeX의 글자 크기 옵션에 따라 \textwidth가 달라 진다. 5in, 5.2in, 5.7in가 각각 10pt, 11pt, 12pt에 대응되는 값이다.

fullpage 패키지는 US letter 크기의 종이를 사용할 때,(이 크기는 우리의 A4에 대응되는 미국의 공문 크기이다.) 사용하면 좀더 넓게 종이를 사용할 수 있다. 이는 Richard Furuta가 만들었는데 글의 크기 옵션에 상관 없이 *body* 의 크기가 6.5×8.5(인치) 이다.

19.6.2. doublespace 패키지

이 패키지는 더블 스페이스(한 줄 쓰고 한 줄 비우는 것.) 를 만들어 주는 패키지(스타일) 이다. 이 패키지의 강점은 유동체(예 table 환경)나 tabular 환경 및 각주(footnote)에서는 자동적으로 singlespace로 바꾸어 준다는 것이다. 또한 이 패키지는 singlespace 환경을 제공하기 때문에 필요한 부분은

```
\begin{singlespace}  내용   \end{singlespace}
```

로 더블 스페이스를 없앨 수 있다. 더블 스페이스가 너무 많은 간격을 준다고 생각되면 \setstretch 명령으로(이 명령은 *preamble*에 들어 간다.) 그 값을 조정할 수 있다. \setstretch의 기본값은 2이다.

줄간격이 더블 스페이스는 너무 넓고, 싱글 스페이스는 너무 좁다고 생각될 때는 이 값은 1과 2사이의 적당한 값으로 설정하면 원하는 줄간격을 얻을 수 있다. 참고로 singlespace 환경에서의 이 값은 1이므로 적당한 값을 주면 된다. (예 1.3 또는 1.7 등)

19.7. boxit 패키지

어떤 부분을 강조하고자 할 때나 그 부분을 표시하고자 할 때 사각형의 테두리를 둘러서 그 부분을 눈에 띄게 하고 싶을 때가 있다. 이럴 때 사용할 수 있는 패키지(스타일)가 boxit 패키지이다.[4] 이 패키지는 Marcel van der Goot가 만들었다. 이 패키지를 사용하면 boxit 이라는 환경을 이용할 수 있다. 즉 박스를 두르고 싶은 내용을 \begin{boxit}과 \end{boxit} 사이에 입력하면 원하는 박스를 만들어 그 안에 있는 내용을 강조하는 형태로 표현할 수 있다.

> boxit 환경은 지금 보는 것과 같은 사각형을 외곽에 만들어 준다. 사용은 \begin{boxit} 과 \end{boxit} 안에 테두리를 만들 내용을 입력한다.

지금의 출력은 다음의 결과이다.

```
\begin{boxit}
\begin{quote}
\texttt{boxit} 환경은 지금 보는 것과 같은 사각형을
외곽에 둘러 준다. 사용은 \verb+\begin{boxit}+ 과
\verb+\end{boxit}+ 안에 테두리를 만들 내용을
입력한다.
\end{quote}
\end{boxit}
```

위의 예에서 보는 것과 같이 quote 환경을 boxit 환경 내에서 사용하였을 때 왼쪽 공백을 함께 박스에 묶었다. 이 결과는 사용자가 원하지 않는 결과

[4] 이 책의 사각형 테두리는 이 절의 예를 제외하고는 minipage 와 tabular 환경을 이용해 만든 개인용 패키지가 거의 대부분이다.

표 19.2: ulem에서 사용 가능한 명령

important	\uline{important}
very important	\uuline{very important}
important	\uwave{important}
Woops	\sout{Woops}
ABC	\xout{ABC}

일 수 있다. 이 두 가지 환경의 순서를 바꾸어 박스의 길이를 변경할 수 있으며 그 결과를 다음에서 확인 할 수 있다.

boxit 환경은 지금 보는 것과 같은 사각형을 외곽에 만들어 준다. 사용은 \begin{boxit} 과 \end{boxit} 안에 테두리를 만들 내용을 입력한다.

여전히 사용자가 기대하지 않은 결과일 수 있다.

19.8. ulem 패키지

ulem 패키지는 Donald Arseneau가 만든 패키지로 밑줄을 치는 여러 가지 방법을 제공한다. 이 패키지를 사용하면 \em 또는 \emph 선언으로 강조한 경우 자동으로 밑줄이 그어지며 그 효과는 {와 }로 준 부분에만 미친다. 이 패키지의 옵션으로 normalem이 있는데 이 옵션을 사용하면 정상적인 \em 또는 \emph의 효과가 나타난다. LaTeX2.09에서는 \usepackage 명령을 사용할 수 없으므로 \normalem 이라고 선언할 수도 있다. 이 패키지에는 표 19.2에 정리한 명령이 제공된다. 이 표에 주어지지 않은 명령으로 \useunder가 있는데 이 명령은 특별한 글자체를 특정한 밑줄로 바꾸어주는 명령이다. 예를 들어

```
\useunder{\uwave}{\bfseries}{\textbf}
```

라고 하면 \bfseries나 \bf 선언의 효과는 \uwave로 나타난다.

19.9. misc 패키지

이 패키지에는 네 가지 명령어 \pmb, \timeofday, \verbfile, \listing을 제공한다.

- \pmb 명령은 Poor Man's Bold 글자체로 수식을 굵게 표현할 경우에 사용하는 것으로 amsbsy 패키지에도 정의되어 있기 때문에 이를 목적으로 이 패키지를 사용하는 것은 권장하지 않는다. 수학모드에서 굵은 글자체는 4.11절을 참고하며amsbsy 패키지에 소개된 것이 misc 패키지보다 최신이므로 amsbsy 패키지의 명령을 사용하는 것이 더 좋다.

- \timeofday는 LaTeX을 컴파일한 시간을 출력한다. 참고로 \today는 컴파일한 날짜를 \timeofday는 시간을 출력해 준다. 다음과 같이

  이 파일은 \today\ \timeofday에 출력되었다.

  로 입력하면

  이 파일은 2009년 6월 22일 14:04에 출력되었다.

- \verbfile 명령: 입력한 내용을 그대로 출력할 때는 verbatim 환경이나 \verb 명령을 사용한다. 이와 유사한 기능을 제공하는 명령어로 \verbfile가 있는데 이미 존재하는 텍스트 파일을 불러 그 내용을 그대로 출력해 준다. 사용법은

  \verbfile{*directory*/*filename*}

  이다. *directory*/*filename*에는 불러올 파일의 경로를 입력한다.

  다음은 Gnuplot로 만든 데이터 파일로 sin 함수의 좌표가 저장된 파일이며 \verbfile{pgf.sin.table} 명령어로 부른 것이다.

```
#Curve 0 of 1, 25 points
#x y type
0.00000 0.00000  i
0.26175 0.25877  i
0.52350 0.49991  i
0.78525 0.70700  i
1.04700 0.86593  i
1.30875 0.96586  i
1.57050 1.00000  i
1.83225 0.96602  i
2.09400 0.86622  i
2.35575 0.70742  i
2.61750 0.50043  i
2.87925 0.25934  i
3.14100 0.00059  i
3.40275 -0.25820  i
3.66450 -0.49940  i
3.92625 -0.70658  i
4.18800 -0.86563  i
4.44975 -0.96571  i
4.71150 -1.00000  i
4.97325 -0.96617  i
5.23500 -0.86652  i
5.49675 -0.70784  i
5.75850 -0.50094  i
6.02025 -0.25992  i
6.28200 -0.00119  i
```

\listing 명령은 불러온 파일의 내용에 줄 번호를 추가로 출력해 주어서 출력이 몇번째 줄인지 알 수 있도록 해준다. 이런 기능은 특히 컴퓨터 프로그램 관련 책을 쓰는 경우 프로그램 소스에 대한 설명에 유용하게 사용할 수 있다. 이 명령의 사용법은

```
\listing{directory/filename}
```

이며 *directory* 디렉토리에 있는 파일 *filename*의 내용을 한 줄씩 LaTeX 출력을 만들며 이 때 각 줄에는 줄의 번호가 자동으로 매겨진다.

⊙ \listing 명령: 앞에서 선언한 \verbfile 명령의 파일과 동일한 파일 pgf.sin.table을 \listing{pgf.sin.table} 명령으로 부르면 다음과 같이 행의 맨 앞에 줄 번호가 추가된 것을 확인할 수 있다.

```
 1
 2  #Curve 0 of 1, 25 points
 3  #x y type
 4  0.00000 0.00000  i
 5  0.26175 0.25877  i
 6  0.52350 0.49991  i
 7  0.78525 0.70700  i
 8  1.04700 0.86593  i
 9  1.30875 0.96586  i
10  1.57050 1.00000  i
11  1.83225 0.96602  i
12  2.09400 0.86622  i
13  2.35575 0.70742  i
14  2.61750 0.50043  i
15  2.87925 0.25934  i
```

```
3.14100 0.00059   i
3.40275 -0.25820  i
3.66450 -0.49940  i
3.92625 -0.70658  i
4.18800 -0.86563  i
4.44975 -0.96571  i
4.71150 -1.00000  i
4.97325 -0.96617  i
5.23500 -0.86652  i
5.49675 -0.70784  i
5.75850 -0.50094  i
6.02025 -0.25992  i
6.28200 -0.00119  i
```

19.10. syshan 패키지

이 패키지는 저자의 개인 필요에 의해 만든 것으로 조금 오래 된 것이라 최근의 LATEX 특히 `pdflatex` 및 KC2008과의 호환성에 다소 문제가 있으나 이 책의 편집이 이 패키지를 기준으로 작성되었으므로 여기에 간단히 소개하고자 한다.

19.10.1. 서론

백윤주, 은광희 선생의 한글LATEX 0.92 버전의 `hangul.sty` 스타일 파일은 이전부터 Leslie Lamport의 `report.sty` 스타일 파일을 한글에 맞게 수정하여 사용하던 중 여러 가지 필요에 의해 이 두 가지의 장점을 취합하여 `syshan.sty` 스타일 파일을 만들었다. 이 파일은 `hangul` 패키지에서 표나 식의 cross referencing의 문제를 피하기 위해 내용을 수정하였으며 변경된 내용은 주석부분에 sysim 문자를 표시하였다.

19.10.2. 옵션

이 패키지에는 두 개의 옵션이 있는데 하나는 hanja[5]이고 나머지는 english이다. hanja 옵션을 사용하면 \chapter 등을 사용하였을 때 한자가 사용되며 english 옵션은 모든 것이 영문으로 출력되지만 한글/한자를 쓸 수는 있게 한다. 이 옵션은 영문으로 학위 논문을 작성한 후 "국문요약" 등 극히 필요한 부분만 한글로 출력할 경우 사용한다. 사용법은

```
\usepackage[hanja 또는 english]{syshan}
```

이다.

19.10.3. Utilities

1. english 옵션을 사용하면 habstract 환경이 정의된다. 이는 abstract 환경과 같이 사용할 수 있으며 이 둘의 사용 순서에 관계 없이 habstract 환경을 사용하면 **국문요약** 이 출력된다. 이 때 "국문요약" 대신에 다른 이름을 쓰고자 하면 \hangulabstractname 에 "국문요약" 대신 다른 이름을 줄 수도 있다.
2. \bm은 필요한 부분만 굵게 한다. 수학모드에서만 사용가능하다.
   $\boldsymbol{X}_n\boldsymbol{\Gamma} = \gamma\mathbf{1}$ .... \bm{X}_n \bm{\Gamma}=\gamma\bm{1}
3. 여기서 보는 것처럼 절의 번호가 "." 으로 끝난다.
4. myfbox 환경이 정의되어 있다. 사용법은 minipage와 같고 결과는 실선의 테두리를 친 minipage이다.
5. henumerate 환경이 정의되어 있다. 이는 영문의 enumerate 환경과 같은 문법으로 사용한다. 번호기는 henumi, henumii, henumiii, henumiv

[5] hangul.sty에 이미 있던 옵션.

표 19.3: 한글 글자체에서 지원되는 특수 문자

\openbrack	〔	\closebrack	〕
\openinequal	〈	\closeinequal	〉
\opendblinequal	《	\closedblinequal	》
\rightrceil	「	\leftlfloor	」
\dblrightrceil	『	\leftlfloor	」
\dblleftlfloor	』	\thickleftparenthesis	【
\thickrightparenthesis	】	\yen	¥
\malemark	♂	\femalemark	♀
\crossdots	※	\permil	‰
\sauna	♨	\whitephone	☏
\blackphone	☎	\fingerleft	☜
\fingerright	☞	\ksmark	㉿
\company	㈜	\won	₩

가 있고 각 번호기를 정해주는 변수의 범위는 \labelhenumi부터 \labelhenumiv까지 있는데 henumii와 henumiv만 enumerate와 다르다. 가, 나, 다,... 는 \hangula, 갑, 을, 병,... 는 \hangulb가 사용되었다. hangul 패키지의 \jaso, \ojaso, \gana, \ogana, \pnum, \onum, \peng, \oeng를 \renewcommand를 이용하여 사용할 수 있게 하였다.

㉠ 첫째 항

㉡ 둘째 항은 nested henumerate 가 있다.

(가) 두 번째 항의 첫째 항.

6. 표 19.3에서 보는 문자는 hangul.sty에서 정의된 것인데 이는 보통의 자판에 없기 때문에 이름을 주었다.

7. \dankitoday는 컴퓨터상의 단기 날짜를 인쇄한다. 이는 \today와 대응된다. 오늘은 단기 4342 년 6 월22 일이다.

8. \checkoddpage 명령이 있다. 이 명령은 book 클래스를 사용하거나 openright를 대신할 수 있는데 이 명령의 효용성은 새 장을 부록 등

에서는 왼쪽면에서 시작할 수 있다는 것이다. 주로 \chapter 직전에 사용하여 새 장이 왼쪽에서 시작하면 한 페이지 넘기는 역할을 한다.

9. \pagestyle에 lineheading을 제공한다. 이는 지금 보는 이 스타일이다.

10. thebibliographys 환경은 report나 book 클래스의 bibliography 환경이 \chapter*이기 때문에 이를 \section*로 바꿔서 각 장별로 참고문헌을 쓸 수 있도록 하였다.

11. 이 외에도 syshan에서는 몇 가지 추가로 사용할 수 있는 \pagestyle이 있으나 이는 극히 개인적 취향에 의해 만들어진 것이기 때문에 설명은 않기로 한다.

12. \HLaTeX는 hangul.sty에 이미 정의된 것이다. 한글LaTeX을 출력시킨다.

19.11. pageframe 패키지

pageframe 패키지는 Cameron Smith가 만든 패키지로 LaTeX파일을 출력하여 바로 제본하고자 할 때 출력의 테두리와 몇 가지 정보를 추가로 출력하여 주는 패키지이다. 이 패키지의 사용 결과는 부록 A.4 의 사용 예에 있으니 참고하자.

19.12. chemsym 패키지

chemsym 패키지는 Mats Dahlgren이 화학에서 사용하는 원소기호를 편하게 인쇄할 수 있도록 만든 패키지이다. 이 패키지를 사용하면 원소기호에 \를 붙히면 해당 원소기호가 만들어진다. 이 경우 원소 이름과 LaTeX 명령이 겹치는 경우가 있는데 이들은 다른 명령으로 대치하였다. 다음 표에 그 내용이 정리되어 있다.

TEX 명령	chemsym 명령	보기
`\H`	`\h`	The accent in 'ő'
`\O`	`\OO`	Ø
`\P`	`\PP`	¶
`\S`	`\Ss`	§
`\Re`	`\re`	$\Re$ (in math mode)
`\Pr`	`\pr`	Pr (in math mode)
`\begin{Sb}`	`\begin{SB}`	(with AMS-LATEX)
`\end{Sb}`	`\end{SB}`	(with AMS-LATEX)

chemsym 패키지를 amstex 이나 rotating 패키지와 동시에 사용할 경우에는 chemsym 패키지를 가장 나중에 불러야 한다. 이 패키지의 사용 결과는 부록 A.4의 사용 예에 있으니 참고하자.

19.13. fancybox 패키지

fancybox 패키지는[6] Thimothy Van Zandt가 만든 패키지로 몇 가지 그림 박스 명령과 LATEX에서 박스로 취급하지 않는 eqnarray나 itemize 등을 박스로 취급하는 환경을 제공한다. 먼저 그림 박스로 네 가지가 있는데 다음의 사용 예를 보면 쉽게 이해할 수 있다. 이 패키지는 seminar 패키지의 일부이다.(20.10절 참조.)

그림자 Box .... `\shadowbox{그림자 Box}`
이중 Box .... `\doublebox{이중 Box}`
둥근 Box .... `\ovalbox{둥근 Box}`
굵고 둥근 Box .... `\Ovalbox{굵고 둥근 Box}`

[6]여기서 만들어지는 상자들은 제16장의 LATEXCAD를 이용하면 만들 수 있다.

\ovalbox와 \Ovalbox는 같은 모양을 만들지만 \Ovalbox로 만들어지는 상자는 \thicklines에 주어진 선의 굵기로 그린다는 것이다. 둥근 상자의 둥근 부분의 원의 지름은 \cornersize 명령으로 바꾸어 줄 수 있는데 그 단위는 \unitlength에서 주어진 단위이다.

둥근 Box .... \ovalbox{둥근 Box}
둥근 Box ....\ovalbox{둥근 Box}

위의 두 박스는 아래 명령의 결과이다.

```
\cornersize{3}
\ovalbox{둥근 Box}\dotfill\verb|\ovalbox{둥근 Box}|\\
\cornersize{0.1}
\ovalbox{둥근 Box}\dotfill\verb|\ovalbox{둥근 Box}|
```

Bcenter, Bflushleft 및 Bflsushright 환경은 LaTeX의 center, flushleft 및 flushright 환경과 같은 기능을 갖는데 이들은 모두 박스로 취급하기 때문에 옆으로 놓을 수가 있다.

중앙 의 세 줄	오른 쪽 의 세 줄	왼 쪽 의 세 줄

이들은 다음 명령으로 만든 것이다.

```
\fbox{\begin{Bcenter}
중앙 \\
의\\
세 줄\\
\end{Bcenter}}
```

```
\fbox{\begin{Bflushright}
오른 쪽\\
의\\
세 줄\\
\end{Bflushright}}
\fbox{\begin{Bflushleft}
왼 쪽 \\
의\\
세 줄\\
\end{Bflushleft}}
```

이외에 LaTeX의 환경 이름에 B를 붙혀서 사용할 수 있는 환경은

1. Bitemize, Benumerate, Bdescription 환경은 각각 LaTeX의 itemize, enumerate, description과 같은데 위의 Bcenter 등에서와 마찬가지로 박스로 취급한다.

2. Beqnarray와 Beqnarray*는 LaTeX의 eqnarray와 eqnarray*에 위와 같은 방법으로 대응된다.

1. 가나다라마
2. 甲乙丙丁戊

$$\begin{array}{|rcl@{\qquad}r|} \hline f(x) & = & (x-y)^2 & (19.1) \\ & = & x^2+2xy+y^2 & (19.2) \\ \hline \end{array}$$

위의 두 박스는 다음 명령으로 만들었다.

```
\fbox{\begin{Benumerate}
\item 가나다라마
\item 甲乙丙丁戊
\end{Benumerate}}
\fbox{\begin{Beqnarray}
```

```
f(x) &=& (x-y)^2 \\
     &=& x^2 +2xy +y^2
\end{Beqnarray}}
```

fancybox 패키지에는 Sbox 환경과 \TheSbox 명령이 있는데 이 둘은 같이 사용한다. 사용 방법은 Sbox 환경으로 저장한 박스를 \TheSbox 명령으로 불러오는 것이다. 이는 LaTeX의 \savebox와 \usebox에 대응한다고 하겠다. 먼저 다음과 같이 Sbox를 이용하여 박스에 들어갈 내용을 저장하자.

```
\begin{Sbox}
\begin{Bitemize}
\item $\mathcal{ABCDEF}$
\item $\mathfrak{ABCEDF}$
\item $\mathbb{ABCEDF}$
\end{Bitemize}
\end{Sbox}
```

이제 수학의 세 가지 글자체 \fbox{\TheSbox}를 입력하면

수학의 세 가지 글자체

- $\mathcal{ABCDEF}$
- $\mathfrak{ABCEDF}$
- $\mathbb{ABCEDF}$

가 만들어진다.

끝으로 fancybox 저자의 사용 예를 살펴보자 다음과 같이 fminipage를 정의하면

```
\newenvironment{fminipage}{%
\begin{Sbox}\begin{minipage}}{\end{minipage}%
\end{Sbox}\fbox{\TheSbox}}
```

```
\begin{fminipage}{3in}
```

```
  이 박스는 \texttt{fminipage}
  환경으로 만든 박스이다.
\end{fminipage}
```

명령으로 다음과 같은 결과를 얻는다.

> 이 박스는 fminipage 환경으로 만든 박스이다.

19.14. comment 패키지

comment 패키지는 주석처리를 하고자 하는 내용이 길 때 사용할 수 있는 패키지로 comment 환경을 제공한다. 일반적으로 사용하는 LaTeX의 주석은 한 줄씩 처리되며 %로 처리하는데, 주석처리를 해야 할 내용이 길 때는 comment 패키지를 사용하고 \begin{comment}와 \end{comment} 사이에 주석처리할 내용을 포함하면, 이 사이의 내용은 LaTeX 컴파일에서 무시되며 아무 출력도 만들지 않는다.

19.15. slashbox 패키지

slashbox 패키지는 다음의 표와 같이 표에 \를 넣어주는 기능을 추가한다.

표 19.4: slashbox 패키지

디자인 \ 환자	A를 선호	B를 선호
입원환자	50	45
외래환자	150	160

이 패키지를 사용할 때 추가되는 명령어 \backslashbox를

```
\backslashbox{left}{right}
```

와 같이 사용한다. 이 때 *left*와 *right*는 각각 \의 왼쪽과 오른쪽에 들어갈 내용이다. 표 19.4는 다음의 명령으로 만들어진 것이다.

```
\begin{tabular}{|c|cc|} \hline
\backslashbox{환자}{디자인} & A를 선호 & B를 선호\\ \hline
입원환자 & 50 & 45 \\
외래환자 & 150 & 160 \\ \hline
\end{tabular}
```

19.16. ifthen 패키지

LaTeX 2_ε에서 제공하는 표준 패키지의 하나인 `ifthen` 패키지는 명령어나 환경 또는 클래스(스타일) 를 만들 때 유용하게 사용할 수 있다. `ifthen` 패키지를 사용할 때 가능한 명령은 다음과 같다.

`\ifthenelse` 는

`\ifthenelse{`*test*`}{`*then*`}{`*else*`}`

로 사용하는데 *test* 가 참이면 *then* 을 수행하고 거짓이면 *else* 에 주어진 내용을 수행한다. 이 때 사용할 수 있는 *test* 로는 다음이 있다.

num1 op num2 *num1*과 *num2*의 비교이다. 이 때 사용할 수 있는 *op*는 `<`, `>` 및 `=`이 있다.

`\equal` `\equal`$\{str_1\}\{str_2\}$ 로 사용하고 str_1과 str_2가 같은지 비교한다.

`\lengthtest` `\lengthtest`$\{leng_1\ op\ leng_2\}$로 사용하고 이 때 len_1과

len$_2$는 비교할 두 길이이며(예 \pakskip) 사용할 수 있는 *op* 는 <, >, = 이 있다.

\isodd \isodd{*num*}으로 사용하며 *num*이 홀수이면 참 짝수이면 거짓이다.

\boolean \boolean{*name*}는 *name*의 값을 준다. 이 때 *name*은 이미 boolean(참 또는 거짓의 값을 갖는 변수) 이어야 한다.

\newboolean{*name*}

은 *name*을 boolean으로 만들고

\setboolean{*name* }{*bool* }

은 *name*의 값을 *bool*로 정해 주는데 *bool*은 true 또는 false 의 값을 줄 수 있다.

boolean 연산에는 \and, \or, \not이 사용되고 연산의 순서를 정해 주는 괄호는 \(와 \) 이다.

\whiledo 는 \whiledo{*test*}{*body*}로 사용하고 *test*의 값이 참이면 *body*를 하고 거짓이면 아무것도 하지 않는다.

제 20 장

프리젠테이션

20.1. beamer 클래스

beamer는 프레젠테이션에 사용하기 위한 패키지이다. 기존의 slide 패키지와 비교하기 힘들 정도로 다양한 기능이 포함되어 있어 파워포인트 등에서 쉽지 않은 문제인 특수문자나 수식 처리 등을 완벽하게 처리하면서 문자 겹치기, 그림 덮어쓰기, 소리 넣기, 동영상 넣기 등의 프리젠테이션 기능을 다양하게 가지고 있는 패키지이다. beamer 클래스를 사용하는 경우는 최종출력을 PDF 형식으로 얻어 이 PDF 파일을 사용하는 프리젠테이션을 하게 된다. LaTeX Beamer를 사용하는 방법은 여러 가지가 있으나 여기서는 beamer 클래스를 사용하는 경우만 알아보고 다른 방법은 CTAN에서 얻을 수 있는 beamer 클래스에 대한 설명서를 참고하기로 한다. Beamer 클래스의 홈페이지는

http://latex-beamer.sourgeforge.net

이며 다운로드 페이지는

http://sourceforge.net/projects/latex-beamer/

이다.

LaTeX Beamer는 LaTeX에서 사용하는 클래스의 하나이기 때문에 cls, sty 파일 등 문서 파일만 적절한 위치에 설치하고 TeX의 파일이름 데이터베이스만 갱신하면 설치가 완료된다. 파일 이름 데이터베이스 갱신은 MiKTeX의 경우 22.8의 FNDB 갱신을, KC2008의 경우 그림 23.25에서 할 수 있다.

20.1.1. Beamer의 설치

1. CTAN에서 다음 세 가지를 얻는다.

   - beamer 현재 버전 latex-beamer-3.07.tar.gz
   - pgf 현재 버전 pgf-1.01.tar.gz
   - xcolor 현재 버전 xcolor-2.00.tar.gz

   윈도우 용인 경우 .zipi 형식인 파일을 얻을 수 있으며 버전은 내려받을 당시의 최신버전의 번호에 따라 달라질 수 있다.

2. 이 파일을 LaTeX의 .cls와 .sty 등의 패키지가 설치되어 있는 곳에 압축을 풀어 저장한다. 이 디렉토리는 MiKTeX의 경우

   ```
   C:\texroot\tex\latex
   ```

   이며 KC2008의 경우

   ```
   C:\usr\texlive\2008\texmf-dist\tex\latex
   ```

   이다. 이 디렉토리 아래에 위의 세 압축 파일을 각각 beamer, pgf 및 xcolor라는 이름의 디렉토리 밑에 압축을 풀어 준다.

3. 결과적으로

   ```
   C:\texroot\tex\latex\beamer
   C:\texroot\tex\latex\pgf
   C:\texroot\tex\latex\xolor
   ```

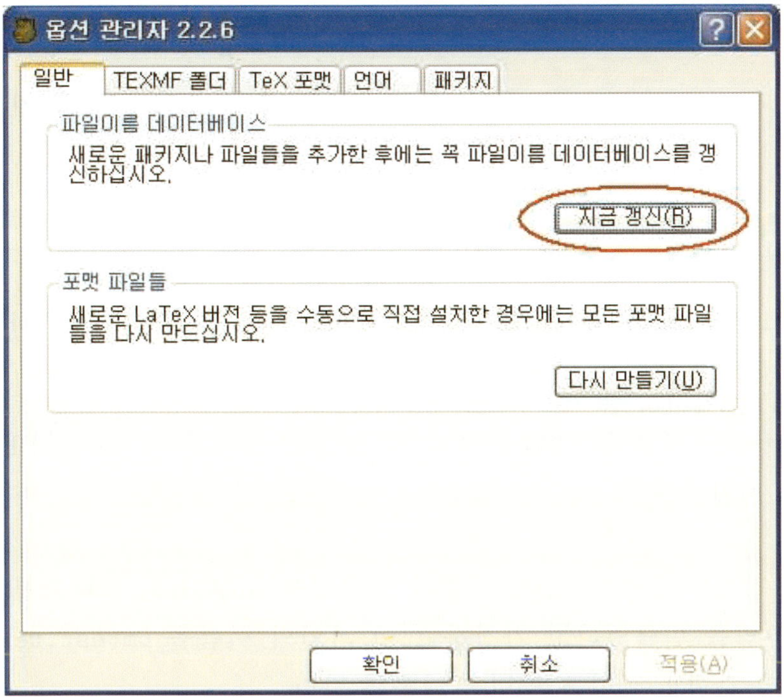

그림 20.1: MiKTEX의 파일 이름 데이터 베이스 업데이트 화면

라는 세개의 폴더가 새로 만들어졌다.

4. 사용하는 TEX의 패키지 목록을 업데이트한다. MiKTEX의 경우 `MiKTeX`의 옵션관리자 목록을 선택하여 생성된 대화창에서 파일 이름 데이터 베이스 업데이트 갱신을 클릭한다. 그림 20.1는 MiKTEX 2.4의 업데이트 화면이며 MiKTEX 2.7은 그림 22.8에서 FNBD 업데이트를, KC2008은 그림 23.25의 TDS 업데이트를 사용한다.

5. 앞에서 Beamer를 설치한 폴더 아래의 `example` 폴더, 즉

   ```
   C:\texroot\tex\latex\beamer
   ```

   에 있는 보기 파일 `beamerexample?.tex`을 컴파일 할 때 에러 메세지가 뜨지 않으면 정상적으로 설치된 것이다.

20.1.2. Beamer의 사용

Beamer 는 pdfLaTeX형태로 변환될 것을 기준으로 하기 때문에 최종 출력은 PDF 형태라야 한다. PDF 형태로 출력을 얻는 방법은

- `pdflatex` 을 실행하여 PDF 형식의 출력으로 얻거나,
- `dvips`를 이용하여 PostScript로 변환한 후 `ps2pdf` 등을 사용하여 PDF 형식으로 변환하거나.
- `latex`을 사용하여 `DVI`를 만든 후 `dvipdfmx` 등을 사용하여 PDF 파일로 변환하는

세 가지 정도의 방법이 있다. 각각의 방법에서 BEAMER 클래스를 사용한 LaTeX 파일을 만들었다고 가정하고 이 파일의 이름을 `bmtest.tex`이라고 하면 위의 각방법에 따른 명령은 다음과 같다.

- 명령어 창에서

  ```
  % pdflatex bmtest
  ```

  라고 하면 `bmtest.pdf` 파일이 생성된다. 이 명령은 차례가 포함된 경우에 대비하여 두 번이상 하는 것이 안전하다.

- ```
  % latex bmtest
  % dvips bmtest
  % ps2pdf bmtest
  ```

  라고 하면 `bmtest.dvi` → `bmtest.ps` → `bmtest.pdf` 순서로 파일이 생성된다. 여기서도 앞에서와 같은 이유로 `latex` 명령은 두 번 이상 실행해 주는 것이 좋다.

- 다음과 같이
  ```

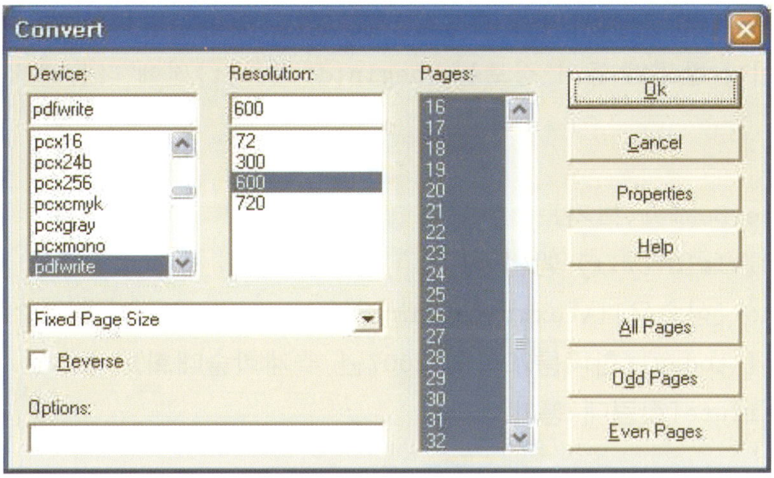

그림 20.2: Ghostscript에서의 PDF 변환

```
% latex bmtest
% dvips bmtest
```

명령하여 `bmtest.ps` 파일을 만들고 이 파일을 Ghostscript를 이용하여 연다. Ghostscript 의 `File` 메뉴에서 `Convert` 항목을 선택하면 만들어지는 그림 20.2의 대화창에서 `pdfwrite`를 선택하고 만들어질 PDF 파일의 이름을 `Ok` 버튼 이후에 만들어진 창에서 지정한다.

20.1.3. Beamer 클래스의 사용법

Beamer 클래스를 사용하기 위해서는 다음과 같이 `\documentclass`를 지정한다.

```
\documentclass{beamer}
```

패키지가 필요한 경우에는 이 후에

```
\usepackage{multimedia}
```

와 같이 필요한 패키지의 사용을 지정한다. 일반적인 첫 슬라이드에 나올 제목이나 발표자 등의 정보는 \begin{document}전에 다음과 같이 설정한다.

```
\title{Beamer 보기}
\subtitle{Overlay 방법들}
\author[심송용]{\texttt{sysim@hallym.ac.kr}}
\date[\today]{한국통계학회 2007년 추계학술대회}
\institute{한림대 통계학과}
```

위의 각 명령은 그림 20.3를 참조하며 알아보기로 하자.

- \title: 제목을 설정한다.
- \subtitle 제목 아래에 소제목을 설정한다.
- \author 발표자를 설정한다. \author의 옵션값인 [와]사이에 준 값은 매 슬라이드에 나타낼 값이며 { 와 } 사이에 주는 값은 첫페이지에 나타난다.
- \date 날짜를 지정하는 값으로 \author와 마찬가지로 옵션값인 [와]사이에 준 값은 매 슬라이드에 나타낼 값이며 {와 } 사이에 주는 값은 첫페이지에 나타난다.
- \institute 소속기관을 표시해주는 것으로 \author의 값과 함께 매 슬라이드에 나타난다.

위의 명령만으로는 실질적인 출력이 없는 상태이다. Beamer에서의 매 화면은 frame 환경에 의해서 생성된다.

앞에서 설정한 것과 같이 파일을 만든 후

```
\begin{frame}
```

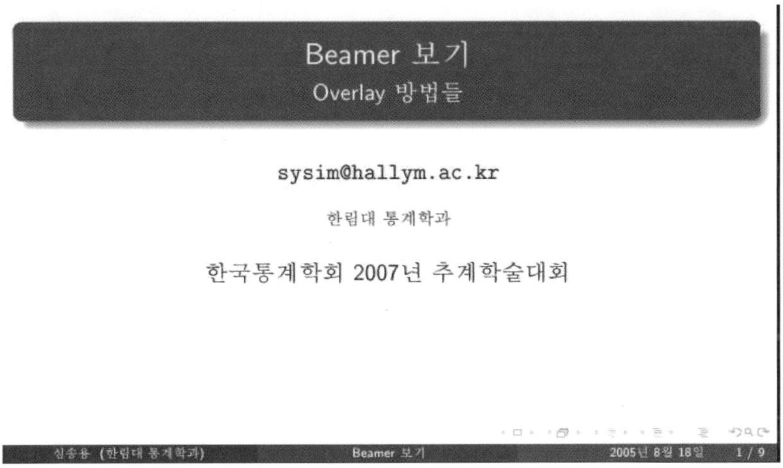

그림 20.3: \titlepage명령에 의한 첫 페이지

```
\titlepage
\end{frame}
```

와 같이 \titlepage 명령을 사용하면 그림 20.3와 같은 화면을 얻는다. 이 그림은 Madrid 테마를 이용한 화면이며 화면의 모양이나 색은 테마나 색의 설정에 따라 달라진다. 테마는 20.1.10절에서 자세하게 다루었으니 참고하기로 한다. 테마의 설정은 첫 번째 frame 환경이 나오기 전에

```
\usetheme{Madrid}
```

라고 명령한다.

20.1.4. 슬라이드 겹치기

하나의 화면에서 여러 슬라이드가 순차적으로 하나씩 만들어 화면을 바꾸지 않고도 슬라이드의 내용을 바꾸게 하는 방법에 대해서 알아보자. 이런 목적으로 사용하는 명령은 \pause, \onslide, \visible, \unvisible, \uncover, \alt, \temporal 명령 등이 있다.

그림 20.4: \pause 명령에 의한 슬라이드

20.1.4.1. \pause 명령

\pause 명령은 하나의 화면에서 다음 화면으로 넘어가지 않고 다음 슬라이드를 지정할 때까지 기다리게 하는 작용을 한다. 따라서 \pause 명령을 사용하는 경우 이전 화면에 나타난 내용을 그 화면 이후에는 계속 남아 있게 된다. 즉, 하나의 슬라이드에서 두 번째 화면을 보일 때 첫 번째 화면의 내용은 보이지 않게 하는 것이 되지 않는다. \pause 명령에 옵션을 주면 특정한 슬라이드 이후에 계속 보이게 할 수 있다. 즉,

```
\pause[num]
```

을 사용하면 *num* 번째 슬라이드 이후에는 계속 보이게 된다. 그림 20.4는 다음의 보기를 사용하여

```
\setbeamercovered{transparent=20}
\begin{frame}
\frametitle{pause 보기}
The first slide \\
```

```
\pause
두 번째 화면 \\
\pause
The third slide \\
\pause[2]
두 번째 이후에는 계속 보입니다. \\
\pause
The last slide \\
\end{frame}
```

만든 화면 중 두 번째 슬라이드이다. \setbeamercovered 명령은 20.1.8절에서 따로 소개하기로 한다.

20.1.4.2. \onslide 명령

먼저 \onslide 명령은

```
\onslide<overlay_spec> {<text>}
```

로 사용하는데

- *overlay_spec*에 주어진 슬라이드에서만 *text*에 주어진 내용이 나타난다. *overlay_spec*은 몇번째 슬라이드에서 주어진 *text*를 보일지 지정해주는 것으로 이후에 소개할 다른 명령에서도 같은 방법을 사용하며 사용방법은
  - <1>과 같이 하나의 숫자를 주어 보여질 슬라이드 번호를 입력할 수 있다.

- ☞ <3->과 같이 슬라이드가 보여질 최초의 번호를 입력하면 주어진 번호 이후의 모든 슬라이드에서 보인다. <3->는 세 번째 슬라이드 부터 계속 보이며 <-3>은 처음부터 세 번째 슬라이드에서 보인다.
- ☞ 또한 <2-4>과 같이 슬라이드가 보여질 슬라이드 번호의 범위를 입력할 수 있으며 이 경우 2,3,4번 슬라이드에서 보인다..
- ☞ 슬라이드 번호가 여러 가지 조합인 경우는 <1, 3-5, 7->과 같이 슬라이드가 보여질 슬라이드 번호를 입력할 수 있다. 이 경우 1, 3, 4, 5, 7번후 슬라이드에 보여진다.

◉ *text*에는 보여줄 내용을 입력한다. 이 내용도 주지 않을 수가 있는데 *text*를 주지 않으면 이 명령이 나온 이후의 모든 입력이 이 명령 이후의 모든 슬라이드에서 보이게 된다.

\onslide 명령은 보여지지 않은 슬라이드에 해당되는 내용이 다른 슬라이드에서 공간을 차지한다. 따라서 해당 슬라이드에서 보여질 내용이 투명하게 처리되었다고 해석하면 된다. 다음 보기를 살펴보자.

```
\begin{frame}
 \frametitle{onslide 보기-공간 차지}
   \onslide<1>{첫 번째 슬라이드에만 보입니다.\\}
   \onslide<2>{두 번째 슬라이드에만 보입니다.\\}
   \onslide<3->{세 번째 슬라이드 이후 보입니다.\\}
   \onslide<4>{네 번째 슬라이드에만 보입니다.}
\end{frame}
```

여기서 세 번째 슬라이드를 선택한 화면이 그림 20.5이다.

\onslide에서 파생된 두 가지 명령으로

◉ \onslide* 명령은 사용방법은 \onslide와 같으나 *overlay_spec*에서

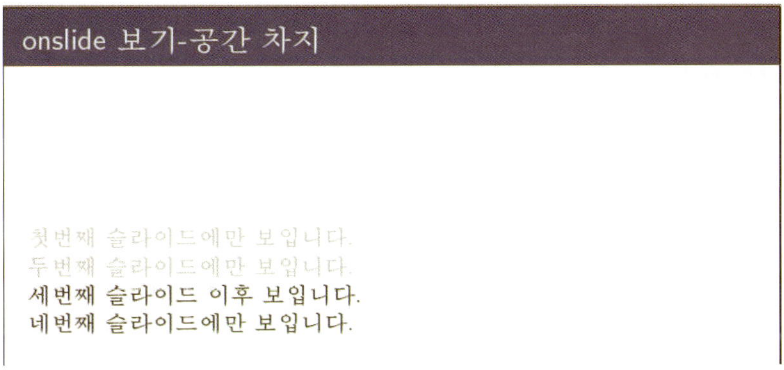

그림 20.5: \onslide 명령의 결과

주지 않은 슬라이드에서 공간을 차지하지 않는다. 즉 해당 슬라이드를 제외한 나머지 슬라이드에 해당되는 내용은 투명하게 존재하는 것이 아니고 아예 없는 것으로 해석한다. 이 명령은 \only 명령과 결과가 같다.

- \onslide+ 명령은 사용방법은 \onslide와 같으나 *overlay_spec*에서 주지 않은 슬라이드에서는 전혀 보이지 않는다. \onslide를 사용하면서 \setbeamercovered 명령 등을 사용하여 현재 슬라이드에 보여지지 않고 흐리게 보이게 하는 등의 방법이 있는데 \onslide+는 이러한 명령의 효과가 없다는 뜻이다. \visible 명령과 같은 것이다.

20.1.4.3. \only 명령

\onslide*와 명령의 결과는 같으나 사용법이

```
\only<overlay_spec>{<text>}<overlay_spec>
```

로 *overlay_spec*을 앞이나 뒤에 줄 수 있다. 물론 둘 중의 하나만 준다. 뒤에도 *overlay_spec*를 줄 수 있게 한 것은 다음과 같이

```
\newcommand{\blueonly}{\only{\color{blue}}}
\begin{frame}
\blueonly<2> 두 번째 슬라이드
\end{frame}
```

와 같이 뒤에 *overlay_spec*을 줄 수 있도록 한 것이다.

다음과 같은 보기를 사용하면 두 번째 슬라이드를 보일 때는 두 번째 줄의 내용만 나오고 첫 번째 슬라이드의 내용은 없는 것처럼 공간도 차지하지 않는다. 이 경우는 슬라이드 화면을 보고는 몇번째인지 구별하기 힘들기 때문에 아래의 보기를 사용하여 독자들께서 직접 해보기 바란다.

```
\begin{frame}
\frametitle{only 보기-공간 없음}
\only<1>{첫 번째 슬라이드에만 보입니다.\\}
\only<2>{두 번째 슬라이드에만 보입니다.\\}
\only<3->{세 번째 슬라이드 이후 보입니다.\\}
\only<4>{네 번째 슬라이드에만 보입니다.}
\end{frame}
```

20.1.4.4. `\visible` 명령

`\onslide+`와 같은 결과로 `\setbeamercovered` 명령에서 설정한 투명도가 적용되지 않아 해당없는 슬라이드는 화면에 보이지 않는다. 다만 해당되지 않는 슬라이드의 내용은 보이지 않고 공간은 차지 한다. 따라서 `\only`의 차이는 해당되지 않는 슬라이드가 공간을 차지하는지 여부이다. 사용법은

`\visible<`*overlay_spec*`>{<`*text*`>}`

이다.

20.1.4.5. \uncover 명령

사용법은

```
\uncover<overlay_spec>{<text>}
```

이며 \onslide와 같은 결과를 얻는다.

20.1.4.6. \invisible 명령

\visible과 반대의 결과를 얻는 명령으로

```
\invisible<overlay_spec>{<text>}
```

와 같이 사용한다. *overlay_spec*에 준 슬라이드를 제외한 나머지 내용이 화면에 보여진다.

20.1.4.7. \alt 명령

\alt 명령은 해당 슬라이드를 보일 때 화면에 보일 내용과 해당 슬라이드가 보여지지 않을 때 화면의 내용을 다르게 하는 명령이다. 사용법은

```
\alt<overlay_spec>{<해당 슬라이드 내용>}
           {<그 외 슬라이드 내용>}<overlay_spec>
```

이며 *overlay_spec*에 주어진 슬라이드에서는 '*해당 슬라이드 내용*'이 보이고 나머지 슬라이드에선 '*그 외 슬라이드 내용*'보인다. *overlay_spec*은 앞 또는

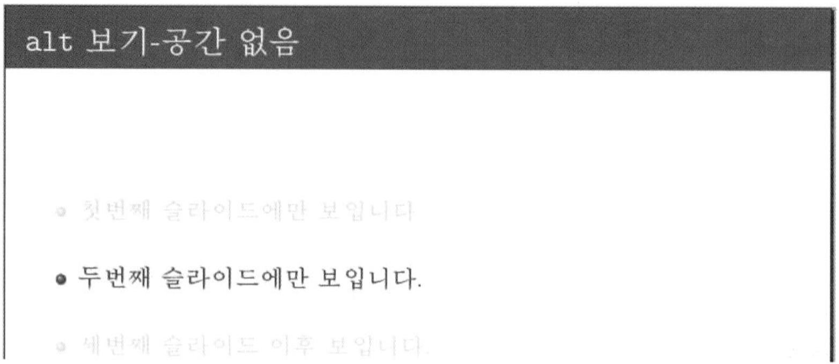

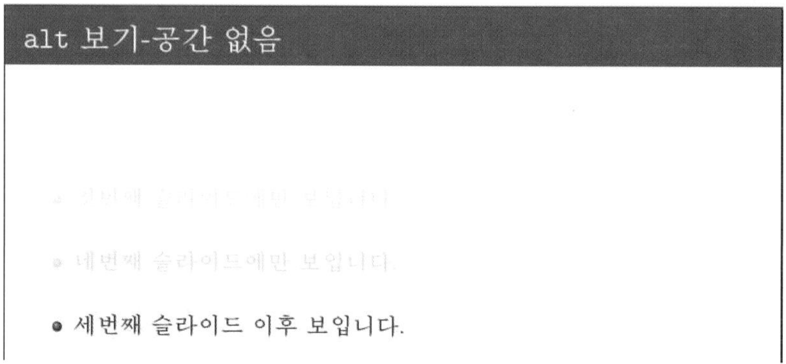

그림 20.6: `\alt` 명령의 결과

위 둘 중에 하나만 설정한다. 그림 20.6의 첫째 화면은 다음 보기의 결과에서 두 번째 슬라이드를 선택한 결과이며 그림 20.6의 두 번째 화면은 다음 보기의 결과에서 세 번째 슬라이드를 선택한 결과이다. 여기서 보는 것처럼 두 번째인 슬라이드와 나머지 슬라이드의 내용이 달라진다.

```
\begin{frame}
\frametitle{\texttt{alt} 보기-공간 없음}
\begin{itemize}
\item<1>{첫 번째 슬라이드에만 보입니다.\newline}
\item<2> \alt<2>{두 번째 슬라이드에만 보입니다.\newline}
    {네 번째 슬라이드에만 보입니다.\newline}
\item<3->{세 번째 슬라이드 이후 보입니다.\newline}
```

```
\item<4>{네 번째 슬라이드에만 보입니다.}
\end{itemize}
\end{frame}
```

20.1.4.8. \temporal 명령

```
\temporal<overlay_spec>{<이전 번호 슬라이드 내용>}
        {<해당 번호 슬라이드 내용>}{<이후 번호 슬라이드 내용>}
```

그림 20.7의 첫째 화면은 다음 보기의 결과에서 첫 번째 슬라이드를 선택한 결과이며 그림 20.7의 두 번째 화면은 다음 보기의 결과에서 두 번째 슬라이이드를 선택한 결과이다. 여기서 보는 것처럼 두 번째인 슬라이드와 나머지 슬라이드의 내용이 달라진다. 또한 이 그림의 세 번째 슬라이드의 경우 두 번째 항목이 내용이 다시 달라졌음을 알 수 있다.

```
\setbeamercovered{highly dynamic}
\begin{frame}
\frametitle{\texttt{temporal} 보기-공간 있음}
\onslide<1>{첫 번째 슬라이드에만 보입니다.\\}
\temporal<2>{Before 2nd slide\\}{두 번째 슬라이드에만 보입니다.\\}
           {After 2nd slide\\}
\onslide<3->{세 번째 슬라이드 이후 보입니다.\\}
\onslide<4>{네 번째 슬라이드에만 보입니다.}
\end{frame}
```

위에서 사용한 \setbeamercovered에는 highly dynamic이 사용되었기 때문에 현재의 슬라이드 항목에서 가까운 것은 진하게 먼 것은 흐리게 보인다.

그림 20.7: `\temporal` 명령의 결과

20.1.5. 목록 만들기

LaTeXBeamer에서 목록 만들기는 LaTeX에서 목록 만드는 것과 같은 방법으로 `itemize`, `enumerate`, `description`을 사용한다. 한가지 차이점은 위의 환경을 시작할 때 옵션으로 슬라이드를 어떻게 보여줄지 설정하는 것으

그림 20.8: itemize 보기

로

```
\begin{itemize|enumerate|description}[overlay_spec]
\item 들
        ⋮
\begin{itemize|enumerate|description}[overlay_spec]
```

와 같이 지정할 수 있다. *overlay_spec*에는 각 \item이 어떻게 슬라이드의 내용을 바꿀지 지정한다. *overlay_spec*에는 <+->로 설정하면 하나씩 차례로 보여주며 <+-| alert@+>로 설정하면 차례가 된 item은 alert한다.

```
\begin{frame}
\frametitle{자동으로 보이기}
\begin{itemize}[<+-| alert@+>]
\item $\int_0^1 f(x) dx$
\item $S = \sum_{i=1}^n a_i$
\item  세 번째 항목
\item  The last item
\end{itemize}
```

```
\end{frame}
```

의 결과는 그림 20.8와 같은 슬라이드를 얻는다.

enumerate와 description의 경우에는

```
\begin{enumerate}[overlay_spec][mini template]
\item 들
      ⋮
\begin{enumerate}[overlay_spec][mini template]
```

와

```
\begin{description}[overlay_spec][longest text]
\item[] 들
      ⋮
\begin{description}[overlay_spec][longest text]
```

와 같이 두 번째 옵션값을 지정할 수 있다.

enumerate 환경에서 두 번째 옵션 *mini template*에는 각 item에서 사용할 번호를 지정한다. 여기에는

1 enumerate의 원래 번호를 사용한다.

A 번호로 A, B, C, ...를 사용한다.

a 번호로 a, b, c, ...를 사용한다.

I 번호로 I, II, III, ...를 사용한다.

i 번호로 i, ii, iii, ...를 사용한다.

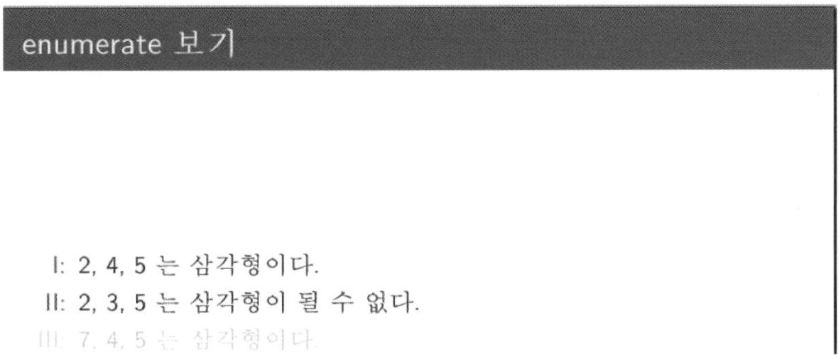

그림 20.9: enumerate 보기

예를 들어 *mini template*에 (i)를 사용하면, 번호가 (i), (ii), (iii) 등으로, A.을 사용하면 A., B., C. 등으로 만들어진다. 다음 보기의 결과는 그림 20.9이다.

```
\begin{frame}
\frametitle{enumerate 보기}
\begin{enumerate}[<+->][I:]
\item 2, 4, 5 는 삼각형이다.
\item 2, 3, 5 는 삼각형이 될 수 없다.
\item 7, 4, 5 는 삼각형이다.
\end{enumerate}
\end{frame}
```

description 환경의 *longest text*는 description 환경에서 \item의 옵션에서 사용하는 가장 긴 항목의 길이를 정한다. 다음의 보기에서 앞의 것은 '제일 긴 항목'의 길이 만큼, 뒤의 것은 '항목 1'의 길이 만큼만 각 항목의 길이에 주게 된다.

```
\begin{frame}
\frametitle{description 보기}
```

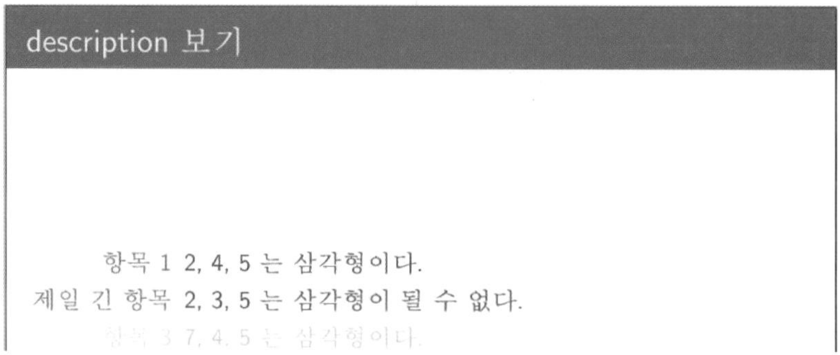

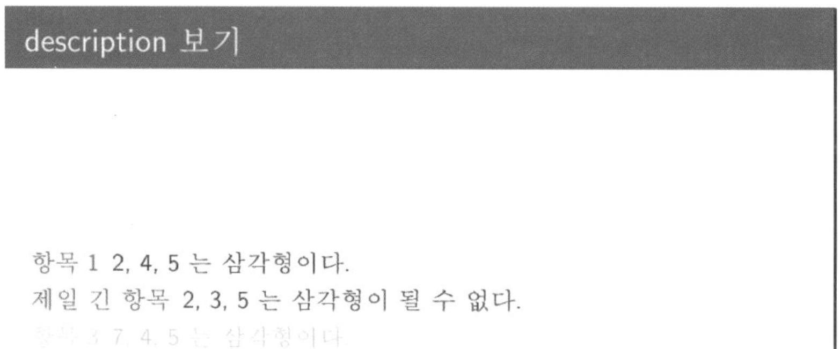

그림 20.10: description의 보기

```
\begin{description}[<+->][제일 긴 항목]
\item[항목 1] 2, 4, 5 는 삼각형이다.
\item[제일 긴 항목] 2, 3, 5 는 삼각형이 될 수 없다.
\item[항목 3] 7, 4, 5 는 삼각형이다.
\end{description}
\end{frame}

\begin{frame}
\frametitle{description 보기}
\begin{description}[<+->][항목 1]
\item[항목 1] 2, 4, 5 는 삼각형이다.
\item[제일 긴 항목] 2, 3, 5 는 삼각형이 될 수 없다.
```

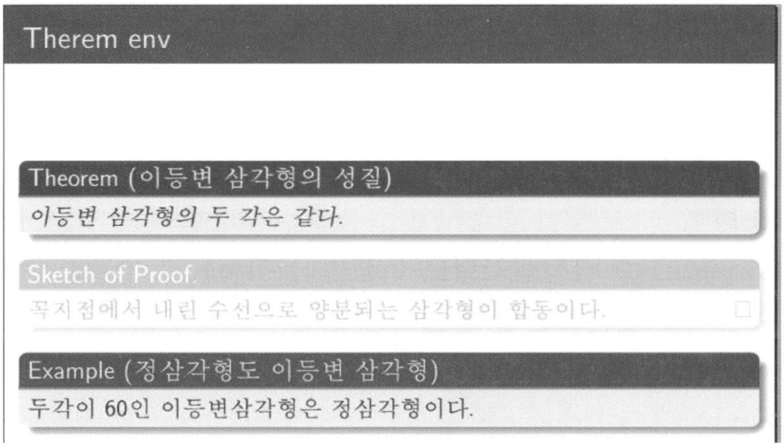

그림 20.11: theorem 등의 환경

```
\item[항목 3] 7, 4, 5 는 삼각형이다.
\end{description}
\end{frame}
```

이 보기의 위의 description의 결과는 그림 20.10의 위의 그림이며 아래의 description의 결과는 그림 20.10의 아래의 화면이다.

20.1.6. theorem 등 환경

BEAMER 클래스에는 theorem, proof 및 example 환경 등이 정의되어 있으며 이들의 사용법은 LaTeX의 일반적인 환경사용법은 \begin과 \end로 사용한다. 즉, 다만 *overlay_spec*이 옵션으로 사용된다는 점과 사용자가 이들을 \newtheorem 명령을 사용하여 정의하지 않아도 된다는 것이 차이점이다. 다음 보기는 theorem, proof 및 example 환경의 보기이다.

```
\begin{frame}
\frametitle{Therem env}
\begin{theorem}<1->[이등변 삼각형의 성질]<1->
```

```
이등변 삼각형의 두 각은 같다.
\end{theorem}
\begin{proof}<3->[Sketch of Proof]
꼭지점에서 내린 수선으로 양분되는 삼각형이 합동이다.
\end{proof}
\begin{example}<2->[정삼각형도 이등변 삼각형]
두각이 60인 이등변삼각형은 정삼각형이다.
\end{example}
\end{frame}
```

이 보기에서는 theorem이 제일 먼저, example이 두 번째로 나타나며 proof가 가장 마지막에 나온다. 이 결과는 그림 20.11이다.

20.1.7. 블록환경

일반적으로 블록을 만들어서 슬라이드를 만들고자 할 때는 block 환경을 사용한다. BEAMER에는 block 환경이 정의되어 있어 필요한 부분을 블록으로 만들 수 있다. 사용법은

```
\begin{block}<overlay_spec>{block title}<overlay_spec>
block 안에 들어갈 내용
          ⋮
\end{block}
```

이며 *overlay_spec*에는 몇번째 슬라이드에서 보일지 지정하며 *block title*에는 블록의 제목을 지정한다. 그림 20.12은 다음의 명령으로 만들어진 것이다.

```
\begin{frame}
```

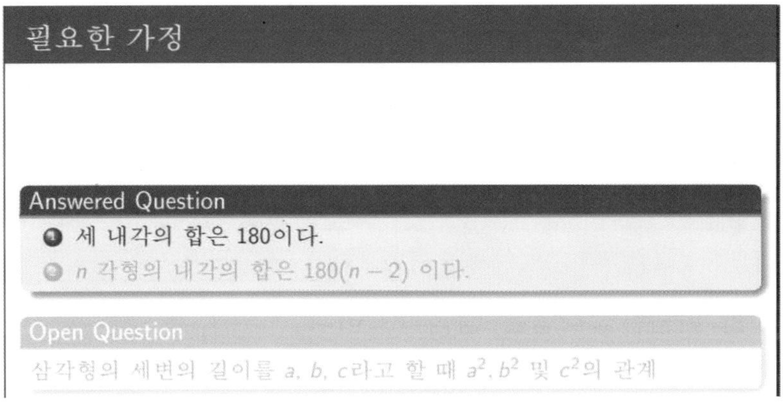

그림 20.12: block 환경

```
\frametitle{필요한 가정}
\begin{block}<1->{Answered Question}
  \begin{enumerate}
    \item<2-> 세 내각의 합은 180이다.
    \item<3-> $n$ 각형의 내각의 합은 $180(n-2)$ 이다.
  \end{enumerate}
\end{block}
\begin{block}<4->{Open Question}
 삼각형의 세변의 길이를 $a$, $b$, $c$라고 할 때
 $a^2, b^2$ 및 $c^2$의 관계
\end{block}
\end{frame}
```

block 환경으로 만들어진 블록은 사용하는 테마에 따라 블록이 보일 수도 있고 보이지 않을 수도 있다. 블록이 보이든 보이지 않든 블록으로 만들어질 사각형의 형태는 \setbeamertemplate 명령으로 바꿀 수 있다. 물론 블록으로 만들어진 사각형의 형태가 보이지 않는 테마를 사용하는 경우 이 명령의 효과가 화면으로는 확인되지 않을 수 있다. 이 명령을

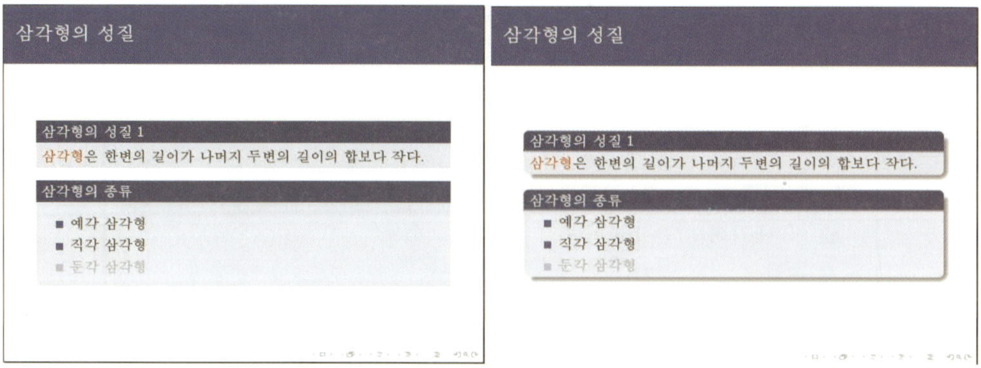

그림 20.13: 블록환경

```
\setbeamertemplate{blocks}[default]
```

와 같이 하면 기본값으로 블록을 만들게 되며

```
\setbeamertemplate{blocks}[rounded][shadow=true]
```

라고 설정하면 블록을 구성하는 사각형의 모양이 둥글게 처리되고 그 사각형에 그림자 효과를 넣게 된다. 이 경우 20.1.10절에서 설정한 기본적인 화면의 테마에 따라서 원래 사각형의 모양이 둥글고 그림자가 있는 테마인 경우 아무 변화가 없을 수도 있다(예: `Madrid` 테마) 그림 20.13의 왼쪽 그림과 오른쪽 그림을 비교해 보면 오른쪽 그림은 `rounded` 및 `shadow=true`가 된 모습을 확인할 수 있다. 이 경우 기본 테마는 `Rochester`이며 이 그림은 다음의 LaTeX 명령으로 만든 것이다.

```
\usetheme{Rochester}
\setbeamercovered{transparent=25}
```

```
\begin{frame}
\frametitle{삼각형의 성질}
\begin{block}<1->{삼각형의 성질 1}
\alert{삼각형}은 한변의 길이가 나머지 두변의 길이의 합보다 작다.
\end{block}

\begin{block}<2->{삼각형의 종류}
\begin{itemize}
  \item<2-> 예각 삼각형
  \item<3-> 직각 삼각형
  \item<4-> 둔각 삼각형
\end{itemize}
\end{block}
\end{frame}

\setbeamertemplate{blocks}[rounded][shadow=true]

\begin{frame}
\frametitle{삼각형의 성질}
\begin{block}<1->{삼각형의 성질 1}
\alert{삼각형}은 한변의 길이가 나머지 두변의 길이의 합보다 작다.
\end{block}

\begin{block}<2->{삼각형의 종류}
\begin{itemize}
\item<2-> 예각 삼각형
\item<3-> 직각 삼각형
\item<4-> 둔각 삼각형
\end{itemize}
```

```
\end{block}
\end{frame}
```

20.1.8. 프리젠테이션 설정

`\setbeamercovered` 명령은 covered 된 항목을 어떻게 보여줄지 설정한다. 원래의 명령이 무조건 투명하게 보이지 않은 경우에만 적용되므로 `\onslide`, `\uncover` 등의 명령에는 결과가 적용되나 `\visible`이나 `\invisible` 등의 명령을 사용한 경우에는 아무 변화가 없다. 사용법은

> `\setbeamercovered{`*options*`}`

로 사용하며 *options*에는

`transparent=`*value* 보이지 않는 슬라이드의 내용(covered 된 내용)을 보여줄 농도를 *value*에 지정한다. 0은 완전히 보이지 않고 100은 100% 보인다.

`dynamic` 현재의 슬라이드에서 먼 슬라이드일수록 더욱 흐리게 한다.

`highly dynamic` `dynamic`과 같으나 그 강도가 더욱 높다.

`invisible` 기본값이며 현재의 슬라이드 내용을 제외한 나머지는 보이지 않는다. `transparent=0`과 같은 효과이다.

`still covered=`*not yet list* 한 화면에서 슬라이드가 바뀌게 되면 이전에 한 번 나온 슬라이드와 아직까지 한 번도 나오지 않은 슬라이드가 있다. `still covered`는 아직 한 번도 나오지 않은 슬라이드를 어떻게 보일 것이지 설정하며 아래의 `again covered`는 이전에 한 번 나온 내용을 어떻게 처리할 것인지 설정한다. *not yet list*에는 이절의 뒷부분에서 설명할 `\opaqueness` 명령을 사용하여 지정한다.

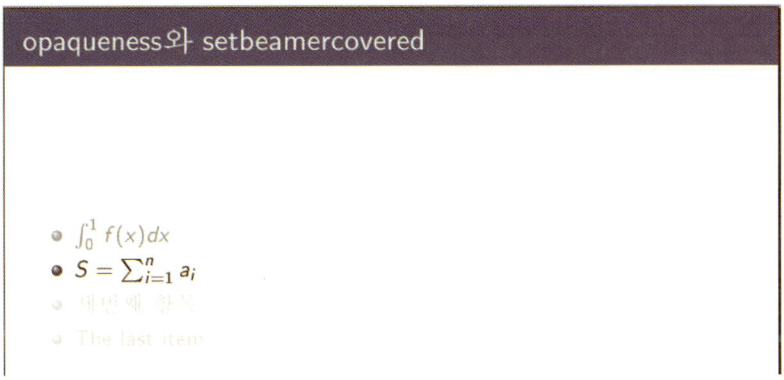

그림 20.14: \opaqueness와 \setbeamercovered

again covered=*once more list* still covered에서 설명된 것처럼 이전에 보여진 슬라이드를 어떻게 처리할 것인지 지정하며 *once more list*도 \opaqueness를 이용하여 설정한다.

를 사용한다.

\opaqueness는 각 슬라이드의 진한(흐린)정도를 설정한다. 사용법은

```
\opaqueness<overlay_spec>{percenatge of opaqueness}
```

이다. *overlay_spec*에는 슬라이드가 표시될 설정을 주며 *percenatge of opaqueness*에는 0에서 100 사이의 값을 설정할 수 있으며 큰 값일수록 더욱 진하게 보인다.

다음의 보기를 보자.

```
\begin{frame}
\frametitle{opaqueness와 setbeamercovered}
\setbeamercovered{still covered={\opaqueness<1->{15}},
```

```
                again covered={\opaqueness<1->{45}}}
\begin{itemize}
\item<1> $\int_0^1 f(x) dx$
\item<2> $S = \sum_{i=1}^n a_i$
\item<3> 세 번째 항목
\item<4> The last item
\end{itemize}
\end{frame}
```

위의 결과에서 두 번째 슬라이드는 그림 20.14와 같으며

- 첫째 항목은 이미 나온적이 있으므로 45%의 opaqueness가 적용되고
- 두 번째 항목은 현재 보여 주는 슬라이드이며
- 세 번째와 네 번째는 아직 나오지 않았으므로 15% 가 적용되었다.

20.1.9. \alert 명령

\alert 명령은 강조하고자 하는 부분을 지정한다. 즉,

```
이 부분은 \alert{중요}합니다.
```

와 같이 사용한다. 위의 경우 '중요'는 기본적으로 붉은 색으로 표시된다. \alert 명령의 일반적인 사용법은

```
\alert<overlay_spec>{highlighted text}
```

로 사용되는데 *overlay_spec*에서 지정한 슬라이드에서 *highlighted text*를 강조하여 보이게 된다.

20.1.10. 여러 가지 테마

Beamer 클래스에서는 각 슬라이드의 모양을 다양한 형태로 보여줄 수 있도록 여러 가지 테마를 제공한다. 이러한 각종 테마는 usetheme 명령을 이용한다. 전체적인 모양이 아닌 타이틀이나 배경 등의 색과 글자체 등을 바꾸기 위해서는 \usecolortheme, \usefonttheme, \useinnertheme 또는 \useoutertheme을 사용한다. 이들 명령의 사용법은 \usetheme과 같다.

20.1.10.1. \usetheme 명령

이 명령은

```
\usetheme[options]{theme}
```

으로 사용하는데 주어진 *theme*에 따라 화면의 모양이 달라진다. *theme*에 사용할 수 있는 테마와 그 모양은 다음과 같다.

default 기본값인 경우의 타이틀 페이지와 내용은 다음과 같다. 이 경우는 \usetheme 명령을 사용하지 않은 경우와 마찬가지의 결과를 얻는다.

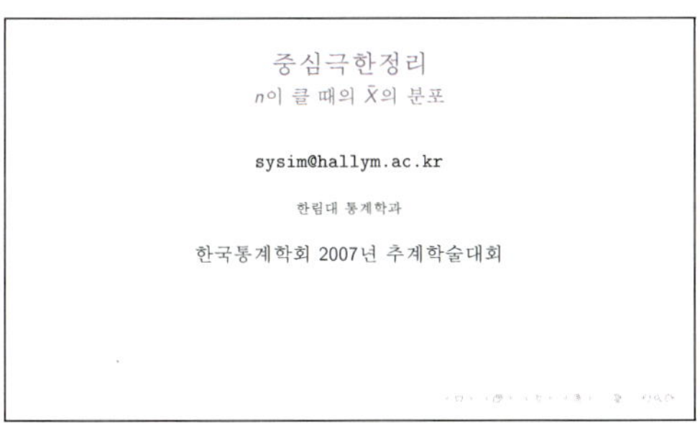

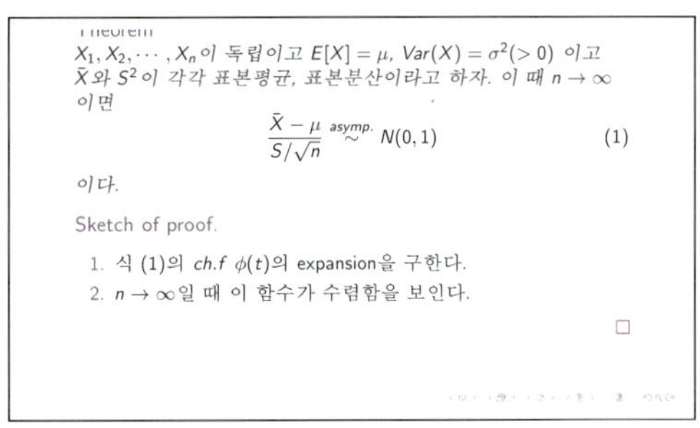

위의 그림을 만든 LaTeX 명령은 다음과 같으며 아래의 각종 테마에서도 \usetheme 명령만 제외하고는 같은 명령을 사용하였다.

```
\documentclass{beamer}
\usepackage{syshan}

\usetheme{Madrid}

\title{중심극한정리}
\subtitle{$n$이 클 때의 $\bar{X}$의 분포}
\author[심송용]{\texttt{sysim@hallym.ac.kr}}
\date[\today]{한국통계학회 2007년 추계학술대회}
\institute{한림대 통계학과}

\begin{document}
\setbeamercovered{transparent=25}

\begin{frame}
\titlepage
\end{frame}

\begin{frame}
\frametitle{Central Limit Theorem}
\begin{theorem}<1->
$X_1, X_2,\cdots, X_n$이 독립이고 $E[X] = \mu$,
$Var(X)=\sigma^2 (>0)$ 이고 $\bar{X}$와 $S^2$이 각각
표본평균, 표본분산이라고 하자.
이 때 $n \rightarrow \infty$ 이면
\begin{equation}\label{1}
\frac{\bar{X} - \mu } {S/\sqrt{n}} \stackrel{asymp.}{\sim}
N(0,1)
\end{equation}
```

```
이다.
\end{theorem}
\begin{proof}[Sketch of proof]<2->
\begin{enumerate}
\item<3-> 식 (\ref{1})의 $ch.f$ $\phi(t)$의
expansion을 구한다.
\item<4-> $n \rightarrow \infty$일 때 이
함수가 수렴함을 보인다.
\end{enumerate}
\end{proof}
\end{frame}
\end{document}
```

Bergen 이 테마의 아래의 결과와 같다. 아래 그림에서 보는 것처럼 왼쪽의 제목의 크기를 적절히 맞추는 것이 필요하다.

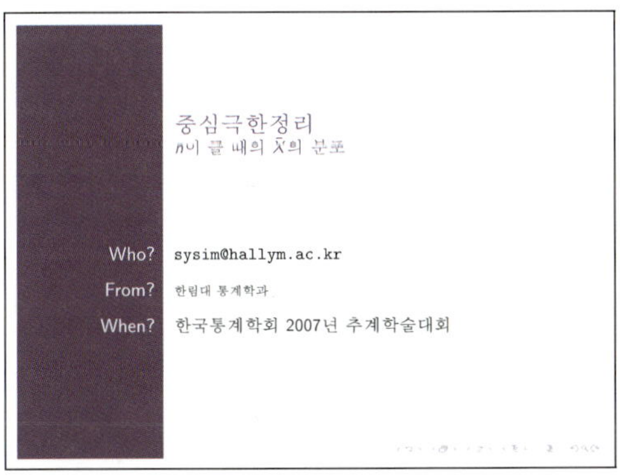

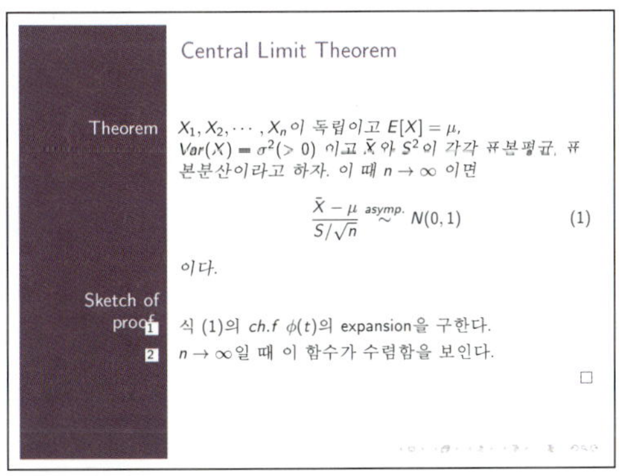

Boadilla 이 테마는 아래의 그림과 같이 각 슬라이드의 아래쪽에 페이지나 발표자 등의 정보를 담고 있다.

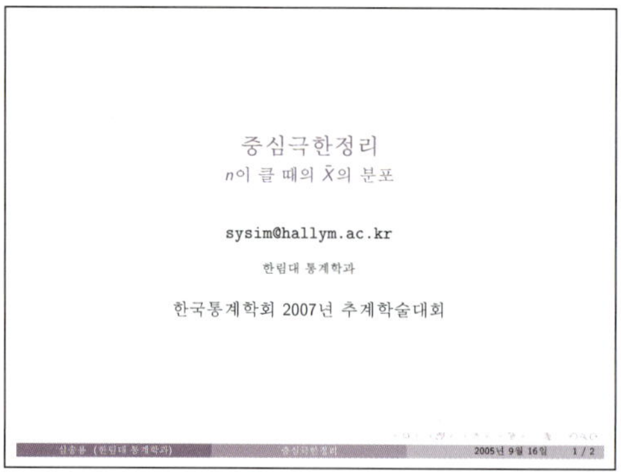

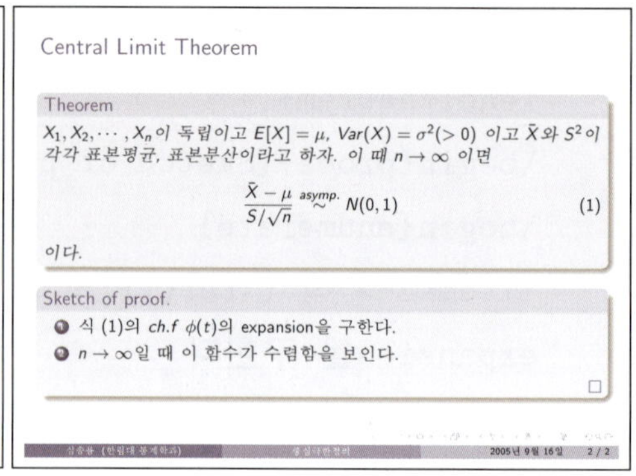

Madrid 앞의 Boadilla와 같은 모양이나 색의 진하기가 차이가 난다.

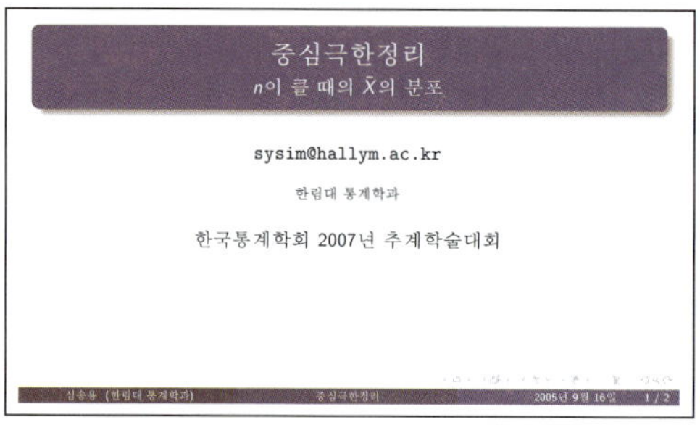

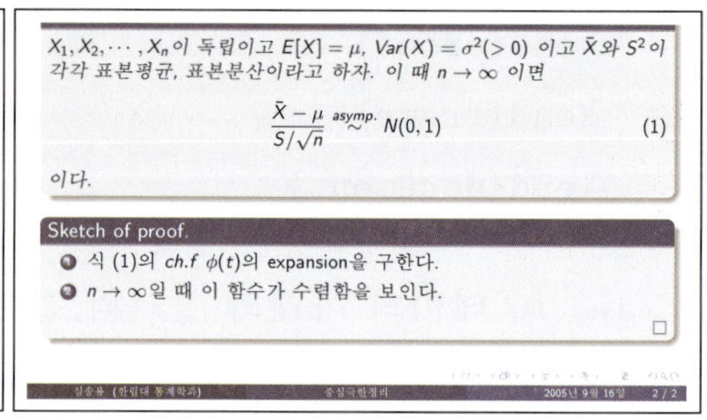

Pittsburgh 이 테마는 특별한 \frametitle을 오른쪽으로 정열하는 특징을 가진다.

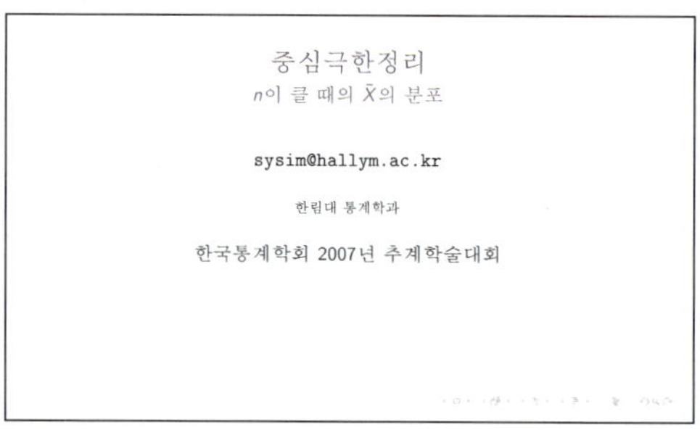

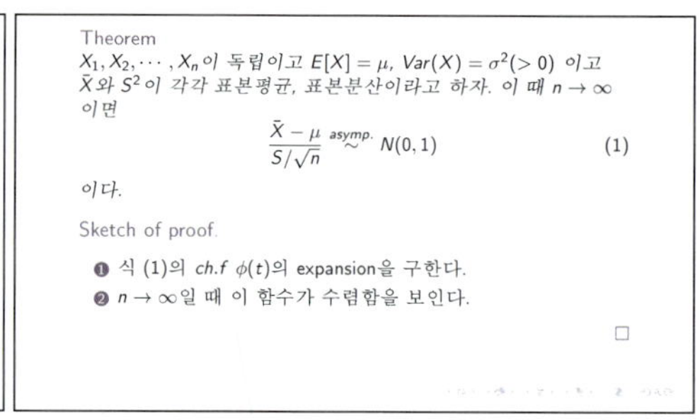

Roschester 이 테마는 특별한 \frametitle이 차지하는 폭과 나머지 내용의 폭이 다른 특징을 가진다.

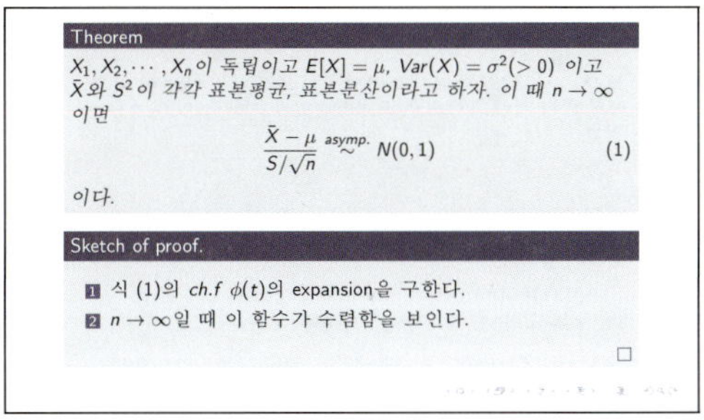

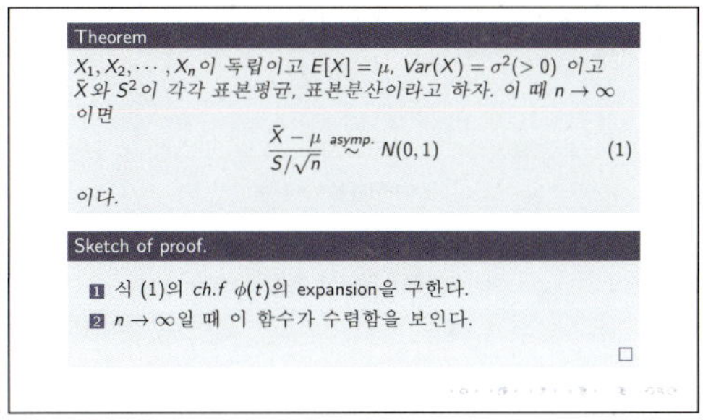

이 외에도 boxes 테마가 있다. 자세한 것은 원래의 메뉴얼을 참고하기로 한다.

다음은 탐색 기능이 있는 테마들이다.

Antibes 각 슬라이드의 위의 나무 형태의 네비게이션 바를 만든다.

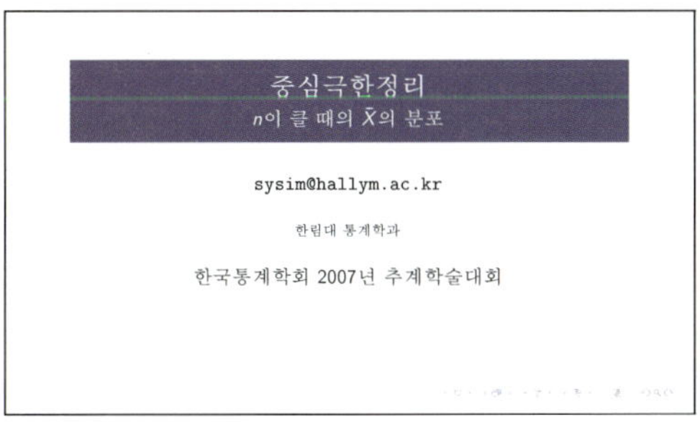

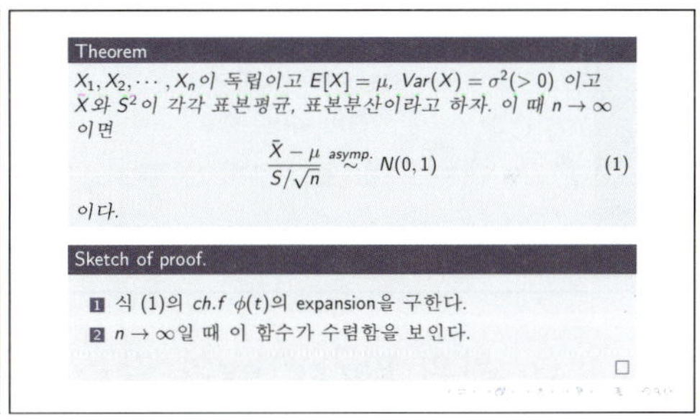

JuanLesPins Antibes의 변형으로 슬라이드의 내용 중의 상자가 조금 더 부드럽다.

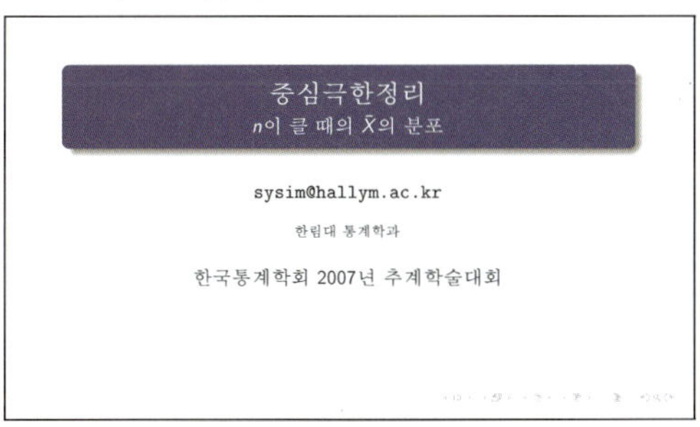

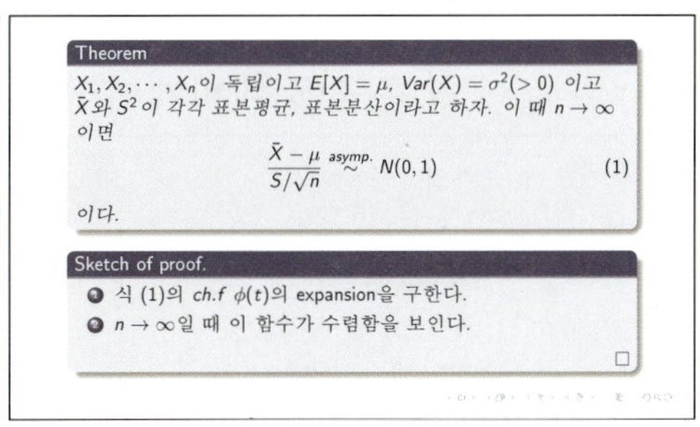

Montpellier 색을 채우지 않는 형태를 만든다.

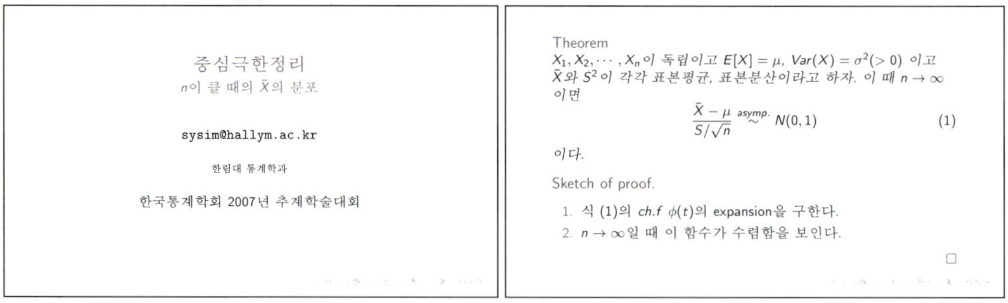

다음은 슬라이드의 옆면에 차례가 들어가는 테마들이다.

Berkely 아래 그림과 같이 왼쪽에 차례를 표시하는 바가 만들어지는 테마이다.

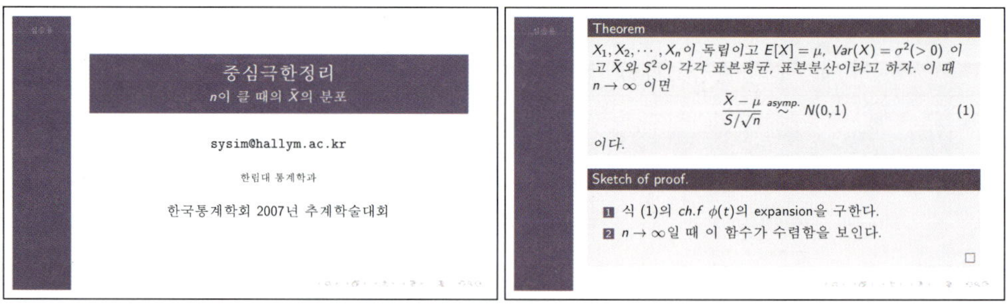

PaloAlto 위의 Berkeley와 같은 형태이나 제목, 정리, 증명 등이 들어간 상자의 모양이 둥글고 부드럽게 처리된다. 이 차이는 위의 Antibes와 JuanLesPins 테마의 차이와 거의 같은 차이이므로 그림은 생략하기로 한다.

Goettingen 오른쪽에 네비게이션 바가 만들어진다.

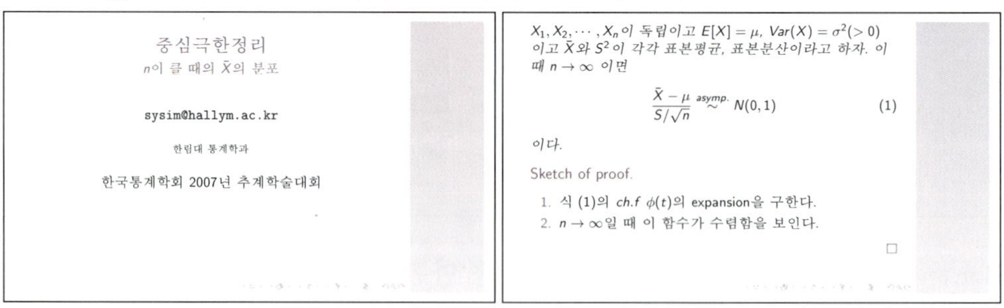

Marburg Goettingen 테마와 같은 모양이나 네비게이션 바의 색이 짙다.

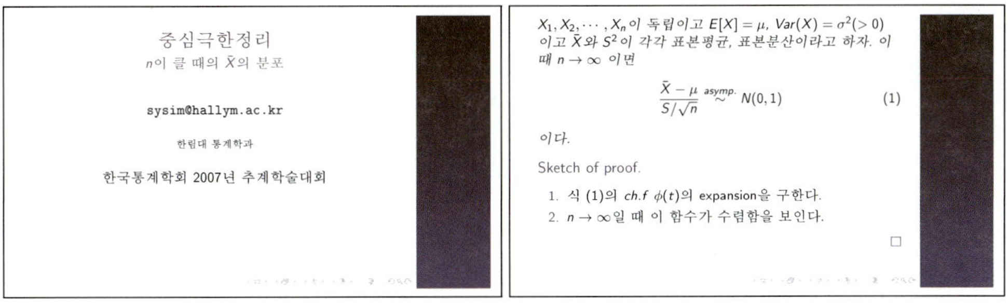

Hannover 제목이 오른쪽으로 정렬된다.

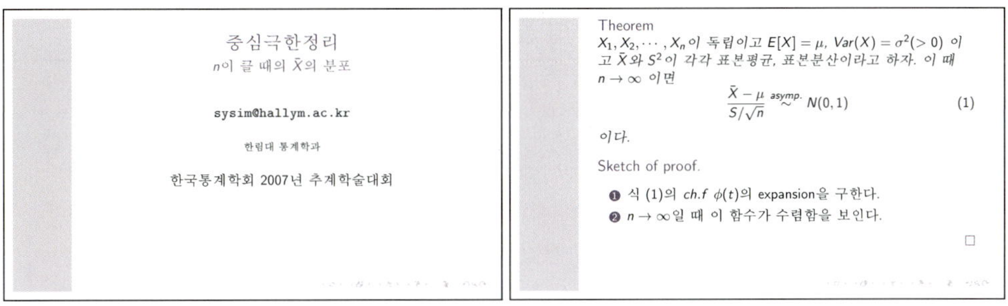

다음은 네비게이션이 미니 프레임으로 보여지는 테마들이다.

Berlin 슬라이드의 위와 아래에 많은 정보가 들어가기 때문에 실제 슬라이드에는 상대적으로 적은 양이 들어간다.

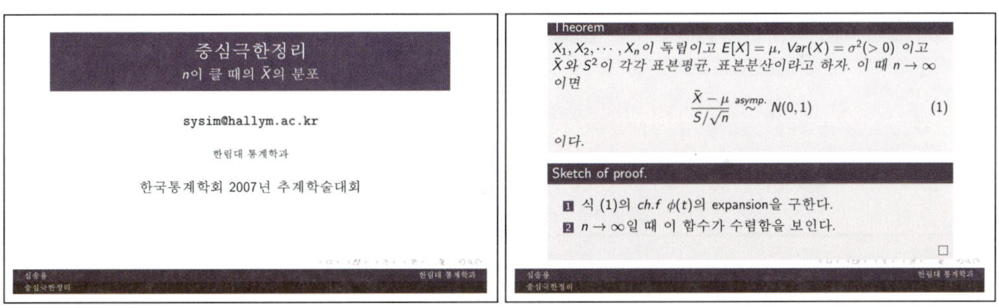

Ilmenau Berlin의 변형으로 제목이나 정리 등의 사각형이 모나지 않게 처리된다.

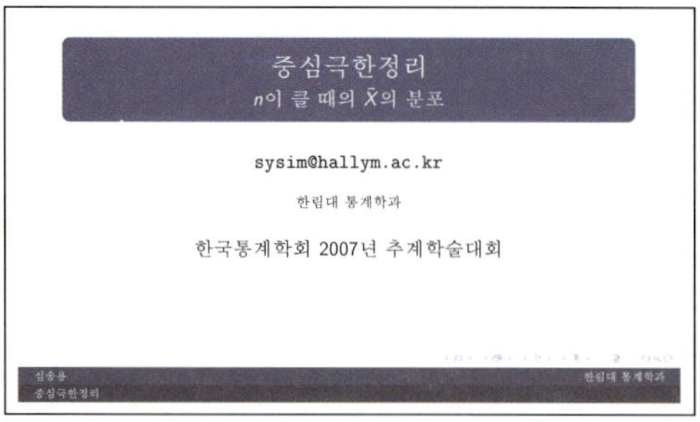

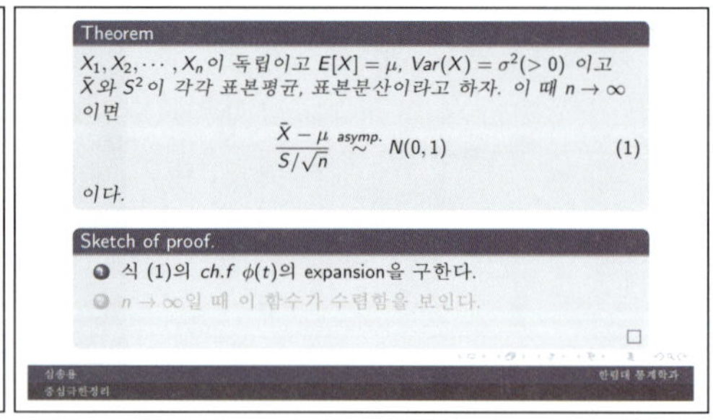

Dresden 슬라이드 아래와 위의 네비게이션 바는 Berlin과 같은 형태이나 슬라이드의 내용에는 사각형을 사용하지 않는 테마이다.

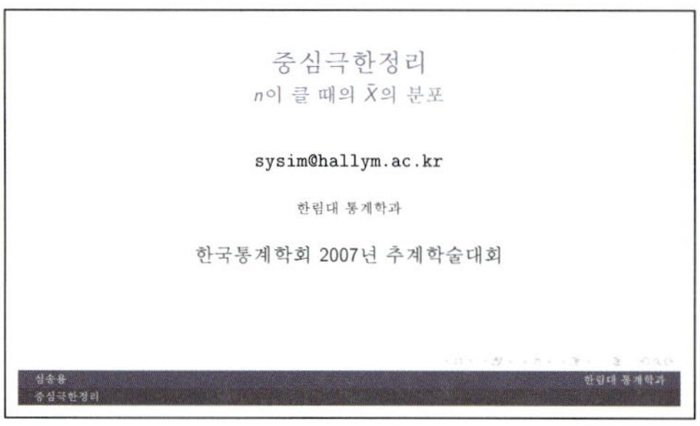

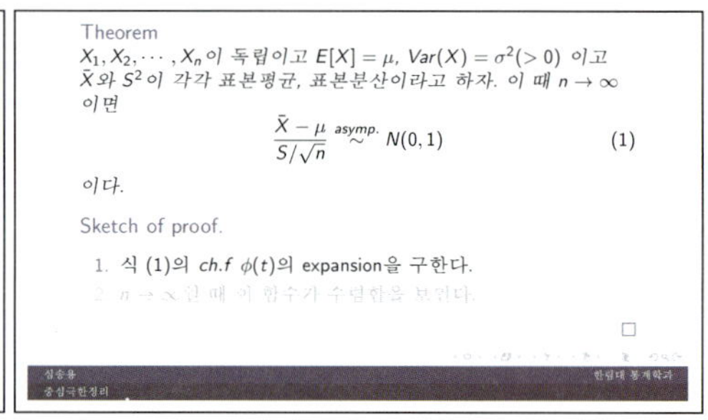

Darmstadt 슬라이드의 아래쪽 네비게이션바의 모양이 사각형이 아닌 기본형으로 만들어진다.

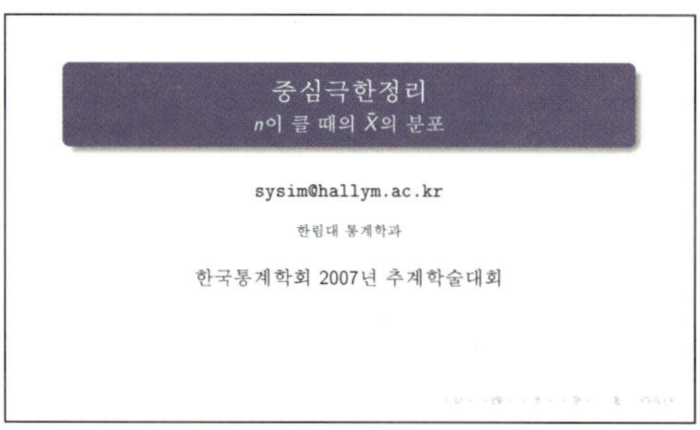

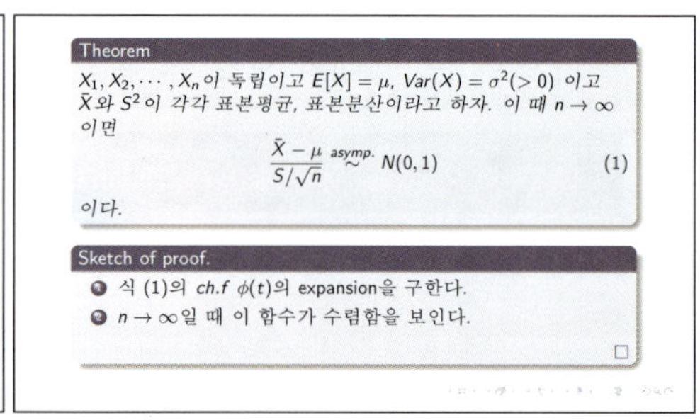

Frankfurt Darmstadt 테마와 같은 모양이나 위쪽의 네비게이션 바를 더 작게 만든 테마이다.

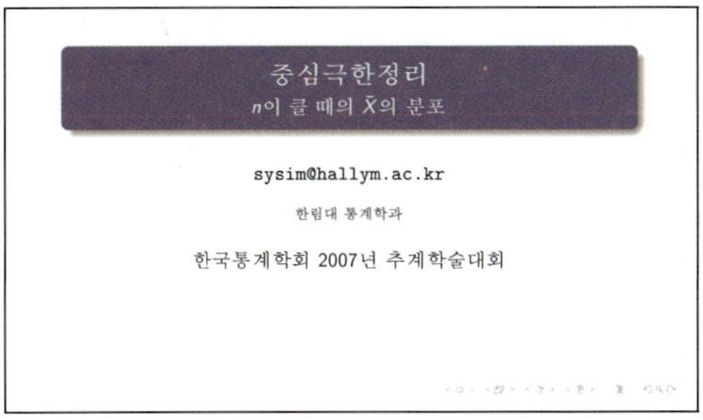

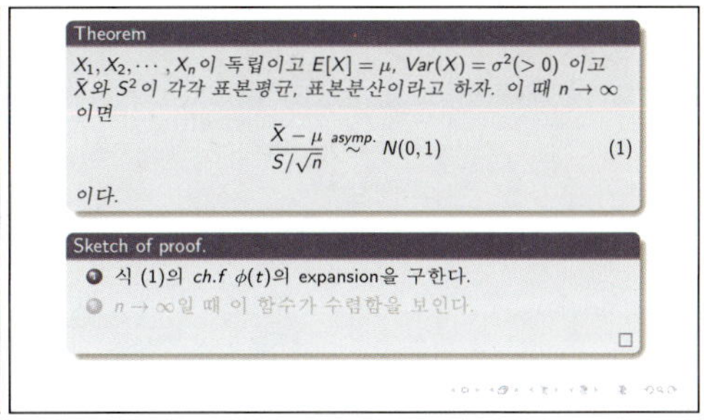

Singapore 네비게이션 바의 색을 옅게하고 슬라이드의 내용에서도 색 상자 등을 사용하지 않는 테마이다.

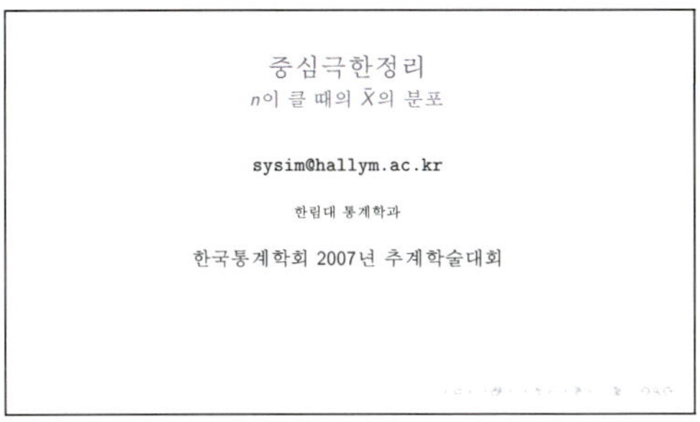

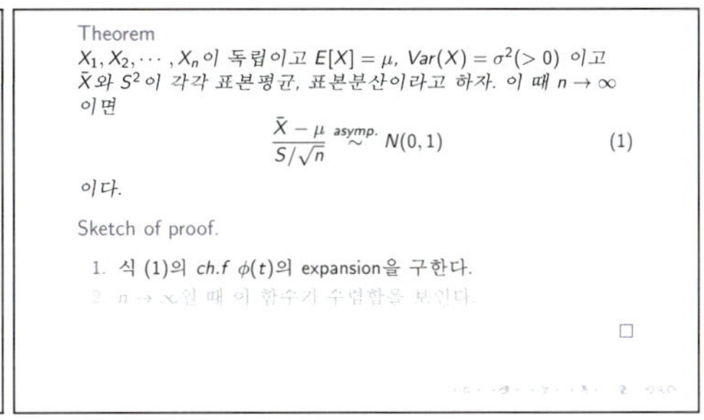

Szeged 네비게이션 바에 색 상자를 사용하지 않고 줄을 긋는 테마이다.

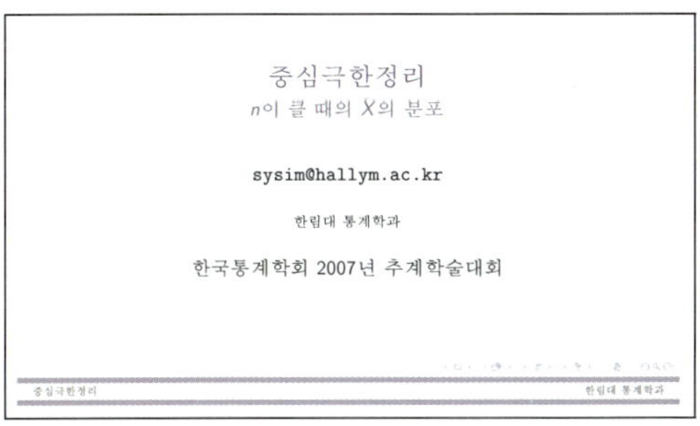

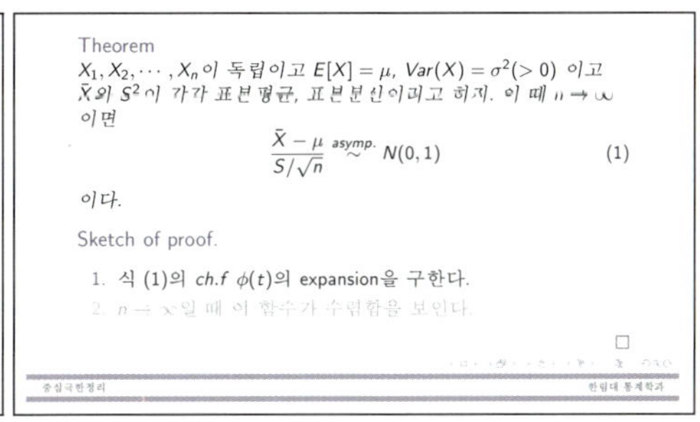

다음은 절(section)과 소절(subsection)이 포함되는 테마들이다.

Copenhagen 각 슬라이드의 위쪽에 현재의 절과 소절에 대한 정보를 준다. 음영을 사용하지 않아서 다소 평편한 느낌을 준다.

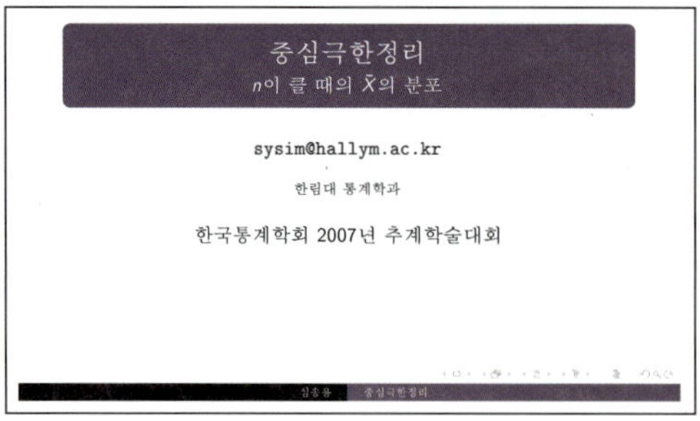

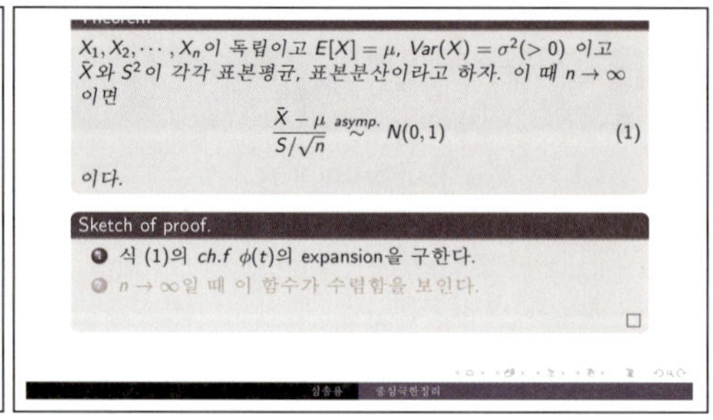

Luebeck Copenhagen의 변형으로 사각형을 둥글게 처리한다.

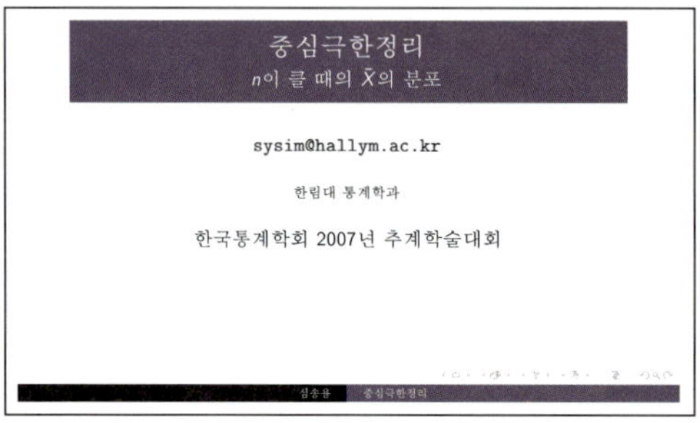

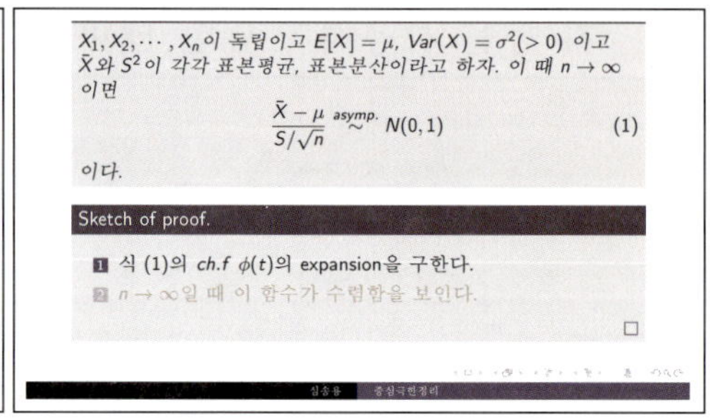

Malmoe Copenhagen에 비하여 사각형을 사용하지 않는다.

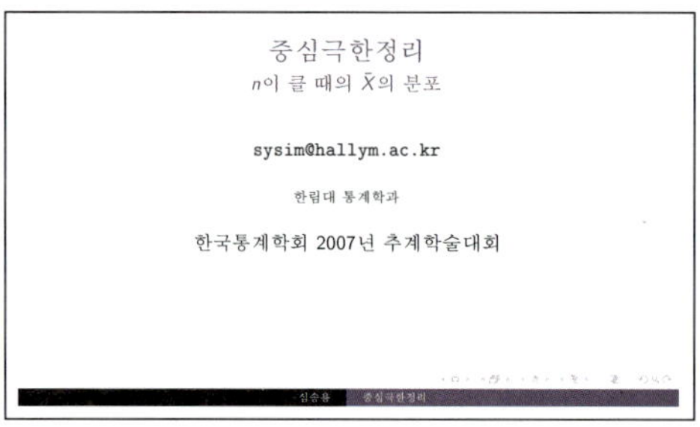

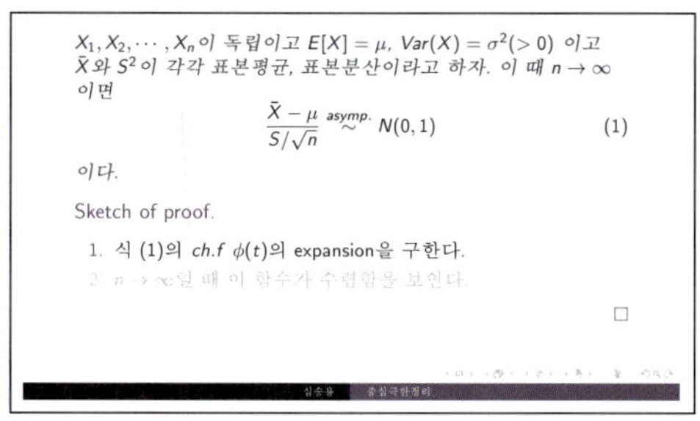

Warsaw Copenhagen에 비하여 사각형을 둥글게 처리하고 약간의 그림자를 사용한다.

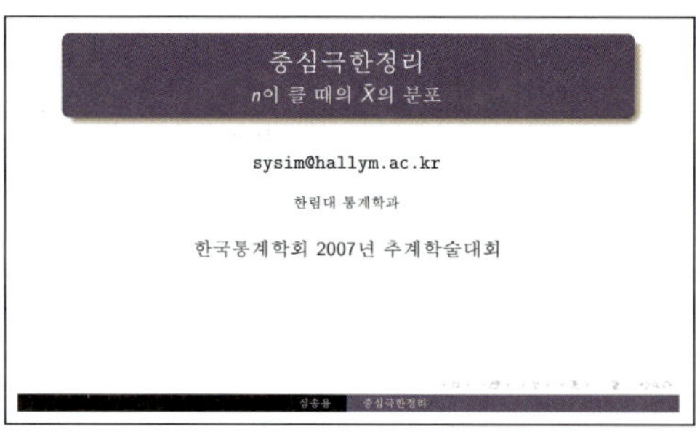

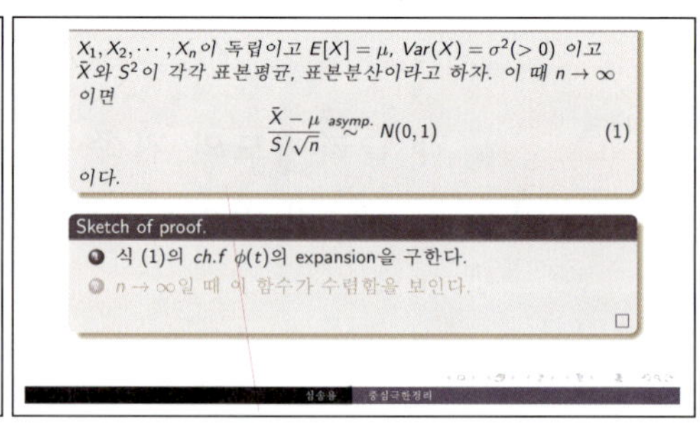

20.1.10.2. \usecolortheme 명령

색깔 테마를 바꾸는 이 명령은

```
\usecolortheme[options]{colortheme}
```

으로 사용한다. 사용할 수 있는 *colortheme*의 종류는

albatross: 파란색을 바탕색으로하며 글자는 노란색으로 만든다. 다음 그림은 555 면의 내용에

```
\usetheme{default}
\usecolortheme{albatross}
```

을 적용한 것이다

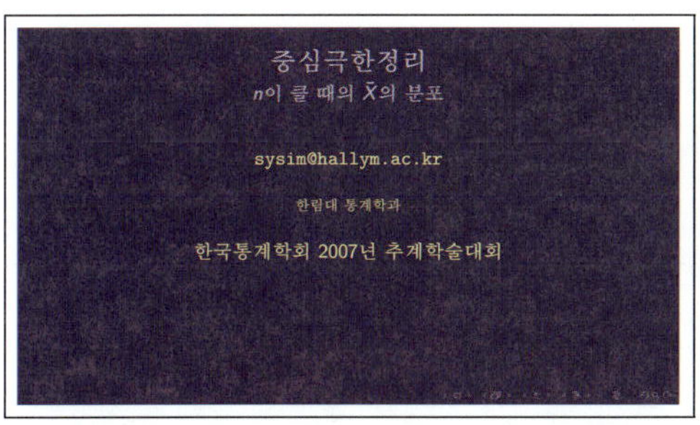

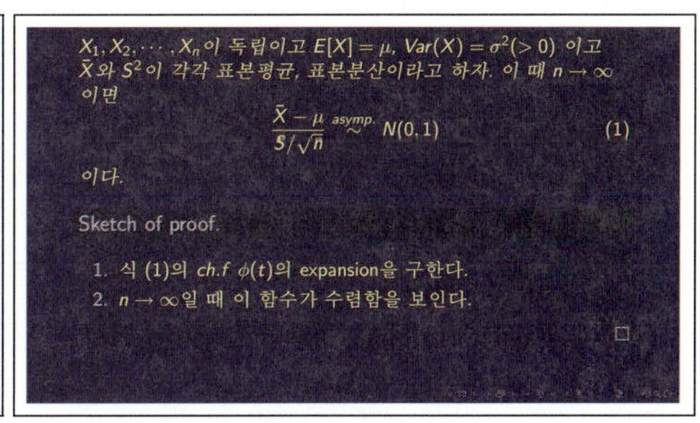

beaver: 바탕은 흰색, 글자는 검은 색으로 설정된다.

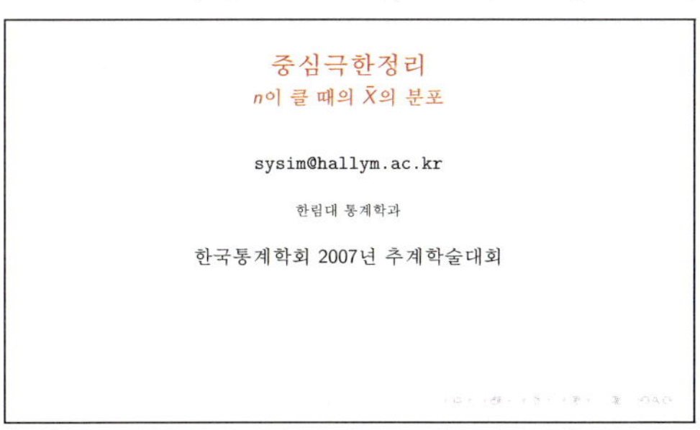

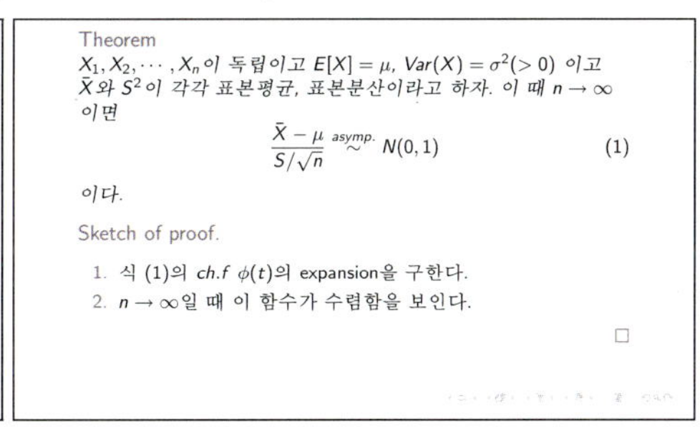

이 외에도 beetle, crane, default, dolphin, dove, fly, lily, orchid, rose, seagull, seahorse, sidebartab, structure, whale, wolverine 등을 colortheme에 사용할 수 있다.

20.1.10.3. \usefonttheme 명령

폰트 테마를 바꾸는 \usefonttheme 명령은

\usefonttheme[*options*]{*fonttheme*}

으로 사용한다. 사용할 수 있는 *fonttheme*의 종류는 default, structurebold, structureitalicserif, structuresmallcapsserif, professionalfonts, serif 등이 있다. 다음은 제 555면의 소스에

```
\usetheme{default}
\usecolortheme{beetle}
\usefonttheme{professionalfonts}
```

를 적용한 것이다.

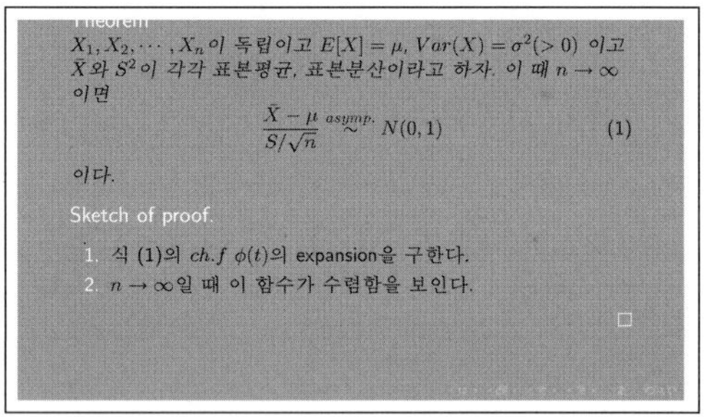

20.1.10.4. \useinnertheme 명령

색깔 테마를 바꾸는 명령은

```
\useinnertheme[options]{innertheme}
```

으로 사용한다. 사용할 수 있는 *innertheme*의 종류는 circles, default, inmargin, rectangles, rounded 등이 있다. 다음은 555 면의 소스에

```
\usetheme{default}
\usecolortheme{crane}
\usefonttheme{serif}
\useinnertheme{circles}
```

를 적용한 것이다.

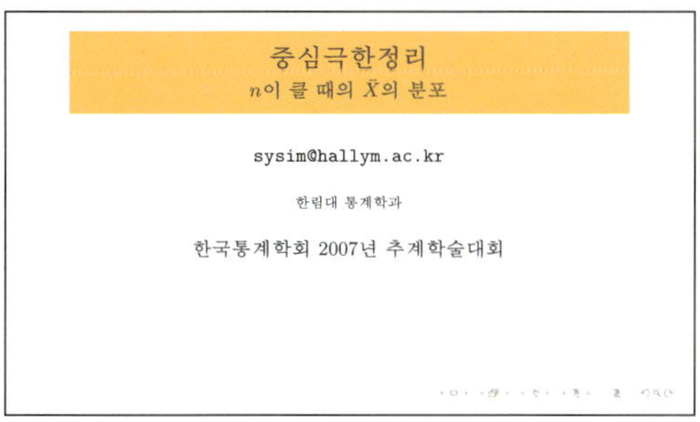

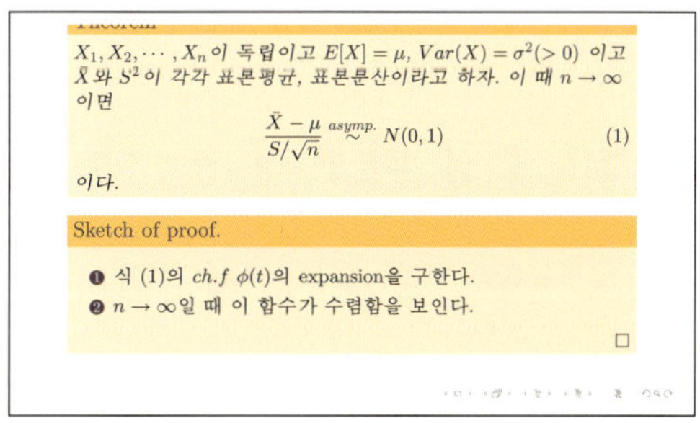

20.1.10.5. \useoutertheme 명령

색깔 테마를 바꾸는 명령은

```
\useoutertheme[options]{outertheme}
```

으로 사용한다. 사용할 수 있는 *outertheme*의 종류는 default, infolines, miniframes, shadow, sidebar, smoothbars, smoothtree, split, tree 등이 있다. 다음은 555 면의 소스에

```
\usetheme{default}
\usecolortheme{dolphin}
\usefonttheme{serif}
\useinnertheme{inmargin}
\useoutertheme{infolines}
```

를 적용한 것이다.

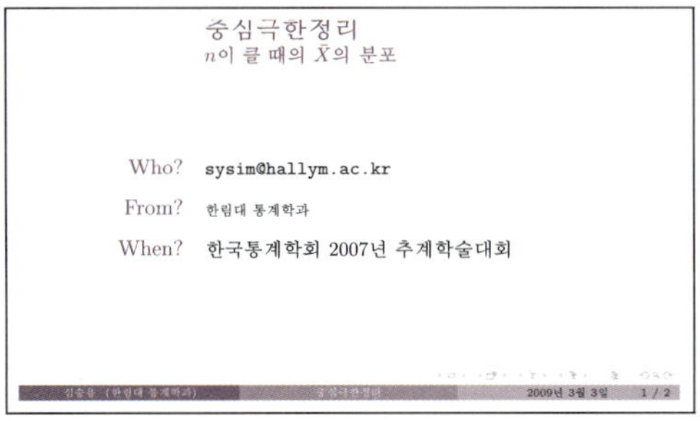

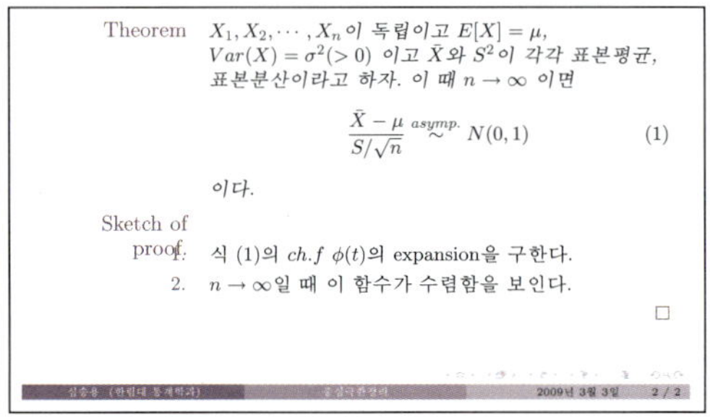

20.2. 그림 바꾸기

그림의 모양을 바꾸어서 애니메이션 효과를 내려면 그림의 바뀌는 그림을

```
\includegraphics<overlay_spec>
```

명령으로 하나씩 불러들이면 된다. 예를 들어 보여줄 그림파일의 순서가 fig1.eps, fig2.eps, fig3.eps, fig4.eps 라면

```
\includegraphics<1>[scale=.8]{./images/fig1.eps}
\includegraphics<2>[scale=.8]{./images/fig2.eps}
\includegraphics<3>[scale=.8]{./images/fig3.eps}
\includegraphics<4>[scale=.8]{./images/fig4.eps}
```

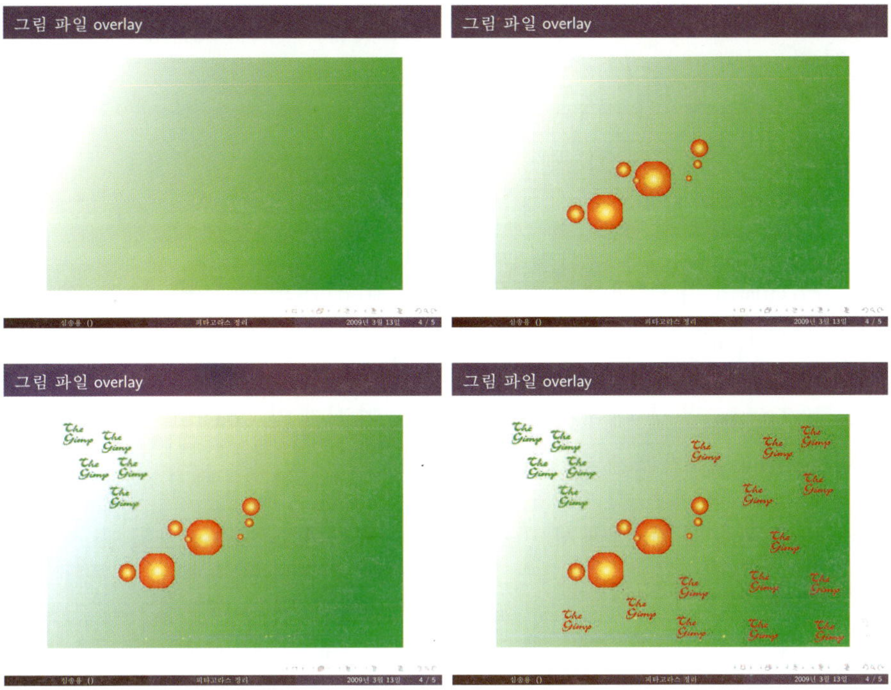

그림 20.15: 만들어진 그림으로 애니메이션 효과 만들기

을 순서대로 입력한다. 그림 20.15는 위의 명령으로 만든 그림이다. 위의 그림을 순서대로 하나씩 바꾸어 보면 그림에 요소들이 하나씩 추가된 것을 알 수 있다.

20.3. 다단 편집

한 화면을 몇 개의 작은 화면으로 구성할 수 있다. LATEXBEAMER는 top-down 방식으로 화면을 구성하지만 left-right 방식으로 화면을 구성하고 할 때가 있다. 이런 경우 `columns` 환경내에서 여러 개의 `column` 환경을 구성하는 방법으로 프리젠테이션을 설계할 수 있다. 먼저 `columns` 환경은

```
\begin{columns}[options]
```

로 사용하며 *options*에는

- b: columns 환경 내에서 만들어지는 여러개의 column 들의 정렬을 아래쪽(bottom) 기준으로 한다.
- c: columns 환경 내에서 만들어지는 여러개의 column 들의 정렬을 중앙(center)을 기준으로 한다.
- t: columns 환경 내에서 만들어지는 여러개의 column 들의 정렬을 위쪽(top) 기준으로 한다.
- T: t와 마찬가위로 위쪽으로 정렬하는데 비슷하나 t는 정렬기준이 *baseline*인데 T는 정렬기준이 제일 위쪽이다.
- totalwidth=*width*: columns로 만들어지는 전체의 폭을 *width*로 한다.

가 사용된다.

column 환경은 columns 환경 내에서 (대부분 두 번이상) 사용되며

```
\begin{column}[loc]{length}< overlay_spec>
```

으로 시작하고 끝은 각각 \end{columns}와 \end{column}로 한다. *loc*는 column으로 만들어지는 열들의 위치를 정하며 사용할 수 있는 값으로는 T, b 및 c, t 중의 하나이며 이들은 columns에서와 같은 의미이다. *overlay_loc*에는 화면 배열 순서를 정한다.

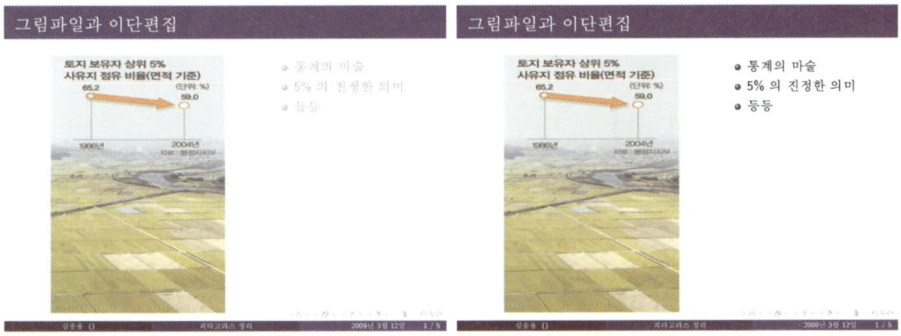

그림 20.16: 열을 하나씩 추가하는 프리젠테이션

column 환경의 *overlay_spec*에는 화면의 순서를 정하는 규칙을, length는 한 열의 폭의 길이를 설정한다.

다음의 보기는 두 개의 열이 각각 3인치와 8cm로 구성되며 첫 번째 열을 먼저 보여주며, 두 번째 열은 나중에 보여준다.

```
\begin{columns}[T]
\begin{column}{3in}
\centerline{
\includegraphics[width=2in, height=3in]{estate2.eps}}
\end{column}
\begin{column}{8cm}<2->
\begin{itemize}
 \item 통계의 마술
 \item 5\% 의 진정한 의미
 \item 등등
\end{itemize}
\end{column}
\end{columns}
\end{frame}
```

위의 결과로 그림 20.16이 얻어진다.

20.4. 표의 행과 열

표를 사용할 때 한 줄씩 표를 보여주거나 한 열씩 표를 쌓아가고자 할 때가 있다. 하지만 LaTeX 에서 표의 행이나 열을 하나씩 슬라이드로 보여주는 방법은 LaTeX이 표를 그리는 방식과 다소의 충돌이 발생한다. 예를 들면 첫 번째 행을 보여주고자 하는 경우, LaTeX은 첫 번째 행의 제일 왼쪽의 칸이 만들어지기 전에 이미 칸의 표시(|)를 하는 것이다.

이러한 여러 가지 문제가 colortbl 패키지를 사용하면 다소 해결되기 때문에 여기서는 colortbl 패키지를 사용한 경우를 알아보기로 한다.

먼저 표의 행을 하나씩 보여주고자 할 때는 각 행의 시작에서 \pause 명령 등을 사용한다. 다음의 보기로 그림 20.17가 매번 클릭에서 하나씩 만들어진다.

```
\begin{frame}
\frametitle{Row-wise display}
\centerline{
\begin{tabular}{l!{\vrule}rrrrr}
\rowcolor[rgb]{.9,0,0} age group & 10s & 20s & 30s
                                 & 40s & 합  \\ \hline
\rowcolor[gray]{.7}  \pause  남  &  10 &  5  & 78
                                 & 45  & 138 \\
\rowcolor[rgb]{0,.9,0}\pause 여  &  15 & 34  &  2
                                 & 12  &  63 \\
\rowcolor[rgb]{0,0,.9}\pause 합  &  25 & 39  & 80
                                 & 57  & 201\\ \hline
\end{tabular}  }
\end{frame}
```

그림 20.17: 행을 하나씩 추가하는 표

위의 보기는 colortbl 패키지 명령이 함께 사용되었다. colortbl 패키지는 9.8절을 참고하기로 한다.

매번 하나씩의 열을 보이고자 할 때는 다음의 보기처럼 표의 align 에서 \onslide 등의 명령을 사용한다. 그림 20.18는 다음 보기의 결과이다.

```
\begin{frame}
\frametitle{Column-wise display}
\begin{tabular}{ l| r<{\onslide<2->} r<{\onslide<3->}
               r<{\onslide<4->} r<{\onslide<4->} r<{\onslide}r }
age groupe& 10s & 20s & 30s & 40s    &  합\\ \hline
남         &  10 &  5  & 78  & 45    & 138\\
```

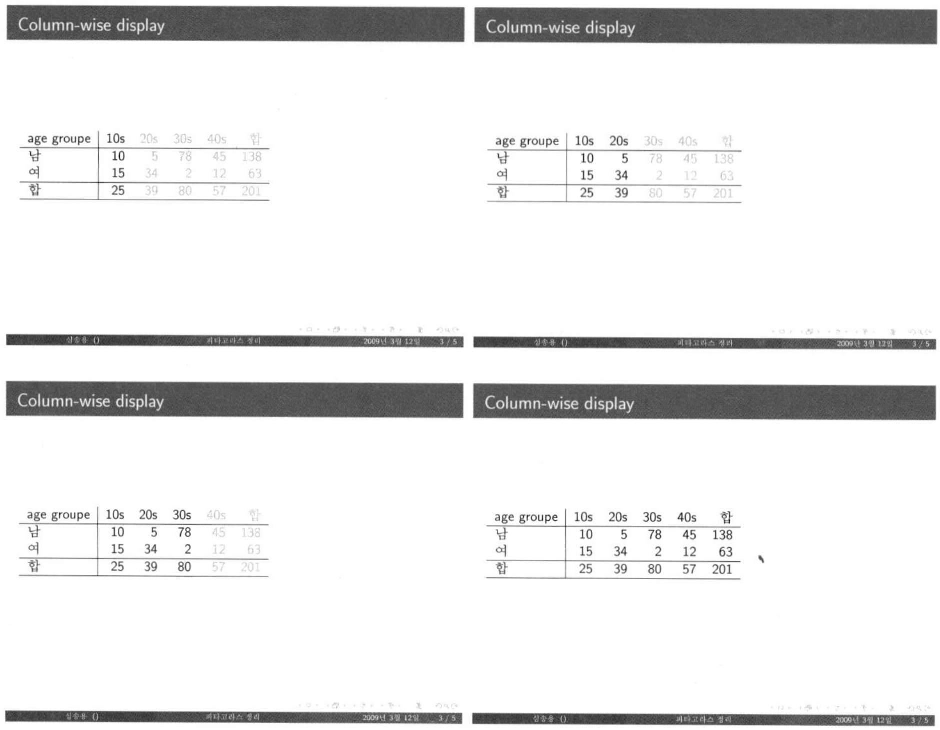

그림 20.18: 열을 하나씩 추가하는 표

```
여          &  15 & 34  &  2  & 12    &  63\\ \hline
합          &  25 & 39  & 80  & 57    & 201\\ \hline
\end{tabular}
\end{frame}
```

20.5. 그림 넣기

beamer 클래스에서 외부 그림파일을 넣으려면 \includegraphics 명령을 사용하는데 이 명령의 사용방법은 18.2절을 참고하기로 한다. beamer 클래스에서 프리젠테이션을 만들 때는

1. LaTeX 컴파일 → dvips로 .ps 파일 생성 → .ps를 .pdf로 변환

2. pdflatex 명령으로 바로 .pdf 결과 얻음

중의 하나의 방법으로 .pdf 파일을 만들게 되는데 1번의 방법인 경우에는 그림 파일의 형식이 .ps 또는 .eps만 지원되며 1번의 방법인 경우에는 이진 파일인 .pdf, .png 및 .jpg(또는 .jpeg)만 지원된다.

따라서 beamer 클래스에서 PDF를 얻는 방식에 따라 graphicsMagick 등의 프로그램으로 사용하는 그림의 형식을 바꾸던지 반대로 그림의 형식에 따라 위의 컴파일 방법을 바꾸어야 한다.

20.6. 다이내믹 그래프 그리기

그래프가 바뀌도록 그리려면 LaTeX 명령을 적절하게 사용하면 된다. 그림 20.19의 경우 기대값에 따른 정규분포의 이동을 다이내믹 그래프로 표현한 것이다.

이 그림은 다음의 명령으로 만든 것으로 LaTeXCAD가 그림의 제작에 사용되었다.

```
\begin{frame}
\frametitle{Normal pdf $N(\mu, \sigma^2)$}
\begin{picture}(156,170)
\unitlength 0.7mm
\drawcenteredtext{80.0}{0.0}
    {$f(x)=\displaystyle\frac{1}{\sqrt{2\pi}\sigma}
\exp\Big\{ -\frac{(x-\mu)^2}{2\sigma^2} \Big\} $}
\thicklines
\drawvector{8.0}{8.0}{74.0}{0}{1}
\drawvector{4.0}{10.0}{148.0}{1}{0}
\thinlines
\myfirstline
```

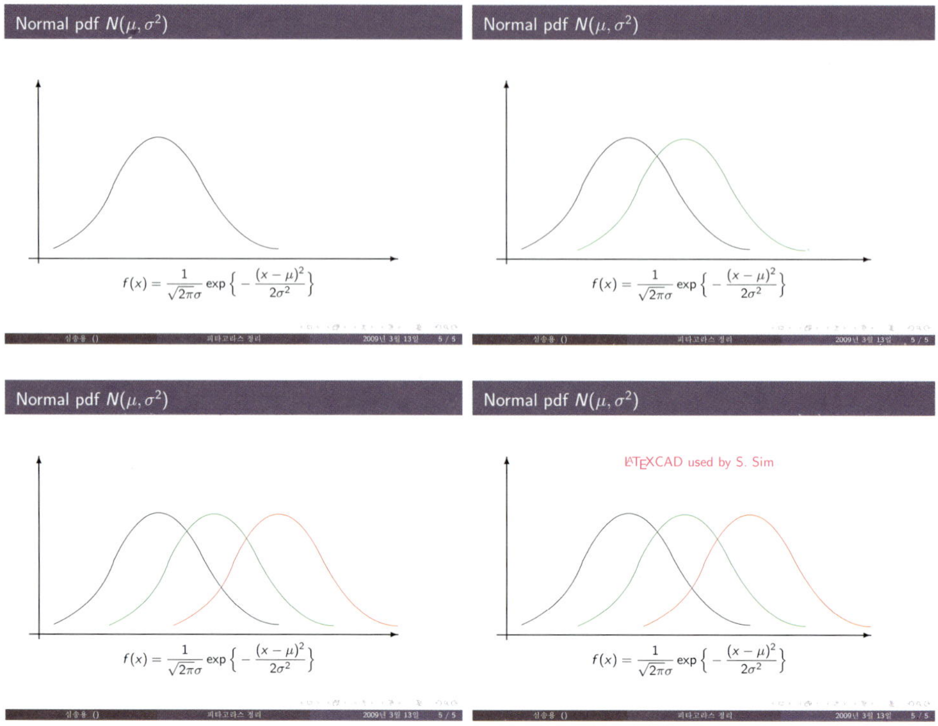

그림 20.19: LaTeXCAD로 그린 그림으로 다이내믹 그래프 연출

```
\uncover<2->{\textcolor{green}{\mysecondline}}
\uncover<3->{\textcolor{red}{\mythirdline}}
\uncover<4->{\textcolor{magenta}
{\drawcenteredtext{80.0}{80.0}{\LaTeX CAD used by S. Sim}}}
\end{picture}
\end{frame}
```

위의 명령에서 두 개의 \drawvector는 x-축 및 y-축을 그린 명령이며 세 개의 곡선은 각각 \myfirstline, \mysecondline 및 \mythirdline으로 그리게 된다. 마지막으로 제목을 하나 추가해 주었다. 이 그림에서 사용한 \myfirstline, \mysecondline 및 \mythirdline 따로 정의된 명령으로 \myfirstline의 경우는 다음과 같다. 이 명령이 상당히 길어보이는데, 실

제로 좌표를 계산하여 일일이 경로를 추적한 것이 아니고 LATEXCAD로 그린 그림의 결과를 파일로 받은 것이다.

\mysecondline 및 \mythirdline은 위의 \myfirstline과 정확하게 같은 명령이나(길어서 싣지는 않는다.) x축의 좌표값만 각각 22와 46만큼 더 큰 값으로 사용한 것이다. 실제 LATEXCAD로 그림을 그릴 때에는 하나만 먼저 그리고 나머지 둘은 복사 → 붙여넣기로 좌표를 생성하였다. 아래의 소스를 포함 전체 소스는 A.9절을 참고하기로 한다.

```
\newcommand{\myfirstline}{%
\path(14.0,14.0)(14.0,14.0)(14.34,14.15)(14.7,14.31)(15.05,14.47)
(15.41,14.65)(15.77,14.81)(16.11,14.99)(16.45,15.15)(16.79,15.34)
\path(16.79,15.34)(17.13,15.52)(17.47,15.7)(17.81,15.88)
(18.13,16.06)(18.47,16.24)(18.79,16.43)(19.13,16.61)(19.45,16.81)
(19.77,17.0)
\path(19.77,17.0)(20.09,17.2)(20.4,17.4)(20.7,17.59)(21.02,17.79)
(21.33,18.0)(21.63,18.2)(21.93,18.4)(22.25,18.61)(22.54,18.83)
\path(22.54,18.83)(22.84,19.04)(23.13,19.25)(23.43,19.47)
(23.72,19.7)(24.0,19.91)(24.29,20.13)(24.56,20.36)
(24.84,20.59)(25.11,20.81)
\path(25.11,20.81)(25.4,21.04)(25.66,21.27)(25.93,21.52)
(26.2,21.75)(26.47,21.99)(26.74,22.24)(27.0,22.47)
(27.25,22.72)(27.5,22.97)
\path(27.5,22.97)(27.75,23.22)(28.02,23.47)(28.25,23.72)
(28.5,23.97)(28.75,24.24)(28.99,24.49)(29.22,24.75)
(29.47,25.02)(29.7,25.27)
\path(29.7,25.27)(29.93,25.54)(30.15,25.81)(30.38,26.09)
(30.61,26.36)(30.84,26.63)(31.06,26.91)(31.27,27.18)
(31.49,27.47)(31.7,27.75)
\path(31.7,27.75)(31.9,28.04)(32.11,28.33)(32.31,28.61)
```

```
(32.52,28.9)(32.72,29.2)(32.93,29.5)(33.11,29.79)
(33.31,30.09)(33.5,30.4)
\path(33.5,30.4)(33.68,30.7)(33.88,31.0)(34.06,31.31)
(34.24,31.61)(34.41,31.93)(34.59,32.24)(34.77,32.56)
(34.95,32.88)(35.11,33.18)
\path(35.11,33.18)(35.27,33.52)(35.45,33.84)(35.61,34.15)
(35.77,34.49)(35.91,34.81)(36.08,35.15)(36.22,35.47)
(36.38,35.81)(36.52,36.15)
\path(36.52,36.15)(36.66,36.49)(36.81,36.84)(36.95,37.18)
(37.09,37.52)(37.22,37.86)(37.36,38.22)(37.5,38.56)(37.61,38.91)
(37.75,39.27)
\path(37.75,39.27)(37.86,39.63)(37.99,39.99)(38.0,40.0)
\path(38.0,40.0)(38.0,40.0)(38.36,40.75)(38.72,41.47)
(39.08,42.2)(39.43,42.9)(39.79,43.61)(40.15,44.27)
(40.5,44.94)(40.86,45.58)
\path(40.86,45.58)(41.22,46.22)(41.59,46.83)(41.95,47.44)
(42.31,48.01)(42.68,48.58)(43.04,49.15)(43.4,49.68)
(43.75,50.2)(44.11,50.72)
\path(44.11,50.72)(44.47,51.2)(44.84,51.69)(45.18,52.15)
(45.54,52.59)(45.9,53.04)(46.27,53.44)(46.63,53.86)
(47.0,54.25)(47.36,54.62)
\path(47.36,54.62)(47.72,54.97)(48.08,55.31)(48.44,55.63)
(48.8,55.94)(49.15,56.25)(49.51,56.52)(49.87,56.8)
(50.23,57.05)(50.58,57.29)
\path(50.58,57.29)(50.94,57.51)(51.3,57.7)(51.68,57.9)
(52.02,58.08)(52.38,58.23)(52.75,58.37)(53.11,58.51)
(53.47,58.62)(53.83,58.72)
\path(53.83,58.72)(54.19,58.8)(54.55,58.87)(54.91,58.93)
(55.26,58.95)(55.62,58.98)(55.98,59.0)(56.34,58.98)
```

```
(56.7,58.95)(57.06,58.93)
\path(57.06,58.93)(57.43,58.87)(57.79,58.8)(58.15,58.72)
(58.51,58.62)(58.87,58.51)(59.23,58.37)(59.58,58.23)
(59.94,58.08)(60.3,57.9)
\path(60.3,57.9)(60.66,57.7)(61.02,57.51)(61.38,57.29)
(61.75,57.05)(62.11,56.8)(62.47,56.52)(62.83,56.25)
(63.19,55.95)(63.55,55.63)
\path(63.55,55.63)(63.91,55.31)(64.26,54.97)(64.62,54.62)
(64.98,54.25)(65.34,53.86)(65.7,53.44)(66.06,53.04)
(66.43,52.59)(66.79,52.16)
\path(66.79,52.16)(67.15,51.69)(67.51,51.2)(67.87,50.72)
(68.23,50.2)(68.58,49.69)(68.94,49.15)(69.3,48.58)
(69.66,48.01)(70.02,47.44)
\path(70.02,47.44)(70.38,46.83)(70.75,46.22)(71.11,45.58)
(71.47,44.94)(71.83,44.27)(72.19,43.61)(72.55,42.9)
(72.91,42.2)(73.26,41.47)
\path(73.26,41.47)(73.62,40.75)(73.98,40.0)(74.0,40.0)
\path(74.0,40.0)(74.0,40.0)(74.27,39.47)(74.55,38.97)
(74.83,38.45)(75.12,37.95)(75.4,37.45)(75.68,36.97)
(75.95,36.47)(76.25,36.0)
\path(76.25,36.0)(76.52,35.52)(76.8,35.06)(77.09,34.59)
(77.37,34.13)(77.66,33.66)(77.94,33.22)(78.23,32.77)
(78.52,32.34)(78.8,31.9)
\path(78.8,31.9)(79.09,31.47)(79.38,31.04)(79.68,30.63)
(79.95,30.22)(80.25,29.81)(80.54,29.4)(80.83,29.0)
(81.12,28.61)(81.41,28.22)
\path(81.41,28.22)(81.69,27.84)(81.98,27.47)(82.27,27.09)
(82.58,26.74)(82.87,26.36)(83.16,26.02)(83.44,25.66)
(83.75,25.31)(84.04,24.97)
```

```
\path(84.04,24.97)(84.33,24.63)(84.62,24.31)(84.91,23.99)
(85.22,23.66)(85.51,23.36)(85.8,23.04)(86.11,22.74)
(86.4,22.43)(86.69,22.15)
\path(86.69,22.15)(87.0,21.86)(87.3,21.58)(87.59,21.29)
(87.9,21.02)(88.19,20.75)(88.5,20.5)(88.8,20.24)
(89.09,19.99)(89.4,19.74)
\path(89.4,19.74)(89.69,19.5)(90.0,19.25)(90.3,19.02)
(90.59,18.79)(90.91,18.58)(91.2,18.36)(91.51,18.15)
(91.81,17.95)(92.12,17.75)
\path(92.12,17.75)(92.43,17.54)(92.73,17.36)(93.04,17.18)
(93.34,17.0)(93.65,16.83)(93.95,16.65)(94.26,16.49)
(94.56,16.34)(94.87,16.18)
\path(94.87,16.18)(95.19,16.02)(95.5,15.88)(95.8,15.75)
(96.12,15.61)(96.43,15.49)(96.73,15.36)(97.05,15.25)
(97.36,15.13)(97.66,15.04)
\path(97.66,15.04)(97.98,14.93)(98.3,14.84)(98.61,14.75)
(98.93,14.65)(99.23,14.58)(99.55,14.5)(99.87,14.43)
(100.18,14.36)(100.5,14.31)
\path(100.5,14.31)(100.8,14.25)(101.12,14.2)(101.44,14.15)
(101.76,14.11)(102.08,14.09)(102.4,14.06)(102.72,14.04)
(103.04,14.02)(103.36,14.0)
\path(103.36,14.0)(103.68,14.0)(103.98,14.0)(104.0,14.0)
}
```

20.7. Hyperlink

beamer 클래스에서 클릭하여 이전 페이지나 마지막 페이지 또는 특정한 페이지로 이동하는 기능을 사용할 수 있다. 이 기능을 사용하려면 hyperref 패키지를 반드시 사용하여야 한다. hyperref 패키지는 17.5절에서 따로 다루었다.

beamer 클래스에서 클릭 가능한 링크를 만들어 이동하는 것은 다음 두 가지 단계로 이루어진다.

1. 나중에 돌아오고자 하는 곳에 '표시'를 해 둔다.
2. '표시'된 곳으로 돌아오고자 하는 곳에 하이퍼 링크를 만든다.
3. 필요하면 하이퍼 링크를 이쁘게 만들 버튼 등을 구현한다

먼저 클릭하여 다른 곳으로 이동할 곳에 미리 '표시'를 하는 방법을 알아보자. beamer 클래스에서는 \hypertarget 명령을 사용하여 이 표시를 한다. 사용법은

```
\hypertarget<overlay_spec>{target_name}{text}
```

이며 *target_name*이 들어간 페이지의 *overlay_spec*번째 슬라이드에 '표시'가 된다는 뜻이다. *text*가 주어지면 해당 슬라이드에 주어진 *text*가 인쇄된다. 예를 들어

```
\begin{frame}
\begin{itemize}[<+->]
  \item 통계의 마술
  \item 5\% 의 진정한 의미
  \item 등등
\end{itemize}
\hypertarget<2>{item:second}{}
\end{frame}
```

와 같이 표시할 수 있다. 여기서는 '표시'한 곳에 아무런 텍스트가 인쇄되지 않는다.

이제 이 페이지의 두 번째 슬라이드로 돌아오고 싶은 곳에서 \hyperlink 명령을 사용하여 이 슬라이드로 돌아올 링크를 만든다. 이 명령의 사용법은

```
\hyperlink<overlay_spec>{target_name}{text}{<overlay_spec>}
```

이며 *overlay_spec*는 앞 또는 끝 중의 하나만 사용한다. 이 명령을 사용하면 슬라이드에 *text*가 만들어지며 이 *text*를 클릭하면 *target_name*으로 주어진 \hypertarget 명령이 있는 페이지의 해당 슬라이드로 이동한다. 이 명령으로 만들어진 클릭 가능한 *text*는 *overlay_spec*번째 슬라이드에만 보인다. 예를 들어 특정한 위치에서

```
\hyperlink{item:two}{Jump to the 2nd item}
```

라고 명령하면 Jump to the 2nd item이 만들어지며 이를 클릭하면 앞에서 표시된 item:two의 이름을 가진 \hypertarget 명령이 있던 곳으로 이동한다.

이런 링크를 텍스트보다 버튼으로 구현하기 위해서 \beamerbutton이라는 명령을 만들어 두었다. 이 명령은

```
\beamerbutton{button_text}
```

이며 *button_text*가 들어간 버튼을 만들어준다. 예를 들어 \beamerbutton을

```
\hyperlink{item:two}{\beamerbutton{Jump to the 2nd item}}
```

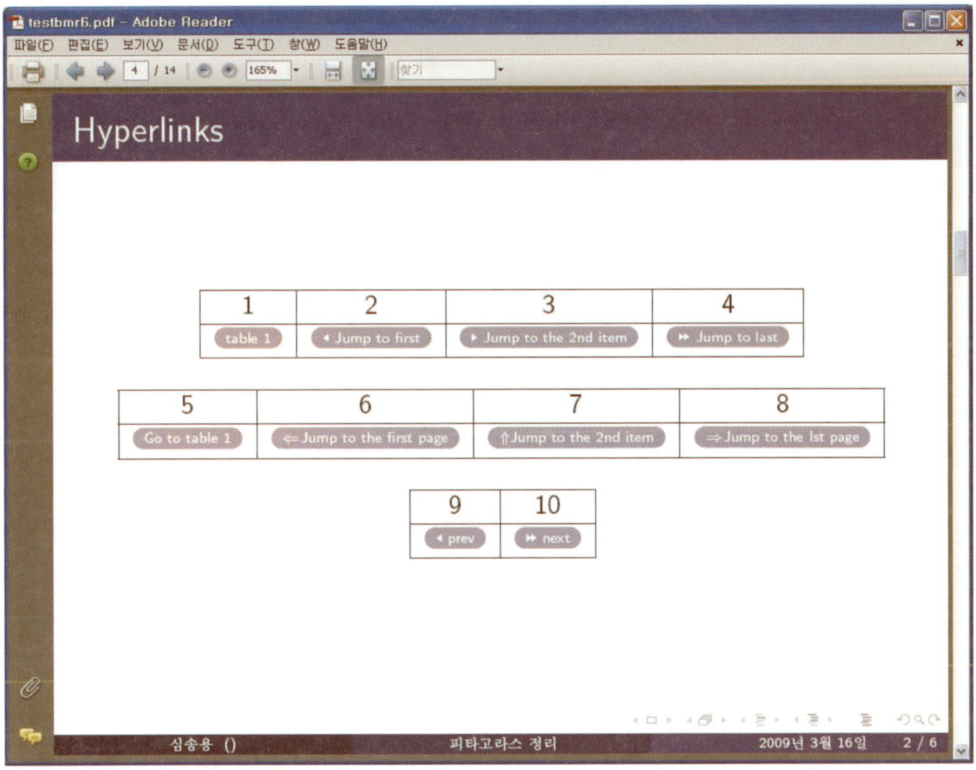

그림 20.20: beamer 클래스의 버튼들

이라고 하면 그림 20.20의 1번 버튼이 만들어지며 이 버튼을 클릭하면 앞에서 표시된 item:two의 이름을 가진 \hypertarget 명령이 있던 곳으로 이동한다.

\beamerbutton 명령과 사용법이 같고 결과가 비슷한 버튼으로

\beamerreturnbutton 그림 20.20의 2번 버튼이 만들어지며

\beamergotobutton 20.20의 3번 버튼이 만들어지며

\beamerskipbutton 20.20의 4번 버튼이 만들어진다.

가 있다. 이 세 버튼의 앞에 붙어있는 ◀, ▶ 등은 사용자가 원하는 모양으로 바꿀 수 있는데 각각

`\insertreturnsymbol` \beamerreturnbutton의 앞에 붙는 ◀를 설정하며

`\insertgotosymbol` \beamergotobutton의 앞에 붙는 ▶를 설정하며

`\insertskipsymbol` \beamerreturnbutton의 앞에 붙는 ▶▶를 설정한다.

이들은 모두 \renewcommand로 모양을 바꿀 수 있다. 예를 들어

```
\renewcommand{\insertgotosymbol}{$\Uparrow$}
\renewcommand{\insertskipsymbol}{$\Rightarrow$}
\renewcommand{\insertreturnsymbol}{$\Leftarrow$}
```

와 같이 모양을 바꾼 후

```
\hyperlink{page:table1}{\beamerbutton{Go to table 1}}
\hyperlink{page:first}
              {\beamerreturnbutton{Jump to the first page}}
\hyperlink{item:two}
                  {\beamergotobutton{Jump to the 2nd item}}
\hyperlink{page:last}
                  {\beamerskipbutton{Jump to the lst page}}
```

이라고 하면 각각 그림 20.20의 5, 6, 7, 8번 모양의 버튼을 얻는다.

슬라이드의 특정한 위치로 바로 이동하기 위한 하이퍼 링크를 beamer 클래스에서 제공한다. 예를 들어 바로 전 슬라이드로 이동하려면

> \hyperlinkprev<*overlay_spec*>{*link_text*}

를 사용하는데 *link_text*를 클릭하면 바로 전 슬라이드로 이동하며 이 *link_text*는 *overlay_spec*번째 슬라이드에서만 보인다. 사용 보기로

```
\hyperlinkslideprev{\beamerskipbutton{prev}}
```

명령으로 그림 20.20의 9번 버튼이 만들어진다. 이 명령과 사용법이 같으면서 특정한 위치로 이동할 수 있는 하이퍼 링크는 다음과 같다.

`\hyperlinkslidenext` 다음 슬라이드로 이동한다. 사용 보기로

```
\hyperlinkslidenext{\beamerskipbutton{next}}
```

명령으로 그림 20.20의 10번 버튼이 만들어지며 이 버튼을 클릭하면 다음 슬라이드로 이동한다.

`\hyperlinkframestart` 현재 화면(**frame**)의 첫 슬라이드로 이동한다.

`\hyperlinkframeend` 현재 화면(**frame**)의 마지막 슬라이드로 이동한다.

`\hyperlinkframestartnext` 다음 화면의 첫 슬라이드로 이동한다.

`\hyperlinkframeendprev` 직전 화면의 마지막 슬라이드로 이동한다.

`\hyperlinkdocumentstart` 가장 첫 슬라이드로 이동한다.

`\hyperlinkdocumentend` 가장 마지막 슬라이드로 이동한다.

20.8. 멀티미디어

`beamer` 클래스에서 `multimedia` 패키지를 함께 사용할 때 PDF에서 이들 multimedia를 바로 플레이할 수 있다. `multimedia` 패키지는 LaTeXBeamer를 설치하면 함께 설치되지만 `beamer`와는 독립적으로 구현되는 패키지이기 때문에 `beamer` 클래스를 사용하지 않더라도 이 패키지는 사용할 수 있다.

이 절에서 소개하는 사운드와 동영상을 PDF에서 플레이하기 위해서는 만들어진 LaTeX 파일에서 PDF를 얻는 방법으로 반드시 `pdflatex` 명령이 사용되어야 하며 `.dvi` → `.ps` → `.pdf` 순서로 중간에 PostScript 변환이 있는 경우에는 구현되지 않는다.

20.8.1. 사운드

LATEXBEAMER로 만들어진 슬라이드에 사운드 효과를 넣으려면 \sound 명령을 사용한다. 사운드 파일의 종류는 압축된 파일과 압축되지 않은 파일이 있으며 \sound 명령에서 압축되지 않은 파일은 모두 소리가 올바로 들리지만 일부 압축 파일은 소리 재생을 지원하지 않고 소리가 깨져서 들린다. 따라서 사운드 파일은 au, aif 파일 등 압축되지 않은 파일로 작업할 것을 권장한다. 이 명령은

```
\sound[options]{link_text}{sound_file}
```

로 사용하며 *options*에는 사용할 수 있는 옵션을 주며 클릭하면 *link_text*에는 사운드를 플레이할 링크를, *sound_file*에는 플레이할 사운드가 저장된 파일의 이름을 준다. 사용할 수 있는 옵션에는

`autostart` 현재 페이지가 보여질 때 자동으로 *sound_file*을 연주하게 한다. PDF reader에서 설정에 따라서는 자동으로 시작하지 않는데[1] 자동 실행을 허용하려면 그림 20.23의 설정 참조하기로 한다.

`auotmute` 현재 페이지에서 다음 페이지로 넘어가면 자동으로 플레이가 중지됨.

`bitpersample=` 사운드 파일의 bit per sample 값으로 8 또는 16이며 기본값이 16이므로 16인 경우 설정하지 않아도 됨.

`channels=` 스테레오이면 2, 모노이면 1을 설정하며 기본값은 2임.

`depth=` *link_text*의 디멘젼(dimension)

[1]보안 상의 이유로 기본 설정이 임베드된 것들을 자동 실행하지 않게 되어 있는 경우가 많다.

encoding= *sound_file*의 인코딩 방법으로 Raw, Signed, ALaw 또는 muLaw 중의 하나로 설정하며 muLaw가 기본값임.

height= *link_text*의 높이.

inlinesound *sound_file*을 만들어지는 PDF 파일에 임베드(embed)함.

label= \hyperlinksound 명령을 사용하여 \sound 명령으로 플레이하는 파일을 조정하고 사용할 이름을 줌. \hyperlinksound 명령 참조.

loop 또는 repeat *sound_file*의 플레이가 끝났을 때 처음으로 돌아가 계속 반복하여 플레이함.

mixsound= 이미 다른 사운드가 시스템에서 플레이되고 있을 때 다른 사운드와 mix하여 플레이할지 설정함. 가능한 값은 true 또는 false임.

samplingrate= 초당 샘플링 레이트로 44100이 기본값임.

width= *link_text*의 높이.

이 있다. 몇 개의 Acrobat Reader 버전에 버그가 있기 때문에 위의 옵션의 정보를 정확하게 입력해야 소리가 올바르게 들린다. 정확하게 입력할 옵션은 bitpersample, channels, encoding, samplingrate 등이며, 사운드 파일의 정보는 사운드파일에서 마우스 오른쪽 버튼을 사용하여 속성→요약으로 확인할 수 있고 , 그림 20.21에 음원의 정보에 대한 결과가 있다. 또한 기존에 가지고 있던 사운드 파일이 지원되지 않는 경우에는 음원변경프로그램을 사용하여 PDF에서 지원하는 사운드 파일로 변경할 수 있다. 음원변경프로그램의 종류 중 하나로 GoldWave[2]를 사용하여 사운드 파일의 정보도 확인하고 사운드 파일의 종류도 변경할 수 있다.

예를 들어 다음과 같이 사용할 수 있다.

```
\begin{frame}
```

[2]http://www.goldwave.com/에서 평가판을 이용할 수 있다.

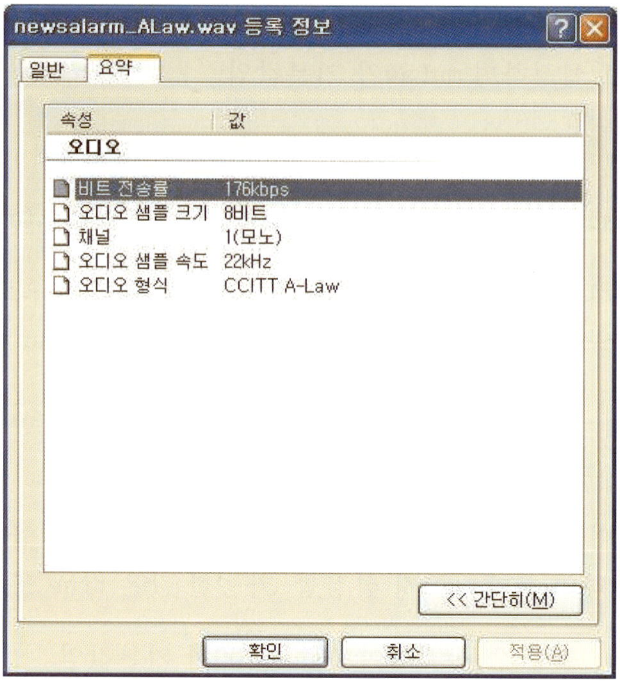

그림 20.21: 사운드 파일 정보

```
\frametitle{Sound Effects}
Music playes
\begin{itemize}
\item \sound[inlinesound, repeat, label=Music1]
       {Can you hear the Music?}
       {./multimedia/spacemusic.au}
\item Auto Start
      \sound[inlinesound, autostart, loop, label=Music2]{}
      {./multimedia/spacemusic.au}
\item \sound[inlinesound, loop, channels=1, encoding=Signed,
             samplingrate=22050, bitpersample=8, label=Music3]
         {뉴스알람1}{./multimedia/newsalarm.wav}
```

```
\item \sound[inlinesound, loop, channels=1, encoding=ALaw,
             samplingrate=22050, bitpersample=8, label=Music4]
         {뉴스알람2}{./multimedia/newsalarm_ALaw.wav}
\end{itemize}
```

이를 사용한 결과[3] 그림 20.22의 화면이 만들어지며 이 화면이 뜰 때 두 번째 \sound 명령에 의해 자동으로 spacemusic.au가 플레이된다.[4] 첫 번째나 세 번째, 네 번째의 사운드는 각 항목을 클릭할 때 플레이된다.

이제 \sound 명령에 의해 플레이되는 중인 사운드를 조정하는 방법을 알아보자. 이 때 사용할 수 있는 명령으로 정지된 사운드를 다시 플레이하는 명령으로

```
\hyperlinksound[options]{label}{sound_text}
```

이 있다. 이 명령에 의해 슬라이드에 *text*가 만들어지고 이 *text*를 클릭하면 label=*label*이 설정된 \sound 명령에서 준 사운드를 플레이한다. 여기서 *options*에는 loop(또는 repeat)를 사용하면 플레이가 무한 반복되며 mixsound에는 true나 false를 사용하는데 각각 시스템에서 이미 다른 사운드가 플레이 되고 있을 때 기존의 사운드에 믹스할 것인지 아닌지를 설정한다.

플레이 중인 사운드를 정지하려면 \hyperlinkmute 명령을 사용한다. 이 명령은

```
\hyperlinkmute{sound_text}
```

[3]아직 frame이 끝나지 않았으며 나머지 LaTeX 명령은 조금 뒤에 소개함.
[4]자동으로 플레이하려면 PDF reader의 설정이 되어 있어야 한다. 그림 20.23에서의 설정을 참조하기로 한다.

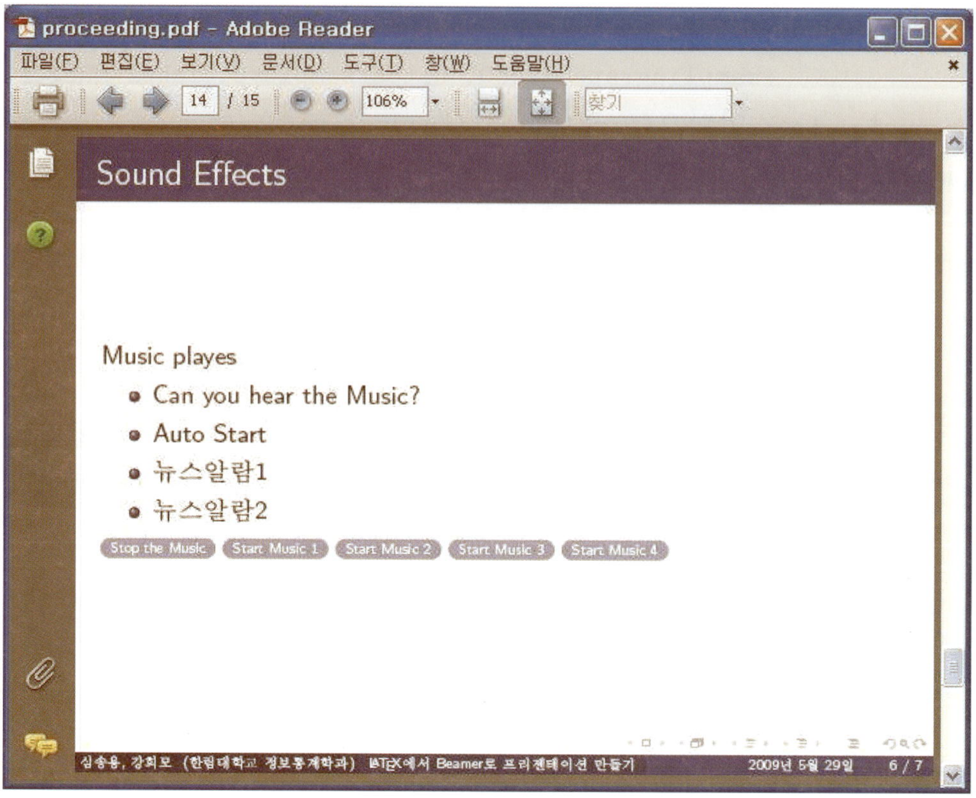

그림 20.22: beamer 클래스에서의 사운드 플레이

으로 사용하며 슬라이드에서 이 명령으로 만들어진 *sound_text*를 클릭하면 모든 사운드의 플레이가 중지된다. 다음의 LaTeX 명령은 위의 명령에서 연결된 명령으로

```
\hyperlinkmute{\beamerbutton{Stop the Music}}
\hyperlinksound{Music1}{\beamerbutton{Start Music 1}}
\hyperlinksound{Music2}{\beamerbutton{Start Music 2}}
\hyperlinksound{Music3}{\beamerbutton{Start Music 3}}
\hyperlinksound{Music4}{\beamerbutton{Start Music 4}}
\end{frame}
```

순서대로 그림 20.22의 버튼 다섯 개를 만들었다. 첫 번째 버튼을 클릭하면 모든 사운드가 정지되며, 두 번째 버튼을 클릭하면 `label=Music1`이 설정된 `\sound` 명령의 사운드가 플레이된다. 세 번째, 네 번째 및 다섯 번째 버튼을 클릭하며 각각 `label=Music2`, `label=Music3`과 `label=Music4`에 설정된 `\sound` 명령의 사운드가 플레이된다.

`label=Music3`과 `label=Music4`에 설정된 사운드는 모두 `wav` 파일 형식으로 `label=Music3`은 사운드 파일의 정보를 확인하고 올바르게 옵션을 설정하였지만 pcm 인코딩 방법으로 `\sound`에서 지원하지 않는 파일이기 때문에 소리가 깨져서 들리며, `label=Music4`는 `label=Music3` 사운드 파일을 `ALaw` 인코딩 방법으로 변경한 파일로 소리가 잘 들리는 것을 확인할 수 있다.

이 절에서 소개한 내용은 A.8절에 전체 소스가 있으므로 참고하기로 한다.

20.8.2. 동영상

LaTeXBeamer로 만들어진 슬라이드에 동영상을 포함하려면 `\movie` 명령을 사용한다. 이 명령은

```
\movie[options]{link_text}{movie_file}
```

로 사용하며 슬라이드에서 이 명령으로 만들어진 *link_text*를 클릭하면 파일 이름이 *movie_file*인 동영상이 플레이된다. Adobe reader의 경우 포함된 동영상을 신뢰할 수 있는지 먼저 확인하려고 그림 20.23과 같은 대화창이 생성된다. 이 대화창에서 신뢰할 수 있는 목록에 추가하면 추후에는 이를 확인하지 않는다.

*options*에는 사용할 수 있는 옵션을 주며 사용할 수 있는 옵션에는

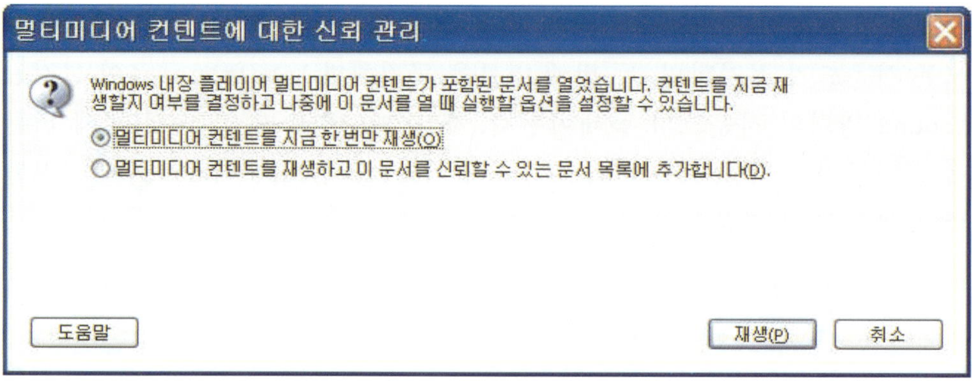

그림 20.23: 포함된 영상이나 음악에 대한 신뢰도 검정창

`autostart` 현재 페이지가 보여질 때 자동으로 *movie_file*을 플레이이함.

`borderwidth=` *link_text*를 포함하는 사각형의 두께.

`depth=` *link_text*의 디멘젼(dimension)

`duration=` 동영상이 플레이되는 시간으로 초(s)로 줌. 예: `duration=10.5s`

`externalviewer` PDF 파일 내부가 아닌 동영상 프로그램을 동작시켜 동영상을 플레이 함. 기본 동영상 프로그램이 PDF viewer가 설정되어 있지 않으면 Adobe reader의 경우 프로그램 설정 대화창이 나타나므로 프로그램(예: Windows Media Player)을 설정할 수 있으며 설정된 프로그램에서 동영상이 플레이된다.

`externalviewer` 옵션이 설정된 동영상을 플레이하려고 할 때 사용할 외부 플레이어를 확인하는 대화창이 그림 20.24와 같이 만들어지는데 이 대화창에서 적절한 외부 플레이어를 설정할 수 있다.

`height=` *link_text*의 높이.

`label=` `\hyperlinkmovie` 명령을 사용하여 `\movie` 명령으로 플레이하는 파일을 조정할 사용할 이름을 줌. `\hyperlinkmovie` 명령 참조.

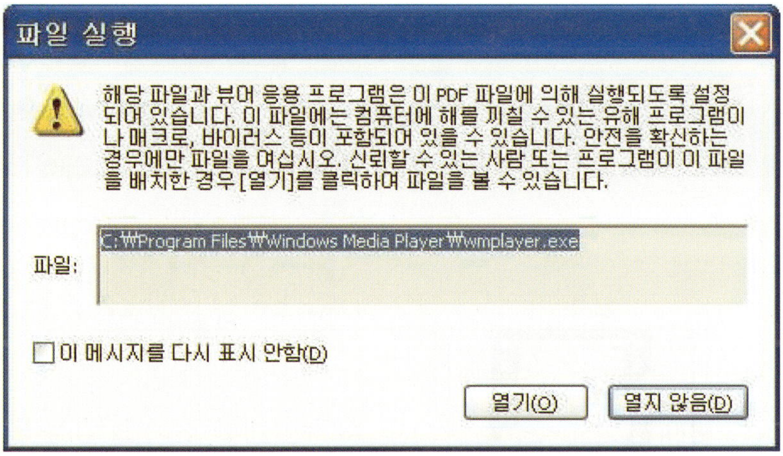

그림 20.24: 외부 플레이어에 대한 설정

`loop` 또는 `repeat` *movie_file*의 플레이가 끝났을 때 처음으로 돌아가 계속 반복하여 플레이함.

`once` 한 번만 동영상을 플레이 함. 기본값.

`palindrome` 동영상이 끝까지 플레이된 경우 뒤로부터 거꾸로 플레이함.

`showcontrols=` 동영상 플레이의 콘트롤 패널을 보여줄지 설정하며 사용할 수 있는 값은 `true` 또는 `false`임. 그림 20.26의 두 번째 그림의 아래에 일시정지 버튼이 나온 이 경우는 `true`가 설정된 경우임.

`start=` 동영상이 시작할 시각을 설정함. 동영상의 60초 이후부터 플레이하려면 `start=60s`로 설정함.

`width=` *link_text*의 높이.

`poster` 동영상이 플레이되지 않고 있을 때 동영상의 첫 화면을 슬라이드에서 보여줄지 설정함. 그림 20.26의 제일 왼쪽 영상은 첫 화면을 보여주고 있으며, 이 경우가 `poster` 옵션이 설정된 경우이다. 만일 그림 20.23의 설정에서 한 번만 재생으로 설정된 경우에는 그림 20.25의 왼

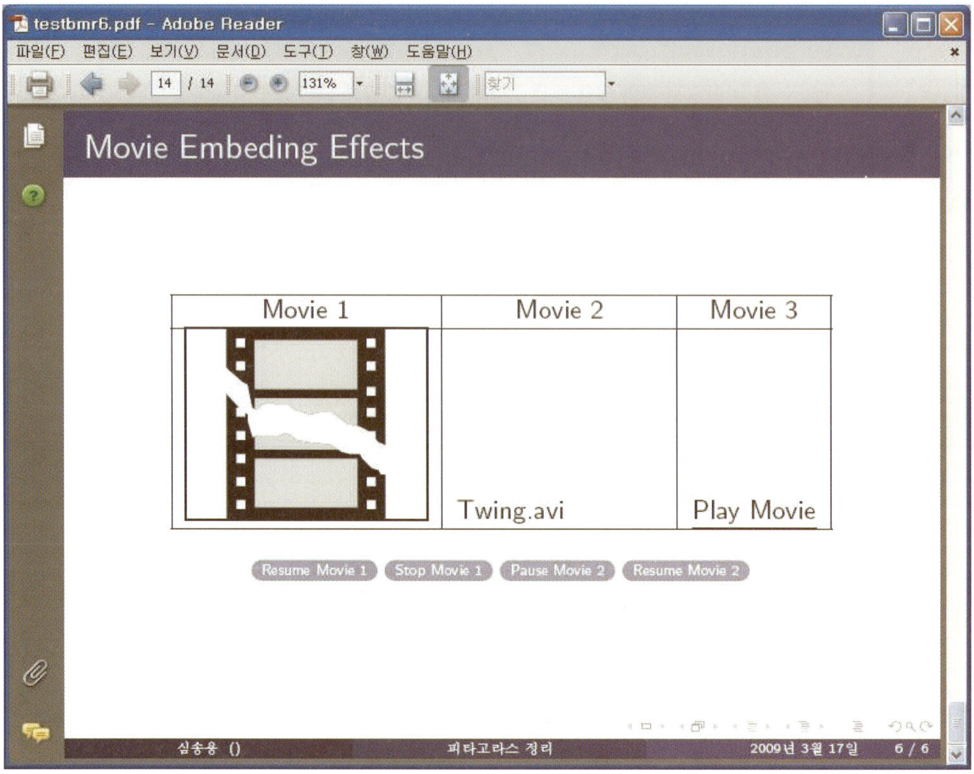

그림 20.25: beamer 클래스에서의 동영상 플레이 1

쪽 그림과 같이 poster이 설정되어 있더라도 첫 화면을 띄우지 않는다. 한 번이라도 그림 20.23의 화면에서 신뢰할 수 있는 목록에 추가하면 그림 20.26와 같이 첫 화면을 슬라이드에 띄우게 된다.

다음의 몇가지 보기를 보자. 이 보기에 의해서 그림 20.25의 위의 세 동영상 링크가 만들어진다.

```
begin{frame}
\frametitle{Movie Embeding Effects}
\begin{center}

\begin{tabular}{|c|c|c|}\hline
```

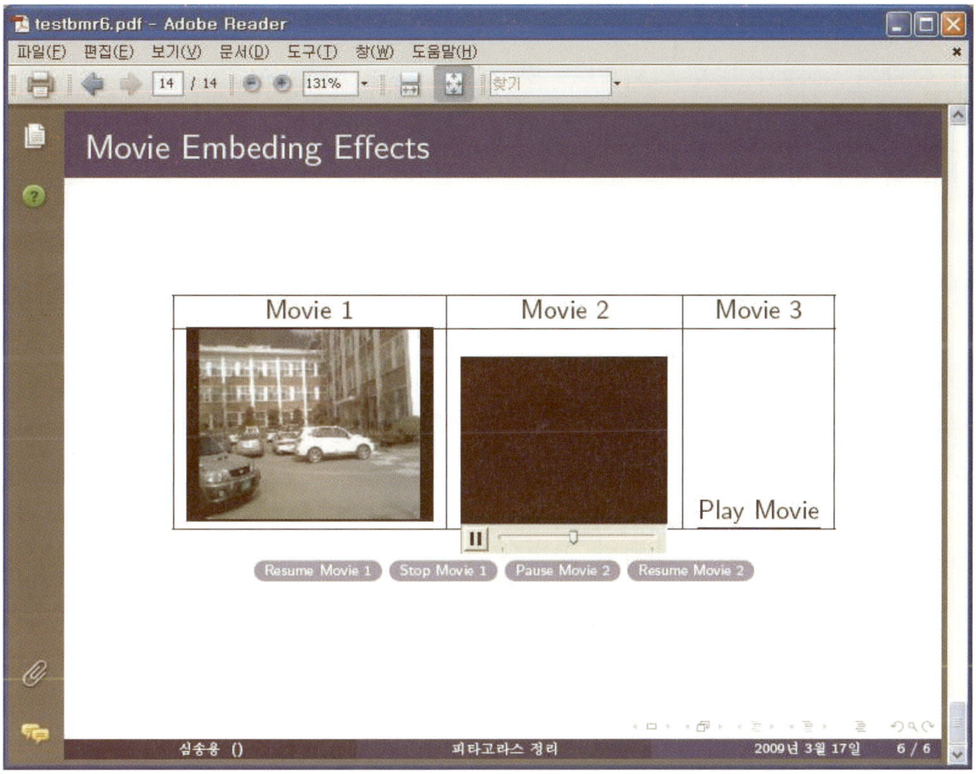

그림 20.26: beamer 클래스에서의 동영상 플레이 2

```
Movie 1 & Movie 2 & Movie 3 \\ \hline
\movie[borderwidth=1pt, loop, showcontrols=true, label=Movie1,
      poster, width=100pt, height=80pt]{}
                                  {./multimedia/twing.avi} &
\movie[borderwidth=0pt, loop, start=0.5s, showcontrols=true,
     label=Movie2, width=3cm, height=2.4cm]
    {Twing.avi}{./multimedia/twing.avi} &
\movie[borderwidth=0pt, loop, label=Movie3, externalviewer]
    {\underline{Play Movie}}{./multimedia/twing.avi} \\ \hline
\end{tabular}
\end{center}
```

위에서 tabular 환경 내에서 세 개의 서로 다른 방법으로 동영상을 넣었으며 각각의 \movie 명령으로 만든 링크의 모양은 그림 20.25와 같다. 각각의 동영상은 Movie1, Movie2 및 Movie1로 이름을 주었다. 이 LaTeX 명령어는 아직 완성된 상태가 아니므로 아래를 조금 더 보아주기 바란다.

\movie 명령에 의해 삽입된 동영상은 \hyperlinkmovie 명령으로 조정할 수 있다. 이 명령은

```
\hyperlinkmovie[options]{movie_label}{movie_text}
```

로 사용하여 현재 플레이중인 동영상을 정지(*options*에 따라 일시정지, 다시 플레이 등)하는 등의 조정을 할 수 있으며 조정은 이 명령에 의해 슬라이드에 만들어진 *movie_text*를 클릭하여 label=*movie_label*로 설정된 \movie 명령에 따라 슬라이드에 포함된 동영상을 조정한다. 사용할 수 있는 옵션으로는

stop 해당(label의 값이 *movie_label*인) 동영상을 정지한다. stop된 동영상은 resume으로 다시 시작할 수 없다.

pause label의 값이 *movie_label*인 동영상을 일시정지한다.

resume pause된 해당(label의 값이 *movie_label*인) 동영상을 다시 플레이한다. 현재로는 stop된 동영상은 resume할 수 없으며 \movie 명령의 *movie_text*를 클릭하여 재생한다.

와 duration, loop, repeat, palindrome, showcontrols=, start=이 있으며 이들 옵션은 \movie 명령에서의 옵션 설정과 같은 방법으로 설정하며 설정의 결과도 같다.

그림 20.25의 아래쪽에 있는 네 개의 버튼은 다음의 명령

```
\hyperlinkmovie[resume]{Movie1}{\beamerbutton{Resume Movie 1}}
\hyperlinkmovie[stop]{Movie1}{\beamerbutton{Stop Movie 1}}
\hyperlinkmovie[pause]{Movie2}{\beamerbutton{Pause Movie 2}}
\hyperlinkmovie[resume]{Movie2}{\beamerbutton{Resume Movie 2}}
\end{frame}
```

으로 만들었다.(위의 소스에서 연결된 소스임.) 각각의 버튼은 왼쪽부터

1. 제일 왼쪽 동영상이 일시중지되었을 때 다시 시작하는 버튼,
2. 제일 왼쪽 동영상을 중지시키는 버튼
3. 중앙의 동영상을 일시중지 시키는 버튼
4. 중앙의 동영상을 다시 플레이하는 버튼

임을 알 수 있다.

이 절에서 소개한 내용은 A.8절에 전체 소스가 있으므로 참고하기로 한다.

20.9. slides 클래스

지금은 컴퓨터의 보급으로 자주 볼 수 없지만, 컴퓨터 화면을 보여주기 어려웠던 시기에는 슬라이드 필름으로 프리젠테이션을 하였다. 슬라이드 필름을 사용하는 경우에 사용하는 장비를 OHP(Over Head Projector)라고 하기에 슬라이드 필름을 OHP 필름이라고도 한다.[5] 이 절에서는 슬라이드 필름을 사용하는 경우에 유용한 이 클래스에 대해서 알아보자.

[5]명칭은 필름이나 투명한 플라스틱으로 A4나 US letter 사이즈로 복사기의 열을 견딜 수 있는 재질로 만들어진다.

20.9.1. 소개

슬라이드를 만들기 위해서 LaTeX2.09 에서는 LaTeX이 아닌 SLiTeX이라 하였는데 LaTeX 2ε에는 이를 하나의 클래스로 만들어서 더욱 편리하게 사용할 수 있다.

슬라이드 클래스에서는 굵고 큰 글자체를 기본으로 이용하여 프로젝터에 사용하는데 불편하지 않게 하였다. 슬라이드에서의 글자 크기는 대충 `\LARGE` 크기 정도이며 글자 모양은 뒤에서 보는 것처럼 sans serif 꼴과 닮은 꼴이다. `slides` 클래스 내에서도 `\emph`도 사용할 수 있다.

슬라이드를 만들기 위해서는 클래스를 다음과 같이 `slides`라고 한다.

```
\documentclass{slides}
```

슬라이드에서 사용할 수 있는 옵션에는 `clock`이 있는데 자세한 것은 20.9.3절을 참고하자. Leslie Lamport 는 LaTeX에서 슬라이드를 사용하는 이유를 다음 세 가지로 정리하였다.

- 슬라이드의 내용은 LaTeX을 기본으로 하였다. 따라서 이미 만든 파일을 조금 수정하면 슬라이드를 만들 수 있다.
- 슬라이드에도 많은 수식과 기호가 들어가는 수가 있다.
- 슬라이드를 만드는 횟수가 많지 않기 때문에 슬라이드를 만들려고 새 프로그램을 배울 이유가 없다.

20.9.2. slide와 overlay 환경

슬라이드 필름은 투명하기 때문에 두 장 이상을 겹쳐서 사용할 수 있다. 두 장 이상 겹쳐서 사용하기 위한 명령을 알아보자.

20.9.2.1. slide 환경

```
\begin{slide}
\begin{center}
\LaTeX Guide
\end{center}
\LaTeXe is powerful and
easy to use. It supports
slides class now.
\end{slide}
```

이제 \begin{document}를 명령한 후에 한 장의 슬라이드에 들어 갈 내용을 \begin{slide}와 \end{slide}에 입력하면 한 장의 슬라이드용 출력을 만들 수 있다.

slide 환경은 한 면에 한 번씩만 사용하므로 다섯 면의 슬라이드를 만들려면 다섯 번의 slide 환경을 사용하게 될 것이다. 위의 오른쪽 입력으로 왼쪽에 보는 한 면의 출력을 얻는다.

slide 환경에서는 면을 나누는 명령이나 table 또는 figure 환경은 의미가 없으므로 사용할 수 없다.[6] 그 외의 다른 명령이나 환경들은 거의 그대로 사용할 수 있다.

색을 만들려면 제15장의 color 패키지를 이용하여 색이 있는 슬라이드를 만들 수 있다. 위에서 보는 것처럼 슬라이드에서도 자동적으로 페이지 번호를 붙이는데 이 번호는 다른 출력과는 달리 아주 아래 쪽으로 치우쳐 있기 때문에 실제로는 청중에게 보이지 않도록 하였다.

[6] 페이지를 바꾸려면, slide 환경을 사용하면 되고, 슬라이드의 목적상 유동체(floating body)는 사용하기 적절하지 않다.

20.9.2.2. overlay 환경

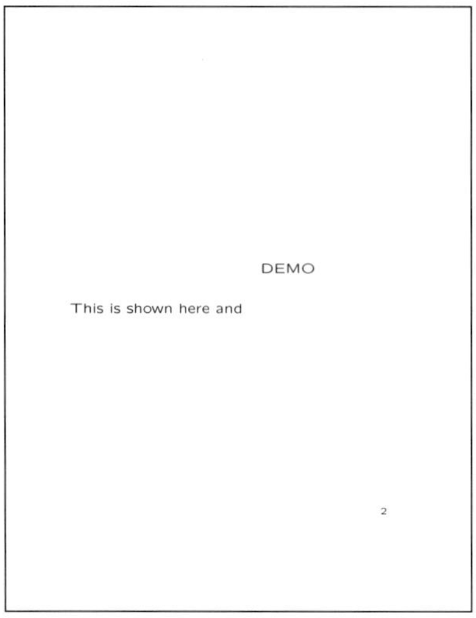


```
\begin{slide}
\begin{center}
\textcolor{white}{OVERLAY} DEMO
\end{center}
This is shown here and
\textcolor{white}{there.}
\textcolor{white}{``there''
is overlayed.}
\end{slide}
```

슬라이드를 이용하여 설명하고자 할 때 한 쪽 면을 먼저 보여 주고 그 다음 면은 이전 면에 올려 놓고 싶을 경우가 많다. 슬라이드는 투명한 비닐을 사용하기 때문에 이 것이 가능한데 이를 지원해 주는 환경이 overlay 환경이다.

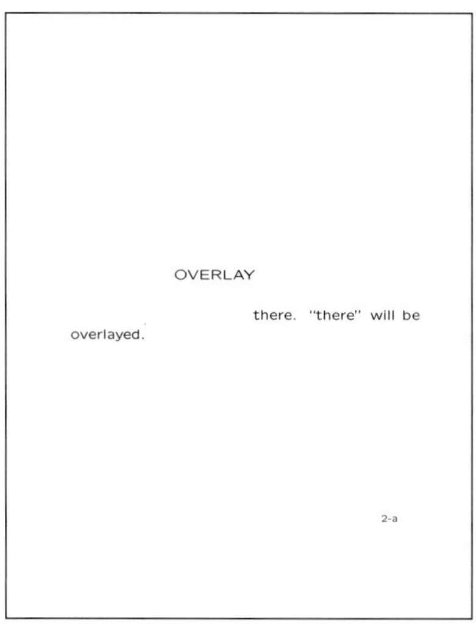


```
\begin{overlay}
\begin{center}
OVERLAY \textcolor{white}{DEMO}
\end{center}
\textcolor{white}{This
is shown here and }there.
``there'' will be
overlayed.
\end{overlay}
```

overlay 환경은 color 패키지와 함께 이용할 때 색이 있는 슬라이드를 만들 수 있다. overlay 환경으로 만든 슬라이드의 번호는 증가하지 않고 대

시(–) 를 사용하여 따름 번호를 붙인다.[7]

위에서 보는 것처럼 처음의 슬라이드와 두 번째의 슬라이드를 겹치면 전체가 하나의 슬라이드로 된다. 이 때 두 번째의 overlay 환경으로 만든 슬라이드의 면수는 2면의 다음이지만 3면으로 번호를 붙이지 않고 2-a로 붙였다. 만일 위에 겹칠 슬라이드가 하나 더 있으면 그 면의 번호는 2-b가 될 것이다.

20.9.3. note 환경

슬라이드는 그 특성상 말할 내용의 요점만 한두 마디 쓰게 된다. 또한 많은 경우에 발표자에게 시간의 제약이 있다. 이러한 경우에 발표자는 청중들에게 보이지 않으면서 혼자 볼 수 있는 메모 같은 것이 필요한데 이를 가능하게 한 것이 note 환경이다. 예에서 보는 것처럼 노트의 면수는 그 직전 면수에 -1, -2 등으로 붙여진다.

```
\begin{slide}
slide class can
      .
      .
including time.
\end{slide}
\addtime{180}
\begin{note}
\begin{center}
Reminder
\end{center}
It's  time to make a joke.
\end{note}
```

note 기능을 이용할 때는 슬라이드만 인쇄하거나 노트만 인쇄할 수 있는데 이를 위한 명령은 각각 \onlynotes와 \onlyslides이다. 이 명령은 20.9.4절에 사용법이 설명되었다. 시간의 제약이 있는 경우 각 슬라이드마다 사용할

[7] 20.9.3절의 note 환경 참조.

시간을 정해 두어서 \addtime 명령으로 시간을 각 슬라이드에 할당해 두면 note 환경으로 노트를 만들 때 누적 시간이 같이 나타난다. 이 때는 반드시 clock 옵션을 정해 준다.

이러한 시간을 특정한 시간으로 정해 두고 싶으면 \settime에 그 값을 준다. \settime{120}은 현재의 누적 시간을 120초(2분)으로 만든다.

\addtime이나 \settime은 slide, overlay 또는 note 환경 안에서는 사용하지 않는다.

20.9.4. 일부만 인쇄하기

중간에서 고치거나 또는 다른 이유로 슬라이드나 노트의 일부만 인쇄하고자 할 때는 \onlyslides나 \onlynotes 명령을 사용한다. 예를 들어 2면, 4면부터 6 면의 슬라이드만 인쇄하려면

```
\onlyslides{2,4-6}
```

라고 명령한다. 이 명령으로 2, 4, 5, 6면과 그와 관계되는 overlay들은 모두 출력할 수 있다. \onlyslides나 \onlynotes 명령은 *preamble* 에 위치해야한다. 즉 \begin{document} 다음에 이 명령이 나올 수 없다.

\onlynotes 명령은 \onlyslides 명령과 거의 마찬가지인데 예를 들어

```
\onlynotes{6}
```

이라고 하면 6 페이지의 노트, 즉 6-1, 6-2 등이 인쇄 된다.

20.10. seminar 클래스

seminar 클래스는 LaTeX의 slide 클래스의 기능을 하는 패키지로서 다양한 기능을 제공한다. 이 패키지는 Timothy Van Zandt가 만든 패키지이다. 이 패키지가 제공하는 클래스로 seminar가 있다. 따라서 사용법은

```
\documentclass[option]{seminar}
또는
\documentstyle[option]{seminar}
```

이다. 옵션에는 LaTeX의 옵션이 사용될 수 있고 그외에 각각 세로 및 가로로 출력을 만들어 주는 portrait와 landscape 옵션이 있다. 이 패키지가 제공하는 환경에는 slide와 note 환경이 대표적이다. 이 절에서는 이 패키지를 이용하여 만든 슬라이드를 보면서 그에 사용한 명령을 설명하기로 하자.

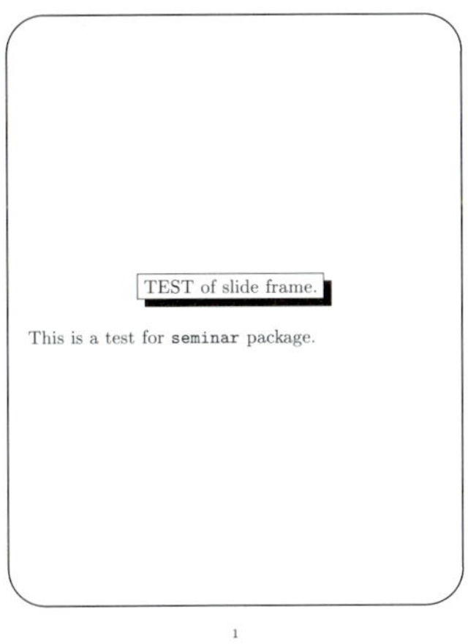


```
\documentclass[portrait]{seminar}
\usepackage{fancybox}
\begin{document}
\newpagestyle{mine}
{ARTICLE 1 \hfill {\rm \thepage}
    \hfill Hallym}
{\null\hfill Songyong Sim}
\slideframe{Oval}
\begin{slide*}
\begin{center}
\shadowbox{TEST of slide frame.}
\end{center}
This is a test for \texttt{seminar}
package.
\end{slide*}
```

LaTeX을 이용한 slides 클래스의 출력에의 테두리는 읽기가 편하라고 만든 것이지만 위의 출력의 테두리는 seminar 패키지에서 만든 것이다. 이러한 테두리를 만들기 위해서는 fancybox 패키지를 사용하여야한다. fancybox 패키지는 seminar 패키지에 포함되어 있다. 테두리는 다음 명령으로 만드는데

```
\slideframe{style}
```

*style*은 shadow, double, oval 및 Oval을 사용할 수 있는데 이들은 각각 fancybox 패키지의 \shadowbox, \doublebox, \ovalbox 및 \Ovalbox를 만들어 준다. (19.13절 참조.) LaTeX의 slides 클래스에서와 마찬가지로 한 면에 출력할 내용은 \begin{slide}와 \end{slide} 사이에 입력한다. 여기서는 slide* 환경을 이용하였는데 이는 출력을 세로로 얻기 위한 것이다.

\newpagestyle 명령은 슬라이드에 *header*와 *footer*를 주기 위한 명령이다. 이 명령의 사용법은

\newpagestyle{*name*}{*header*}{*footer*}

인데 *name*은 사용자가 임의로 정해 주는 페이지 스타일의 이름이고 *header*에는 머릿글이, *footer* 에는 각주가 주어진다. 이 명령은 페이지 스타일에 대한 정보만 갖게 하고 실제 출력은 다음에서 보는 것처럼 \slidepagestyle 명령으로 하게 된다.

```
\slideframe{double}
\slidepagestyle{mine}
\begin{slide*}
\begin{center}
\oval{TEST of slide frame.}
\end{center}
This is a test for \texttt{seminar}
package.
\end{slide*}
\end{document}
```

위의 출력을 보면 \slideframe 명령으로 테두리의 모양이 달라졌음을 우선 볼 수 있다. 또한 페이지 스타일이 \slidepagestyle 명령에 의해 머릿글과 각주가 \slidepagestyle에 주어진 것과 같이 인쇄되었다.

제 21 장

애니메이션

애니메이션은 여러 장의 그림을 일정한 시간 간격으로 한 장씩 보여주면 움직이는 그림처럼 만들수 있다. LaTeX에서도 이와 같은 원리로 애니메이션을 제작할 수 있으며 `animate` 패키지에서 그 기능을 제공한다. 이 패키지는 그래픽이나 이미지 파일로부터 애니메이션 PDF 파일을 만드는 인터페이스를 제공한며 애니메이션에 사용된 각 프레임은 Acrobat Reader에 포함된 자바스크립트 엔진을 사용하여 애니메이션 효과를 나타낸다.

21.1. animate 패키지 설치 및 필요한 환경

`animate` 패키지를 사용하기 위하여 필요한 환경은 다음과 같다.

- ε-TeX
- pdfLaTeX버전 1.20 이상
- Ghostscript 버전 8.31 이상
- dvipdfmx 버전 20080607 이상
- Acrobat Reader 버전 6 이상

animate 패키지 설치는 animate.tds.zip 파일을

http://tug.ctan.org/tex-archive/install/macros/latex/contrib/animate.tds.zip

에서 다운로드하여 TDS 루트 디렉토리에 압축해제한다. TDS 루트 디렉토리는

```
% kpsewhich -var-value TEXMFLOCAL
```

명령을 실행하여 그 위치를 찾을 수 있다. 압축을 풀었으면 스타일 파일을 시스템에 적용하기 위하여 파일 database를 다음과 같이 업데이트한다.

- taxhash 또는 mktexlsr 유틸리티 명령을 실행하거나
- MiKTEX인 경우 패키지 관리자에서 Refresh FNDB를 클릭하거나
- KC2008인 경우 KCmenu 유틸리티에서 TDS 갱신 버튼을 클릭한다.

21.2. 애니메이션을 만들기

LATEX에서 애니메이션을 제작하려면 animate 패키지를 사용하며, 다른 패키지의 사용법과 마찬가지로 *preamble*에 \usepackage{animate}를 선언한다. 이 패키지로 만들 수 있는 애니메이션은 이미지 파일에 대한 애니메이션과 LATEX에서 제공하는 그래픽 툴로 만든 그래프에 대한 애니메이션 두 종류이다.

21.2.1. 이미지 애니메이션 만들기

이미지 애니메이션은 여러 개의 그림 파일을 사용하여 애니메이션을 제작하는 것으로 animategraphics 명령으로 만들며 사용법은 다음과 같다.

```
\animategraphics[options]{frame_rate}{file_basename}{first}{last}
```

다음은 이 명령에서 사용하는 입력값들이다.

options 애니메이션 제작에 사용하는 옵션들로 21.2.3절을 참조한다.

frame_rate 초당 프레임 수를 설정한다.

file_basename 이미지 파일을 사용하는 애니메이션에서 이미지 파일명을 모두 사용하지 않고 확장자를 제외한 파일명만 사용한다. 이 옵션은 그림 파일에서 사용할 확장자를 제외한 파일 이름의 접두어를 입력한다. 모든 이미지 파일은 확장자를 제외한 파일이름의 구성을 접두어 *file_basename*과 일련된 번호를 접미어로 만들며 확장자에는 파일의 종류를 사용한다. 예를 들어 이미지 파일은 `img00.ps`, `img01.ps`, ... , `img50.ps`로 만들졌다면 *file_basename*은 `img`로 설정하며 모든 파일에 사용된 일련된 숫자는 애니메이션에 사용할 접미어이다.

first 애니메이션 첫 페이지에 들어갈 이미지 파일로 확장자를 제외한 파일 이름의 접미어를 숫자로 입력한다. 만일 애니메이션에 사용할 이미지 파일이름이 `img000.ps`, . . ., `img999.ps`로 되어 있다면 `first`에는 000을 입력한다.

last 애니메이션 마지막 페이지에 들어갈 이미지 파일로 확장자를 제외한 파일 이름의 접미어를 숫자로 입력한다. 이미지 파일이름이 `img000.ps`, . . ., `img999.ps`로 되어 있다면 `last`에는 999를 입력한다.

위의 설정에서 설명한 것과 같이 이미지 파일의 확장자를 설정하지 않기 때문에 별도로 입력할 필요가 없으며 자동으로 파일의 확장자를 검색한다. 검색 순서는 PDF 변환 유틸리티에 따라 우선 순위가 다르며 다음과 같은 순서로 확장자를 찾는다.

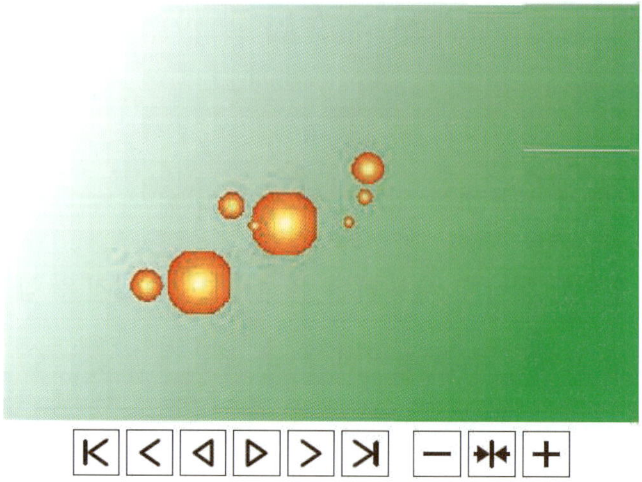

그림 21.1: 이미지 파일로 애니메이션 만들기

LaTeX+ dvips : eps, mps, ps

pdfLaTeX : pdf, mps, png, jpg, jpeg, jbig2, jb2, jb2, j2k, jpx

XeLaTeX 또는 LaTeX+ dvipdfmx : pdf, mps, eps, ps, png, jpg, jpeg, bmp

만일 시작 프레임 번호인 세 번째 인수와 마지막 프레임 번호인 네 번째 인수를 생략하면

```
\animategraphics{2}{img}{}{}
```

프레임의 시작은 이미지 파일에서 확장자를 제외한 파일이름의 접미어가 0에서 (파일의 개수 – 1)로 기본값이 설정된다. 즉 img0.ps, . . . , img3.ps로 되어 있다면 첫 번째 프레임은 0이고 마지막 프레임은 3이다. 다음 소스는 네 개의 이미지 파일로 애니메이션을 만든 것으로 결과는 그림 21.1에서 확인할 수 있다.

```
\documentclass[11pt]{article}
\usepackage{animate}
\begin{document}
\animategraphics[poster=first,
                 controls,
                 scale=0.5,
                 timeline=./images/timeline.txt]
                 {2}{./images/testbmr}{00}{03}
\end{document}
```

소스에서 인수값은

- 첫 번째 인수 {2}는 1초에 2 프레임을 보여주도록 하였고
- 두 번째 인수 {./images/testbmr}은 이미지 파일이 존재하는 디렉토리 이름이 images이며 확장자를 제외한 파일이름에서 testbmr이 접두어이다.
- {00}은 애니매이션을 시작할 이미시 파일의 접미어가 00이고
- {03}는 애니매이션을 종료할 이미지 파일의 접미어가 03이다.

또한 사용한 옵션의 값들은

- poster=first은 애니메이션을 시작할 때 첫 화면을 처음에 있는 파일로 설정한다. 21.2.3절 참조.
- controls는 애니메이션을 제어할 수 있는 시작, 중지, 끝, 처음으로, 끝으로 등의 버튼을 보여주는 설정이다. 21.2.3절 참조.
- scale=0.5는 이미지 파일의 크기를 50%로 줄이는 옵션이다. 21.2.3절 참조.

- timeline=./images/timeline.txt는 애니메이션 프레임의 재배열, 반복, 겹쳐보이기 등을 설정한 파일이 timeline.txt이다. 21.2.4절 참조.

이다.

21.2.2. 그래픽 애니메이션 만들기

그래픽 애니메이션은 animateinline 환경에서 다음과 같이 만들 수 있다.

```
\begin{animateinline}[options]{frame_rate}
    애니메이션 프레임
\newframe[frame rate]
    애니메이션 프레임
\newframe*[frame rate]
    애니메이션 프레임
\newframe
\multiframe{number_of_frames}{[variables]}{
    반복할 애니메이션 프레임
}
\end{animateinline}
```

여기서 애니메이션에 사용하는 각 프레임은 LaTeX에서 제공하는 그래픽 툴을 이용하여 만든 그래프이다.

\newframe animateinline 환경에서만 사용할 수 있는 것으로 전 프레임을 종료하고 새 프레임을 시작한다.

\newframe* animateinline 환경에서만 사용할 수 있는 것으로 전 프레임이 종료되고 중지상태로 되며 새로 시작하려면 마우스를 클릭한다.

\multiframe 여러 프레임을 반복하여 실행하는 명령이다.

\multiframe 명령의 사용법은

\multiframe{*number_of_frame*}{*variable_name=initial_value+increment* }{*body*}

이며 사용하는 값들은 다음과 같다.

number_of_frames 초당 프레임 수를 설정한다.

variable=initial_value+increment *variable*은 변수 명을 설정하는 것으로 변수 이름 앞에 하나의 문자를 사용하여 변수의 형태를 세 종류로 지정할 수 있다. *initial_value*에는 초기값을 *increment*에는 증가 또는 감소하는 값을 입력한다.

- 정수 : 'i', 'I' (예 : i=1+2)
- 실수 : 'n', 'N', 'r', 'R' (예 : Rx=10.0+-2.25)
- 차원이나 LaTeX 길이 : 'd', 'D' (예 : dim=20pt+1ex)

body 반복할 내용을 삽입한다.

다음은 그래픽 애니메이션의 소스로 결과는 그림 21.2에서 확인할 수 있다.

```
\documentclass[11pt]{article}
\usepackage{animate}
\usepackage{tikz}
\newcounter{count}
\setcounter{count}{0}
\newcommand{\tdist}[1]{%
    \draw[thick,blue] plot[id=t\thecount, domain=-3.5:3.5,
samples=401, smooth]
```

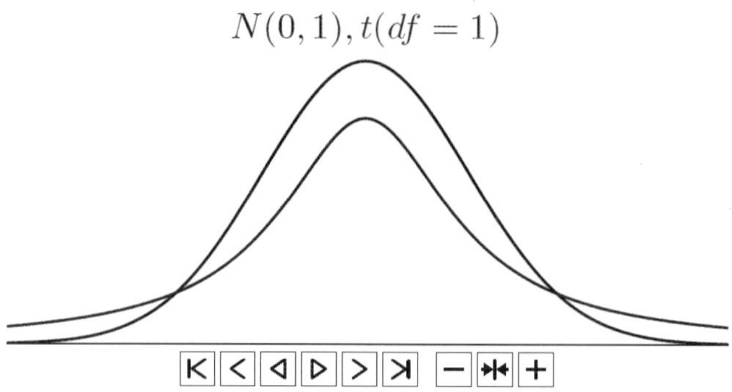

그림 21.2: 그래픽으로 애니메이션 만들기

```
function{gamma((#1+1)/2.)/(sqrt(pi*#1)*gamma(#1/2.))
        *(1.+ x**2 /#1)**(-(#1+1)/2.)};
    \draw[thick] plot[id=snorm, domain=-3.5:3.5,
samples=401, smooth]
function{1/sqrt(2*pi) * exp(-x**2/2.)} (0.00, 0.39894)
node[above] {\small{$N(0,1), \textcolor{blue}{t(df=#1)}$}};
\draw (-3.5,0) -- (3.5,0);
}
\begin{document}
  \begin{animateinline}[controls, autoplay, palindrome, scale=1.4,
    begin={\begin{tikzpicture}[xscale=1, yscale=7]},
    end={\stepcounter{count}\end{tikzpicture}}]{6}
    \tdist{1};\newframe
    \tdist{2};\newframe
    \tdist{3};\newframe
    \tdist{4};\newframe
    \tdist{5};\newframe
    \tdist{6};\newframe
```

```
    \tdist{7};\newframe
    \tdist{8};\newframe
    \tdist{9};\newframe
    \tdist{10};\newframe
    \tdist{20};\newframe
    \tdist{40};\newframe
    \tdist{60};\newframe
    \tdist{120};
  \end{animateinline}
\end{document}
```

위의 소스에서 애니메이션을 만들 때 `pgf` 패캐지를 사용하여 그래픽을 만들었으며 이 때 그래픽에 사용할 데이터 파일을 만들기 위해서는 다음과 같이 실행한다.

1. `% latex` *tex_file_name* : `.tex` 파일을 컴파일한다. 이 때 그래픽에 사용할 데이터 파일이 없기 때문에 `.table` 파일이 없다는 오류메세지가 출력되며 컴파일 결과 `.gnuplot` 파일이 여러 개 생성된다. 이 파일은 Gnuplot 명령들이 포함된 파일이며 Gnuplot 프로그램을 사용하여 데이터를 만들어야 된다.

2. Gnuplot 프로그램 시작 명령을 다음과 같이 실행하여 데이터 파일 `.table` 파일을 얻는다.

```
% wgnuplot *.gnuplot
```

이 명령을 실행하려면 Gnuplot 프로그램이 설치되어 있어야 하고, 이 프로그램을 시작하는 `wgnuplot` 명령을 실행할 수 있도록 경로(path)를 설정해야 한다.

3. % pdflatex *tex_file_name* : 그래픽에 사용할 데이터가 .table 파일에 만들어졌으므로 .tex 파일을 PDF로 변환하여 출력결과를 확인한다.

데이터 파일을 구하는 내용은 322면의 14.3.13.3절에도 있으니 참조하자. 위의 소스에서 \newcommand는 애니메이션에 사용할 각 프레임의 매크로를 정의한 것이며 animateinline 환경에 사용한 옵션들은

- controls 애니메이션 동작을 제어하는 버튼이다.
- autoplay 애니메이션 페이지로 이동한 경우 시작하는 옵션이다.
- palindrome 애니메이션을 처음에서 끝으로, 끝에서 처음으로 재생하는 옵션이다.
- scale=1.4 그래픽의 크기를 140%로 설정한다.
- begin=*text* ... end=*text* 애니메이션의 시작과 종료에 대한 환경을 설정한다.

이다. 여기에서 소개하지 않은 옵션들은 21.2.3절을 참조하자.

21.2.3. 애니메이션 제작에 사용하는 옵션들

poster[first | none | last] 애니메이션이 비활성화 되었을 때 화면에 보여지거나 인쇄되는 화면을 설정하는 것으로 기본값은 첫 프레임이며 poster 또는 poster=first이다.

every=*num* 설정된 프레임에서 매 *num* 마다 애니메이션으로 보여지며 제외된 프레임은 문서에 포함되지 않기 때문에 보이지 않는다. 예를 들어 every=3으로 설정하면 3번째, 6번째, 9번째 순으로 보여지며 나머지 프레임은 보여지지 않는다.

`autopause` 애니메이션 페이지을 벗어날 경우 애미메이션이 멈추며 다시 시작하면 기본으로 설정된 프레임에서 애니메이션이 다시 시작된다.

`autoplay` 애니메이션 페이지를 열었을 때 시작하는 옵션으로 전에 멈추었던 프레임부터 다시 재생한다.

`autoresume` 이미 열었던 애니메이션 페이지를 다시 열었을 때 전에 멈추었던 애니메이션을 시작한다.

`loop` 끝 프레임에 도착하였을 경우 애니메이션을 다시 첫 프레임부터 시작하는 옵션이다.

`palindrome` 애니메이션을 처음에서 끝으로, 끝에서 처음으로 반복하여 재생하는 옵션이다.

`step` 마우스를 클릭할 때마다 한 프레임씩 재생되며 이미지 애니메이션이나 그래픽 이니메이션에서 설정한 인수 *frame_rate*는 무시된다.

`width=`*width* `height=`*height* `depth=`*depth* 애니메이션의 크기를 재설정하는 것으로 *depth*는 애니메이션을 텍스트 아래로 얼마나 확장할 것인지 설정한다.

`scale=`*factor* 애니메이션의 크기를 *factor*로 설정하며 숫자를 입력한 배수만큼 프레임의 크기가 설정된다. 이 옵션은 설정하지 않으면 원래 그림 크기를 보여준다.

`bb=`*llx lly urx ury* `\animategraphics` 명령에서만 사용되며 `graphicx` 패키지를 필요로 한다. 이 옵션은 애니메이션에 사용할 그림파일의 바운딩박스를 설정하는 것으로 *llx*는 왼쪽 하단 x 좌표값, *lly*는 왼쪽 하단 y 좌표값, *urx*는 오른쪽 상단 x 좌표값, *ury*는 오른쪽 상단 y 좌표값이다.

`viewport=`*llx lly urx ury* 이 옵션은 `\animategraphics` 명령에서만 사용되며 `graphicx` 패키지를 필요로 한다. 이 경우에 값은 그래픽 파일 내의 바운딩 박스에서 설정된 원본의 상대적인 값을 가지게 된다.

`trim=`*left bottom right top* 네 개의 값은 삭제되는 영역을 설정한다. 음수를 입력하면 반대로 프레임 영역이 추가된다.

`controls` 애니메이션 동작을 제어하는 버튼에 대한 옵션으로, 왼쪽에서 오른쪽으로, 멈춤, 첫 번째 프레임, 뒤로 재생, 앞으로 재생, 멈춤, 마지막 프레임 등이 있다.

`buttonsize=`*size* 컨트롤 상자의 버튼 크기를 *size*로 설정하며, 버튼 높이의 기본값은 `1.44em`이고 규모는 현재 글자체 크기이다.

`buttonbg=`*colour* `buttonbg`는 컨트롤 상자 버튼의 배경색을 설정하고

`buttonfg=`*colour* `buttonfg`는 컨트롤 상자 버튼의 텍스트 색을 설정한다. *colour*에는 0에서 1까지 값을 세미콜론을 구분자로 입력할 수 있으며, 숫자의 개수가

- 1개는 gray(예 : '1')
- 3개는 RGB(예 : '1:0.5:0.2')
- 4개는 CMYK(예 : '0.5:0.3:0.7:1')

이다.

`draft, final` `draft`는 애니메이션을 포함시키지 않고 대신에 애니메이션의 정확한 차원 크기를 박스의 모양만 삽입하며 반대로 `final` 옵션은 애니메이션을 포함시킨다.

`useocg` 애니메이션 방법은 OCG(Optional Content Groups, PDF 레이어로 알려진 것임)에 기초를 둔 것을 사용한다.

`measure` 애니메이션의 한 사이클의 프레임 비율을 측정하며 테스트 목적에 주로 사용한다.

`begin={`*begin_text*`} ... end={`*end_text*`}` `animateinline` 환경에만 사용하며 *begin_text*와 *end_text*는 애니메이션을 시작과 종료할 때 설정할 환

경을 입력한다. 이 설정은 그래픽 환경에서만 사용하기 때문에 애니메이션에 사용할 그래픽 툴의 시작환경과 종료환경을 대한 것을 주로 입력한다. 다음은 이 옵션을 사용한 예이다.

```
begin={\begin{pspicture}(...)}, end={\end{pspicture}}
```

21.2.4. 애니메이션 시간 설정

`timeline=`*timeline_file* 옵션은 애니메이션이 실행되는 프레임의 순서 정하는 것으로 프레임의 재정렬, 반복, 겹치는 기능을 텍스트 파일 *timeline_file*에 설정한다. `timeline`을 설정하는 파일의 각 라인은 빈 공간을 사용할 수 없고 주석은 `%` 문자를 행의 처음에 사용한다. 이 파일에서 행의 프레임에 대한 설정은 세 가지로 입력할 수 있으며 콜론(:)으로 구분하여 다음과 같이 입력한다.

`[*]:[`*frame_rate*`]:[`*frame_content*`]`

* 별표를 입력하면 `\newframe*`와 같은 기능을 하고

frame_rate 1초당 프레임 수를 설정하며

frame_content 이 옵션은 프레임을 설정하는 것으로 컴마(,)로 구분하여 여러 프레임의 내용을 한 프레임에 사용할 수 있으며 이것들에 대한 투영도(transprancy)를 설정할 수 있다.

투영도는

transparency_ID `[x`*number_of_frames*`]`

로 설정할 수 있다. *transparency_ID*는 정수로 입력하며 투영도가 현재 프레임에 그려진다. 투영도에 설정할 수 있는 옵션 x*number_of_frames*는 설정된 투영도를 계속하여 적용할 프레임의 개수이다. 이 설정값을 생략하면 x1로 가정하며 현재 프레임만 투영도가 적용된다. 또한 x0은 모든 프레임에 투영도가 적용되는 특별한 설정값이다.

다음은 timeline에 대한 세 종류의 파일이다. 각 행은 한 프레임에 해당되며 컴마로 구분하여 여러 슬라이드를 설정하면 한 프레임에 여러 슬라이드가 포함되며 맨 끝 슬라이드가 해당 프레임에 마지막으로 보여진다.

```
::1,0
::2,0
::3,0
::4,0
```

위의 파일은 4개의 프레임에 대한 애니메이션이 만들어지며, 첫 번째 줄의 ::1,0은 1번째 슬리이드가 보여지고 0번째 슬라이드가 첫 프레임에서 보여지기 때문에 0번째 슬라이드가 전경색(foreground)으로 설정된 것이고 나머지 프레임에서도 모두 0번째 슬라이드가 모두 전경색으로 설정되어 보여진다.

```
::0x0,1
::2
::3
::4
```

첫 번째 줄의 ::0x0,1에서 0x0은 0번째 슬라이드에서 모든 프레임의 배경색(background)로 설정하고 1번째 슬라이드를 첫 프레임에서 보여준다.

```
::0
::1
```

```
::2
::3
::0
::1
::2
::3
```

이 파일은 8개의 프레임으로 된 애니메이션이며 각 행에 중복된 ID의 슬라이드 프레임은 이후에 동일한 내용이 보여진다. 이 파일은 그림 21.1에서 사용한 것이다.

제 22 장

MiKTEX과 한글LATEX의 설치

22.1. MiKTEX의 설치

MiKTEX은 윈도우에서 세계적으로 볼 때 가장 많이 사용하는 LATEX 프로그램이며 국내에서도 KTUG과 TEX 학회가 구성되어 KC 시리즈가 알려지기 전까지는 가장 보편적인 윈도우용 LATEX이다. MiKTEX의 사이트는

http://www.miktex.org/

이며 내려받기는

http://www.miktex.org/2.7/setup

에서 할 수 있다. 그림 22.1에서 보는 사이트에서 보는 것과 같이 두 가지 방법으로 MiKTEX을 설치할 수 있는데 기본 설치일 경우 그림의 위에 있는 링크를 사용하여 관련 파일을 한 번에 내려 받아 설치할 수 있고, 두 번째 방법은 설치 파일을 먼저 내려받은 후 이 파일을 실행함으로써 MiKTEX의 나머지 부분을 내려받고 설치하는 방법이다. 첫 번째 방법은 내려받은 압축 실행을 실행하기만 하면 설치가 되기도 하거니와 일부만 설치하는 것이므로 여기서는 두 번째 방법을 자세하게 알아보기로 한다.

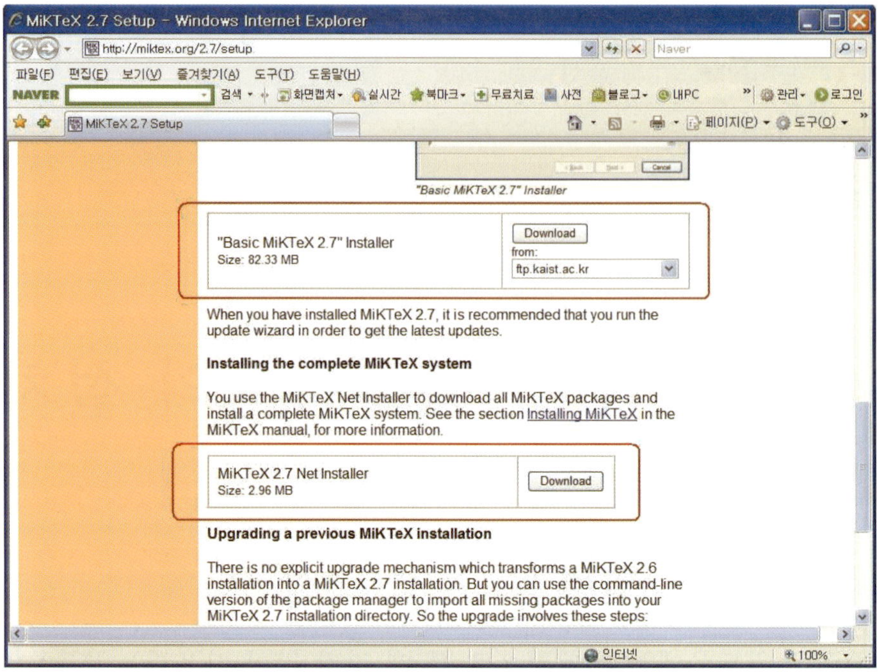

그림 22.1: MiKTEX의 내려 받기

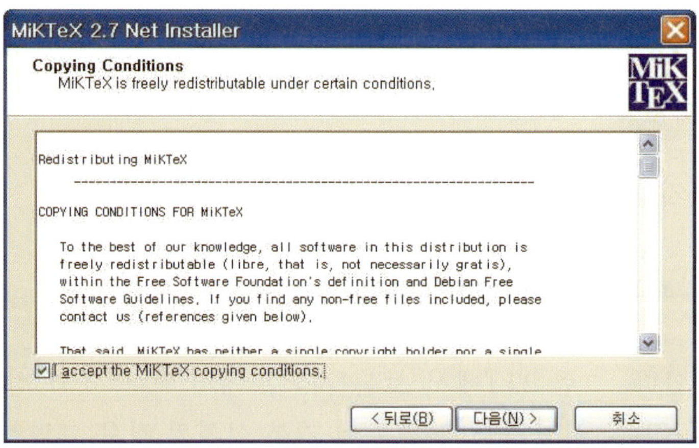

그림 22.2: MiKTEX의 설치 화면–1

1. 그림 22.1에서 두 번째 방법으로 설치프로그램만 내려 받으면

```
Setup-2.7.3224.exe
```

파일이 생성되며[1] 이 파일을 실행하면 그림 22.2에서 보는 것과 라이센스 동의 창이 나타나며 이 창에서 라이센스를 읽어보고 동의하면 된다.

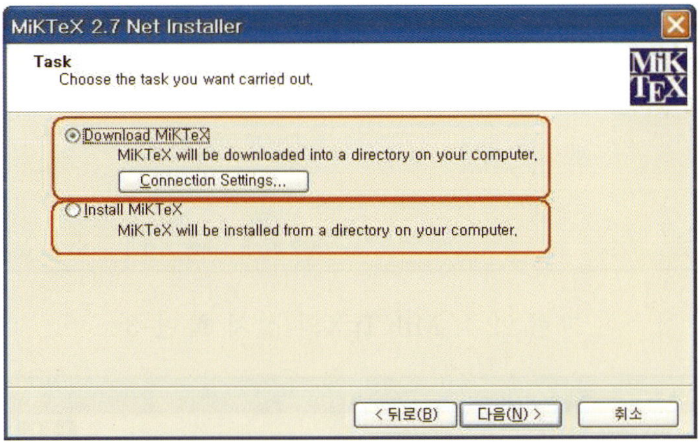

그림 22.3: MiKTEX의 설치 화면–2

2. 그림 22.2의 라이센스에 동의하면 그림 22.3와 같이 MiKTEX을 내려받을 것인지 설치할 것인지 확인하는데 내려받기를 이전에 하지 않았다면 내려받기를 먼저 하여야 하며 설치를 선택하면 내려받은 파일이 없어서 설치가 불가능하다는 메세지가 나온다.

3. 그림 22.3에서 내려받기를 선택하면 그림 22.4과 같이 일부분만 받을 것인지 전부 다 내려 받을 것인지 확인한다. 여기서는 전부를 내려 받는 것으로 하였다.

4. 그림 22.4에서 내려받기를 선택하면 그림 22.5의 내려받을 사이트 선택화면이 나오는데, 이 사이트들 중에서 하나를 선택하면 된다.

5. 내려받을 사이트를 선택하면 그림 22.6와 같이 내려받은 파일을 저장할 디렉토리를 설정하도록 대화창이 생긴다. 이 디렉토리는 MiKTEX이 설치될 디렉토리가 아니고 설치를 위해 필요한 파일을 임시로 저장하

[1] 버전에 따라 파일 이름에 붙은 숫자는 달라질 수 있음.

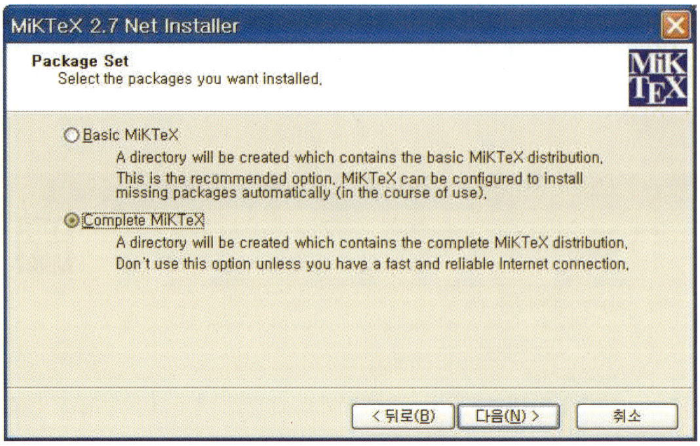

그림 22.4: MiKTEX의 설치 화면–3

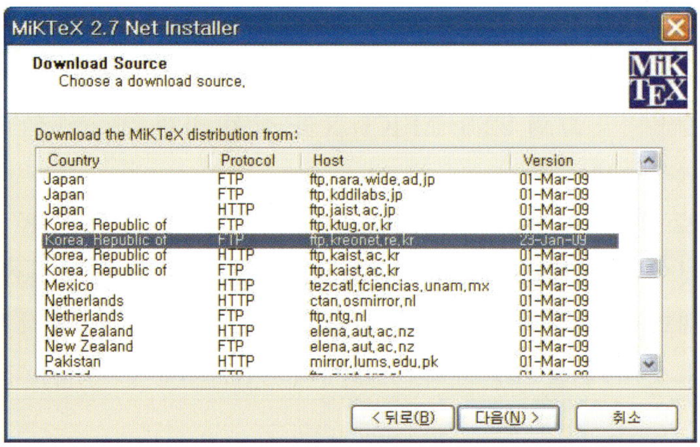

그림 22.5: MiKTEX의 설치 화면–4

는 디렉토리이므로 적당한 디렉토리를 설정해 준다. 이 디렉토리를 기억해두어야 나중에 설치할 때 이 디렉토리를 설치 프로그램에 알려줄 수 있다.

6. 그림 22.6에서 내려받을 디렉토리를 지정해주면 현재까지의 설정을 그림 22.6와 같이 알려준다. Start 버튼을 클릭하면 된다.

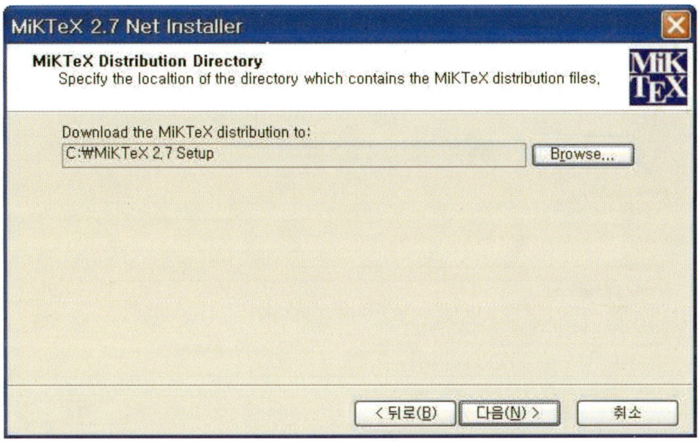

그림 22.6: MiKTEX의 설치 화면–5

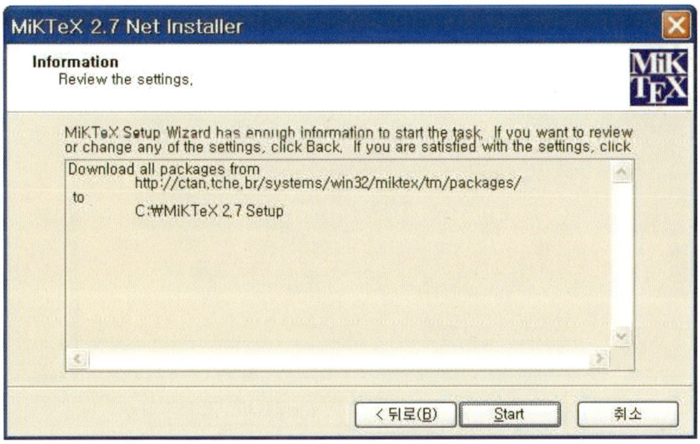

그림 22.7: MiKTEX의 설치 화면–6

7. 그림 22.8은 내려 받는 중의 모습이다. 전부를 내려 받을 경우 시간이 많이 걸릴 수도 있다. MiKTEX 2.7의 경우 용량은 약 700MB 전후이다. 압축된 용량이므로 실제 설치될 경우 용량은 훨씬 늘어난다.

8. 내려받기가 끝나면 내려 받을 때 사용한 실행 파일

```
Setup-2.7.3224.exe
```

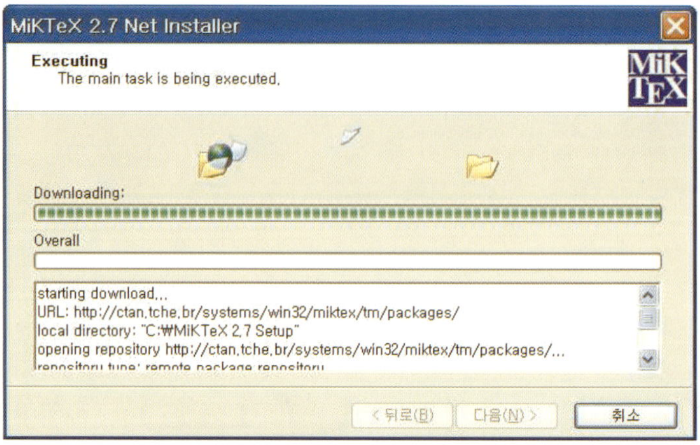

그림 22.8: MiKTEX의 설치 화면–7

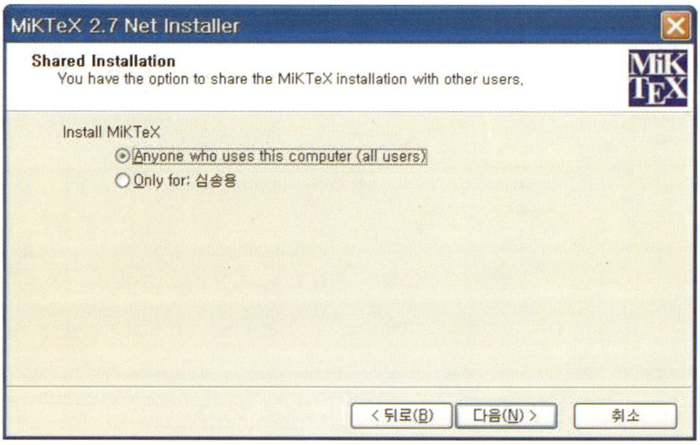

그림 22.9: MiKTEX의 설치 화면–8

을 다시 실행한다. 다시 실행하면 그림 22.3와 같은 대화창이 생성되는데 이번에는 아래 쪽의 설치하기(install)를 선택한다.

9. 그림 22.10는 설치할 파일이 저장된 디렉토리를 확인하는 화면이다. 이 대화창에 그림 22.6에서 지정하였던 저장 디렉토리를 알려준다.

10. 설치할 파일이 저장된 디렉토리를 알려주면 그림 22.11과 같이 MiKTEX이 설치될 디렉토리를 확인한다. 기본 위치가

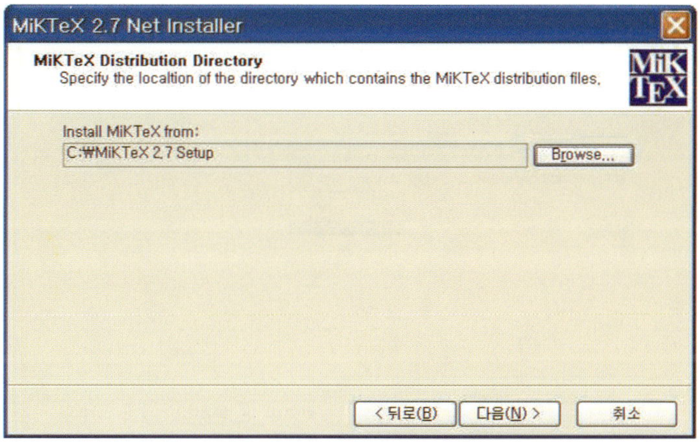

그림 22.10: MiKTEX의 설치 화면–9

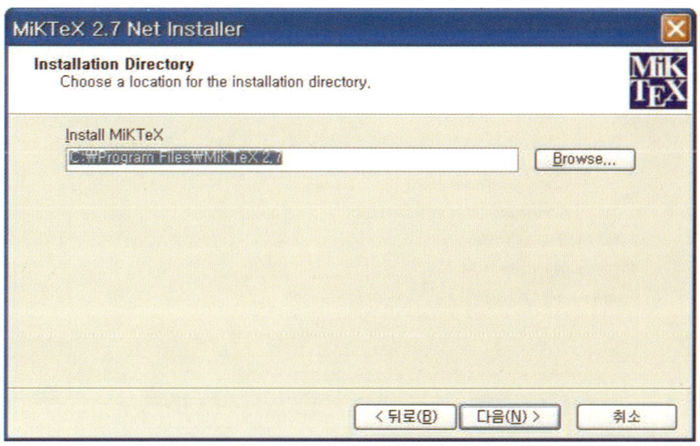

그림 22.11: MiKTEX의 설치 화면–10

```
C:\Program File\MiKTEX 2.7
```

이다. 추후 설치할 koTEX에서 MiKTEX이 설치된 디렉토리를 알아야 하므로 MikTEX의설치 위치를 기억해 두어야 한다.

11. 기본적으로 사용할 종이의 크기와, 설치 중에 추가될 패키지가 있을 때 어떻게 할 것인지 확인한다.

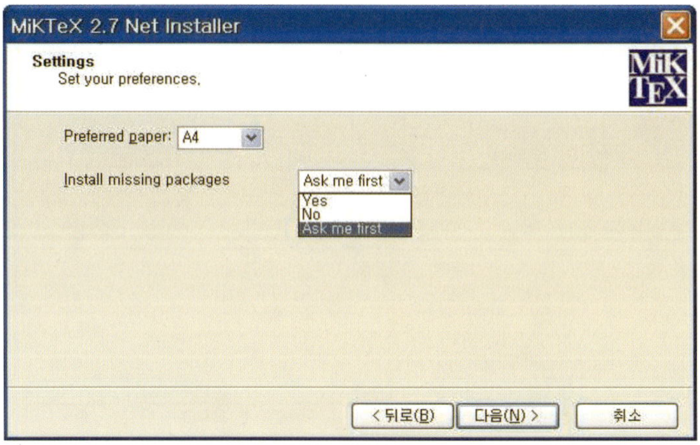

그림 22.12: MiKTEX의 설치 화면–11

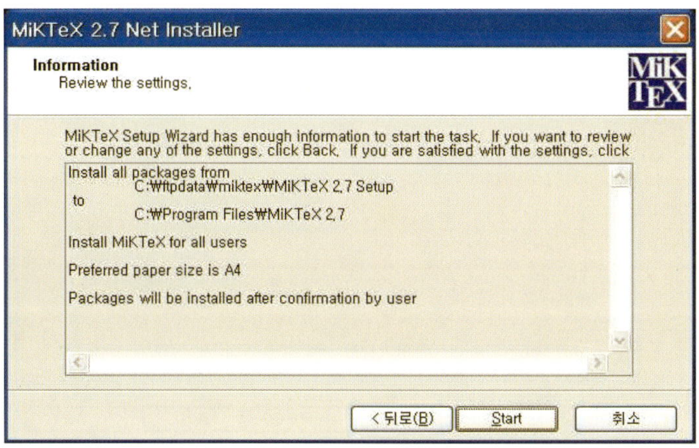

그림 22.13: MiKTEX의 설치 화면–12

12. 현재까지의 설치 설정에 대한 확인창이다. 내용이 맞으면 Start 버튼을 클릭한다.

13. 그림 22.14은 설치중 화면이다. 전체 설치는 용량이 크므로 시간이 걸리므로 설치가 완료될 때까지 기다리면 된다.

14. 그림 22.15는 설치가 완료되었다는 화면이다. 컴퓨터를 꼈다가 켤 필요없이 바로 사용할 수 있다.

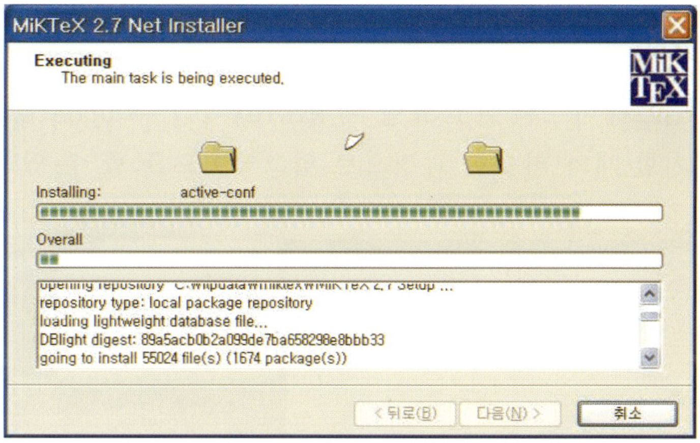

그림 22.14: MiKTEX의 설치 화면–13

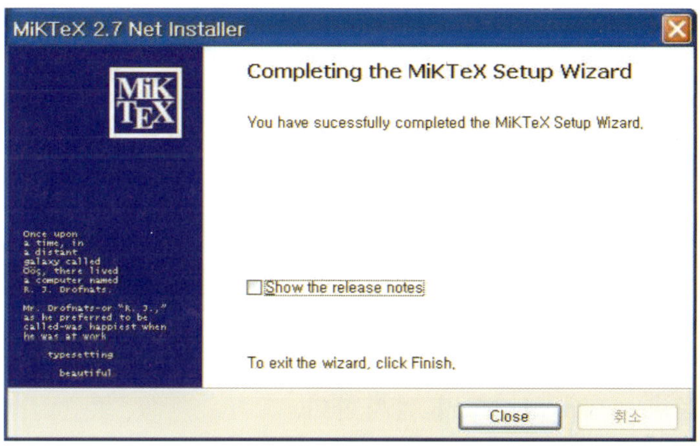

그림 22.15: MiKTEX의 설치 화면–14

MiKTEX이 설치가 완료되면 설치된 디렉토리 아래에는 `fonts/truetype`, `fonts/afm`, `fonts/type1`, `fonts/tfm` 등의 디렉토리와 `tex/latex` 이라는 디렉토리를 볼 수 있다. 이들 디렉토리는 나중에 한글LATEX을 설치할 때 다시 살펴 보기로 한다.

또한 그림 22.16와 같이 시작 → 모든 프로그램에서 MiKTeX 2.7이라는 프로그램 목록이 만들어진 것을 볼 수 있다.

22.2. MiKTEX의 업그레이드와 삭제

MiKTEX의 업그레이드는 프로그램 → MiKTeX 2.7 → Update를 선택하면 MiKTEX 설치할 때와 비슷한 과정으로 업그레이드를 할 수 있다. 순서는

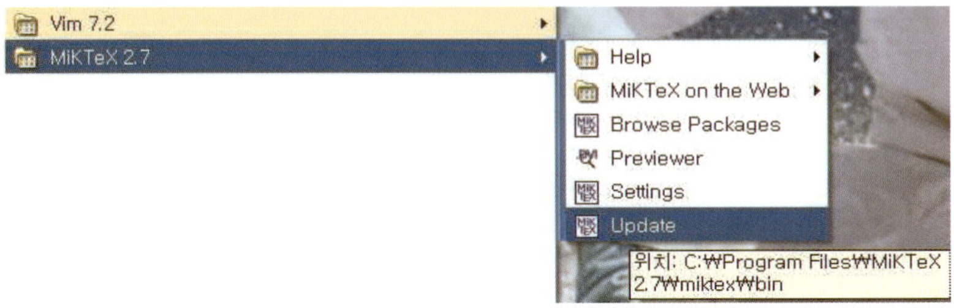

그림 22.16: MiKTEX의 설치 및 업그레이드

1. 인터넷에서 바로 할지 로컬 디렉토리에서 할지 묻는다. 인터넷에서 할 경우 인터넷에 연결되어 있어야 하며 로컬 디렉토리에서 한다고 선택할 경우, 로컬 디렉토리에 업그레이드할 프로그램이 있어야 한다.
2. 인터넷에서 할 경우 연결할 인터넷 사이트를 정하고, 로컬 디렉토리에서 할 경우 지역 디렉토리를 정해준다.
3. 그 다음은 setup wizard가 설치한다.

MiKTEX의 삭제는 일반 응용프로그램을 삭제하는 방법과 마찬가지로 제어판 → 프로그램 추가/삭제에서 할 수 있다.

22.3. 한글LATEX의 설치

한글LATEX은 KTUG과 텍학회에서 MiKTEX 버전 2.4까지는 공식적으로 지원하였으나 이젠 더이상 공식적으로는 지원하지 않는다. 다만 MiKTEX 사용자를 위해 버전 2.7까지는 일부 지원하고 있다. MiKTEX이 설치된 후에 한글을 설치하는 방법을 알아보자.

1. 다음의 사이트

   `http://faq.ktug.or.kr/faq/KC2007/MiKTeX`

   에서

   `ko.TeX-0.1.0-MiKTeX-2.7.exe`

   을 내려받아서 실행한다.

   이 프로그램을 실행하면 그림 22.17과 같은 대화창이 만들어진다. 다

   그림 22.17: 한글LATEX의 설치-1

   음을 클릭한다.

   그림 22.17에서 다음을 클릭하면 한글LATEX을 설치할 디렉토리를 묻는다. 이 때 MiKTEX이 설치된 디렉토리를 지정해주어야 하며 다른 디렉토리를 지정한 경우 한글이 제대로 인식되지 않을 수 있으니 주의하여야 한다.

   그림 22.19는 설치 준비가 되었음을 알리는 대화창이다. 다음을 클릭한다.

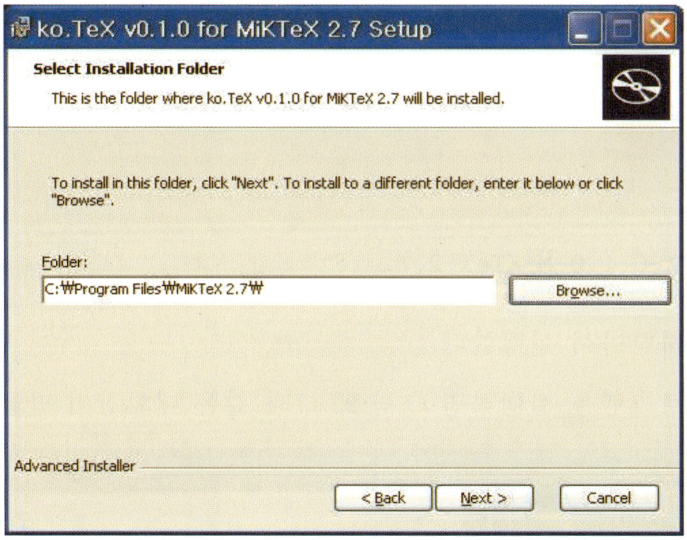

그림 22.18: 한글LATEX의 설치-2

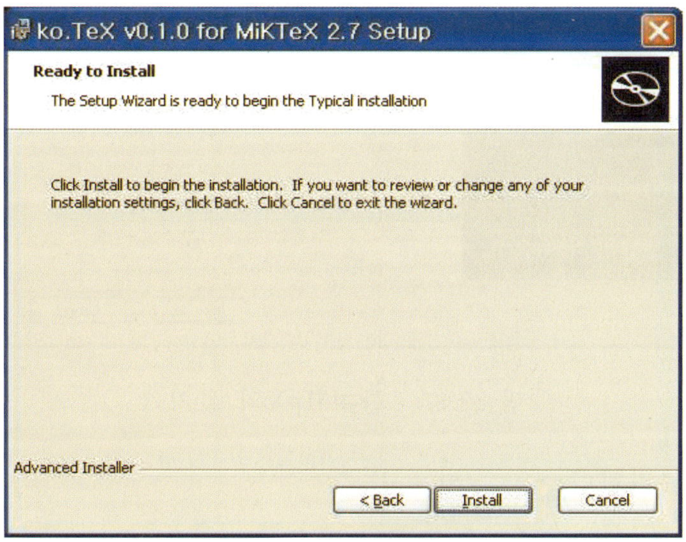

그림 22.19: 한글LATEX의 설치-3

그림 22.20는 설치 준비 중인 화면이다. 기다리면 된다.

그림 22.21는 설치 준비가 완료되었음을 알리는 화면이다. 설치가 완료되면 기본 웹브라우저가 실행되면서

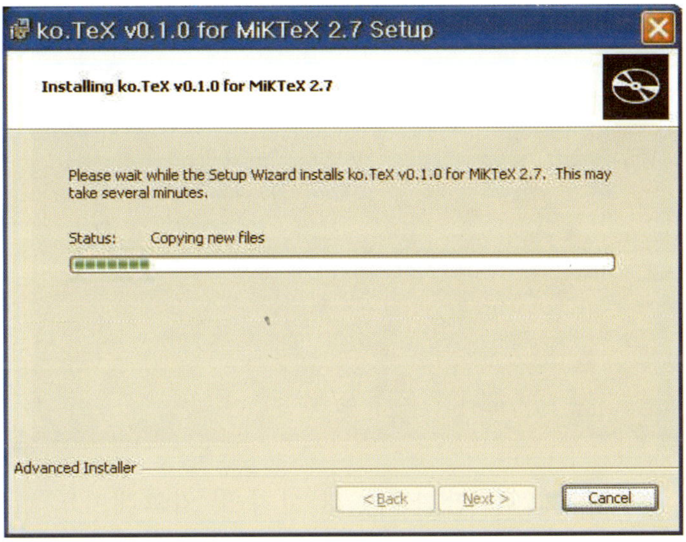

그림 22.20: 한글LaTeX의 설치–4

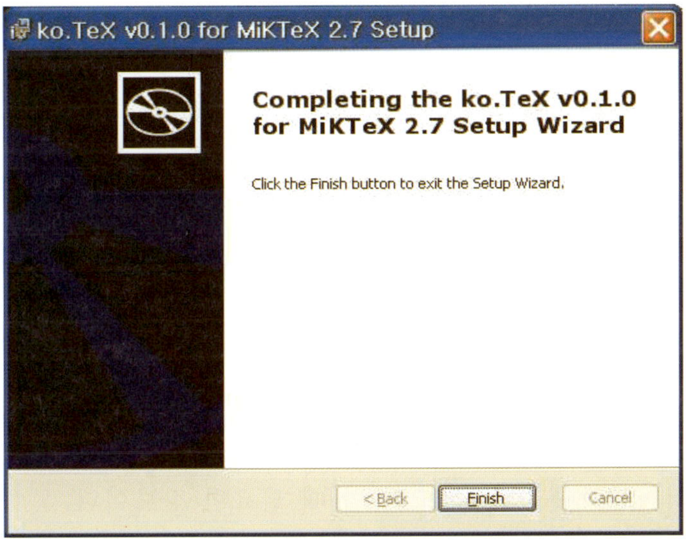

그림 22.21: 한글LaTeX의 설치–5

`http://faq.ktug.or.kr/faq/MiKTeX한글환경`

으로 이동한다.

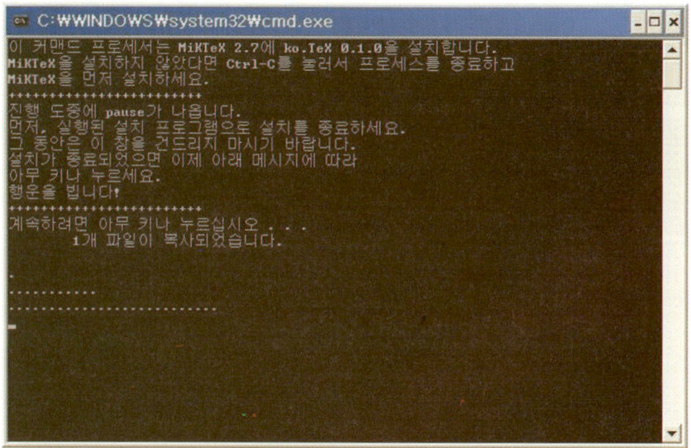

그림 22.22: 한글LATEX의 설치 및 업그레이드

그림 22.22는 설치 중인 화면이다. 다소 시간이 걸리므로 기다리면 된다.

2. 실행 후에는

   ko.TeX-0.1.0-MiKTeX-2.7.msi

   파일이 만들어진다.

22.4. 추가 폰트의 설치

KTUG의 압축 실행 파일에서 설치되는 폰트는 명조, 고딕 등 몇가지이므로 추가로 더 글자체를 설치하고자 할 때 필요한 정보이다.

먼저

http://faq.ktug.or.kr/faq/ko.TeX/Download

에서 Macro & Utility 폰트를 내려받는다. 이들은

Macro & Utilities	ko.tex-macro.tar.gz
Font (unfonts type 1) base	ko.tex-unfonts-base.tar.gz
unfonts type 1 extra	ko.tex-unfonts-extra.tar.gz
unfonts type 1 extra-hl	ko.tex-extra-hlfont.tar.gz

이다.

이들은 gzip 및 tar로 만들어진 압축 파일이므로 먼저 압축을 푼다. Unix 계열의 경우

% tar xvfz *file_name.tar.gz*

로 바로 압축을 풀면서 설치가 가능하므로 Unix 계열의 컴퓨터에 계정이 있으면 그 곳에서 압축을 푼 후에 zip 등 압축파일을 이용하여 PC로 가져 올 수도 있다.

윈도우의 경우

http://gnuwin32.sourceforge.net/

에서 tar와 gzip의 윈도우용 에뮬레이터 프로그램을 얻을 수 있으므로 이들을 설치 한다. 프로그램이 설치되었으면 먼저 다음 과 같이 gzip을 이용하여

```
% gzip -d ko.tex-unfonts-base.tar
% gzip -d ko.tex-unfonts-extra.tar
% gzip -d ko.tex-extra-hlfont.tar
% gzip -d ko.tex-macro.tar
```

와 같은 명령으로 압축을 풀면 원래 파일명에서 gz가 없어진 파일이 만들어진다. 이제 tar를 이용하여

```
% tar xvf  ko.tex-unfonts-base.tar
```

```
% tar xvf  ko.tex-unfonts-extra.tar
% tar xvf  ko.tex-extra-hlfont.tar
% tar xvf ko.tex-macro.tar
```

로 파일을 설치한다. 위의 작업은 모두 koTEX의 루트 디렉토리(root directory)인

```
\Documents and Settings\All Users\Application Data\MiKTeX\2.7
```

에서 하는 것이 권장된다. 만일 다른 곳에서 하게 되면 경로를 22.5.2절에서 설명한 방법으로 추가해 주어야 한다.

파일이 설치되었으면 윈도우의 **시작** → **모든 프로그램** → `MiKTeX 2.7` → `Settings`를 선택하여 그림 22.23와 같은 설정화면을 만든 후 이 그림의 `General` 탭에서 [Refresh FNDB](File Name Data Base)를 클릭하여 FNDB를 업데이트 하면 설치가 완료된다. 이 과정은 MiKTEX의 명령어인 `texhash`를 사용하여

```
% texhash
```

라고 커맨드 창에서 명령하여도 같은 결과를 얻는다.

22.5. MiKTEX의 설정

MiKTEX의 설정은 그림 22.23의 설정창에서 할 수 있는 설정이 있고 `.ini` 파일을 수정하여 할 수 있는 설정이 있다.

그림 22.23은 커맨드 창에서 `mo`라고 입력하거나 윈도우의 **시작** → **모든 프로그램** → `MiKTeX 2.7` → `Settings` 순서로 메뉴를 선택하여도 된다.

`.ini` 파일의 수정을[2] 통한 설정의 변경은 MiKTEX의 버전에 따라 조금 다르다. 2.4 이전 버전의 MikTEX의 설정은 `\miktex\miktex\config` 디렉

[2] MiKTEX 2.7에서는 추가라고 하는 것이 정확한 표현이다.

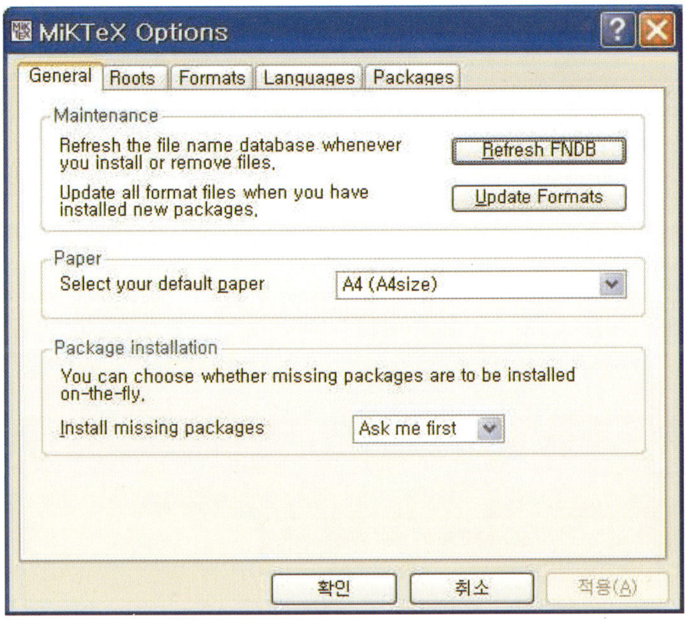

그림 22.23: MiKTEX의 FNDB 업데이트

토리에 있는 miktex.ini 파일에서 하였으나 버전 2.7 이후에선 같은 위치에서 해당 영역별로 각각 다른 파일 이름으로 분리하였다. 예를 들면 dvips의 경우 2.4 버전에서는 miktex.ini 파일에서 [dvips] 항목에서 설정하였으나 2.7 버전에서는 dvips.ini 파일에서 설정하는 등이다.

22.5.1. 패키지 목록과 포맷 업데이트

패키지가 사용자에 의해 추가된 경우 이를 MiKTEX에 등록하여야 하는데, 이 방법은 그림 22.23에서 Refresh FNDB를 클릭하는 것이다, 또는 간단하게 커맨드 창에서 texhash라고 입력하여도 된다.

22.5.2. 경로 설정

윈도우의 시작 → 모든 프로그램 → MiKTeX 2.7 → Settings 순서로 메뉴를 선택하거나 mo.exe를 실행하면 그림 22.23이 만들어지는데 이 창에서

Roots 탭을 선택하면 그림 22.24과 같은 대화창이 생성되며 이 대화창에서

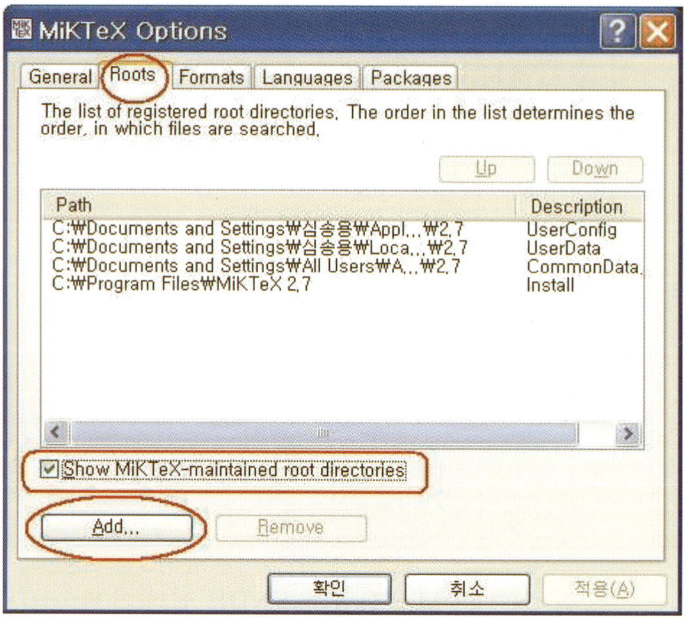

그림 22.24: MiKTEX의 루트 디렉토리 변경

Show MiKTex-maintained root directories

에 체크해주면 그림 22.24과 같이 현재의 설정을 보여준다. 루트 디렉토리를 추가하려면 이 그림에서 Add... 버튼을 클릭하여 해당 디렉토리를 지정하면 된다.

22.5.3. 패키지 설치

패키지는 MiKTEX 의 공식 패키지와 비공식 패키지가 있다. 비공식 패키지라고 해서 성능이 떨어진다는 의미는 아니다. 요즘은 개인 PC라 하더라도 하드 디스크를 포함한 메모리가 커져서 LATEX 배포판의 '전체설치' 등을 하게 되면 대부분의 패키지가 설치되므로 따로 패키지를 설치하는 경우가 다소 줄었다.

22.5.3.1. 비공식 패키지

공식 패키지가 아니거나 다른 이유로 패키지를 추가하고자 할 경우에는 해당 파일들을[3] 적절한 위치에 복사해 준다. LaTeX 패키지는 `/texroot`가 루트 디렉토리일 경우

```
/texroot/tex/latex
```

에 복사하면 되는데, 파일이 하나라도 해당되는 패키지 이름으로 디렉토리를 만드는 것을 추천한다. 이와 같이 패키지가 사용자에 의해 추가된 경우 22.5.1절에서 설명한 방법으로 file name data base를 업데이트하여야 설치된 패키지가 인식된다.

22.5.3.2. MiKTEX 내의 업데이트

MiKTEX이 인정하는 패키지는 `mo` 명령이나 윈도우의 시작 → 모든 프로그램 → `MiKTeX 2.7` → `Settings` 순서로 메뉴를 선택하여 `Packages` 탭을 선택하면 그림 22.25과 같은 대화창이 생성된다. 이 대화창에서 패키지를 선택하면 설치된 패키지의 간략한 정보를 볼 수 있다.

이 그림에서 패키지를 가져올 장소를 지정하려면 [Change] 버튼을 클릭해도 되지만 아래쪽의 [Start Package Manager]를 선택하여도 되므로 패키지 매니저를 이용한 패키지 관리를 알아보자. 이 버튼을 클릭하면 그림 22.26이 만들어진다. 설치된 패키지가 많을 경우 이 그림이 뜰 때까지 약간의 시간이 필요하다.

이 그림에서 `Repository` → `Change Package Repository`를 선택하면 그림 22.26의 작은 창에 있는 대화창이 생성되며 이 대화창에서 인테넷에서 설치를 선택하면 [Connection Settings..] 버튼이 활성화된다. 이 버튼을 클

[3]간단한 패키지는 `.sty` 파일 하나로 구성되지만 복잡한 패키지의 경우 여러 개의 파일로 구성된다.

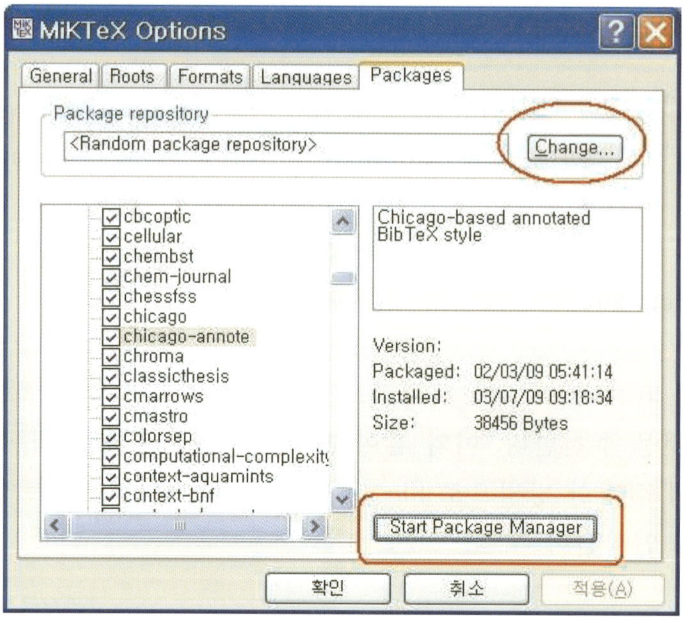

그림 22.25: MiKTEX의 패키지 업데이트-1

릭하면 그림 22.5와(624면) 같은 화면이 만들어지므로 이들 사이트 중 하나를 지정할 수 있다.

Repository → Synchronize...를 선택하면 패키지 중 새로 업데이트된 것은 인터넷에서 자동으로 업데이트한다.

22.5.4. 컴파일 중 편집기 연결

MiKTEX은 설치하면서 설치 디렉토리만 정해주면 따로 설정할 것이 없으나 한가지는 사용자에 따라 다르므로 이를 따로 수정해야 하는 부분이 있다. MiKTEX의 설정은 \miktex\miktex\config 디렉토리에 있는 miktex.ini 파일을 수정하여 설정한다. LATEX을 실행하다가 에러를 만나는 경우

```
! Missing $ inserted.
<inserted text>
                $
```

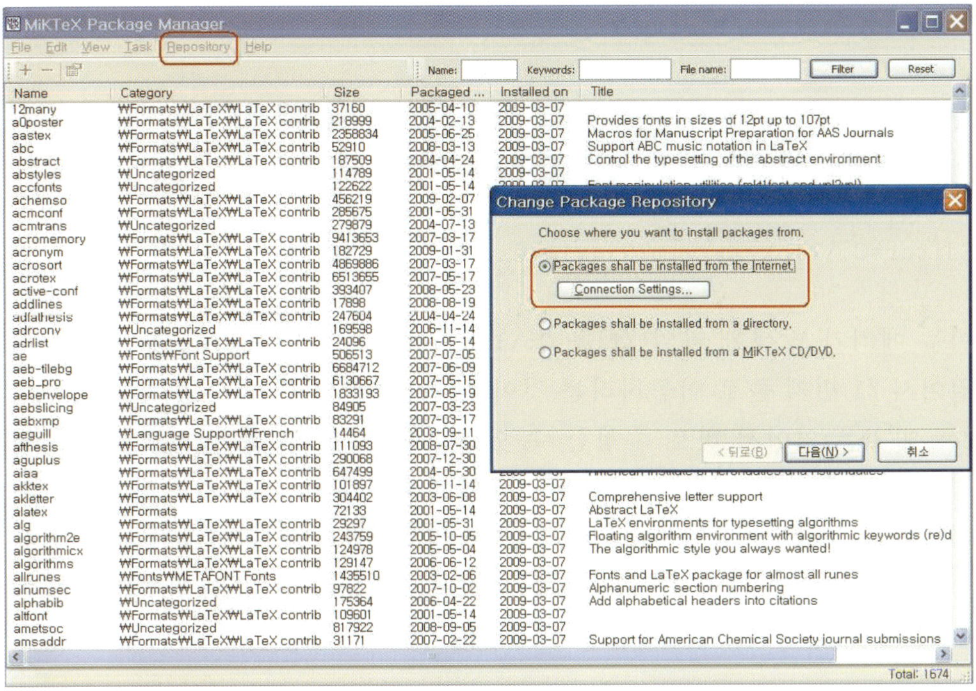

그림 22.26: MiKTEX의 패키지 업데이트–2

```
1.11 Let Z_
          1,Z_2,\ldots$ be a random sample of size
  $[n+\aR]+1$ from
?
```

에서 보는 것과 같이(위의 경우는 11번째 줄에서 $ 사인이 빠졌다는 것임.) ?를 주는데 이때 ?에 몇가지 명령을 입력할 수 있다. 여기서 e를 입력하면 LATEX에서 설정한 문서편집기를 연결하여 에러가 발생된 파일을 바로 열어 수정할 수 있는데 이를 위한 설정을 알아보기로 하자.

22.5.4.1. MiKTEX 2.4 편집기 설정

MiKTEX버전 2.4에서는

```
/texroot/miktex/config/
```

폴더의 miktex.ini 파일의 [TeX] 항목에서 Editor에서 이를 지정하게 된다. 지정하는 방법은 예를 들면 아래와 같은데

```
Editor=C:\lib\vim\vim72\gvim.exe "+%l" "%f"
```

이는 에러가 발생한 파일(%f)을 C:\lib\vim\vim72\gvim.exe를 이용하여 열어서 %l 번째 줄로 이동하라는 것이다. 즉, 에러가 발생한 바로 그 장소로 tex 파일을 열어서 바로 수정할 수 있다. 여기서 예를 든 vim은 윈도우 환경에서 유닉스에서 처럼 vi를 만든 것으로 윈도우의 각종 기능과 유닉스의 기능이 모두 들어 있어 어느 한쪽의 운영체계에 익숙한 사람이나 양쪽 운영체계에 익숙한 사람 모두 사용할 수 있다. 편집할 수 있는 파일의 크기에는 제한이 없다. 이 프로그램은 무료이며

```
http://www.vim.org/
```

등에서 얻을 수 있다.

22.5.4.2. MiKTEX 2.7의 편집기 설정

MiKTEX 버전 2.7의 경우는 2.4와 달리 22.6절의 방법으로 YAP의 설정에서 편집기를 설정하면

```
C:\Documents and Settings\All Users\Application Data\MiKTeX\
2.7\miktex\config
```

디렉토리에 editors.ini 파일이 만들어지며,[4] 이 파일이 만들어진 후는 MiKTEX 버전 2.4와 마찬가지로 LATEX 컴파일 중에 생긴 에러로 만들어진 프롬프트 ?에서 e를 입력하면 설정된 편집기가 해당 파일을 열게 된다.

[4]이 파일도 시스템에서 만든 파일로 편집이 금지되어 있다.

22.5.5. MiKTEX 2.7의 개별 설정

MiKTEX 2.7의 설정은 전체 설정과 사용자 설정으로 구분되어 있으며 버전 2.4의 경우 `miktex.ini` 파일을 직접 편집하였으나 버전 2.7의 경우 `.ini` 파일을 개별 항목에 따라% 별개의 파일로 만들었을 뿐 아니라 전체 설정의 변경을 금지하고 `initexmf` 프로그램을 사용하여 설정을 변경하는 것을 권하고 있다. 실제로 MiKTEX이 설치된 후

```
/texroot/miktex/config/
```

디렉토리의 `.ini` 파일들의 내용을 확인하면 파일의 내용을 편집하지 말 것이라고 써 있는 것을 확인할 수 있다. 이 디렉토리에 있는 것은 전체 설정이며 개별 설정은

```
C:\Documents and Settings\All Users\Application Data\MiKTeX\
2.7\miktex\config
```

에 확장자 `.ini`를 가진 파일에 저장되어 있다.

설정의 변경은 옵션을 사용하여 다음과 같이

```
% initexmf --edit-config-file=config_file
```

명령을 주어서 *config_file*`.ini`를 편집하여야 한다. 이 때 확장자 `.ini`는 줄 필요가 없으며, 이전에 개별 설정해 준 내용이 없으면 빈 파일이, 이전의 개별 설정이 있으면 개별 설정된 파일이 편집기에 자동으로 뜨게 된다. 예를 들어 `dvips`의 설정 `dvips.ini`의 개별 설정을 하려면

```
% initexmf --edit-config-file=dvips
```

라고 한다.

22.6. YAP - DVIdriver

Yet Another Driver에서 머리글을 따온 YAP은 MiKTEX에 기본으로 설치되어 있는 DVI 드라이버로

```
% yap mylatex[.dvi]
```

와 같이 명령하여 DVI 파일을 화면으로 보거나 인쇄하게 하는 프로그램이다. YAP은 하나의 프로그램에서 여러개의 윈도우를 만들어서 따로 DVI 파일을 볼 수 있다.

YAP은 DVI 파일을 띄울 때 PK 파일을 생성하는데, 화면 보기와 인쇄할 때에 사용할 해상도를 설정할 수 있다. 화면 보기만 할 경우 해상도를 낮게 설정하면 좀더 빨리 PK 폰트를 만들기 때문에 빠르게 볼 수 있다. 다만 인쇄할 때는 프린터의 해상도에(대부분이 600DPI)맞추어 두어야 한다. 해상도의 설정은 `View` → `Options` 에서 `Display`와 `Print`에서 따로 설정할 수 있다. 이때 종이 규격이나 방향(가로(landscape) 또는 세로(portrait)) 등을 따로 설정해 줄 수 있다.

22.6.1. 버전 2.4

YAP은 기본으로 BMP와 WMF 형식의 그림 파일을 지원하며 PostScript 파일의 지원을 가정하고 있다. YAP에서 PostScript 파일을 제대로 처리하기 위해서는 Ghostscript가 설치되어 있어야 하는데 Ghostscript에 대해서는 17.6.3 절에서 알아보기로 한다. `View` → `Options` 에서 `PostScript`선택하여 그림 22.27와 같이 Ghostscript가 설치된 디렉토리 및 실행파일 이름을 지정해주어야 한다. YAP 자신은 PostScript 파일을 직접 다루지 않고 이 프로그램을 이용하므로 이 설정이 틀리면 PostScript 파일은 볼 수 없게 된다. YAP이 그림을 그리면서 실행되는 시간을 줄이기 위해서 YAP에서 PostScript 그림을 그리지 않게 설정할 수도 있는데, 그 방법은 그림 22.27에서 `Ignore PostScript Special`을 선택하면 된다. YAP 사용자들이 이 부

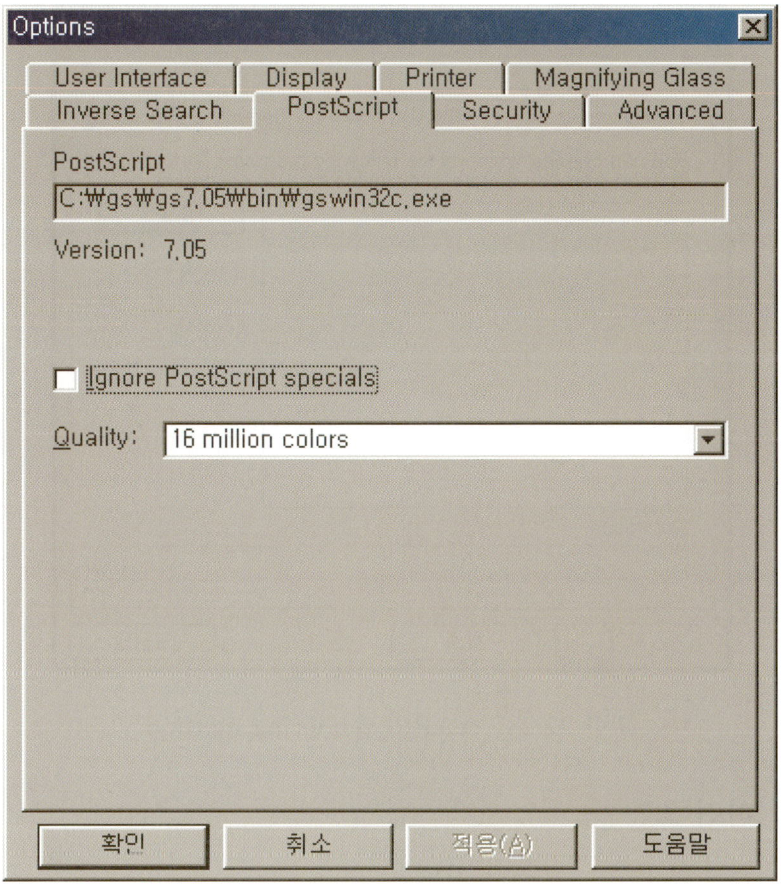

그림 22.27: YAP의 PostScript 설정

분 때문에 많은 불편함을 겪는 것이 관련 게시판에서 볼 수 있기 때문에 이 부분은 추후 버전에서는 기본값으로 설정될 가능성도 있어 보인다.

그림 22.27의 `Quality`에는 `16 millions`가 설정되어 있는데 이 값은 `monocrome`, `256 colors`로도 설정이 가능하다. `monocrome`으로 설정되어 있으면 원래 그림이 천연색이라도 흑백으로만 보여주니 주의하여야 한다. 또한 `16 millions`는 1천 6백만 색으로 보여주는 것이므로 색을 모두 사용하는 장점에 반해 그림이 큰 경우 프로세스하는 시간이 많이 걸릴 수 있다.

그림 22.28: YAP의 rendering method

22.6.2. 버전 2.7

MiKTEX 버전 2.7에서는 YAP의 설정 방법과 내용이 달라졌다. 설정은 `View` → `Options` 순서로 메뉴를 선택하여 그림 22.28의 대화창에서 이루어진다.

이 그림에서 보는 것과 같이 `Inverse DVI Search` 탭을 선택하면 그림 22.29의 설정창이 만들어진다. YAP에서 더블 클릭으로 LATEX 소스 파일을 바로 불러 올 수 있게 설정할 수 있다. 이 설정창에서 적절한 이름(이 경우 VI)과 이 이름에 해당하는 문서 편집기 프로그램의 경로를 설정하고 해당 프로그램의 커맨드 라인 옵션을 설정해주면 된다. 이 기능이 적용되기 위해서는 LATEX 의 컴파일에서 필요한 옵션 `--src-specials`을 주어야 한다. 예를 들면 다음과 같다.

```
% latex --src-specials file
```

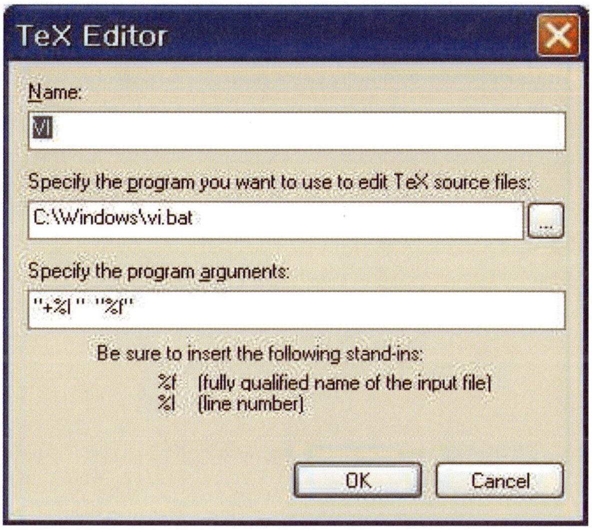

그림 22.29: MiKTEX의 텍스트 에디터 설정

YAP에서 외부 그림 파일을 불러오는 기능은 18.8절을 참고하기로 하자.

제 23 장

KC2008 설치하기

KC2008을 이용하려면 KTUG(Korea Tex Users Group) 한글 LaTeX 사용자 그룹 홈페이지 `http://www.ktug.or.kr/` 에서 설치프로그램을 다운로드하여 설치한다. 이 홈페이지는 한글 TeX사용자를 위하여 설치프로그램을 배포하고, LaTeX 사용에 대한 질문과 답변 기능도 함께 제공하고 있다.

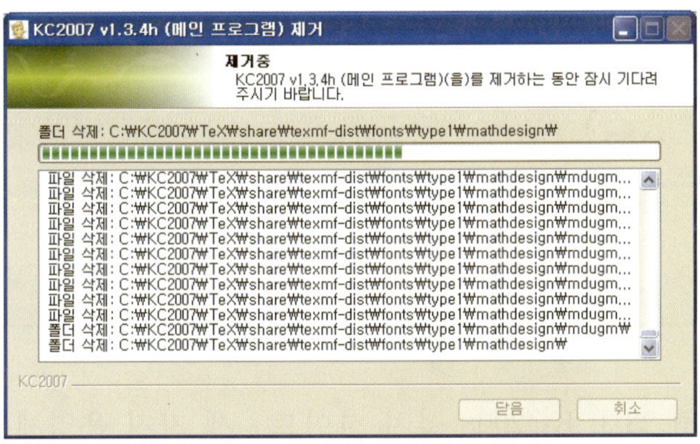

그림 23.1: KC2007 제거

이 홈페이지에서 배포하는 한글 LaTeX은 KTUG Collection Team에서 개발하고 있으며, 2009년 3월 현재 KC2008이 가장 최신버전이다.

KC2008 설치하기 전에 KC2007을 이미 사용하고 있다면 먼저 전에 사

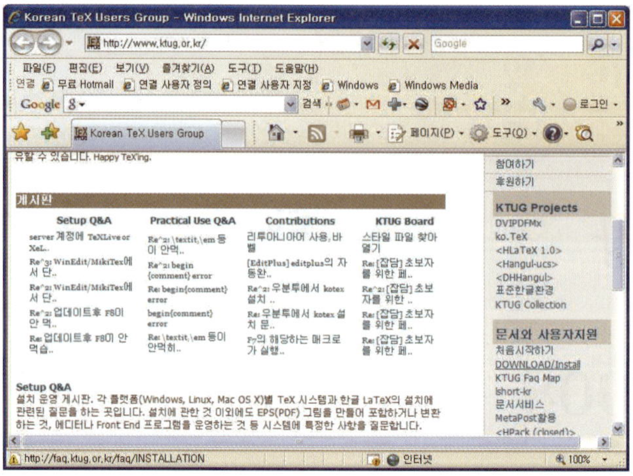

그림 23.2: 한글 KTUG 홈페이지

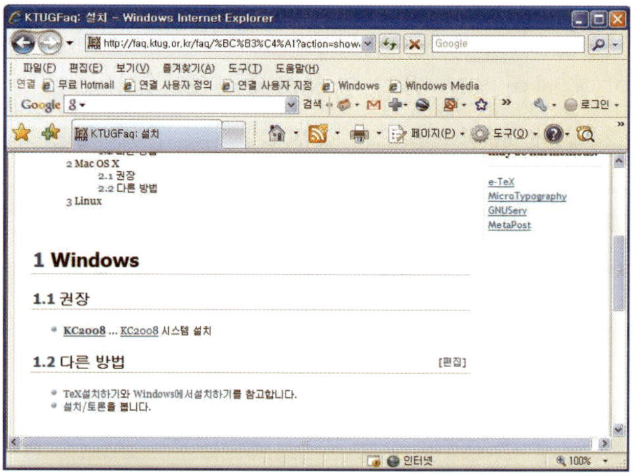

그림 23.3: KC2008 설치 사이트 - 세 가지 운영체제

용중인 프로그램을 삭제하고 KC2008를 설치해야 정상적으로 프로그램이 작동한다. KC2007 삭제는 `C:\KC2007\TeX` 폴더에서 `Uninstall.exe` 파일을 실행하면 23.1 그림과 같이 KC2007 삭제가 진행된다. KC2007을 삭제하였으면 지금부터 KC2008을 설치해 보자. KC2008 설치에 필요한 프로그램은 그림 23.2의 홈페이지 오른쪽 메뉴에서 **문서와 사용자 지원** →

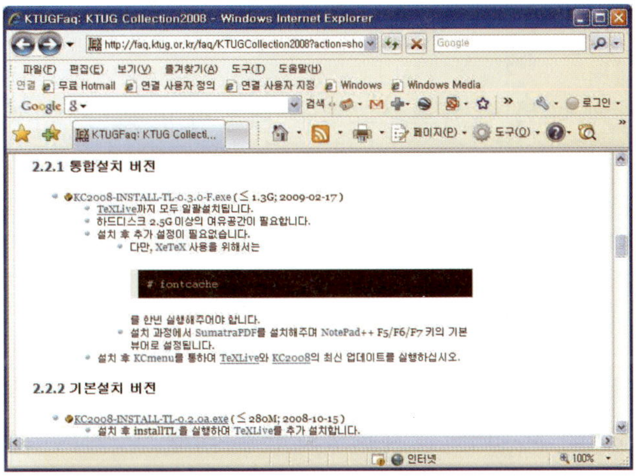

그림 23.4: 윈도 체제 설치프로그램들

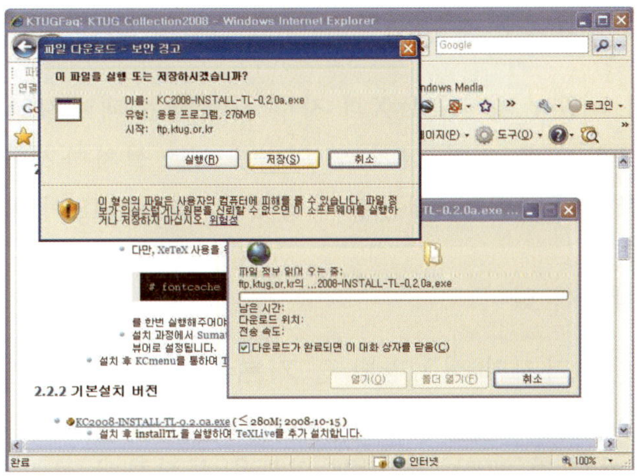

그림 23.5: 윈도 체제 설치프로그램 다운로드

DOWNLOAD/Install를 클릭하면 설치프로그램 다운로드 사이트로 이동한다. 그림 23.3의 설치 사이트는 다음과 같이

- Windows
- Mac OS X

- Linux

세 가지 플랫폼에 대한 설치프로그램을 배포하고 있다. 이것들 중 여기에서 설치과정은 윈도우 운영체제에서의 KC2008의 설치방법만 소개하기로 한다. 현재 가장 보편적인 버전이 XP이므로 XP 기준으로 설치과정을 살펴보기로 한다. Vista의 경우도 이 절차와 크게 다르지 않으며 KC2008은 Vista와 98% 이상 호환된다고 한다.

Windows XP 운영체제에 TEX을 설치하려면 그림 23.3에서 KC2008을 클릭한다. 그림 23.4의 화면은 설치프로그램을 다운로드하는 장소로, 설치방법은

- **통합설치 버전** : 모든 프로그램을 다운로드한 후 설치한다. 거의 대부분의 패키지가 함께 설치된다. 전체 용량은 약 1.3GB이다.
- **기본설치 버전** : 기본 LATEX과 자주 사용하는 패키지만 설치한다. 나머지 필요한 것은 기본 설치 후 인터넷으로 설치하거나 각 사이트에서 내려받아 설치한다. 기본설치 용량은 약 280MB이다.

하는 두 가지 방법이 있다.

여기에서는 두 가지의 설치방법 중 **기본설치 버전**을 소개한다. 설치에 필요한 파일은 그림 23.4에서 `KC2008-INSTALL-TL-0.2.0a.exe`를 클릭하면 팝업창이 보이며 그림 23.5에서 **실행** 버튼을 클릭하여 설치프로그램을 다운로드한다.

23.1. KC2008 프로그램 설치

프로그램을 다운로드하였으면 설치를 시작해 보자.

1. 다운로드한 `KC2008-INSTALL-TL-0.2.oa.exe` 파일을 실행하면 팝업창이 보이고, 그림 23.6에서 **실행** 버튼을 클릭하면 설치가 시작된다.

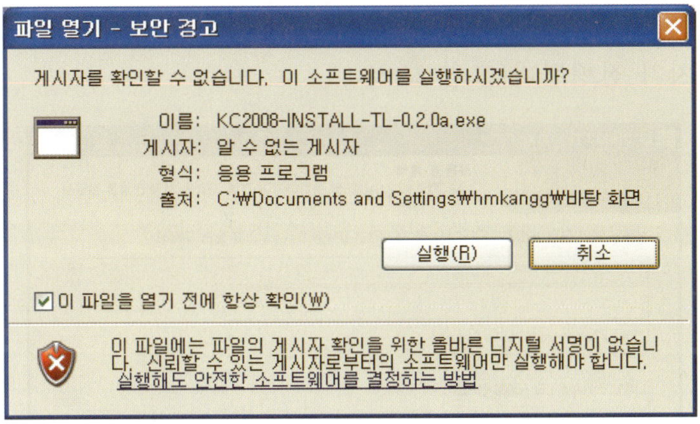

그림 23.6: KC2008 설치 보안경고 창

2. 그림 23.7의 화면은 KC2008 설치를 시작하는 것으로 이 대화창에서 다음 버튼을 클릭한다.

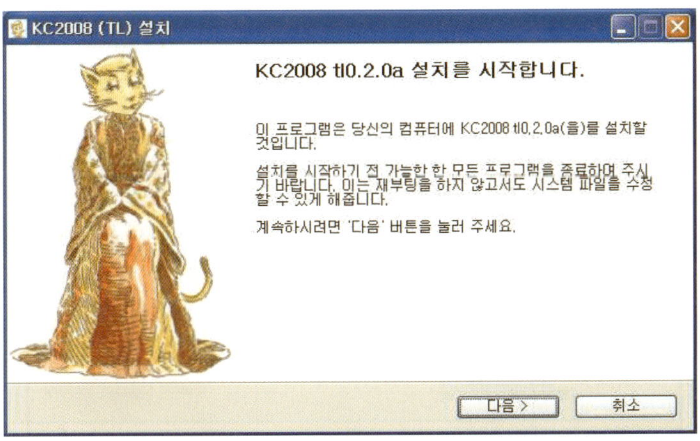

그림 23.7: TEX설치 시작

3. KC2008 프로그램 사용권 계약에 대한 것으로 **동의함** 버튼을 클릭해야 설치가 진행된다(그림 23.8).

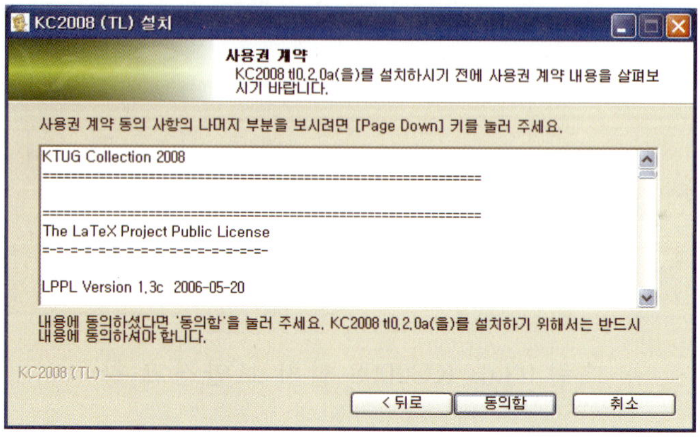

그림 23.8: KC2008 프로그램 사용권 계약

4. KC2008 프로그램 구성요소 선택하는 것으로 **다음** 버튼을 클릭한다(그림 23.9).

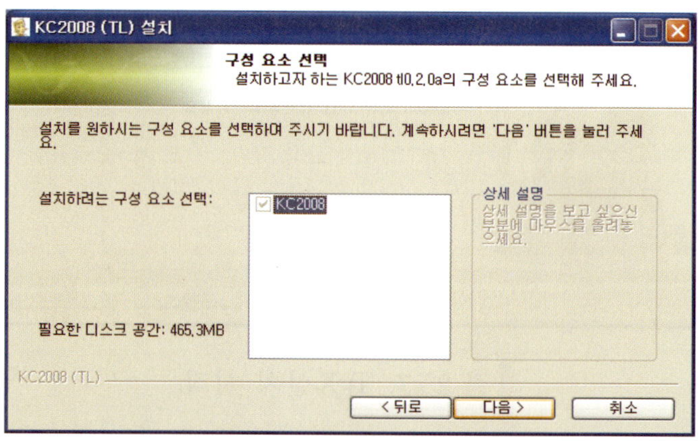

그림 23.9: 구성 요소 선택

5. KC2008 프로그램 시작 메뉴 폴더를 선택하는 것으로 사용자가 변경할 수 있으나, KC2008에서 지정한 것을 권장한다(그림 23.10).

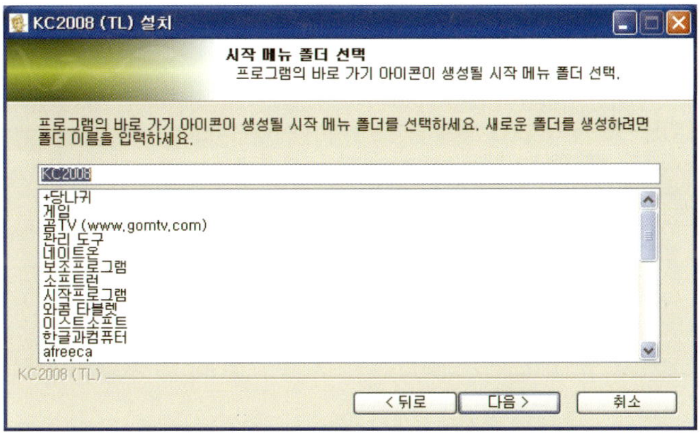

그림 23.10: 시작 메뉴 폴더 선택

6. KC2008 프로그램의 설치위치 설정하는 것으로 사용자가 변경해도 되나 KC2008의 기본 폴더 `C:\usr\texlive` 사용을 권장한다(그림 23.11).

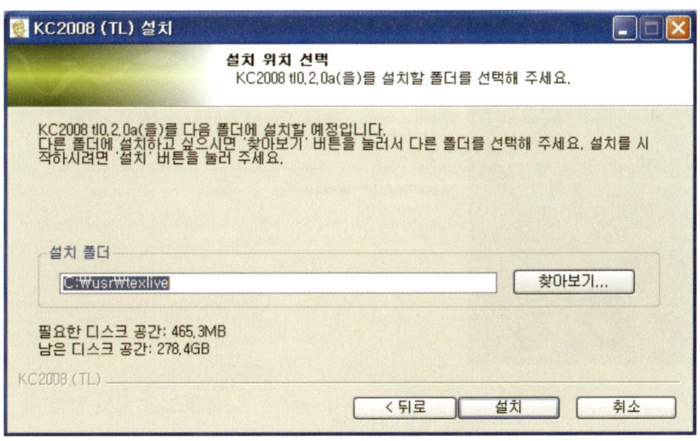

그림 23.11: 설치 위치 선택

7. KC2007 프로그램 설치 진행 화면이다(그림 23.12).

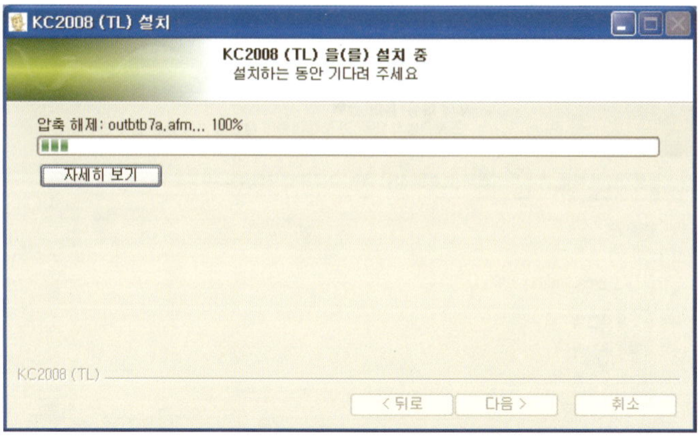

그림 23.12: KC2008 설치 진행

8. Ruby를 설치한다. Ruby는 프로그래밍 언어의 한 종류이다(그림 23.13). `Next` 버튼을 클릭하여 다음 단계로 이동한다.

그림 23.13: Ruby 설치 마법사

9. Ruby 라이센스 동의하는 것으로 `I Agree` 버튼을 클릭한다(그림 23.14).

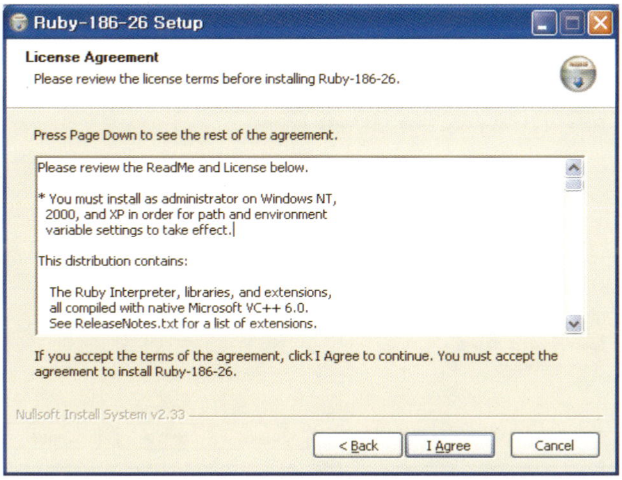

그림 23.14: Ruby 라이센스 동의

10. Ruby 구성 요소 선택하고 `Next` 버튼을 클릭한다(그림 23.15).

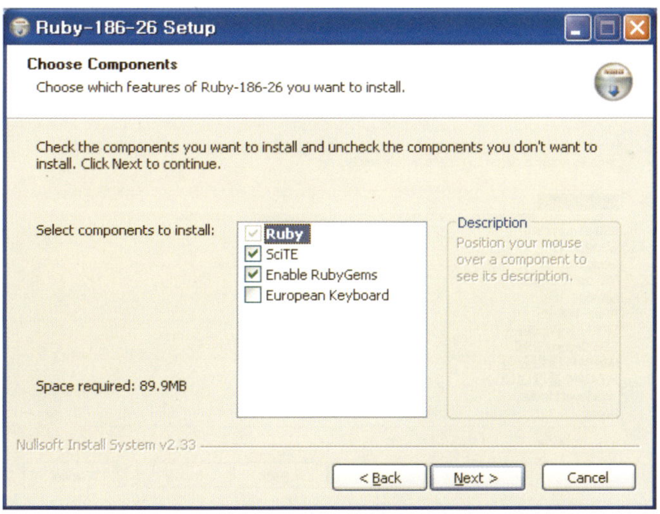

그림 23.15: Ruby의 구성 요소 선택

11. Ruby 설치 폴더를 입력하고 `Next` 버튼을 클릭한다(그림 23.16).

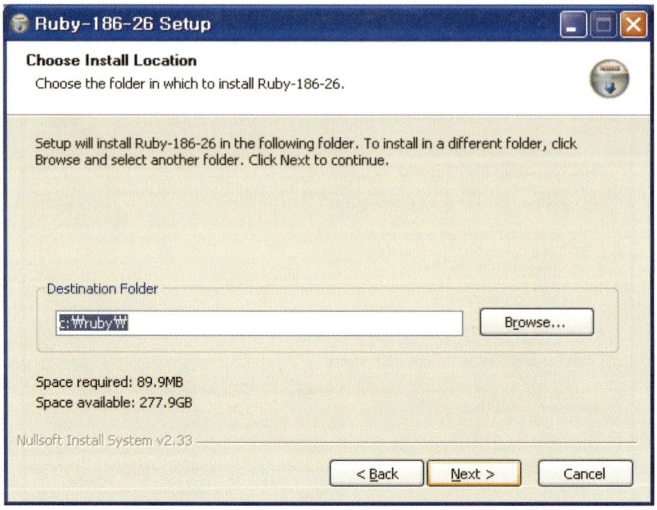

그림 23.16: Ruby 설치 폴더 설정

12. Ruby 메뉴 이름을 선택하고 `Install` 버튼을 클릭한다(그림 23.17).

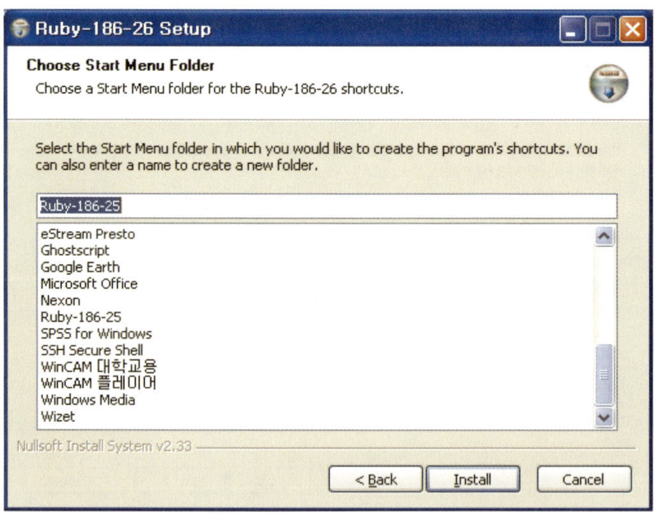

그림 23.17: Ruby 메뉴 이름 선택

13. Ruby 만일 KC2007 제거하였더라도 Ruby 프로그램은 제거되지 않기 때문에 이 과정에서 프로그램을 삭제한다(그림 23.18).

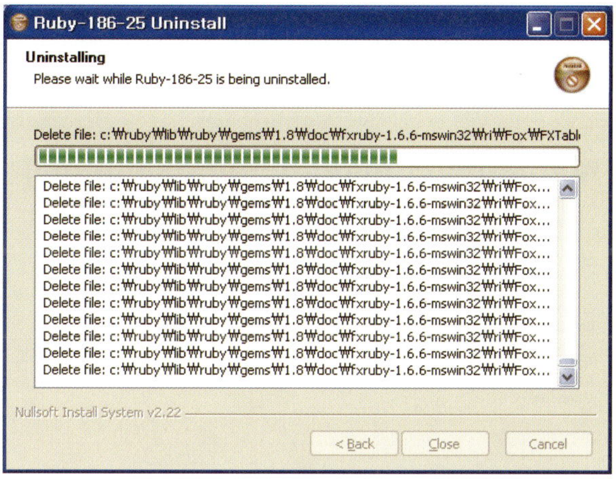

그림 23.18: 예전에 설치된 Ruby 프로그램 삭제 중

14. 이미 설치되었던 Ruby 프로그램이 모두 삭제하면 Ruby 프로그램이 다시 설치된다(그림 23.19).

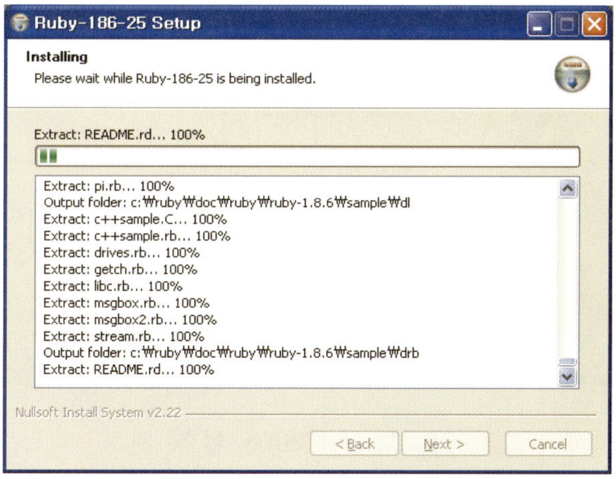

그림 23.19: Ruby 프로그램 설치 중

15. Ruby 프로그램 설치가 완료되면 설치가 성공적이라는 메세지가 나타난다(그림 23.20).

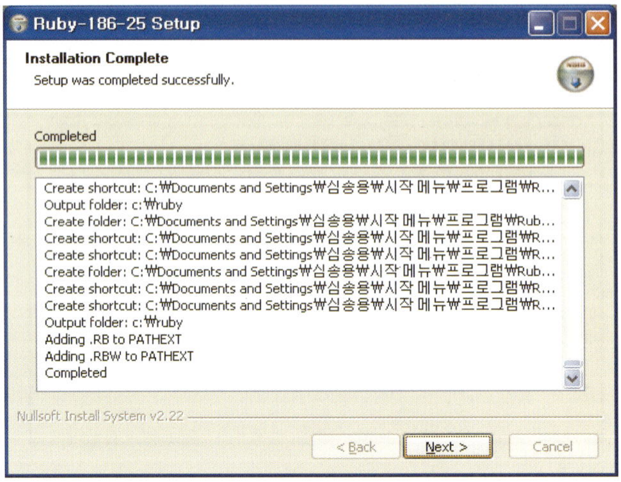

그림 23.20: Ruby 프로그램 설치 완료

16. KC2008 설치가 완료되었다는 메세지가 나타난다(그림 23.21).

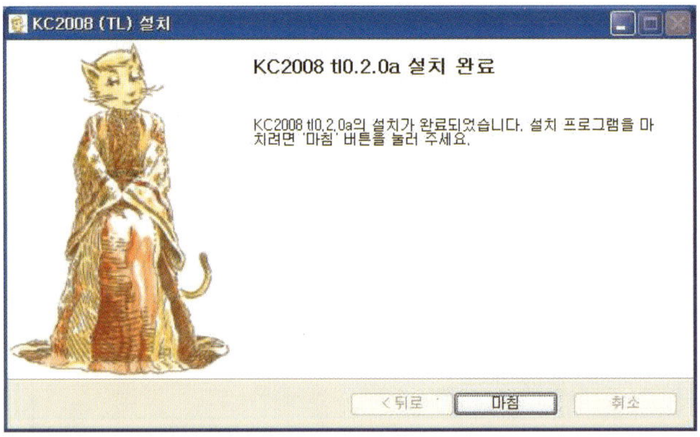

그림 23.21: KC2008 설치 완료

17. KC2008 설치가 되었으면 바탕화면에 4 개 아이콘이 만들어진다(그림 23.22).

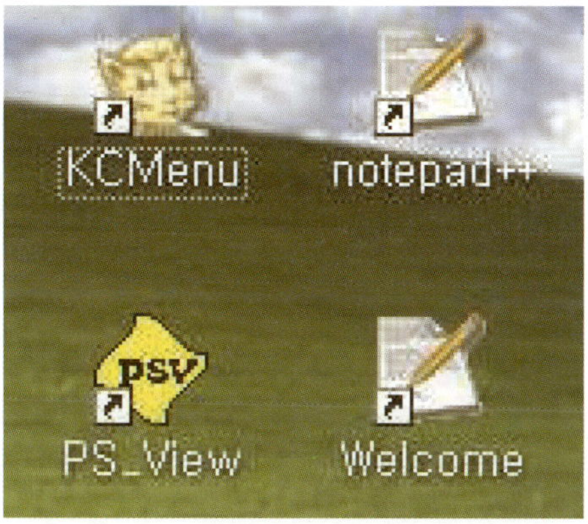

그림 23.22: 바탕화면에 설치된 프로그램들

- `KCMenu` : KC2008에서 제공하는 여러 가지 유틸리티를 실행할 수 있는 메뉴
- `notepad++` : 텍스트 편집기
- `Welcome` : TEX데모 파일
- `PS_View` : PostScript 파일 뷰어

23.2. 업데이트

KC2008이 **기본설치** 버전으로 설치하였으면 추가로 TEX Live를 인터넷으로 설치해야 한다.

1. TEX Live 설치는 **시작**→**프로그램**→`KC2008` →`installTL`을 실행한다. 그림 23.23 참조.

2. TEX Live 설치 진행과정은 기종에 따라 다르겠지만, 약 30분 정도 진행된다. 그림 23.24 참조.

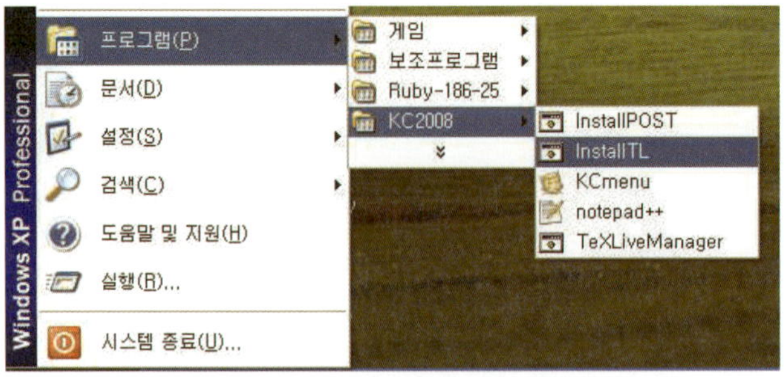

그림 23.23: TEX Live 설치 시작

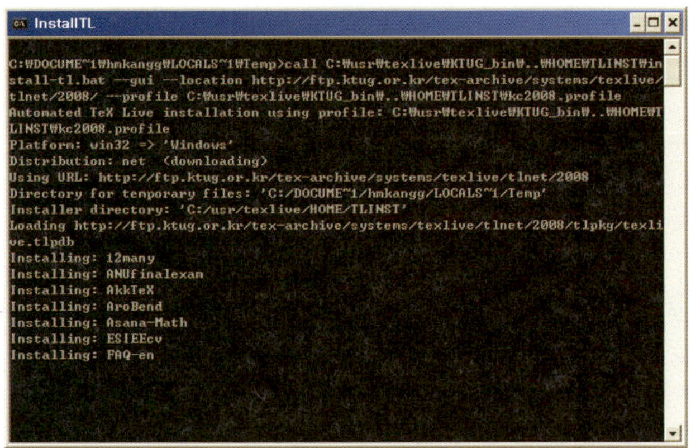

그림 23.24: TEX Live 설치 진행과정

23.3. LATEX을 사용하기 위한 환경설정

KC2008 설치시 설정된 환경변수나 패키지 등 여러 정보들은 내 시스템에 적용되어야 TEX을 사용할 수 있으며 이것을 시스템 초기화라고 한다. 시스템 초기화는 `C:\usr\texlive\KTUG_bin`에 있는 실행파일들을 이용한다. 이 실행파일은

- 명령 프롬프트에서 키보드로 명령문을 실행하거나,
- `KCmenu` 유틸리티를 이용하면 마우스 조작으로

시스템을 초기화할 수 있다. KCmenu 유틸리티로 시스템을 초기화시켜보자. 바탕화면에서 KCmenu 아이콘을 더블클릭하면 KCmenu가 시작된다. KCmenu 아이콘을 실행하면 파일 찾기 창이 나타나는데 지금은 파일작업을 필요없으므로 ESC 키를 눌러서 파일 찾기 창을 사라지게 한다. KCmenu → TeX System(그림 23.25)에서 시스템 초기화 기능은 다음과 같다. 설치된 시스

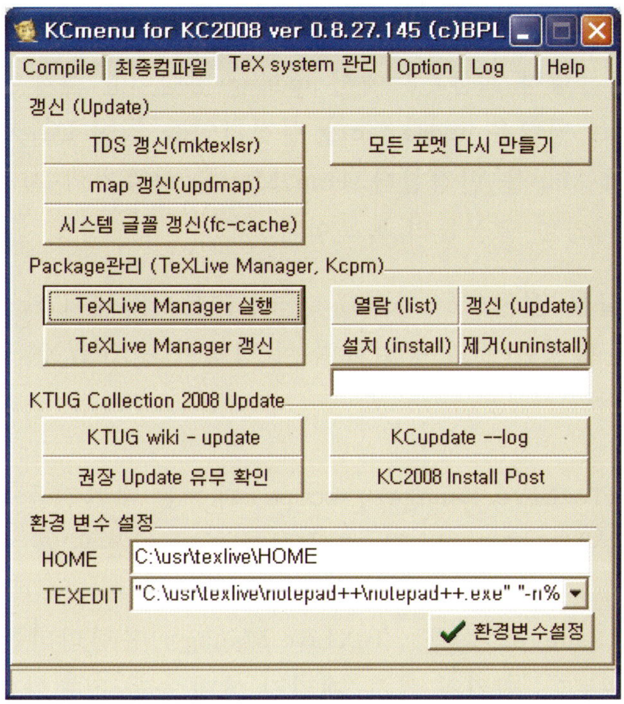

그림 23.25: KCmenu 실행화면

템에 대하여 갱신할 것은 **갱신(Update)**에서 실행한다. 각 메뉴들은 다음과 같다.

- TDS 갱신 : TDS(TeX Directory Structure)를 업데이트하는 것으로 명령 프롬프트에서 mktexlsr 명령어를 실행한 것과 동일하다. mktexlsr 명령은 설치된 패키지를 검색하여 데이터베이스 파일 ls-R에 등록하는 것으로 새로운 패키지가 설치되었다면 반드시 이 명령을 실행해야

사용할 수 있다. ls-R 파일은 texmf.cnf 파일의 TEXMFDBS 환경변수에 등록된 디렉토리와 하위 디렉토리 파일 목록을 등록시킨다. 새로운 패키지를 설치하였다면 mktexlsr 명령으로 ls-R 파일에 등록되지만 사용자가 만든 .sty 파일을 등록하려면 ls-R 파일이 있는 하위 디렉토리에 복사하면 된다. 갱신되는 ls-R 파일은 mktexlsr 명령을 실행하면 확인할 수 있다.

- map 갱신 : 명령 프롬프트에서 updmap 명령어를 실행한 것과 동일하다. updmap 명령은 updmap.cfg 설정파일을 읽어 LaTeX 출력 드라이버의 Font Map을 변경한다. Font Map은 사용자의 시스템에 설치되어 있는 다양한 글꼴들의 목록이다.
- 시스템 글꼴 갱신(fc-cache) : 명령프롬프트에서 fc-cache -f -v 명령어를 실행한 것과 동일하며 이 명령어는 XeTeX를 위한 글꼴 초기화이다.

Package 관리(TeXLive Manager, kcmpm) 메뉴는 패키지를 관리하는 기능을 제공한다(그림 23.25). 이 메뉴에서 여섯 가지 버튼은

- TeXLive Manager 실행 : TeXLive Manager 유틸리티를 실행하여 패키지 다운로드, 패키지 설치, 패키지 삭제 등을 진행한다.
- TeXLive Manager 갱신 : 설치된 패키지를 갱신한다.
- 패키지 열람(list) : 설치된 패키지를 보여준다.
- 패키지 설치(install) : 패키지를 설치할 때 사용한다.
- 패키지 갱신(update) : 패키지를 업데이트 할 때 사용한다.
- 패키지 제거 (uninstall) : 설치된 패키지를 삭제한다.

를 수행한다.

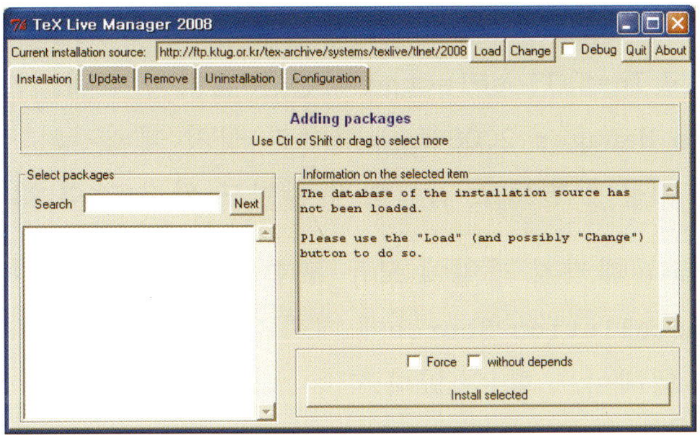

그림 23.26: 패키지 설치 화면

시스템에 패키지를 설치하거나 설치된 패키지 적용 방법은 두 가지가 있다.

- `TeX Live Manager 2008` 유틸리티 : TEX Live용 패키지 설치, 업데이트, 제거하는 유틸리티를 사용한다(그림 23.26).
- 패키지를 설치하는 방법으로 `.ins` 파일을 실행하여 패키지를 설치하거나 바로 위에서 소개한 것과 같이 자신이 직접 만든 스타일 파일(`.sty`)을 `ls-R` 파일이 있는 디렉토리에 복사한 후 TDS 갱신을 실행한다.

`TeX Live Manager 2008` 유틸리티는

- KCmenu→TeX system 관리→ TeXLive Manager 실행 버튼을 클릭하거나(그림 23.25)
- 시작→프로그램→KC2008→`texlivemanager`를 클릭하면(그림 23.26).

실행된다 `TeX Live Manager 2008`를 사용하여 패키지를 설치하거나 업데이트는 `Current Installation Source`에 패키지가 있는 위치를 입력하고

Load 버튼을 클릭하여 모든 패키지를 로딩한 후 패키지 리스트에서 설치할 패키지 선택하고 Install selected 버튼을 클릭하여 패키지 설치를 진행한다. TeX Live Manager 2008를 실행하면 설치 패키지의 장소가 기본값으로 제공하기 때문에 별도로 입력하지 않아도 된다(그림 23.26).

또한 TEX Live 패키지 파일이 모두 포함된 iso 파일을 다운로드하였다면 Current Installation Source에 패키지 파일의 위치를 변경할 패키지를 설치하거나 업데이트 할 수 있다.

제 24 장

LaTeX의 한글화

LaTeX을 사용할 때 \chapter 명령을 이용하면 지금 이 면에서보는 것처럼 "**제 24 장**"이나 영문이라면 "**Chapter 24.**"이 자동으로 출력되는데 이는 LaTeX의 클래스에서(LaTeX 2.09 는 스타일 파일에서) 정해져 있기 때문이다. 이와 같이 사용자가 입력하지 않더라도 생기는 것은 \tableofcontents 명령에 의한 "목차"나 "차례" 또는 "**Contents**" 등 여러 가지가 있다. 이러한 것은 영문 스타일 파일을 조금만 수정하면 한글에 쉽게 적용될 수 있다. 이 장에서는 `report.cls` 파일의 `report` 클래스를 예로 하여 한글화에 대해 알아보기로 한다.(LaTeX 2.09에서는 `report.sty` 파일이 이에 대응되는 스타일임.)

24.1. 서론

중간중간에서 그 장의 내용에 따라 한글을 사용할 경우에 대해 설명하였으므로 이 장에서는 클래스(스타일) 파일을 수정하여 한글에 적합시키는 문제에 대해 알아보자. 이 책은 LaTeX의 `report` 클래스를 한글화하고 또 heading 등을 저자의 취향에 맞게 고친 것이다. 영문용 클래스(스타일)를 한글화하는 것은 생각보다 간단한데 예로 Leslie Lamport의 1994년 `report.cls` 파일의 일부를 보면 다음과 같다.

```
\def\contentsname{Contents}
\def\listfigurename{List of Figures}
\def\listtablename{List of Tables}
\def\bibname{Bibliography}
\def\indexname{Index}
\def\figurename{Figure}
\def\tablename{Table}
\def\chaptername{Chapter}
\def\appendixname{Appendix}
\def\partname{Part}
\def\abstractname{Abstract}
```

여기서 `\def` 명령은 plainTeX명령인데 LaTeX의 `\newcommand`와[1] 같은 역할을 한다. 영문 LaTeX에서 차례를 만들면 "**Contents**"가 출력되는데 이는 위의 첫 줄에서

```
\def\contentsname{Contents}
```

로 정하였기 때문이다. 위의 각 이름의 역할은 다음에 설명되어 있다.

- `\contentsname` 차례 또는 목차를 만들 때의 이름.
- `\appendixname` `\appendix` 명령 이후의 `\chaptername`을 정해 준다.
- `\chaptername` 각 장의 이름. 영문에서 `\chapter` 명령은 자동으로 "Chapter" 를 만들어 준다.
- `\figurename` `figure` 환경을 사용할 때 그림제목에 "Figure"를 붙여 준다.
- `\bibname` `thebibliography` 환경이나 참고문헌 데이터베이스를 만들 때 참고문헌의 이름을 "Bibliography"로 정해준다.

[1] 제 8 장 참조.

- `\tablename` table 환경을 사용할 때 그림제목에 "Table"을 붙여준다.
- `\abstractname` 요약문을 만들 때 "Abstract"가 나오는데 이를 정하여 준다.
- `\partname` `\part` 명령어를 사용할 때 "Part" 등으로 그 이름을 정한다.
- `\indexname` 찾아보기 또는 색인을 만들 때 그 이름을 정해 준다.

report나 book 클래스(스타일)를 이용하여 영어로 학위 논문을 쓸 때 참고문헌이

Bibliography

가 아닌

References

로 하고 싶은데 어떻게 하면 되는지 묻는 경우가 있는데 위의

`\def\bibname{Bibliography}`

때문이나. 여기서 `\def\bibname{Bibliography}` 대신에

`\def\bibname{Refererences}`

를 주면

References

가 출력된다. 이와 같은 사실을 염두에 둔다면 다음과 같이

```
\def\contentsname{차 례}
\def\listfigurename{그림 차례}
\def\listtablename{표 차례}
\def\bibname{참고문헌}
\def\refname{참고문헌}
\def\indexname{찾아보기}
```

```
\def\figurename{그림}
\def\tablename{표}
\def\chaptername{Chapter}
\def\appendixname{부록}
\def\partname{Part}
\def\abstractname{Abstract}
```

로 바꿔주면 영문으로 준 이름들이 모두 한글로 바뀌게 된다. 이 때 원래의 클래스 파일을 그냥 두고 개인 패키지를 만들어도 된다. 즉

```
\renewcommand{\contentsname}{차 례}
\renewcommand{\listfigurename}{그림 차례}
\renewcommand{\listtablename}{표 차례}
\renewcommand{\bibname}{참고문헌}
\renewcommand{\refname}{참고문헌}
\renewcommand{\indexname}{찾아보기}
\renewcommand{\figurename}{그림}
\renewcommand{\tablename}{표}
\renewcommand{\appendixname}{부록}
```

을 `mystyle.sty` 에 저장하고 `\usepackage{mystyle}`이라고 하면 위의 이름이 원하는 대로 바뀐다. LATEX 2.09에서는 `\documentstyle`에

```
\documentstyle[mystyle]{report}
```

와 같이 `mystyle`을 주면 된다. 위에서처럼 `\renewcommand`를 이용하는 경우의 장점 중의 하나는 영문 보고서의 국문 초록 등에 유용하다는 것이다. 영문으로 모든 것을 작성한 후에

```
\renewcommand{\abstractname}{국문초록}
```

```
\begin{abstract}
      .
      .
\end{abstract}
```

의 결과는 "국문초록"이 될 것이다. 이는 한글보고서의 영문 abstract 작성에도 그대로 적용할 수 있다.

> 주의: 이렇게 바꾸었을 경우 이 파일의 이름을 `report.cls` 또는 `report.sty`로 그대로 두면 안 된다. 모든 사람이 조금씩 내용을 바꾸고 이름을 그대로 남겨 둔다면 얼마 가지 않아서 `report.cls` 나`report.sty`는 처음과는 완전히 다른 내용이 될 것이기 때문이다.

위에서 `\chaptername`과 `\partname` 그리고 `\abstractname`은 그대로 두었는데 이는 영문과 한글의 장(chapter)을 부르는 방법의 차이와 한글 논문에서의 영문초록에서는 "**Abstract**"라고 할 수도 있기 때문에 그렇게 하였다.

24.2. 색인

색인에서 사용하는 명령 중의 하나가 `\see` 명령이다. 이 명령은 색인에서 어떤 항목을 찾았을 때 다른 항목을 참조하도록 지정하는 명령이다. `\see` 명령에 대한 한글화는 제11장을 참고하기로 한다.

24.3. 장의 이름을 바꾸어 보자

위와 같이 바꾸어서 해결되지 않는 부분이 있는데 그것은 우리말과 영어의 어법 차이에서 기인하는 것이다. 영문에서는 "Chapter 1"이라 하지만 우리는 "제 1 장"이라 하기 때문에 단순히 `\chaptername` 만 바꾸면 "제 1 장"이 출력되어야 할 곳에 "장 1"이 생기기 때문이다. 이는 `\part`에서도 마찬가지일 것이다. LATEX 2$_\varepsilon$ (LATEX 2.09)의 report 클래스 (스타일)에서 각 장의 첫 면을 만들어 주는 것은 report.cls (report.sty) 클래스(스타일)에서 다시 부르는 size10.clo (rep10.sty), siz11.clo (rep11.sty) 또는 size12.clo (rep12.sty)이고 book 클래스 (스타일)에서는 bk10.clo (bk10.sty), bk11.clo (bk11.sty) 또는 bk12.clo (bk12.sty)인데 이들 .clo 파일의 중간에 다음과 같이 각 장의 머리부분을 출력하게 하는 명령이 있다. 여기서 10, 11, 12는 글자 크기이다. 즉 만일 12pt를 선택하면 size12.clo나 bk12.clo (rep12.sty이나 bk12.sty)를 이용하고 11pt를 선택하면 size11.clo나 bk11.clo (rep11.sty이나 bk11.sty)를 이용하며 글자 크기를 정하지 않으면 size10.clo나 bk10.clo (rep10.sty나 bk10.sty)를 이용한다.

```
\def\@makechapterhead#1{%
  \vspace*{50\p@}%
  {\parindent \z@ \raggedright
    \ifnum \c@secnumdepth >\m@ne
      \huge\bfseries \@chapapp{} \thechapter
      \par
      \vskip 20\p@ \fi
    \Huge \bfseries
    #1\par
    \nobreak
    \vskip 40\p@
  }}
```

이 중에서

```
\Huge\bfseries \@chapapp{} \thechapter
```

가

Chapter 1

을 만드는데[2] 이를

`\Huge\bfseries 제 \thechapter\space 장`

으로 바꾸어 주면 이 책에서와 같이

제 1 장

이 된다. 이와 같은 작업은 heading을 만들어 주는 다음 부분에도 해주어야 한다. 아래에 주어진 `report.sty` 또는 `report.cls` 파일의 내용은

`\pagestyle{headings}`

명령에 의해 만들어지는 heading을 만들게 하는 명령이다.

```
\def\ps@headings{\let\@mkboth\markboth
 \def\@oddfoot{}\def\@evenfoot{}%        No feet.
 \def\@evenhead{\rm \thepage\hfil \sl \leftmark}
 \def\@oddhead{{\sl \rightmark}\hfil \rm\thepage}
 \def\chaptermark##1{\markboth {\uppercase{\ifnum
         \c@secnumdepth >\m@ne
     \@chapapp\ \thechapter. \ \fi ##1}}{}}%
 \def\sectionmark##1{\markright {\uppercase{\ifnum
          \c@secnumdepth >\z@
   \thesection. \ \fi ##1}}}}
\else
\def\ps@headings{\let\@mkboth\markboth
\def\@oddfoot{}\def\@evenfoot{}%      No feet.
\def\@oddhead{{\sl \rightmark}\hfil \rm\thepage}
\def\chaptermark##1{\markright {\uppercase{\ifnum
```

[2] 이는 `report.sty`에는 `\bf` 대신에 `\bfseries` 임.

```
    \c@secnumdepth >\m@ne
  \@chapapp\ \thechapter. \ \fi ##1}}}}
\fi
```

이 중에서

```
\@chapapp\ \thechapter. \ \fi ##1}}{}}%
```

가 heading에

CHAPTER 1. 이 장의 HEADING	674

를 만들어 주는데 이 부분을

```
제  \ \thechapter 장. \ \fi ##1}}{}}%
```

로 고치면 heading 의 *CHAPTER 1.* 부분이

제 1 장. 이 장의 HEADING	674

으로 만들어진다.(사각형 제외)

24.4. 날짜

`\today`명령은 영문 날짜를 만들어 주는데 이 절에서는 이를 한글화하여 보자. `\today`의 정의는 다음과 같은데

```
\def\today{\ifcase\month\or
  January\or February\or March\or April\or May\or June\or
  July\or August\or September\or October\or November\or
  December\fi
  \space\number\day, \number\month}
```

이를 지우거나 다음과 같이 %로 무효화하고

```
%\def\today{\ifcase\month\or
```

```
%  January\or February\or March\or April\or May\or June\or
%  July\or August\or September\or October\or November\or
%  December\fi
% \space\number\day, \number\year}
```

그 자리에

```
\def\today{\number\year 년 \number\month 월 \number\day 일}
```

을 넣게 되면 \today 명령으로 "2009년 6월 22일"이 출력된다. 참고로 단기도 쉽게 계산할 수 있는데 6.6절에 두 가지 방법에 대해 살펴보았으니 참고하자.

24.5. \renewcommand 이용

앞서 설명한 방법들은 모두 스타일 파일을 수정하는 방법이므로 복잡하다고 느끼는 분들이 있을 것이다. 이 경우에는 필요한 부분만 \renewcommand 를 이용하여 바꿀 수 있다. 즉, 스타일 파일을 바꾸지 않고 다음과 같이

```
\renewcommand{\contentsname}{차 례}
\renewcommand{\listfigurename}{그림 차례}
\renewcommand{\listtablename}{표 차례}
\renewcommand{\bibname}{참고문헌}
\renewcommand{\refname}{참고문헌}
\renewcommand{\indexname}{찾아보기}
\renewcommand{\figurename}{그림}
\renewcommand{\tablename}{표}
\renewcommand{\appendixname}{부록}
```

preamble 에 선언하면 참고 문헌 이름, 목차 등이 한글로 인쇄된다.

이러한 \renewcommand 명령의 이용은 여러 가지로 응용할 수 있다. 어떤 학술지는 **Refernces**가 중앙에 나타나길 원하는데 이러한 경우 다음과 같이

```
\renewcommand{\refname}{\centerline{\refname}}
```

선언하면

참고문헌

대신에

참고문헌

이 출력된다.

부록

부록 A

LaTeX 예제들

여기에는 열 가지 출력의 입력 파일과 그 출력이 수록되어 있다. 이 파일들은 책에 포함된 CD에 포함되어 있으므로 각 파일을 개인 PC로 복사하여 사용할 수 있다.

A.1. 첫 번째 출력–temp1.tex

```
\documentclass[11pt]{report}
\usepackage{syshan}
\newtheorem{theorem}{Theorem}
\newtheorem{example}{보기}
\begin{document}
\pagestyle{headings}
\title{\LaTeX\ 사용 예}
\author{심 송 용 \thanks{한림대학교.}}
\maketitle
\thispagestyle{empty}
\begin{abstract}
이 예는 간단한 확률 이론을 요약하였다. 가법법칙과 승법법칙을
```

```
정리하고 보기를 사용하여 그 응용에 대해 알아보자.
\ref{ss:add} 절에서는 가법정리 \ref{ss:bayes} 절에서는
Bayes 정리를 소개한다.
\end{abstract}
{\em Keywords}: Template; Test; Article style.
\vfill
\tableofcontents
\newpage
\section{가법 \label{ss:add}}
이 절에서는 확률의 두 사상의 합 사상의 확률에 대해 알아보자.
\begin{theorem}
표본공간 $\cal S$의 부분 집합 $A$와 $B$에 대해 $A$와 $B$의
합사상의 확률은 다음과 같이 계산된다.
\begin{equation} \label{eq:add}
\Pr[A \cup B] = \Pr[A] + \Pr[B] - \Pr[A\cap B]
\end{equation}
식~(\ref{eq:add})에서 $A\cap B = \emptyset$이면
$\Pr[A \cup B]=\Pr[A]+\Pr[B]$이다. 이는 확률의 정의에 부합한다.
(Feller \cite{f1} 참조)
\end{theorem}
\section{조건부 확률과 Bayes 정리 \label{ss:bayes}}
사상 $B$가 일어났다는 조건하에서 사상 $A$의 확률은
$$ \Pr[A|B] = \frac{\Pr[A\cap B]}{\Pr[B]} $$
로 정의한다.
\begin{example}
실제 수를 이용한 예를 만들자.
\end{example}
Bayes 정리는 $A_1, A_2, \ldots, A_n$이 표본공간의 분할일 때
\begin{eqnarray}
```

```
\Pr[A_k|B] &=& \frac{\Pr[A_k\cap B]}{\Pr[B]} \\
&= & \frac{\Pr[B|A_k]\Pr[A_k]}{\displaystyle\sum_{j=1}^n
\Pr[B|A_j]\Pr[A_j] }
\end{eqnarray}
로 주어진다.
\begin{thebibliography}{99}
\addcontentsline{toc}{section}{참고문헌}
\bibitem{f1} Feller, W. (1966) {\it An Introduction to
Probability Theory and Its Applications}, vol {\bf 2},
Wiley, New York, NY.
\end{thebibliography}
\end{document}
```

LaTeX 사용 예

심 송 용 *

2009년 6월 15일

요 약

이 예는 간단한 확률 이론을 요약하였다. 가법법칙과 승법법칙을 정리하고 보기를 사용하여 그 응용에 대해 알아보자. 1 절에서는 가법정리 2 절에서는 Bayes 정리를 소개한다.

Keywords: Template; Test; Article style.

목 차

*한림대학교.

1. 가법

이 절에서는 확률의 두 사상의 합 사상의 확률에 대해 알아보자.

Theorem 1. *표본공간 $\mathcal{S}$의 부분 집합 A와 B에 대해 A와 B의 합사상의 확률은 다음과 같이 계산된다.*

$$\Pr[A \cup B] = \Pr[A] + \Pr[B] - \Pr[A \cap B] \tag{1}$$

식 (1)에서 $A \cap B = \emptyset$이면 $\Pr[A \cup B] = \Pr[A] + \Pr[B]$이다. 이는 확률의 정의에 부합한다. (Feller [1] 참조)

2. 조건부 확률과 Bayes 정리

사상 B가 일어났다는 조건하에서 사상 A의 확률은

$$\Pr[A|B] = \frac{\Pr[A \cap B]}{\Pr[B]}$$

로 정의한다.

보기 1. *실제 수를 이용한 예를 만들자.*

Bayes 정리는 $A_1, A_2, \ldots, A_n$이 표본공간의 분할일 때

$$\begin{aligned} \Pr[A_k|B] &= \frac{\Pr[A_k \cap B]}{\Pr[B]} && (2) \\ &= \frac{\Pr[B|A_k]\Pr[A_k]}{\sum_{j=1}^{n} \Pr[B|A_j]\Pr[A_j]} && (3) \end{aligned}$$

로 주어진다.

참고문헌

[1] Feller, W. (1966) *An Introduction to Probability Theory and Its Applications*, vol **2**, Wiley, New York, NY.

A.2. report 클래스–temp2.tex

이 절에는 report 스타일을 이용한 장 가르기, 목차 만들기, 참고문헌 및 그 인용, 식과 절 등의 인용을 위한 LaTeX의 입력파일과 그 입력을 사용할 때의 출력이 주어졌다. 또한 syshan.sty에 정의되어 있는 lineheading 을 사용하였다.

```
\documentclass[11pt,leqno]{report}
\usepackage{syshan}
\newtheorem{theorem}{정리}[chapter]
\newtheorem{defn}{정의}[chapter]
\newtheorem{example}{보기}[chapter]
\newcommand{\dis}{\displaystyle}
\begin{document}
\pagestyle{lineheading}
\title{두 번째 TEMPLATE}
\author{저자}
\maketitle
\tableofcontents
\chapter{기술통계}
이 장에서는 모집단의 성질에 대해 간단히 알아보는 기술통계량
(Descriptive Statistics)에 대해 알아보기로 하자.
\section{평균 \label{ss:mean}}
평균에는 흔히 평균이라고 말하는 산술평균 외에 기하평균과
조화평균\myfootnote{조화평균의 설명은 Feller \cite{f1} 참조.}이
있다.
\begin{enumerate}
```

```
\item 산술평균: $x_1,x_2,\cdots, x_n$의 산술평균은 $\bar{x}$로
나타내고 그 값은
\begin{equation}
\bar{x} = \frac{x_i\mbox{들의 합}}{x_i \mbox{의 개수}}
        = \frac{\sum_{i=1}^n x_i}{n}
\end{equation}
로 계산한다.
\item 기하평균: $x_1,x_2,\cdots, x_n$의 기하평균은 $G$로 나타내고
그 값은
\begin{equation}
G =\sqrt[n]{x_i\mbox{들의 곱}}=\sqrt[n]{\prod_{i=1}^n x_i}
\end{equation}
로 계산한다.
\end{enumerate}
\section{중앙값 \label{ss:median}}
중앙값 (Median)은 관측치를 순서대로 나열하였을 때 중앙에 위치하는
값을 말한다. $n$ 개의 관측치  $x_1,x_2,\cdots,x_n$의 중앙값 $M$은
\begin{equation}
M = \left\{ \begin{array}{ll}
    {\dis \frac{n+1}{2} }\mbox{번째 관측치} & n\mbox{이 홀수}\\
    n \mbox{번째와} (n+1) \mbox{번째의 평균} & n \mbox{ 짝수}
\end{array} \right.
\end{equation}
\section{분산}
제\ref{ss:mean}절과 \ref{ss:median}절의 평균과 중앙값 등은
모집단의 중심위치에 대한 측도이다. 이 절에서는 산포의 측도인
분산에 대해 알아보자.
\begin{defn}[분산]  \label{def:var}
$x_1,x_1,\cdots,x_n$의 분산은 $Var(x)$로 나타내고
```

```
$$ Var(x) = \frac{\sum_{i=1}^n (x_i-\bar{x})^2}{n-1} $$
으로 계산한다.
\end{defn}
\pageref{def:var}면의 정의 \ref{def:var}의 양의 제곱근을
``표준편차''라 한다.
\begin{quote}
{\bf 참고}: 분산의 정의 \ref{def:var} 에서 분모를 $n$을 쓰기도
하지만 여러 가지 통계적 성질을 고려할 때 $n-1$이 더 합리적이다.
(Hogg and Craig \cite{h1} 참고) $n \to \infty$이면 두 계산의
차이는 없어진다.
\end{quote}
\section{공분산}
쌍으로 이루어진  두 관측치 $(x_1, y_1), (x_2,y_2), \cdots,
(x_n,y_n)$의 공분산은 $Cov(x,y)$로 나타내고 그 계산은
\begin{eqnarray}
Cov(x,y) & = & \frac{\sum_{i=1}^n (x_i-\bar{x})
                    (y_i-\bar{x})}{n-1} \\ \nonumber
         & = & \frac{\dis \sum_{i=1}^n x_iy_i- n\bar{x}
               \bar{y}}{n-1}
\end{eqnarray}
으로 한다. 위 두 식에서 $\sum$의 모양이 어떻게 달라졌는지와
첫 번째 식은 번호가 있고 두 번째 식은 번호가 없음을 유의하기
바란다.
\chapter{두 번째 장}
\texttt{report} 스타일에서는 장이 바뀌면 새 면에서 시작한다.
\verb+\chapter+라고하면 장의 수는 자동적으로 1 증가하며 그에
따르는 절의 수는 장의 번호바뀜에 따라 다시 1부터 시작된다.
\section{표}
이 절에서는 \texttt{table} 환경과 \texttt{tabular} 환경으로 표를
```

```
만들어 보자.  표~\ref{tab:ex}는 보기를 위해 만든 임의의
표인데 \texttt{center} 환경을 사용하였다.
\begin{table}[h]
\begin{center}
\begin{tabular}{lccc} \hline
Primary & \multicolumn{3}{c}{Secondary} \\ \cline{2-4}
        & Yes      & No              & Total \\ \hline
Yes     & $\pi^2$ & $\pi(1-\pi)$ & $\pi$ \\
No      &    --    & $1-\pi$         & $1-\pi$  \\ \hline
\end{tabular}
\end{center}
\caption{예를 위한 표 \label{tab:ex}}
\end{table}
\section{\LaTeX 의 박스}
이 절에는 박스의 예인 세 가지 \verb+\fbox+, \verb+\parbox+ 및
\texttt{minipage} 환경의 출력을 포함하였다.\\
\noindent
\fbox{\parbox{.45\textwidth}{
이 박스에는 테두리가 있다는데 이는
\texttt{\symbol{92}fbox} 를 이용한 것이다.}} \hfill
\fbox{
\begin{minipage}{.47\textwidth}
\begin{theorem} $p$와 $q$가 임의의 명제라 하면
\renewcommand{\theenumi}{(\Alph{enumi})}
\begin{enumerate}
\item $p \Rightarrow p \vee q$.
\item $(p \vee q)\wedge \sim p \Rightarrow q$.
\end{enumerate}
이 성립한다.
```

```
\end{theorem}
\end{minipage}}
\begin{thebibliography}{99}
\addcontentsline{toc}{chapter}{참고문헌}
\bibitem{f1} Feller, W. (1966) {\it An Introduction to
Probability Theory and Its Applications}, vol {\bf 2},
Wiley, New York, NY.
\bibitem{h1} Hogg, R. V. and Craig, A. T. {\it
Introduction to Mathematical Statistics}, 4th edition,
MacMillan, New York, NY.
\end{thebibliography}
\end{document}
```

두 번째 TEMPLATE

저자

2009년 6월 15일

목 차

제 1 장

기술통계

이 장에서는 모집단의 성질에 대해 간단히 알아보는 기술통계량(Descriptive Statistics)에 대해 알아보기로 하자.

1.1. 평균

평균에는 흔히 평균이라고 말하는 산술평균 외에 기하평균과 조화평균[1]이 있다.

1. 산술평균: $x_1, x_2, \cdots, x_n$의 산술평균은 $\bar{x}$로 나타내고 그 값은

$$\bar{x} = \frac{x_i\text{들의 합}}{x_i\text{의 개수}} = \frac{\sum_{i=1}^{n} x_i}{n} \tag{1.1}$$

로 계산한다.

2. 기하평균: $x_1, x_2, \cdots, x_n$의 기하평균은 G로 나타내고 그 값은

$$G = \sqrt[n]{x_i\text{들의 곱}} = \sqrt[n]{\prod_{i=1}^{n} x_i} \tag{1.2}$$

로 계산한다.

[1] 조화평균의 설명은 Feller [1] 참조.

1.2. 중앙값

중앙값 (Median)은 관측치를 순서대로 나열하였을 때 중앙에 위치하는 값을 말한다. n 개의 관측치 $x_1, x_2, \cdots, x_n$의 중앙값 M은

$$M = \begin{cases} \frac{n+1}{2}\text{번째 관측치} & n\text{이 홀수} \\ n\text{번째와}(n+1)\text{번째의 평균} & n \text{ 짝수} \end{cases} \tag{1.3}$$

1.3. 분산

제1.1절과 1.2절의 평균과 중앙값등은 모집단의 중심위치에 대한 측도이다. 이 절에서는 산포의 측도인 분산에 대해 알아보자.

정의 1.1. (분산) *$x_1, x_1, \cdots, x_n$의 분산은 $Var(x)$로 나타내고*

$$Var(x) = \frac{\sum_{i=1}^n (x_i - \bar{x})^2}{n-1}$$

으로 계산한다.

691면의 정의 1.1의 양의 제곱근을 "표준편차"라 한다.

> **참고**: 분산의 정의 1.1 에서 분모를 n 을 쓰기도 하지만 여러 가지 통계적 성질을 고려할 때 $n-1$이 더 합리적이다. (Hogg and Craig [2] 참고) $n \to \infty$ 이면 두 계산의 차이는 없어진다.

1.4. 공분산

쌍으로 이루어진 두 관측치 $(x_1, y_1), (x_2, y_2), \cdots, (x_n, y_n)$의 공분산은 $Cov(x, y)$로 나타내고 그 계산은

$$\begin{aligned} Cov(x,y) &= \frac{\sum_{i=1}^n (x_i - \bar{x})(y_i - \bar{x})}{n-1} \\ &= \frac{\displaystyle\sum_{i=1}^n x_i y_i - n\bar{x}\bar{y}}{n-1} \end{aligned} \tag{1.4}$$

으로 한다. 위 두 식에서 $\sum$의 모양이 어떻게 달라졌는지와 첫 번째 식은 번호가 있고 두 번째 식은 번호가 없음을 유의하기 바란다.

제 2 장

두 번째 장

report 스타일에서는 장이 바뀌면 새 면에서 시작한다. \chapter라고하면 장의 수는 자동적으로 1 증가하며 그에 따르는 절의 수는 장의 번호바뀜에 따라 다시 1부터 시작된다.

2.1. 표

이 절에서는 table 환경과 tabular 환경으로 표를 만들어 보자. 표 2.1는 보기를 위해 만든 임의의 표인데 center 환경을 사용하였다.

Primary	Secondary		
	Yes	No	Total
Yes	π^2	$\pi(1-\pi)$	π
No	–	$1-\pi$	$1-\pi$

표 2.1: 예를 위한 표

2.2. LaTeX의 박스

이 절에는 박스의 예인 세 가지 \fbox, \parbox 및 minipage 환경의 출력을 포함하였다.

이 박스에는 테두리가 있다는데 이는 `\fbox` 를 이용한 것이다.

정리 2.1. *p와 q가 임의의 명제라 하면*

(A). $p \Rightarrow p \vee q$.

(B). $(p \vee q) \wedge \sim p \Rightarrow q$.

이 성립한다.

참고문헌

[1] Feller, W. (1966) *An Introduction to Probability Theory and Its Applications*, vol **2**, Wiley, New York, NY.

[2] Hogg, R. V. and Craig, A. T. *Introduction to Mathematical Statistics*, 4th edition, MacMillan, New York, NY.

A.3. graphics와 color 패키지 이용—temp3.tex

이 절에는 LaTeX 2ε에서 지원하는 graphics 와 color 및 fancyheadings 패키지를 이용한 예를 담았다. 또한 이 패키지가 pdflatex과 호환이 부족하여 latex → dvips → ps2pdf 순서로 PDF로 변환하기를 권장한다.

```
\documentclass[11pt]{article}
\usepackage[dvips]{color,graphics}
\usepackage{syshan}
\usepackage{fancyheadings}
\lfoot{}
\cfoot{}
\rfoot{}
\lhead{예 3}
\chead{\thepage}
\rhead{예 3}
\setlength{\headrulewidth}{1pt}
\setlength{\footrulewidth}{1pt}
\begin{document}
\pagestyle{fancy}
\title{세 번째 보기}
\author{심송용\thanks{초판과 저자가 바뀌었음.}}
\maketitle
\section{축소 확대 및 회전}
\begin{center}
\fbox{\scalebox{2}{ABCD}} 는 \fbox{ABCD} 보다 두 배 확대되었고
\fbox{\scalebox{.5}{가나다}} 는 가나다의 반 크기이다. 배율을
달리하면 \fbox{\scalebox{.75}[2]{길쭉한}} 글자체로도 만들 수
있다.
\end{center}
```

```
\verb|\resizebox| 명령의 예.
\begin{center}
\resizebox{5cm}{.4cm}{HERE}
\resizebox{3cm}{!}{HERE}
\end{center}
회전의 예.
\begin{center}
\fbox{\LARGE 회전} \rotatebox{30}{\fbox{\LARGE 회전}}
\rotatebox{60}{\fbox{\LARGE 회전}}
\rotatebox{180}{\fbox{\LARGE 회전}}
\rotatebox{90}{\fbox{\LARGE 회전}}
\rotatebox{270}{\fbox{\LARGE 회전}}
\end{center}
대칭의 예
\begin{center}
\fbox{\reflectbox{\Large 대칭}} 는
\fbox{\Large 대칭}의 좌우가 바뀐 모양이다.\\
\fbox{\reflectbox{\Large ABCD}} 는
\fbox{\Large ABCD}의 좌우가 바뀐 모양이다.
\end{center}
\begin{figure}[t]
\caption{\texttt{\symbol{92}includegraphics} 명령으로 부른
        그림 \label{fig:texgr}}
\centering\includegraphics{images/house.eps}
\end{figure}
\begin{figure}[h]
\caption{\texttt{graphics} 패키지를 이용한 그림
          \label{fig:texgr2}}
\centering \includegraphics*[80pt,50pt][280pt,110pt]
```

```
                                  {images/house.eps}
\end{figure}
\section{색조정--\lowercase{\texttt{color}} 패키지
         \label{ss:color}}
\begin{center}
\textcolor{red}{\LARGE 붉은색}, \textcolor{green}{\LARGE 녹색}
및 \textcolor{blue}{\LARGE 파란색}은 3 원색이다.
\end{center}
\begin{center}
\colorbox{yellow}{\LARGE 노란색}
\colorbox{cyan}{\LARGE CYAN}
\colorbox{green}{\LARGE GREEN}
\end{center}
\begin{center}
\fcolorbox{green}{yellow}{\LARGE 노란색}
\fcolorbox{red}{cyan}{\LARGE CYAN}
\fcolorbox{yellow}{green}{\LARGE GREEN}
\end{center}
\end{document}
```

세 번째 보기

심송용*

2009년 6월 15일

1. 축소 확대 및 회전

ABCD 는 ABCD 보다 두 배 확대되었고 가나다 는 가나다의 반 크기이다. 배율을 달리하면 길쭉한 글자체로도 만들 수 있다.

\resizebox 명령의 예.

HERE HERE

회전의 예.

회전 회전 회전 회전 회전 회전

대칭의 예

대칭 는 대칭의 좌우가 바뀐 모양이다.

ABCD 는 ABCD의 좌우가 바뀐 모양이다.

---

*초판과 저자가 바뀌었음.

그림 1: \includegraphics 명령으로 부른 그림

그림 2: graphics 패키지를 이용한 그림

2. 색조정 – color 패키지

붉은색, 녹색 및 파란색은 3 원색이다.

노란색 CYAN GREEN

노란색 CYAN GREEN

2009년 6월 15일

A.4. 네 번째 보기–temp4.tex

```
\documentclass[11pt]{article}
\usepackage[english]{syshan}
\usepackage{dotseqn}
\usepackage{pageframe}
\usepackage{subeqnarray}
\usepackage{chemsym}
\begin{document}
\title{몇 가지 패키지의 출력 결과}
\author{심 송용}
\maketitle
\begin{habstract}
이 예에서는 몇 가지 패키지의 사용결과를 수록하였다.
이렇게 따로 예를  만든 이유는 여기서 사용한 패키지의
일부는 출력의 전체에 영향을 주기 때문에
이를 피하기 위해서이다.
\end{habstract}
\begin{abstract}
In this article, we listed a few examples of \LaTeX\
packages. The reason why we do this way is that some
packages affect the whole output of \LaTeX.
\end{abstract}
\renewcommand{\labelhenumi}{\ojaso{henumi}}
\begin{henumerate}
\item \texttt{twocolumn}으로 만든 출력은 지금과 같이 두
줄의 출력을 만든다. \item \texttt{habstract} 와
\texttt{abstract} 가 공존한다. 이는 \texttt{syshan} 패키지의
\texttt{english} 옵션을 사용할 때 가능하다.
```

```
\item \texttt{pageframe} 패키지를 사용하여 지금 보는 것처럼 면의
프레임을 출력하였다.
\item \texttt{dotseqn} 패키지의 사용 결과는 다음에 보는
식~(\ref{eq:1})부터 식~(\ref{eq:3})처럼 수식이 왼쪽으로 정렬되고
점이 만들어진다.  먼저 \texttt{equation} 환경의 결과이다.
\begin{equation}\label{eq:1}
S^2=\hat{\sigma}^2\frac{\sum_{i=1}^n (X_i-\bar{X})^2}{n-1}
\end{equation}
\texttt{eqnarray} 환경의 사용 결과도 마찬가지이다.
\begin{eqnarray}
f(x) & = & \lim_{n\rightarrow\infty} \sum_{i=1}^n
           \mathcal{F}(X_i)  \label{eq:2}\\
     & \stackrel{d}{\longrightarrow}& \frac{Y}{Z}
           \mbox{ where } Z \neq 0\label{eq:3}
\end{eqnarray}
\item 하지만 \texttt{subeqnarray}에는 \texttt{dotseqn}의
사용결과가 미치지 못한다. 다음은
\texttt{subeqnarray} 환경의 사용 결과이다.
\begin{subeqnarray}
f(x) & = & \lim_{n\rightarrow\infty} \sum_{i=1}^n
           \mathcal{F}(X_i)  \\
  & \stackrel{d}{\longrightarrow}& \frac{Y}{Z}
           \mbox{ where } Z \neq 0
\end{subeqnarray}
\item \texttt{cemsym} 패키지를 사용하면 수학 모드가 아니라도
\verb|^|와 \verb|_|가 사용가능하고 원소기호에 \verb|\|를
붙이면 원소기호가 만들어진다. \verb|\H_2\O^2| 라고 하면
\H_2\O^2 가 만들어지며
\[ 2\H_2 + \O_2 \longrightarrow 2\H_2\O \]
```

는 수학 모드로 만들었다.

```
\end{henumerate}
\end{document}
```

몇 가지 패키지의 출력 결과

심송용

June 15, 2009

국 문 요 약

이 예에서는 몇 가지 패키지의 사용결과를 수록하였다. 이렇게 따로 예를 만든 이유는 여기서 사용한 패키지의 일부는 출력의 전체에 영향을 주기 때문에 이를 피하기 위해서이다.

Abstract

In this article, we listed a few examples of LaTeX packages. The reason why we do this way is that some packages affect the whole output of LaTeX.

㉠ twocolumn으로 만든 출력은 지금과 같이 두 줄의 출력을 만든다.

㉡ habstract 와 abstract가 공존한다. 이는 syshan 패키지의 english 옵션을 사용할 때 가능하다.

㉢ pageframe 패키지를 사용하여 지금 보는 것처럼 면의 프레임을 출력하였다.

㉣ dotseqn 패키지의 사용 결과는 다음에 보는 식 (1)부터 식 (3)처럼 수식이 왼쪽으로 정렬되고 점이 만들어진다. 먼저 equation 환경의 결과이다.

$$S^2 = \hat{\sigma}^2 \frac{\sum_{i=1}^{n}(X_i - \bar{X})^2}{n-1} \quad \ldots\ldots \quad (1)$$

eqnarray 환경의 사용 결과도 마찬가지이다.

$$f(x) = \lim_{n\to\infty}\sum_{i=1}^{n}\mathcal{F}(X_i) \quad \ldots \quad (2)$$

$$\xrightarrow{d} \frac{Y}{Z} \text{ where } Z \neq 0 \quad \ldots \quad (3)$$

㉤ 하지만 subeqnarray에는 dotseqn의 사용 결과가 미치지 못한다. 다음은 subeqnarray 환경의 사용 결과이다.

$$f(x) = \lim_{n\to\infty}\sum_{i=1}^{n}\mathcal{F}(X_i) \qquad (4a)$$

$$\xrightarrow{d} \frac{Y}{Z} \text{ where } Z \neq 0 \qquad (4b)$$

㉥ cemsym 패키지를 사용하면 수학 모드가 아니라도 ^와 _가 사용가능하고 원소기호에 \를 붙이면 원소기호가 만들어진다. \H_2\O^2라고 하면 H_2O^2 가 만들어지며

$$2H_2 + O_2 \longrightarrow 2H_2O$$

는 수학 모드로 만들었다.

A.5. colordvi 패키지의 사용 예–temp5.tex

이 절에서는 colordvi 패키지를 사용하였으며, pdflatex과 호환이 부족하여 latex → dvips → ps2pdf 순서로 PDF로 변환하기를 권장한다.

```
\documentclass[12pt]{article}
\usepackage{colordvi}
\usepackage{syshan}
\begin{document}
\textBlue\background{Yellow}
참고: 이 보기에서 소개하는 표 \ref{tab:colordvi2}에 나온 색상은
흑백인쇄에서 보일 수 있도록 색을 변형하였습니다. 즉, \LaTeX\ 소스
파일에서 사용한 각종 색상은 흑백인쇄에서는 너무 흐리기 때문에 어느
정도까지만 흐린 색으로 표를 만들었습니다. 원래의 원색표는 서문에
소개한 인터넷 사이트에서 확인할 수 있습니다.
또한 이 파일은 \texttt{pdflatex} 명령으로 PDF 파일을 만들면
일부 내용을 볼 수 없습니다.

이 보기는 \texttt{colordvi}의 사용예입니다.  이 면의 바탕은
회색이나 흰색으로 나오더라도 이는 노란색을 흑백으로 바꾸고 또
이를 복사한 과정에서 생긴 것입니다. 특별히 바꾸지 않은 경우의
글자의 색은 모두 푸른 색으로 만들었읍니다.
\begin{table}
\caption{Color Table of \texttt{colordvi} \label{tab:colordvi2}}
\begin{center}
\begin{tabular}{lll}
\Apricot{Apricot}              & \Aquamarine{Aquamarine}
      & \Bittersweet{Bittersweet} \\
\Black{Black}                  & \BlueViolet{BlueGreen}
      & \BlueGreen{BlueGreen} \\
```

```
\BrickRed{BrickRed}           & \Brown{Brown}
      & \BurntOrange{BurntOrange} \\
\CarnationPink{CarnationPink} & \CadetBlue{CadetBlue}
      & \CornflowerBlue{CornflowerBlue} \\
\Cerulean{Cerulean}           & \Cyan{Cyan}
      & \Dandelion {Dandelion} \\
\DarkOrchid {DarkOrchid}      & \Emerald {Emerald}
      & \ForestGreen {ForestGreen} \\
\Fuchsia {Fuchsia}            & \Goldenrod {Goldenrod}
      & \Gray {Gray} \\
\Green {Green}                & \GreenYellow {GreenYellow}
      & \JungleGreen {JungleGreen} \\
\Lavender {Lavender}          & \LimeGreen {LimeGreen}
      & \Magenta {Magenta} \\
\Mahogany {Mahogany}          & \Maroon {Maroon}
      & \Melon {Melon} \\
\MidnightBlue {MidnightBlue}  & \Mulberry {Mulberry}
      & \NavyBlue {NavyBlue} \\
\OliveGreen {OliveGreen}      & \Orange {Orange}
      & \OrangeRed {OrangeRed} \\
\Orchid {Orchid}              & \Peach {Peach}
      & \Periwinkle {Periwinkle} \\
\PineGreen {PineGreen}        & \Plum {Plum}
      & \ProcessBlue {ProcessBlue} \\
\Purple {Purple}              & \RawSienna {RawSienna}
      & \Red{Red} \\
\RedOrange{RedOrange}         & \RedViolet{RedViolet}
      & \Rhodamine {Rhodamine} \\
\RoyalBlue {RoyalBlue}        & \RoyalPurple {RoyalPurple}
```

```
      & \RubineRed {RubineRed} \\
\Salmon {Salmon}               & \SeaGreen {SeaGreen}
      & \Sepia {Sepia} \\
\SkyBlue {SkyBlue}             & \SpringGreen {SpringGreen}
      & \Tan {Tan} \\
\TealBlue {TealBlue}           & \Thistle {Thistle}
      & \Turquoise {Turquoise} \\
\Violet {Violet}               & \VioletRed {VioletRed}
      & \White {White} \\
\WildStrawberry {WildStrawberry} & \Black {Yellow}
      & \YellowGreen {YellowGreen} \\
\YellowOrange {YellowOrange}  & \White{White}   & \\
\end{tabular}
\end{center}
\end{table}
표~\ref{tab:colordvi2} 에서 노란 색은 노란 바탕에 묻히기 때문에
검정 색으로 만들었습니다.
\newpage
We can also make exact color as we wish;
\Color{.05 .7 .89 0}{This is a hand-made color} of
5\% Cyan, 70\% Magenta, 89\% Yellow and 0\% of Black.
\background{White}
On this page we renewed the backgound to White.
\textBlack
지금부터는 글자의 색이 검어집니다.
\textGreen
이제는 글자의 색이 Green으로 바뀝니다. 특정 부분의 색은
\Brown{Brown}으로 바꿀 수 있습니다.
\textOrange
```

```
아래의 수식을 포함하여 지금부터는 Orange 색입니다. 수식에서
``for''의 색은 Tan입니다.
\begin{equation}
f(x) = \frac{\Gamma(\alpha+\beta)}{\Gamma(\beta)\Gamma(\beta)}
x^{\alpha-1}(1-x)^{\beta-1} \Tan{\mbox{ for }} 0 <x< 1
\end{equation}
\end{document}
```

표 1: Color Table of `colordvi`

Apricot	Aquamarine	Bittersweet
Black	BlueGreen	BlueGreen
BrickRed	Brown	BurntOrange
CarnationPink	CadetBlue	CornflowerBlue
Cerulean	Cyan	Dandelion
DarkOrchid	Emerald	ForestGreen
Fuchsia	Goldenrod	Gray
Green	GreenYellow	JungleGreen
Lavender	LimeGreen	Magenta
Mahogany	Maroon	Melon
MidnightBlue	Mulberry	NavyBlue
OliveGreen	Orange	OrangeRed
Orchid	Peach	Periwinkle
PineGreen	Plum	ProcessBlue
Purple	RawSienna	Red
RedOrange	RedViolet	Rhodamine
RoyalBlue	RoyalPurple	RubineRed
Salmon	SeaGreen	Sepia
SkyBlue	SpringGreen	Tan
TealBlue	Thistle	Turquoise
Violet	VioletRed	WildStrawberry
Yellow	YellowGreen	YellowOrange
White		

참고: 이 보기에서 소개하는 표 1에 나온 색상은 흑백인쇄에서 보일 수 있도록 색을 변형하였습니다. 즉, LaTeX 소스 파일에서 사용한 각종 색상은 흑백인쇄에서는 너무 흐리기 때문에 어느 정도까지만 흐린 색으로 표를 만들었습니다. 원래의 원색표는 서문에 소개한 인터넷 사이트에서 확인할 수 있습니다.

이 보기는 `colordvi`의 사용예입니다. 이 면의 바탕은 회색이나 흰색으로 나오더라도 이는 노란색을 흑백으로 바꾸고 또 이를 복사한 과정에서 생긴 것입니다. 특별히 바꾸지 않은 경우의 글자의 색은 모두 푸른 색으로 만들었습니다. 표 1 에서 노란색은 노란 바탕에 묻히기 때문에 검정색으로 만들었습니다.

We can also make exact color as we wish; This is a hand-made color of 5% Cyan, 70% Magenta, 89% Yellow and 0% of Black. On this page we renewed the backgound to White. 지금부터는 글자의 색이 검어집니다. 이제는 글자의 색이 Green으로 바뀝니다. 특정 부분의 색은 Brown으로 바꿀 수 있습니다.

아래의 수식을 포함하여 지금부터는 Orange 색입니다. 수식에서 "for"의 색은 Tan입니다.

$$f(x) = \frac{\Gamma(\alpha+\beta)}{\Gamma(\beta)\Gamma(\beta)} x^{\alpha-1}(1-x)^{\beta-1} \text{ for } 0 < x < 1 \tag{1}$$

A.6. 여섯 번째 출력–temp6.tex

다음은 rotating 패키지의 사용한 입력과 출력이다. 현재 이 패키지는 알 수 없는 에러 메세지가 발생되고 있지만 출력은 정상적으로 나오고 있다. 이 패키지가 출력을 가로 또는 세로로 회전할 필요가 있을 때 유용하기 때문에 에러가 제작자에 의해 추후 수정될 것으로 보고 보기를 싣기로 한다.

```
\documentclass[11pt]{article}
\usepackage{syshan}
\usepackage{rotating}
\renewcommand{\baselinestretch}{1.4}
\begin{document}
\section{\lowercase{\texttt{rotating}} 패키지
        \label{ss:roatating}}
표 \ref{tab:sidewaystable}은 다음 명령의 결과이다.
\begin{sidewaystable}
\caption{\texttt{rotating} 패키지의 환경 (\texttt{sidewaystable}
                로 만듦) \label{tab:sidewaystable}}
\begin{center}
\begin{tabular}{lp{5in}}
\texttt{sideways} & \verb+\begin{sideways}+ 회전할 입력
                                      \verb+\end{sideways}+로
사용하며 주어진 내용을 시계 반대 방향으로 90도 회전시킨다. \\
\texttt{turn} & \verb+\begin{turn}{각도}+입력 \verb+\end{turn}+
                로 사용한다.
\texttt{turn} 은 주어진 내용을 주어진 각도만큼 회전시킨다. \\
\texttt{rotate} & \verb+\begin{rotate}{각도}+입력
                  \verb+\end{rotate}+로 사용한다.
\texttt{rotate} 도 주어진 내용을 주어진 각도만큼 회전시키는데
                \texttt{turn}과의 차이는 회전 후의 출력을 위한
```

```
                    공간을 남기지 않는다는 것이다. \\
\texttt{sidewaysfigure} & \verb+\begin{figure}+와
                    \verb+\end{figure}+의 \texttt{figure} 대신에
                    \texttt{sidewaysfigure}를 쓰면 그림을 90도
                    회전시킨다. \\
\texttt{sidewaystable} &\verb+\begin{table}+와
                   \verb+\end{table}+의 \texttt{table} 대신에
                   \texttt{sidewaystable}를 쓰면 표를 90도
                   회전시킨다.
\end{tabular}
\end{center}
\end{sidewaystable}
\texttt{rotating} 패키지가 제공하는 \texttt{sidewaystable}
환경과 \texttt{sidewaysfigure} 환경은 \LaTeX 의 \texttt{table}
환경과 \texttt{figure} 환경으로 대응시킬 수 있는데 세로보다
가로가 훨씬 길어서 출력을 돌려서 얻고 싶을 때 유용한 환경이다.
표~\ref{tab:sidewaystable}은 다음 명령의 결과이다.
\begin{verbatim}
\begin{sidewaystable}
\caption{\texttt{rotating} 패키지의 환경 (\texttt{
    sidewaystable}로 만듦) \label{tab:sidewaystable}}
\begin{tabular}{lp{5in}}
\texttt{sideways} & \verb+\begin{sideways}+ 회전할 입력
       \verb+\end{sideways}+ 로 사용하며 주어진 내용을
       시계 반대 방향으로 90도 회전시킨다. \\
\texttt{turn}     & \verb+\begin{turn}{각도}+입력
       \verb+\end{turn}+로 사용한다.  \texttt{turn}은
       주어진 내용을 주어진 각도만큼 회전시킨다. \\
\texttt{rotate} & \verb+\begin{rotate}{각도}+입력
```

```
        \verb+\end{rotate}+ 로 사용한다. \texttt{rotate}도
         주어진 내용을 주어진 각도만큼 회전시키는데
        \texttt{turn}과의 차이는 회전 후의 출력을 위한
        공간을 남기지 않는다는 것이다. \\
\texttt{sidewaysfigure} & \verb+\begin{figure}+ 와
        \verb+\end{figure}+의 \texttt{figure} 대신에
        \texttt{sidewaysfigure}를 쓰면 그림을 90도
        회전시킨다. \\
\texttt{sidewaystable} &\verb+\begin{table}+와
        \verb+\end{table}+의 \texttt{table} 대신에
        \texttt{sidewaystable} 를 쓰면 표를 90도
        회전시킨다.
\end{tabular}
\end{sidewaystable}
\end{verbatim } %% trick 주의
\end{document}
```

1. rotating 패키지

표 1은 다음 명령의 결과이다. rotating 패키지가 제공하는 sidewaystable 환경과 sidewaysfigure 환경은 LaTeX의 table 환경과 figure 환경으로 대응시킬 수 있는데 세로보다 가로가 훨씬 길어서 출력을 돌려서 얻고 싶을 때 유용한 환경이다. 표 1은 다음 명령의 결과이다.

```
\begin{sidewaystable}
\caption{\texttt{rotating} 패키지의 환경 (\texttt{
    sidewaystable}로 만듦) \label{tab:sidewaystable}}
\begin{tabular}{lp{5in}}
\texttt{sideways} & \verb+\begin{sideways}+ 회전할 입력
        \verb+\end{sideways}+ 로 사용하며 주어진 내용을
        시계 반대 방향으로 90도 회전시킨다. \\
\texttt{turn}      & \verb+\begin{turn}{각도}+입력
        \verb+\end{turn}+로 사용한다.  \texttt{turn}은
        주어진 내용을 주어진 각도만큼 회전시킨다. \\
\texttt{rotate} & \verb+\begin{rotate}{각도}+입력
         \verb+\end{rotate}+ 로 사용한다. \texttt{rotate}도
          주어진 내용을 주어진 각도만큼 회전시키는데
         \texttt{turn}과의 차이는 회전 후의 출력을 위한
         공간을 남기지 않는다는 것이다. \\
\texttt{sidewaysfigure} & \verb+\begin{figure}+ 와
         \verb+\end{figure}+의 \texttt{figure} 대신에
         \texttt{sidewaysfigure}를 쓰면 그림을 90도
         회전시킨다. \\
\texttt{sidewaystable} &\verb+\begin{table}+와
         \verb+\end{table}+의 \texttt{table} 대신에
         \texttt{sidewaystable} 를 쓰면 표를 90도
         회전시킨다.
```

표 1: rotating 패키지의 환경 (sidewaystable로 만듦)

sideways	\begin{sideways} 회전할 입력 \end{sideways}로 사용하며 주어진 내용을 시계 반대 방향으로 90도 회전시킨다.
turn	\begin{turn}{각도}입력 \end{turn}로 사용한다. turn 은 주어진 내용을 주어진 각도만큼 회전시킨다.
rotate	\begin{rotate}{각도}입력 \end{rotate}로 사용한다. rotate 도 주어진 내용을 주어진 각도만큼 회전시키는데 turn과의 차이는 회전 후의 출력을 위한 공간을 남기지 않는다는 것이다.
sidewaysfigure	\begin{figure}와 \end{figure}의 figure 대신에 sidewaysfigure를 쓰면 그림을 90도 회전시킨다.
sidewaystable	\begin{table}와 \end{table}의 table 대신에 sidewaystable를 쓰면 표를 90도 회전시킨다.

```
\end{tabular}
\end{sidewaystable}
```

A.7. 일곱 번째 출력–temp7.tex

다음은 LaTeX의 \label, \ref, \pageref 명령과 hyperref 패키지에 있는 명령으로 하이퍼링크 기능이 추가된 PDF 파일을 만드는 것이다.

```
\documentclass[11pt,leqno]{report}
\usepackage{hangul,makeidx,color,varioref}
\usepackage[dvips, pdfpagemode=UseOutlines,
breaklinks, backref, pagebackref,pageanchor,
hyperfootnotes=true,
final,bookmarksopen=true]{hyperref}
\newtheorem{theorem}{정리}[chapter]
\newtheorem{defn}{정의}[chapter]
\newtheorem{example}{보기}[chapter]
\newcommand{\dis}{\displaystyle}
\makeindex
\begin{document}
%\pagestyle{lineheading}
\title{두 번째 TEMPLATE}
\author{저자}
\maketitle
\setcounter{page}{369}
\tableofcontents
\chapter{Descriptive Statistics}
이 장에서는 모집단의 성질에 대해 간단히 알아보는
기술통계량(Descriptive Statistics)에 사용되는
평균, 중앙값, 분산 그리고
\hyperlink{cov}{공분산}에 대해 알아보기로 하자.
\section{Mean\label{ss:mean}}\index{Mean}\index{평균}
평균에는 흔히 평균이라고 말하는 산술평균 외에 기하평균과
```

```
조화평균\myfootnote{조화평균의 설명은 Feller \cite{f1}
참조.}이 있다.
\begin{enumerate}
\item 산술평균: $x_1,x_2,\cdots, x_n$의 산술평균은
$\bar{x}$로 나타내고 그 값은
\begin{equation}
\bar{x} =\frac{x_i\mbox{들의 합}}{x_i \mbox{의 개수}} =
\frac{\sum_{i=1}^n x_i}{n}
\end{equation}
로 계산한다.
\item 기하평균: $x_1,x_2,\cdots, x_n$의 기하평균은 $G$로
나타내고 그 값은
\begin{equation}
G =\sqrt[n]{x_i\mbox{들의 곱}}=\sqrt[n]{\prod_{i=1}^n x_i}
\end{equation}
로 계산한다.
\end{enumerate}
\section{Median \label{ss:median}}%
\index{Median}\index{중앙값}
\colorbox{yellow}{\hyperdef{stat}{median}{중앙값}}%
(Median)은 관측치를 순서대로 나열하였을 때 중앙에 위치하는 값을
말한다.  $n$ 개의 관측치  $x_1,x_2,\cdots, x_n$의 중앙값 $M$은
\begin{equation}
M = \left\{ \begin{array}{ll}
{\dis \frac{n+1}{2} }\mbox{번째 관측치} & n \mbox{이 홀수} \\
n \mbox{번째와} (n+1) \mbox{번째의 평균} & n \mbox{ 짝수}
\end{array} \right.
\end{equation}
\section{Variance}\index{Variance}\index{분산}
```

```
제 \ref{ss:mean}절과 제 \autoref{ss:median}절의
\hyperref[ss:mean]{평균}과 중앙값등은 모집단의
중심위치에 대한 측도이다.
이 절에서는 산포의 측도인 분산에 대해 알아보자.
\begin{defn}[분산]  \label{def:var}
$x_1,x_1,\cdots,x_n$의 분산은 $Var(x)$로 나타내고
$$ Var(x) = \frac{\sum_{i=1}^n (x_i-\bar{x})^2}{n-1} $$
으로 계산한다.
\end{defn}
\pageref{def:var}면의 정의 \ref{def:var}의 양의 제곱근을
``표준편차''라 한다.
\begin{quote}
\bf{참고}: 분산의 정의 \ref{def:var} 에서 분모를 $n$ 을 쓰기도
하지만 여러 가지 통계적 성질을 고려할 때 $n-1$이 더 합리적이다.
(Hogg and Craig \cite{h1} 참고) $n \to \infty$ 이면
두 계산의 차이는 없어진다.
\end{quote}
\section{\mbox{공분산}}\index{공분산}\index{Covariance}
쌍으로 이루어진  두 관측치 $(x_1, y_1), (x_2,y_2), \cdots,
(x_n,y_n)$의 \colorbox{yellow}{\hypertarget{cov}{공분산}}은
$Cov(x,y)$로 나타내고 그 계산은
\begin{eqnarray}
Cov(x,y) & = & \frac{\sum_{i=1}^n (x_i-\bar{x})(y_i-\bar{x})}
               {n-1} \\ \nonumber
          & = & \frac{\dis \sum_{i=1}^n x_iy_i- n
        \bar{x}\bar{y}}{n-1}
\end{eqnarray}
으로 한다. 위 두 식에서 $\sum$의 모양이 어떻게 달라졌는지와
첫 번째 식은 번호가 있고 두 번째 식은 번호가 없음을
```

```
유의하기 바란다.
\chapter{Second Chapter}
\texttt{report} 스타일에서는 장이 바뀌면 새 면에서 시작한다.
\verb+\chapter+라고하면 장의 수는 자동적으로 1 증가하며 그에
따르는 절의 수는 장의 번호바뀜에 따라 다시 1부터 시작된다.
\section{표}
이 절에서는 \texttt{table} 환경과 \texttt{tabular} 환경으로
표를 만들어 보자. 표~\ref{tab:ex}는 보기를 위해 만든 임의의
표인데 \texttt{center} 환경을 사용하였다.
\begin{table}[h]
\begin{center}
\begin{tabular}{lccc} \hline
Primary & \multicolumn{3}{c}{Secondary} \\ \cline{2-4}
        & Yes     & No            & Total \\ \hline
Yes     & $\pi^2$ & $\pi(1-\pi)$ & $\pi$ \\
No      &   --    & $1-\pi$       & $1-\pi$  \\ \hline
\end{tabular}
\end{center}
\caption{예를 위한 표 \label{tab:ex}}
\end{table}
\section{\mbox{\LaTeX 의 박스}}
이 절에는 박스의 예인 세 가지 \verb+\fbox+, \verb+\parbox+
및 \texttt{minipage} 환경의 출력을 포함하였다.\\
\noindent
\fbox{\parbox{.45\textwidth}{
이 박스에는 테두리가 있다는데 이는
\texttt{\symbol{92}fbox} 를 이용한 것이다.}} \hfill
\fbox{
\begin{minipage}{.47\textwidth}
```

```
\begin{theorem} $p$와 $q$가 임의의 명제라 하면
\renewcommand{\theenumi}{(\Alph{enumi})}
\begin{enumerate}
\item $p \Rightarrow p \vee q$.
\item $(p \vee q)\wedge \sim p \Rightarrow q$.
\end{enumerate}
이 성립한다.
\end{theorem}
\end{minipage}}
\begin{thebibliography}{99}
\addcontentsline{toc}{chapter}{참고문헌}
\bibitem{f1} Feller, W. (1966) \textit{An Introduction
to Probability Theory and Its Applications},
vol {\bf 2}, Wiley, New York, NY.

\bibitem{h1} Hogg, R. V. and Craig, A. T.
\textit{Introduction to Mathematical Statistics},
4th edition, MacMillan, New York, NY.

\end{thebibliography}
\printindex
\end{document}
```

일곱 번째 TEMPLATE

저자

2009년 6월 15일

차 례

제 1 장

Descriptive Statistics

이 장에서는 모집단의 성질에 대해 간단히 알아보는 기술통계량(Descriptive Statistics)에 사용되는 평균, 중앙값, 분산 그리고 공분산에 대해 알아보기로 하자.

제 1 절 Mean

평균에는 흔히 평균이라고 말하는 산술평균 외에 기하평균과 조화평균[1]이 있다.

1. 산술평균: $x_1, x_2, \cdots, x_n$의 산술평균은 $\bar{x}$로 나타내고 그 값은

   $$\bar{x} = \frac{x_i\text{들의 합}}{x_i\text{의 개수}} = \frac{\sum_{i=1}^{n} x_i}{n} \tag{1.1}$$

   로 계산한다.

2. 기하평균: $x_1, x_2, \cdots, x_n$의 기하평균은 G로 나타내고 그 값은

   $$G = \sqrt[n]{x_i\text{들의 곱}} = \sqrt[n]{\prod_{i=1}^{n} x_i} \tag{1.2}$$

   로 계산한다.

[1] 조화평균의 설명은 Feller [1] 참조.

제 2 절 Median

중앙값(Median)은 관측치를 순서대로 나열하였을 때 중앙에 위치하는 값을 말한다. n 개의 관측치 $x_1, x_2, \cdots, x_n$의 중앙값 M은

$$M = \begin{cases} \dfrac{n+1}{2}\text{번째 관측치} & n\text{이 홀수} \\ n\text{번째와}(n+1)\text{번째의 평균} & n \text{ 짝수} \end{cases} \tag{1.3}$$

제 3 절 Variance

제 1절과 제 section 2절의 평균과 중앙값등은 모집단의 중심위치에 대한 측도이다. 이 절에서는 산포의 측도인 분산에 대해 알아보자.

정의 1.1 (분산) *$x_1, x_1, \cdots, x_n$의 분산은 $Var(x)$로 나타내고*

$$Var(x) = \frac{\sum_{i=1}^{n}(x_i - \bar{x})^2}{n-1}$$

으로 계산한다.

724면의 정의 1.1의 양의 제곱근을 “표준편차”라 한다.

> **참고: 분산의 정의 1.1 에서 분모를 n 을 쓰기도 하지만 여러 가지 통계적 성질을 고려할 때 $n-1$이 더 합리적이다. (Hogg and Craig [2] 참고) $n \to \infty$ 이면 두 계산의 차이는 없어진다.**

제 4 절 공분산

쌍으로 이루어진 두 관측치 $(x_1, y_1), (x_2, y_2), \cdots, (x_n, y_n)$의 공분산은 $Cov(x, y)$로 나타내고 그 계산은

$$\begin{aligned} Cov(x,y) &= \frac{\sum_{i=1}^{n}(x_i - \bar{x})(y_i - \bar{x})}{n-1} \\ &= \frac{\displaystyle\sum_{i=1}^{n} x_i y_i - n\bar{x}\bar{y}}{n-1} \end{aligned} \tag{1.4}$$

으로 한다. 위 두 식에서 $\sum$의 모양이 어떻게 달라졌는지와 첫 번째 식은 번호가 있고 두 번째 식은 번호가 없음을 유의하기 바란다.

제 2 장

Second Chapter

report 스타일에서는 장이 바뀌면 새 면에서 시작한다. \chapter라고하면 장의 수는 자동적으로 1 증가하며 그에 따르는 절의 수는 장의 번호바뀜에 따라 다시 1부터 시작된다.

제 1 절 표

이 절에서는 table 환경과 tabular 환경으로 표를 만들어 보자. 표 2.1는 보기를 위해 만든 임의의 표인데 center 환경을 사용하였다.

Primary	Secondary		
	Yes	No	Total
Yes	π^2	$\pi(1-\pi)$	π
No	–	$1-\pi$	$1-\pi$

표 2.1: 예를 위한 표

제 2 절 LaTeX의 박스

이 절에는 박스의 예인 세 가지 \fbox, \parbox 및 minipage 환경의 출력을 포함하였다.

이 박스에는 테두리가 있다는데 이는 \fbox 를 이용한 것이다.

정리 2.1 *p와 q가 임의의 명제라 하면*

(A). $p \Rightarrow p \vee q.$

(B). $(p \vee q) \wedge \sim p \Rightarrow q.$

이 성립한다.

참고 문헌

[1] Feller, W. (1966) *An Introduction to Probability Theory and Its Applications*, vol **2**, Wiley, New York, NY. 723

[2] Hogg, R. V. and Craig, A. T. *Introduction to Mathematical Statistics*, 4th edition, MacMillan, New York, NY. 724

찾아보기

A.8. 여덟 번째 출력–temp8.tex

다음의 소스는 그림 파일 hallymboy.jpg 및 음성 파일 spacemimusic.au, newsalarm.wav 및 동영상 파일 hallym.avi이 필요하다. 이 소스의 결과는 CD에 temp8.pdf로 저장되어 있으며, 이 책에 실린 출력은 매 프레임의 마지막 슬라이드이다. 이 파일은 pdflatex으로 컴파일하는 것이 권장된다.

```
\documentclass[article]{beamer}
\usepackage{syshan}
\usepackage{latexcad}
\usepackage{multimedia}
\usepackage{colortbl}
\usepackage{hyperref}
\usetheme{Madrid}
\title{피타고라스 정리}
\author[심송용]{한림대학교 통계학과 \\
                \texttt{sysim@hallym.ac.kr}}
\date[\today]{한국통계학회 2009년 추계학술대회}
\begin{document}
\begin{frame}
\begin{columns}[T]
\frametitle{그림파일과 이단편집}
\begin{column}{2in}
\includegraphics[width=1.50in, height=2.32in]
                   {./images/hallymboy.jpg}
\end{column}
\begin{column}[t]{8cm}<2->
\begin{itemize}[<+->]
\item 통계의 마술
\item 5\% 의 진정한 의미
```

```
\item 등등
\end{itemize}
\end{column}
\end{columns}

\hypertarget<1>{page:first}{}
\end{frame}

\begin{frame}
\frametitle{Hyperlinks}
\begin{center}
\begin{tabular}{|c|c|c|c|} \hline
1 & 2 & 3 & 4 \\ \hline
\hyperlink{page:table1}{\beamerbutton{table 1}} &
\hyperlink{page:first}{\beamerreturnbutton{Jump to first}} &
\hyperlink{item:two}{\beamergotobutton{Jump to the 2nd item}} &
\hyperlink{page:last}{\beamerskipbutton{Jump to last}}
                                                  \\ \hline
\end{tabular}
\end{center}
\begin{center}
\renewcommand{\insertgotosymbol}{$\Uparrow$}
\renewcommand{\insertskipsymbol}{$\Rightarrow$}
\renewcommand{\insertreturnsymbol}{$\Leftarrow$}
\begin{tabular}{|c|c|c|c|} \hline
5 & 6 & 7 & 8 \\ \hline
\hyperlink{page:table1}{\beamerbutton{Go to table 1}} &
\hyperlink{page:first}{\beamerreturnbutton{Jump to the first
                                                     page}} &
```

```
\hyperlink{item:two}{\beamergotobutton{Jump to the 2nd item}} &
\hyperlink{page:last}{\beamerskipbutton{Jump to the lst page}}
                                                        \\ \hline
\end{tabular}
\end{center}
\begin{center}
\begin{tabular}{|c|c|} \hline
9 & 10  \\ \hline
\hyperlinkslideprev{\beamerreturnbutton{prev}} &
\hyperlinkslidenext{\beamerskipbutton{next}}
  \\ \hline
\end{tabular}
\end{center}
\end{frame}


\begin{frame}
\frametitle{Row-wise display}
\begin{center}
\begin{tabular}{l!{\vrule}rrrrr}\hline
\rowcolor[cmyk]{0,0,1,0}
age groupe        & 10s & 20s & 30s & 40s    & 합\\ \hline
\pause남          &  10 &   5 & 78  & 45     & 138 \\
\pause여          &  15 & 34  &  2  & 12     &  63\\
\pause합          &  25 & 39  & 80  & 57     & 201\\ \hline
\end{tabular}
\end{center}
\hypertarget<2>{item:two}{}
\end{frame}
```

```
\begin{frame}
\frametitle{Column-wise display}
\begin{center}
\begin{tabular}{c!{\vrule} r<{\onslide<2->} r<{\onslide<3->}
                r<{\onslide<4->} r<{\onslide<4->} r<{\onslide}r}
age groupe & 10s & 20s & 30s & 40s   & 합\\
남          &  10 &  5  & 78  & 45    & 138 \\
여          &  15 & 34  &  2  & 12    &  63\\
합          &  25 & 39  & 80  & 57    & 201
\end{tabular}
\end{center}
\hypertarget{page:table1}{}
\end{frame}

\begin{frame}
\frametitle{Sound Effects}
Music playes
\begin{itemize}
\item \sound[inlinesound, repeat, label=Music1]{Can you hear the
                        Music?}{./multimedia/spacemusic.au}
\item Auto Start \sound[inlinesound, autostart, loop,
                    label=Music2]{}{./multimedia/spacemusic.au}
\item \sound[inlinesound, loop, channels=1, encoding=Signed,
              samplingrate=22050, bitpersample=8, label=Music3]
          {뉴스알람1}{./multimedia/newsalarm.wav}
\item \sound[inlinesound, loop, channels=1, encoding=ALaw,
              samplingrate=22050, bitpersample=8, label=Music4]
          {뉴스알람2}{./multimedia/newsalarm_ALaw.wav}
```

```
\end{itemize}
\hyperlinkmute{\beamerbutton{Stop the Music}}
\hyperlinksound{Music1}{\beamerbutton{Start Music 1}}
\hyperlinksound{Music2}{\beamerbutton{Start Music 2}}
\hyperlinksound{Music3}{\beamerbutton{Start Music 3}}
\hyperlinksound{Music4}{\beamerbutton{Start Music 4}}
\end{frame}

\begin{frame}
\frametitle{Movie Embeding Effects}
\begin{center}

\begin{tabular}{|c|c|c|}\hline
Movie 1 & Movie 2 & Movie 3 \\ \hline
\movie[borderwidth=1pt, loop, showcontrols=true, label=Movie1,
                              poster, width=100pt, height=80pt]
     {}{./multimedia/hallym.avi} &
\movie[borderwidth=0pt, loop, start=0.5s, showcontrols=true,
                         label=Movie2, width=3cm, height=2.4cm]
     {Twing.avi}{./multimedia/hallym.avi} &
\movie[borderwidth=0pt, loop, label=Movie3, externalviewer]
     {\underline{Play Movie}}{./multimedia/hallym.avi}
                                                      \\ \hline
\end{tabular}
\end{center}
\begin{center}
\hyperlinkmovie[resume]{Movie1}{\beamerbutton{Resume Movie 1}}
\hyperlinkmovie[stop]{Movie1}{\beamerbutton{Stop Movie 1}}
\hyperlinkmovie[pause]{Movie2}{\beamerbutton{Pause Movie 2}}
```

```
\hyperlinkmovie[resume]{Movie2}{\beamerbutton{Resume Movie 2}}
\end{center}
\hypertarget{page:last}{}
\end{frame}
\end{document}
```

그림파일과 이단편집
통계의 마술
5% 의 진정한 의미
등등
HL
심송용 ()
피타고라스 정리
2009년 6월 15일
1 / 6

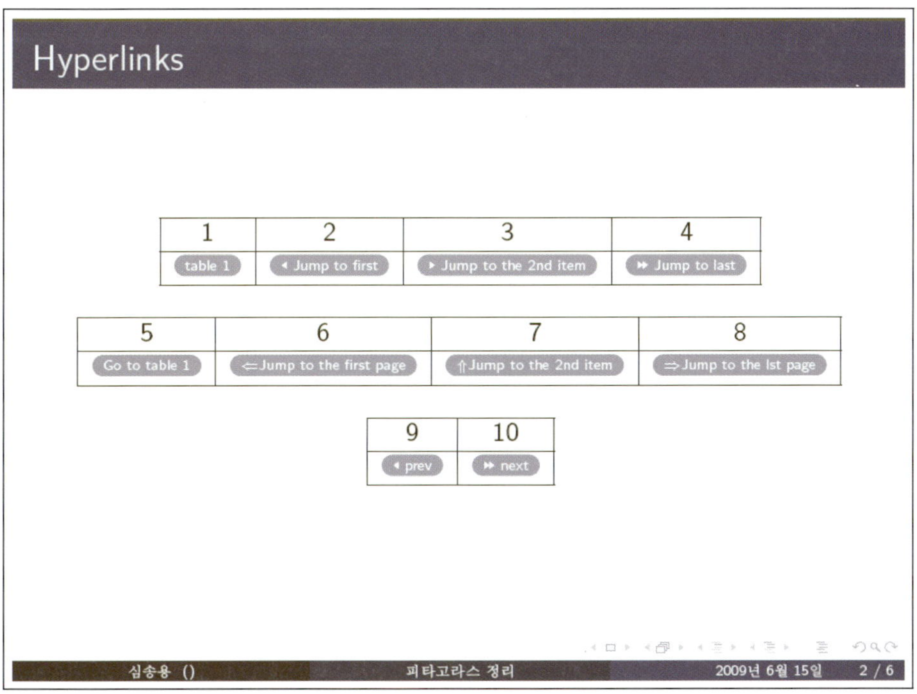
Hyperlinks
1
2
3
4
table 1
Jump to first
Jump to the 2nd item
Jump to last
5
6
7
8
Go to table 1
⇐Jump to the first page
⇑Jump to the 2nd item
⇒Jump to the lst page
9
10
prev
next
심송용 ()
피타고라스 정리
2009년 6월 15일
2 / 6

Row-wise display

age groupe	10s	20s	30s	40s	합
남	10	5	78	45	138
여	15	34	2	12	63
합	25	39	80	57	201

심송용 () 피타고라스 정리 2009년 6월 15일 3 / 6

Column-wise display

age groupe	10s	20s	30s	40s	합
남	10	5	78	45	138
여	15	34	2	12	63
합	25	39	80	57	201

심송용 () 피타고라스 정리 2009년 6월 15일 4 / 6

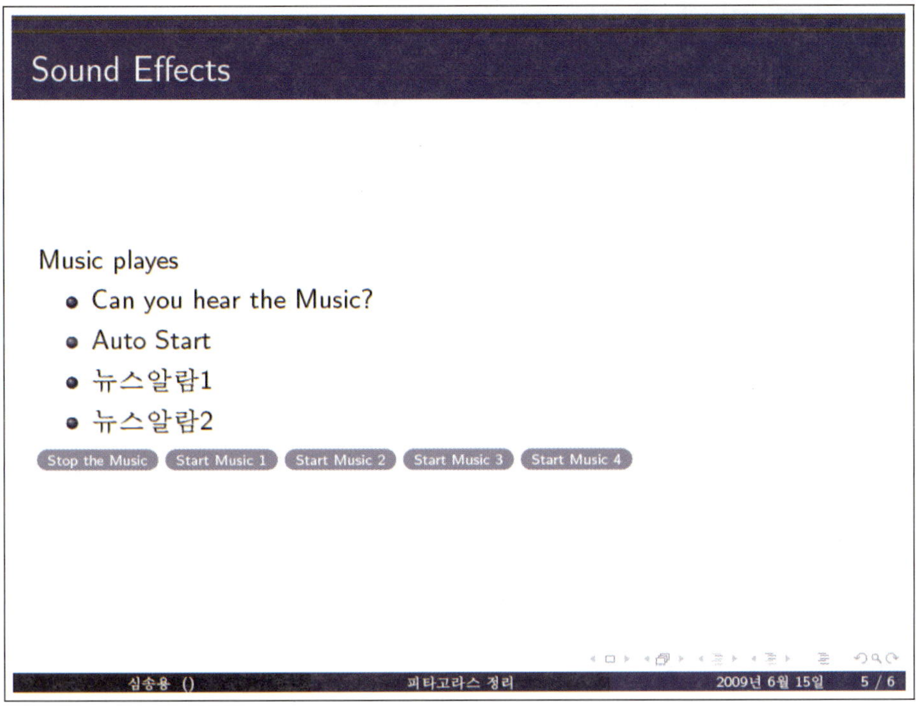
Sound Effects
Music playes
Can you hear the Music?
Auto Start
뉴스알람1
뉴스알람2
Stop the Music
Start Music 1
Start Music 2
Start Music 3
Start Music 4
심송용 ()
피타고라스 정리
2009년 6월 15일
5 / 6

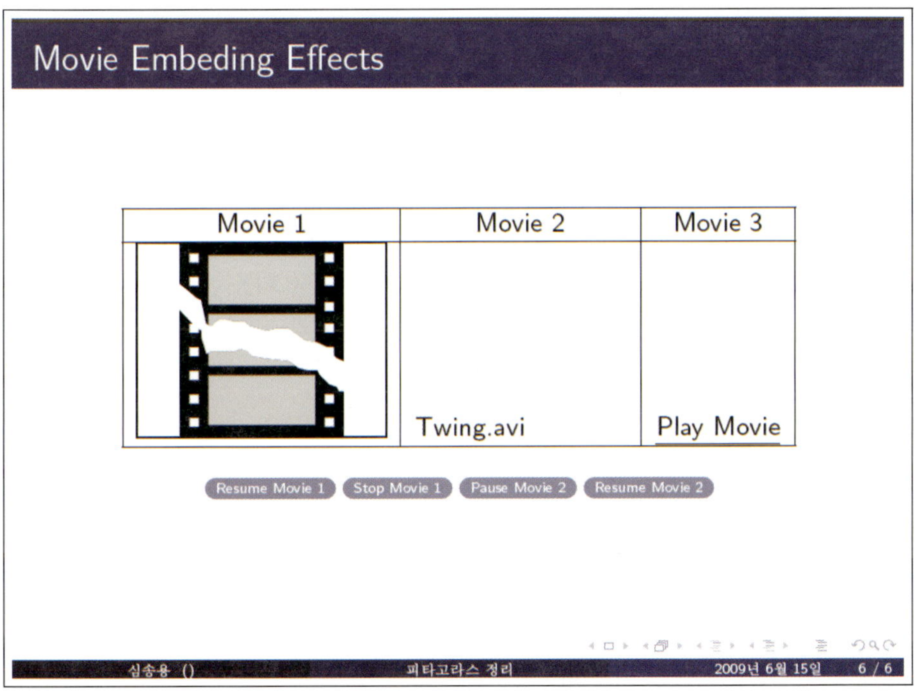
Movie Embeding Effects
Movie 1
Movie 2
Movie 3
Twing.avi
Play Movie
Resume Movie 1
Stop Movie 1
Pause Movie 2
Resume Movie 2
심송용 ()
피타고라스 정리
2009년 6월 15일
6 / 6

A.9. 아홉 번째 출력–temp9.tex

이번 보기는 latexcad 패키지 또는 epic 및 eepic이 필요하며, 이 패키지가 pdflatex과 호환이 부족하여 latex → dvips → ps2pdf 순서로 PDF로 변환하기를 권장한다.

이 소스의 결과는 CD에 temp9.pdf로 저장되어 있으며, 이 책에 실린 출력은 매 프레임의 마지막 슬라이드 중의 일부이다.

```
\documentclass{beamer}
\usepackage{syshan}
\usepackage{latexcad}
\usepackage{colortbl}
\usepackage{latexcad}
\usetheme{Madrid}

\begin{document}

\title{\LaTeX \textsc{Beamer} 보기}
\subtitle{itemize, enumerate, description}
\author[심송용]{\texttt{sysim@hallym.ac.kr}}
\date[\today]{한국통계학회 2009년 춘계학술대회}
\institute{한림대 통계학과}

\begin{frame}
\titlepage
\end{frame}


\setbeamercovered{transparent=20}
```

```
\begin{frame}
\frametitle{pause 보기}
The first slide \\
\pause
두 번째 화면 \\
\pause
The third slide \\
\pause[2]
두 번째 이후에는 계속 보입니다. \\
\pause
The last slide \\
\end{frame}

\begin{frame}
\frametitle{onslide 보기-공간 차지}
\onslide<1>{첫 번째 슬라이드에만 보입니다. \\}
\onslide<2>{두 번째 슬라이드에만 보입니다.\\}
\onslide<3->{세 번째 슬라이드 이후 보입니다.\\}
\onslide<4>{네 번째 슬라이드에만 보입니다.}
\end{frame}

\begin{frame}
\frametitle{only 보기-공간 없음}
\only<1>{첫 번째 슬라이드에만 보입니다.\\}
\only<2>{두 번째 슬라이드에만 보입니다.\\}
\only<3->{세 번째 슬라이드 이후 보입니다.\\}
\only<4>{네 번째 슬라이드에만 보입니다.}
\end{frame}
```

```
\setbeamercovered{highly dynamic}
\begin{frame}
\frametitle{\texttt{uncover} 보기-공간 차지}
\uncover<1>{첫 번째 슬라이드에만 보입니다.\newline}
\uncover<2>{두 번째 슬라이드에만 보입니다.\newline}
\uncover<3>{세 번째 슬라이드 이후 보입니다.\newline}
\uncover<4>{네 번째 슬라이드에만 보입니다.}
\end{frame}

\begin{frame}
\frametitle{\texttt{visible} 보기-공간 있으나 transparency 0}
\visible<1>{첫 번째 슬라이드에만 보입니다.\newline}
\visible<2>{두 번째 슬라이드에만 보입니다.\newline}
\visible<3->{세 번째 슬라이드 이후 보입니다.\newline}
\visible<4>{네 번째 슬라이드에만 보입니다.}
\end{frame}

\begin{frame}
\frametitle{\texttt{invisible} 보기-공간 있으나 transparency 0}
\invisible<1>{첫 번째 슬라이드에만 안 보입니다.\newline}
\invisible<2>{두 번째 슬라이드에만 안 보입니다.\newline}
\invisible<3->{세 번째 슬라이드 이후 안 보입니다.\newline}
\invisible<4>{네 번째 슬라이드에만 안 보입니다.}
\end{frame}

\begin{frame}
\frametitle{\texttt{alt} 보기-공간 없음}
\begin{itemize}
\item<1>{첫 번째 슬라이드에만 보입니다.\newline}
```

```
\item<2> \alt<2>{두 번째 슬라이드에만 보입니다.\newline}
     {네 번째 슬라이드에만 보입니다.\newline}
\item<3->{세 번째 슬라이드 이후 보입니다.\newline}
\item<4>{네 번째 슬라이드에만 보입니다.}
\end{itemize}
\end{frame}

\begin{frame}
\frametitle{\texttt{temporal} 보기-공간 있음}
\onslide<1>{첫 번째 슬라이드에만 보입니다.\\}
\temporal<2>{Before 2nd slide\\}{두 번째 슬라이드에만 보입니다.\\}
            {After 2nd slide\\}
\onslide<3->{세 번째 슬라이드 이후 보입니다.\\}
\onslide<4>{네 빈째 슬라이드에만 보입니다.}
\end{frame}

\setbeamertemplate{blocks}[rounded][shadow=true]

\begin{frame}
\frametitle{삼각형의 성질}
\begin{block}<1->{삼각형의 성질 1}
\alert{삼각형}은 한변의 길이가 나머지 두변의 길이의 합보다 작다.
\end{block}

\begin{block}<2->{삼각형의 종류}
\begin{itemize}
\item<2-> 예각 삼각형
\item<3-> 직각 삼각형
\item<4-> 둔각 삼각형
```

```
\end{itemize}
\end{block}
\end{frame}

\setbeamercovered{transparent=25}
\begin{frame}
\frametitle{삼각형의 성질}
\begin{definition}
\alert{삼각형}은 한변의 길이가 나머지 두변의 길이의 합보다 작다.
\end{definition}
\onslide<2-> 삼각형의 종류
\begin{itemize}
\item<2-> 예각 삼각형
\item<3-> 직각 삼각형
\item<4-> 둔각 삼각형
\end{itemize}
\end{frame}

\begin{frame}
\frametitle{보기}
\begin{itemize}[<+-| alert@+>]
\item 2, 4, 5 는 삼각형이다.
\item 2, 3, 5 는 삼각형이 될 수 없다.
\item 7, 4, 5 는 삼각형이다.
\end{itemize}
\uncover<2->{삼각형 세 내각의 합은 $2\pi$ 이다.}
\end{frame}

\begin{frame}
```

```
\frametitle{enumerate 보기}
\begin{enumerate}[<+->][I:]
\item 2, 4, 5 는 삼각형이다.
\item 2, 3, 5 는 삼각형이 될 수 없다.
\item 7, 4, 5 는 삼각형이다.
\end{enumerate}
\end{frame}

\begin{frame}
\frametitle{description 보기}
\begin{description}[<+->][제일 긴 항목]
\item[항목 1] 2, 4, 5 는 삼각형이다.
\item[제일 긴 항목] 2, 3, 5 는 삼각형이 될 수 없다.
\item[항목 3] 7, 4, 5 는 삼각형이다.
\end{description}
\end{frame}

\begin{frame}
\frametitle{description 보기}
\begin{description}[<+->][항목 1]
\item[항목 1] 2, 4, 5 는 삼각형이다.
\item[제일 긴 항목] 2, 3, 5 는 삼각형이 될 수 없다.
\item[항목 3] 7, 4, 5 는 삼각형이다.
\end{description}
\end{frame}

\begin{frame}
\frametitle{필요한 가정}
\begin{block}<1->{Answered Question}
```

```
  \begin{enumerate}
    \item<2-> 세 내각의 합은 180이다.
    \item<3-> $n$ 각형의 내각의 합은 $180(n-2)$ 이다.
  \end{enumerate}
\end{block}
\begin{block}<4->{Open Question}
 삼각형의 세변의 길이를 $a$, $b$, $c$라고 할 때
 $a^2, b^2$ 및 $c^2$의 관계
\end{block}
\end{frame}

\begin{frame}
\frametitle{Therem env}
\begin{theorem}<1->[이등변 삼각형의 성질]<1->
이등변 삼각형의 두 각은 같다.
\end{theorem}
\begin{proof}<3->[Sketch of Proof]
꼭지점에서 내린 수선으로 양분되는 삼각형이 합동이다.
\end{proof}
\begin{example}<2->[정삼각형도 이등변 삼각형]
두각이 60인 이등변삼각형은 정삼각형이다.
\end{example}
\end{frame}

\begin{frame}
\frametitle{자동으로 보이기}
\begin{itemize}[<+-| alert@+>]
\item $\int_0^1 f(x) dx$
\item $S = \sum_{i=1}^n a_i$
```

```
\item  세 번째 항목
\item  The last item
\end{itemize}
\end{frame}

\begin{frame}
\frametitle{opaqueness와 setbeamercovered}
\setbeamercovered{still covered={\opaqueness<1->{15}},
                  again covered={\opaqueness<1->{45}}}
\begin{itemize}
\item<1> $\int_0^1 f(x) dx$
\item<2> $S = \sum_{i=1}^n a_i$
\item<3> 세 번째 항목
\item<4> The last item
\end{itemize}
\end{frame}

\setbeamercovered{invisible}
\begin{frame}
\frametitle{알고리즘}
\begin{semiverbatim}
\uncover<1->{\alert<1>{public static void main() \{}} \newline
\uncover<2->{\alert<2>{\mbox{  }float sum, x;}} \newline
\uncover<2->{\alert<2>{\mbox{  }int n=length(x);}} \newline
\uncover<3->{\alert<3>{\mbox{  }for (i=0; i < n; i++) \{ }}
\newline
\uncover<3->{\alert<3>{\mbox{  }\mbox{  }sum = sum + x[i];}}
\newline
\uncover<3->{\alert<3>{\mbox{  }\}}} \newline
```

```
\uncover<4->{\alert<4>{\mbox{  }print sum;}} \newline
\uncover<1->{\alert<1>{\}}}
\end{semiverbatim}
\end{frame}

\newcommand{\myfirstline}{%
\path(14.0,14.0)(14.0,14.0)(14.34,14.15)(14.7,14.31)(15.05,14.47)
(15.41,14.65)(15.77,14.81)(16.11,14.99)(16.45,15.15)(16.79,15.34)
\path(16.79,15.34)(17.13,15.52)(17.47,15.7)(17.81,15.88)
(18.13,16.06)(18.47,16.24)(18.79,16.43)(19.13,16.61)(19.45,16.81)
(19.77,17.0)
\path(19.77,17.0)(20.09,17.2)(20.4,17.4)(20.7,17.59)(21.02,17.79)
(21.33,18.0)(21.63,18.2)(21.93,18.4)(22.25,18.61)(22.54,18.83)
\path(22.54,18.83)(22.84,19.04)(23.13,19.25)(23.43,19.47)
(23.72,19.7)(24.0,19.91)(24.29,20.13)(24.56,20.36)
(24.84,20.59)(25.11,20.81)
\path(25.11,20.81)(25.4,21.04)(25.66,21.27)(25.93,21.52)
(26.2,21.75)(26.47,21.99)(26.74,22.24)(27.0,22.47)
(27.25,22.72)(27.5,22.97)
\path(27.5,22.97)(27.75,23.22)(28.02,23.47)(28.25,23.72)
(28.5,23.97)(28.75,24.24)(28.99,24.49)(29.22,24.75)
(29.47,25.02)(29.7,25.27)
\path(29.7,25.27)(29.93,25.54)(30.15,25.81)(30.38,26.09)
(30.61,26.36)(30.84,26.63)(31.06,26.91)(31.27,27.18)
(31.49,27.47)(31.7,27.75)
\path(31.7,27.75)(31.9,28.04)(32.11,28.33)(32.31,28.61)
(32.52,28.9)(32.72,29.2)(32.93,29.5)(33.11,29.79)
(33.31,30.09)(33.5,30.4)
\path(33.5,30.4)(33.68,30.7)(33.88,31.0)(34.06,31.31)
```

```
(34.24,31.61)(34.41,31.93)(34.59,32.24)(34.77,32.56)
(34.95,32.88)(35.11,33.18)
\path(35.11,33.18)(35.27,33.52)(35.45,33.84)(35.61,34.15)
(35.77,34.49)(35.91,34.81)(36.08,35.15)(36.22,35.47)
(36.38,35.81)(36.52,36.15)
\path(36.52,36.15)(36.66,36.49)(36.81,36.84)(36.95,37.18)
(37.09,37.52)(37.22,37.86)(37.36,38.22)(37.5,38.56)(37.61,38.91)
(37.75,39.27)
\path(37.75,39.27)(37.86,39.63)(37.99,39.99)(38.0,40.0)
\path(38.0,40.0)(38.0,40.0)(38.36,40.75)(38.72,41.47)
(39.08,42.2)(39.43,42.9)(39.79,43.61)(40.15,44.27)
(40.5,44.94)(40.86,45.58)
\path(40.86,45.58)(41.22,46.22)(41.59,46.83)(41.95,47.44)
(42.31,48.01)(42.68,48.58)(43.04,49.15)(43.4,49.68)
(43.75,50.2)(44.11,50.72)
\path(44.11,50.72)(44.47,51.2)(44.84,51.69)(45.18,52.15)
(45.54,52.59)(45.9,53.04)(46.27,53.44)(46.63,53.86)
(47.0,54.25)(47.36,54.62)
\path(47.36,54.62)(47.72,54.97)(48.08,55.31)(48.44,55.63)
(48.8,55.94)(49.15,56.25)(49.51,56.52)(49.87,56.8)
(50.23,57.05)(50.58,57.29)
\path(50.58,57.29)(50.94,57.51)(51.3,57.7)(51.68,57.9)
(52.02,58.08)(52.38,58.23)(52.75,58.37)(53.11,58.51)
(53.47,58.62)(53.83,58.72)
\path(53.83,58.72)(54.19,58.8)(54.55,58.87)(54.91,58.93)
(55.26,58.95)(55.62,58.98)(55.98,59.0)(56.34,58.98)
(56.7,58.95)(57.06,58.93)
\path(57.06,58.93)(57.43,58.87)(57.79,58.8)(58.15,58.72)
(58.51,58.62)(58.87,58.51)(59.23,58.37)(59.58,58.23)
```

```
(59.94,58.08)(60.3,57.9)
\path(60.3,57.9)(60.66,57.7)(61.02,57.51)(61.38,57.29)
(61.75,57.05)(62.11,56.8)(62.47,56.52)(62.83,56.25)
(63.19,55.95)(63.55,55.63)
\path(63.55,55.63)(63.91,55.31)(64.26,54.97)(64.62,54.62)
(64.98,54.25)(65.34,53.86)(65.7,53.44)(66.06,53.04)
(66.43,52.59)(66.79,52.16)
\path(66.79,52.16)(67.15,51.69)(67.51,51.2)(67.87,50.72)
(68.23,50.2)(68.58,49.69)(68.94,49.15)(69.3,48.58)
(69.66,48.01)(70.02,47.44)
\path(70.02,47.44)(70.38,46.83)(70.75,46.22)(71.11,45.58)
(71.47,44.94)(71.83,44.27)(72.19,43.61)(72.55,42.9)
(72.91,42.2)(73.26,41.47)
\path(73.26,41.47)(73.62,40.75)(73.98,40.0)(74.0,40.0)
\path(74.0,40.0)(74.0,40.0)(74.27,39.47)(74.55,38.97)
(74.83,38.45)(75.12,37.95)(75.4,37.45)(75.68,36.97)
(75.95,36.47)(76.25,36.0)
\path(76.25,36.0)(76.52,35.52)(76.8,35.06)(77.09,34.59)
(77.37,34.13)(77.66,33.66)(77.94,33.22)(78.23,32.77)
(78.52,32.34)(78.8,31.9)
\path(78.8,31.9)(79.09,31.47)(79.38,31.04)(79.68,30.63)
(79.95,30.22)(80.25,29.81)(80.54,29.4)(80.83,29.0)
(81.12,28.61)(81.41,28.22)
\path(81.41,28.22)(81.69,27.84)(81.98,27.47)(82.27,27.09)
(82.58,26.74)(82.87,26.36)(83.16,26.02)(83.44,25.66)
(83.75,25.31)(84.04,24.97)
\path(84.04,24.97)(84.33,24.63)(84.62,24.31)(84.91,23.99)
(85.22,23.66)(85.51,23.36)(85.8,23.04)(86.11,22.74)
(86.4,22.43)(86.69,22.15)
```

```
\path(86.69,22.15)(87.0,21.86)(87.3,21.58)(87.59,21.29)
(87.9,21.02)(88.19,20.75)(88.5,20.5)(88.8,20.24)
(89.09,19.99)(89.4,19.74)
\path(89.4,19.74)(89.69,19.5)(90.0,19.25)(90.3,19.02)
(90.59,18.79)(90.91,18.58)(91.2,18.36)(91.51,18.15)
(91.81,17.95)(92.12,17.75)
\path(92.12,17.75)(92.43,17.54)(92.73,17.36)(93.04,17.18)
(93.34,17.0)(93.65,16.83)(93.95,16.65)(94.26,16.49)
(94.56,16.34)(94.87,16.18)
\path(94.87,16.18)(95.19,16.02)(95.5,15.88)(95.8,15.75)
(96.12,15.61)(96.43,15.49)(96.73,15.36)(97.05,15.25)
(97.36,15.13)(97.66,15.04)
\path(97.66,15.04)(97.98,14.93)(98.3,14.84)(98.61,14.75)
(98.93,14.65)(99.23,14.58)(99.55,14.5)(99.87,14.43)
(100.18,14.36)(100.5,14.31)
\path(100.5,14.31)(100.8,14.25)(101.12,14.2)(101.44,14.15)
(101.76,14.11)(102.08,14.09)(102.4,14.06)(102.72,14.04)
(103.04,14.02)(103.36,14.0)
\path(103.36,14.0)(103.68,14.0)(103.98,14.0)(104.0,14.0)
}
\newcommand{\mysecondline}{%
\path(36.0,14.0)(36.0,14.0)(36.34,14.15)(36.7,14.31)
(37.05,14.47)(37.41,14.65)(37.77,14.81)(38.11,14.99)
(38.45,15.15)(38.79,15.34)
\path(38.79,15.34)(39.13,15.52)(39.47,15.7)(39.81,15.88)
(40.13,16.06)(40.47,16.24)(40.79,16.43)(41.13,16.61)
(41.45,16.81)(41.77,17.0)
\path(41.77,17.0)(42.09,17.2)(42.4,17.4)(42.7,17.59)
(43.02,17.79)(43.33,18.0)(43.63,18.2)(43.93,18.4)
```

```
(44.25,18.61)(44.54,18.83)
\path(44.54,18.83)(44.84,19.04)(45.13,19.25)(45.43,19.47)
(45.72,19.7)(46.0,19.91)(46.29,20.13)(46.56,20.36)
(46.84,20.59)(47.11,20.81)
\path(47.11,20.81)(47.4,21.04)(47.66,21.27)(47.93,21.52)
(48.2,21.75)(48.47,21.99)(48.74,22.24)(49.0,22.47)
(49.25,22.72)(49.5,22.97)
\path(49.5,22.97)(49.75,23.22)(50.02,23.47)(50.25,23.72)
(50.5,23.97)(50.75,24.24)(50.99,24.49)(51.22,24.75)
(51.47,25.02)(51.7,25.27)
\path(51.7,25.27)(51.93,25.54)(52.16,25.81)(52.38,26.09)
(52.61,26.36)(52.83,26.63)(53.05,26.91)(53.27,27.18)
(53.49,27.47)(53.69,27.75)
\path(53.69,27.75)(53.91,28.04)(54.11,28.33)(54.31,28.61)
(54.52,28.9)(54.72,29.2)(54.93,29.5)(55.11,29.79)
(55.3,30.09)(55.5,30.4)
\path(55.5,30.4)(55.69,30.7)(55.88,31.0)(56.05,31.31)
(56.24,31.61)(56.41,31.93)(56.59,32.24)(56.77,32.56)
(56.94,32.88)(57.11,33.18)
\path(57.11,33.18)(57.27,33.52)(57.44,33.84)(57.61,34.15)
(57.77,34.49)(57.91,34.81)(58.08,35.15)(58.22,35.47)
(58.38,35.81)(58.52,36.15)
\path(58.52,36.15)(58.66,36.49)(58.81,36.84)(58.95,37.18)
(59.09,37.52)(59.22,37.86)(59.36,38.22)(59.5,38.56)
(59.61,38.91)(59.75,39.27)
\path(59.75,39.27)(59.86,39.63)(59.99,39.99)(60.0,40.0)
\path(60.0,40.0)(60.0,40.0)(60.36,40.75)(60.72,41.47)
(61.08,42.2)(61.44,42.9)(61.8,43.61)(62.15,44.27)
(62.5,44.94)(62.86,45.58)
```

```
\path(62.86,45.58)(63.22,46.22)(63.58,46.83)(63.94,47.44)
(64.3,48.01)(64.68,48.58)(65.04,49.15)(65.4,49.68)
(65.75,50.2)(66.11,50.72)
\path(66.11,50.72)(66.47,51.2)(66.83,51.69)(67.19,52.15)
(67.55,52.59)(67.91,53.04)(68.27,53.44)(68.63,53.86)
(69.0,54.25)(69.36,54.62)
\path(69.36,54.62)(69.72,54.97)(70.08,55.31)(70.44,55.63)
(70.8,55.94)(71.15,56.25)(71.51,56.52)(71.87,56.8)
(72.23,57.05)(72.58,57.29)
\path(72.58,57.29)(72.94,57.51)(73.3,57.7)(73.68,57.9)
(74.02,58.08)(74.38,58.23)(74.75,58.37)(75.11,58.51)
(75.47,58.62)(75.83,58.72)
\path(75.83,58.72)(76.19,58.8)(76.55,58.87)(76.91,58.93)
(77.26,58.95)(77.62,58.98)(77.98,59.0)(78.34,58.98)
(78.7,58.95)(79.06,58.93)
\path(79.06,58.93)(79.43,58.87)(79.79,58.8)(80.15,58.72)
(80.51,58.62)(80.87,58.51)(81.23,58.37)(81.58,58.23)
(81.94,58.08)(82.3,57.9)
\path(82.3,57.9)(82.66,57.7)(83.02,57.51)(83.38,57.29)
(83.75,57.05)(84.11,56.8)(84.47,56.52)(84.83,56.25)
(85.19,55.95)(85.55,55.63)
\path(85.55,55.63)(85.91,55.31)(86.26,54.97)(86.62,54.62)
(86.98,54.25)(87.34,53.86)(87.7,53.44)(88.06,53.04)
(88.43,52.59)(88.79,52.16)
\path(88.79,52.16)(89.15,51.69)(89.51,51.2)(89.87,50.72)
(90.23,50.2)(90.58,49.69)(90.94,49.15)(91.3,48.58)
(91.66,48.01)(92.02,47.44)
\path(92.02,47.44)(92.38,46.83)(92.75,46.22)(93.11,45.58)
(93.47,44.94)(93.83,44.27)(94.19,43.61)(94.55,42.9)
```

```
(94.91,42.2)(95.26,41.47)
\path(95.26,41.47)(95.62,40.75)(95.98,40.0)(96.0,40.0)
\path(96.0,40.0)(96.0,40.0)(96.27,39.47)(96.55,38.97)
(96.83,38.45)(97.12,37.95)(97.4,37.45)(97.68,36.97)
(97.95,36.47)(98.25,36.0)
\path(98.25,36.0)(98.52,35.52)(98.8,35.06)(99.09,34.59)
(99.37,34.13)(99.66,33.66)(99.94,33.22)(100.23,32.77)
(100.52,32.34)(100.8,31.9)
\path(100.8,31.9)(101.09,31.47)(101.38,31.04)(101.68,30.63)
(101.95,30.22)(102.25,29.81)(102.54,29.4)(102.83,29.0)
(103.12,28.61)(103.41,28.22)
\path(103.41,28.22)(103.69,27.84)(103.98,27.47)(104.27,27.09)
(104.58,26.74)(104.87,26.36)(105.16,26.02)(105.44,25.66)
(105.75,25.31)(106.04,24.97)
\path(106.04,24.97)(106.33,24.63)(106.62,24.31)(106.91,23.99)
(107.22,23.66)(107.51,23.36)(107.8,23.04)(108.11,22.74)
(108.4,22.43)(108.69,22.15)
\path(108.69,22.15)(109.0,21.86)(109.3,21.58)(109.59,21.29)
(109.9,21.02)(110.19,20.75)(110.5,20.5)(110.8,20.24)
(111.09,19.99)(111.4,19.74)
\path(111.4,19.74)(111.69,19.5)(112.0,19.25)(112.3,19.02)
(112.59,18.79)(112.91,18.58)(113.2,18.36)(113.51,18.15)
(113.81,17.95)(114.12,17.75)
\path(114.12,17.75)(114.43,17.54)(114.73,17.36)(115.04,17.18)
(115.34,17.0)(115.65,16.83)(115.95,16.65)(116.26,16.49)
(116.57,16.34)(116.88,16.18)
\path(116.88,16.18)(117.19,16.02)(117.5,15.88)(117.8,15.75)
(118.11,15.61)(118.42,15.49)(118.73,15.36)(119.05,15.25)
(119.36,15.13)(119.66,15.04)
```

```
\path(119.66,15.04)(119.98,14.93)(120.3,14.84)(120.61,14.75)
(120.92,14.65)(121.23,14.58)(121.55,14.5)(121.86,14.43)
(122.17,14.36)(122.5,14.31)
\path(122.5,14.31)(122.8,14.25)(123.13,14.2)(123.44,14.15)
(123.76,14.11)(124.08,14.09)(124.39,14.06)(124.72,14.04)
(125.04,14.02)(125.36,14.0)
\path(125.36,14.0)(125.67,14.0)(125.98,14.0)(126.0,14.0)
}
\newcommand{\mythirdline}{%
\path(60.0,14.0)(60.0,14.0)(60.34,14.15)(60.7,14.31)
(61.05,14.47)(61.41,14.65)(61.77,14.81)(62.11,14.99)
(62.45,15.15)(62.8,15.34)
\path(62.8,15.34)(63.13,15.52)(63.47,15.7)(63.8,15.88)
(64.13,16.06)(64.47,16.24)(64.8,16.43)(65.13,16.61)
(65.44,16.81)(65.77,17.0)
\path(65.77,17.0)(66.08,17.2)(66.4,17.4)(66.7,17.59)
(67.02,17.79)(67.33,18.0)(67.63,18.2)(67.94,18.4)
(68.25,18.61)(68.54,18.83)
\path(68.54,18.83)(68.83,19.04)(69.13,19.25)(69.43,19.47)
(69.72,19.7)(70.0,19.91)(70.29,20.13)(70.56,20.36)
(70.84,20.59)(71.11,20.81)
\path(71.11,20.81)(71.4,21.04)(71.66,21.27)(71.94,21.52)
(72.2,21.75)(72.47,21.99)(72.74,22.24)(73.0,22.47)
(73.25,22.72)(73.5,22.97)
\path(73.5,22.97)(73.75,23.22)(74.02,23.47)(74.25,23.72)
(74.5,23.97)(74.75,24.24)(74.99,24.49)(75.22,24.75)
(75.47,25.02)(75.69,25.27)
\path(75.69,25.27)(75.94,25.54)(76.16,25.81)(76.38,26.09)
(76.61,26.36)(76.83,26.63)(77.05,26.91)(77.27,27.18)
```

```
(77.49,27.47)(77.69,27.75)
\path(77.69,27.75)(77.91,28.04)(78.11,28.33)(78.31,28.61)
(78.52,28.9)(78.72,29.2)(78.93,29.5)(79.11,29.79)
(79.3,30.09)(79.5,30.4)
\path(79.5,30.4)(79.69,30.7)(79.88,31.0)(80.05,31.31)
(80.24,31.61)(80.41,31.93)(80.59,32.24)(80.77,32.56)
(80.94,32.88)(81.11,33.18)
\path(81.11,33.18)(81.27,33.52)(81.44,33.84)(81.61,34.15)
(81.77,34.49)(81.91,34.81)(82.08,35.15)(82.22,35.47)
(82.38,35.81)(82.52,36.15)
\path(82.52,36.15)(82.66,36.49)(82.81,36.84)(82.95,37.18)
(83.09,37.52)(83.22,37.86)(83.36,38.22)(83.5,38.56)
(83.61,38.91)(83.75,39.27)
\path(83.75,39.27)(83.86,39.63)(83.99,39.99)(84.0,40.0)
\path(84.0,40.0)(84.0,40.0)(84.36,40.75)(84.72,41.47)
(85.08,42.2)(85.44,42.9)(85.8,43.61)(86.15,44.27)
(86.5,44.94)(86.86,45.58)
\path(86.86,45.58)(87.22,46.22)(87.58,46.83)(87.94,47.44)
(88.3,48.01)(88.68,48.58)(89.04,49.15)(89.4,49.68)
(89.75,50.2)(90.11,50.72)
\path(90.11,50.72)(90.47,51.2)(90.83,51.69)(91.19,52.15)
(91.55,52.59)(91.91,53.04)(92.27,53.44)(92.63,53.86)
(93.0,54.25)(93.36,54.62)
\path(93.36,54.62)(93.72,54.97)(94.08,55.31)(94.44,55.63)
(94.8,55.94)(95.15,56.25)(95.51,56.52)(95.87,56.8)
(96.23,57.05)(96.58,57.29)
\path(96.58,57.29)(96.94,57.51)(97.3,57.7)(97.68,57.9)
(98.02,58.08)(98.38,58.23)(98.75,58.37)(99.11,58.51)
(99.47,58.62)(99.83,58.72)
```

```
\path(99.83,58.72)(100.19,58.8)(100.55,58.87)(100.91,58.93)
(101.26,58.95)(101.62,58.98)(101.98,59.0)(102.34,58.98)
(102.7,58.95)(103.06,58.93)
\path(103.06,58.93)(103.43,58.87)(103.79,58.8)(104.15,58.72)
(104.51,58.62)(104.87,58.51)(105.23,58.37)(105.58,58.23)
(105.94,58.08)(106.3,57.9)
\path(106.3,57.9)(106.66,57.7)(107.02,57.51)(107.38,57.29)
(107.75,57.05)(108.11,56.8)(108.47,56.52)(108.83,56.25)
(109.19,55.95)(109.55,55.63)
\path(109.55,55.63)(109.91,55.31)(110.26,54.97)(110.62,54.62)
(110.98,54.25)(111.34,53.86)(111.7,53.44)(112.06,53.04)
(112.43,52.59)(112.79,52.16)
\path(112.79,52.16)(113.15,51.69)(113.51,51.2)(113.87,50.72)
(114.23,50.2)(114.58,49.69)(114.94,49.15)(115.3,48.58)
(115.66,48.01)(116.02,47.44)
\path(116.02,47.44)(116.38,46.83)(116.75,46.22)(117.11,45.58)
(117.47,44.94)(117.83,44.27)(118.19,43.61)(118.55,42.9)
(118.91,42.2)(119.26,41.47)
\path(119.26,41.47)(119.63,40.75)(119.98,40.0)(120.0,40.0)
\path(120.0,40.0)(120.0,40.0)(120.27,39.47)(120.55,38.97)
(120.83,38.45)(121.11,37.95)(121.39,37.45)(121.67,36.97)
(121.95,36.47)(122.25,36.0)
\path(122.25,36.0)(122.52,35.52)(122.8,35.06)(123.1,34.59)
(123.38,34.13)(123.66,33.66)(123.94,33.22)(124.23,32.77)
(124.52,32.34)(124.8,31.9)
\path(124.8,31.9)(125.1,31.47)(125.38,31.04)(125.67,30.63)
(125.95,30.22)(126.25,29.81)(126.54,29.4)(126.83,29.0)
(127.11,28.61)(127.41,28.22)
\path(127.41,28.22)(127.69,27.84)(127.98,27.47)(128.27,27.09)
```

```
(128.58,26.74)(128.86,26.36)(129.16,26.02)(129.44,25.66)
(129.75,25.31)(130.04,24.97)
\path(130.04,24.97)(130.33,24.63)(130.63,24.31)(130.91,23.99)
(131.22,23.66)(131.51,23.36)(131.8,23.04)(132.11,22.74)
(132.39,22.43)(132.69,22.15)
\path(132.69,22.15)(133.0,21.86)(133.3,21.58)(133.6,21.29)
(133.89,21.02)(134.19,20.75)(134.5,20.5)(134.8,20.24)
(135.1,19.99)(135.39,19.74)
\path(135.39,19.74)(135.69,19.5)(136.0,19.25)(136.3,19.02)
(136.6,18.79)(136.91,18.58)(137.2,18.36)(137.51,18.15)
(137.82,17.95)(138.11,17.75)
\path(138.11,17.75)(138.42,17.54)(138.73,17.36)(139.04,17.18)
(139.35,17.0)(139.64,16.83)(139.95,16.65)(140.26,16.49)
(140.57,16.34)(140.88,16.18)
\path(140.88,16.18)(141.19,16.02)(141.5,15.88)(141.8,15.75)
(142.11,15.61)(142.42,15.49)(142.73,15.36)(143.05,15.25)
(143.36,15.13)(143.66,15.04)
\path(143.66,15.04)(143.98,14.93)(144.3,14.84)(144.61,14.75)
(144.92,14.65)(145.23,14.58)(145.55,14.5)(145.86,14.43)
(146.17,14.36)(146.5,14.31)
\path(146.5,14.31)(146.8,14.25)(147.13,14.2)(147.44,14.15)
(147.76,14.11)(148.08,14.09)(148.39,14.06)(148.72,14.04)
(149.04,14.02)(149.36,14.0)
\path(149.36,14.0)(149.67,14.0)(149.98,14.0)(150.0,14.0)
}

\begin{frame}
\frametitle{Normal pdf $N(\mu, \sigma^2)$}
% Drawing generated by LaTeX-CAD 1.9 - requires latexcad.sty
```

```
% (c) 1998 John Leis leis@usq.edu.au
% Modified by sysim
\begin{picture}(156,170)
\unitlength 0.7mm
\drawcenteredtext{80.0}{0.0}{$f(x)=\displaystyle\frac{1}
                                        {\sqrt{2\pi}\sigma}
\exp\Big\{ -\frac{(x-\mu)^2}{2\sigma^2} \Big\} $}
\thicklines
\drawvector{8.0}{8.0}{74.0}{0}{1}
\drawvector{4.0}{10.0}{148.0}{1}{0}
\thinlines
\myfirstline
\uncover<2->{\textcolor{green}{\mysecondline}}
\uncover<3->{\textcolor{red}{\mythirdline}}
\uncover<4->{\textcolor{magenta}{\drawcenteredtext{80.0}{80.0}
{\LaTeX CAD used by S. Sim}}}
\end{picture}
\end{frame}

\end{document}
```

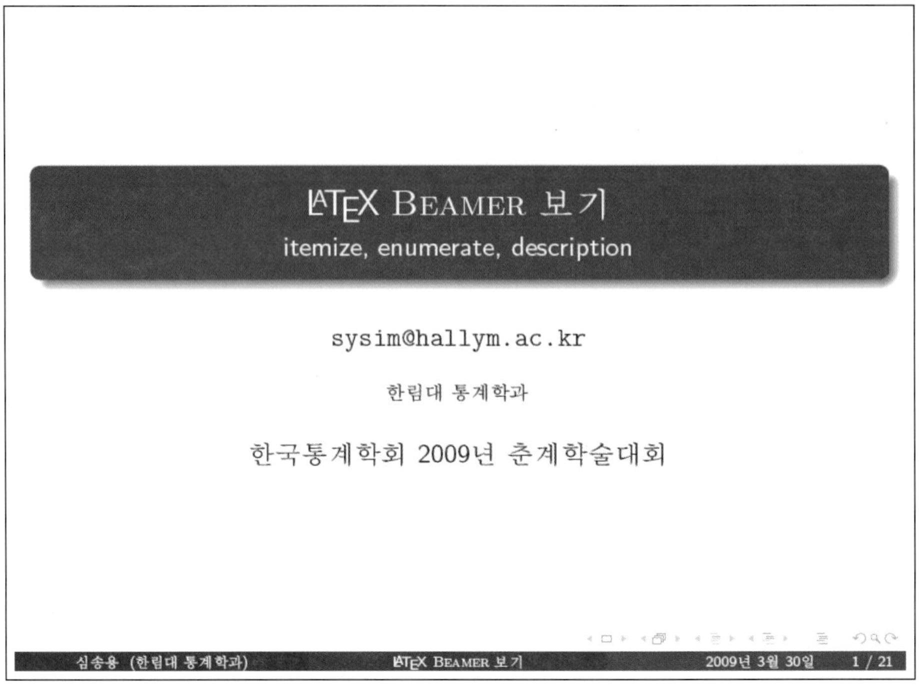
LaTeX Beamer 보기
itemize, enumerate, description
sysim@hallym.ac.kr
한림대 통계학과
한국통계학회 2009년 춘계학술대회
심송용 (한림대 통계학과)
LaTeX Beamer 보기
2009년 3월 30일
1 / 21

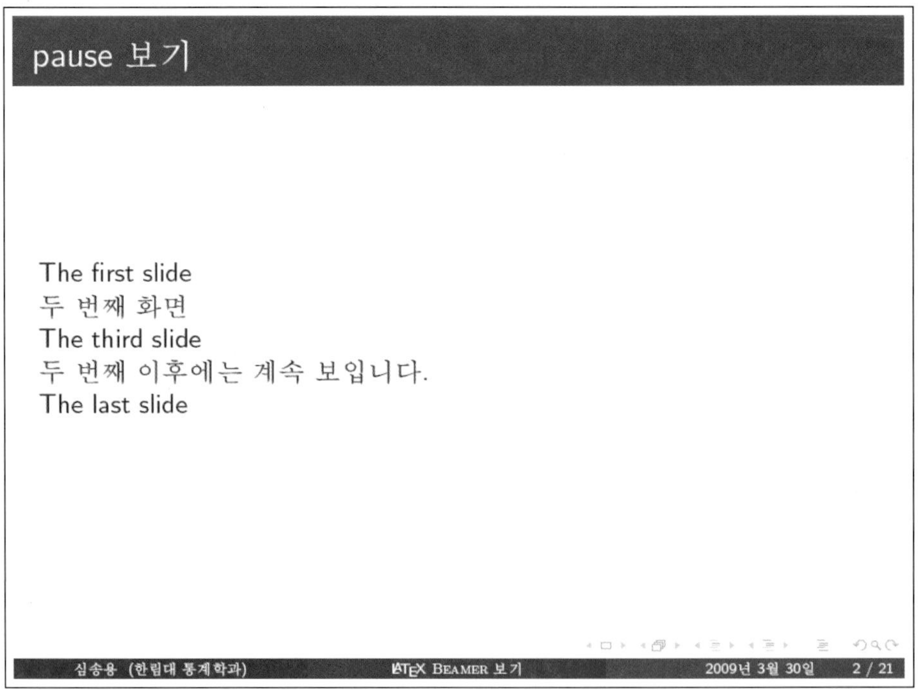
pause 보기
The first slide
두 번째 화면
The third slide
두 번째 이후에는 계속 보입니다.
The last slide
심송용 (한림대 통계학과)
LaTeX Beamer 보기
2009년 3월 30일
2 / 21

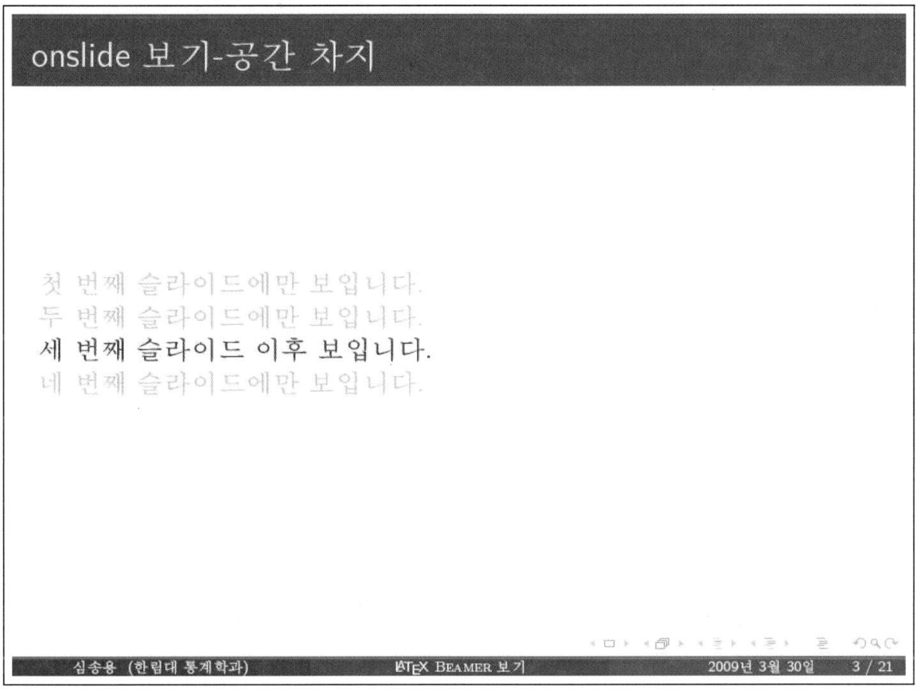
onslide 보기-공간 차지
첫 번째 슬라이드에만 보입니다.
두 번째 슬라이드에만 보입니다.
세 번째 슬라이드 이후 보입니다.
네 번째 슬라이드에만 보입니다.
심송용 (한림대 통계학과)
LaTeX Beamer 보기
2009년 3월 30일
3 / 21

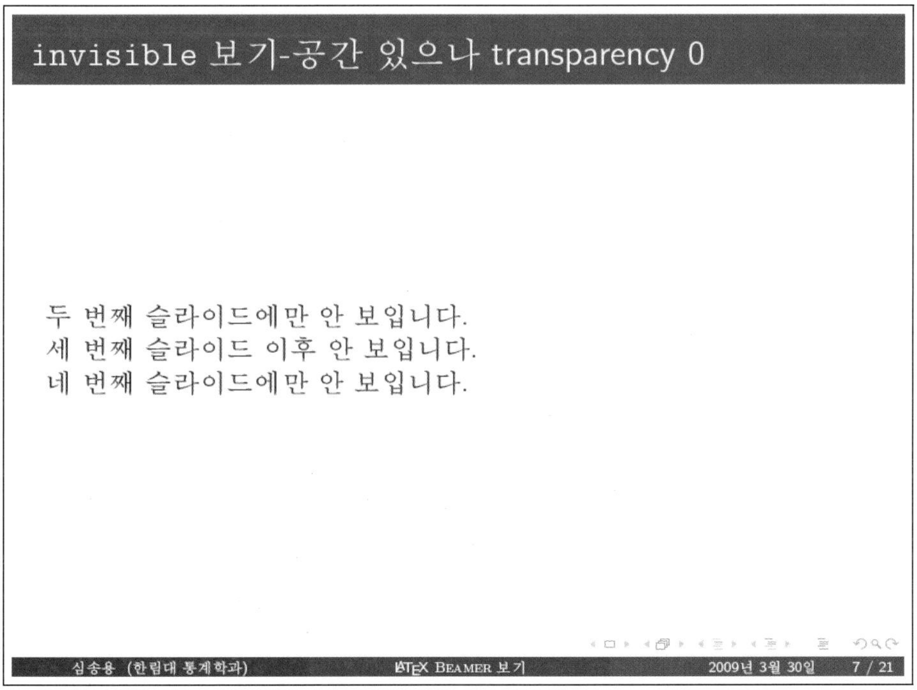
invisible 보기-공간 있으나 transparency 0
두 번째 슬라이드에만 안 보입니다.
세 번째 슬라이드 이후 안 보입니다.
네 번째 슬라이드에만 안 보입니다.
심송용 (한림대 통계학과)
LaTeX Beamer 보기
2009년 3월 30일
7 / 21

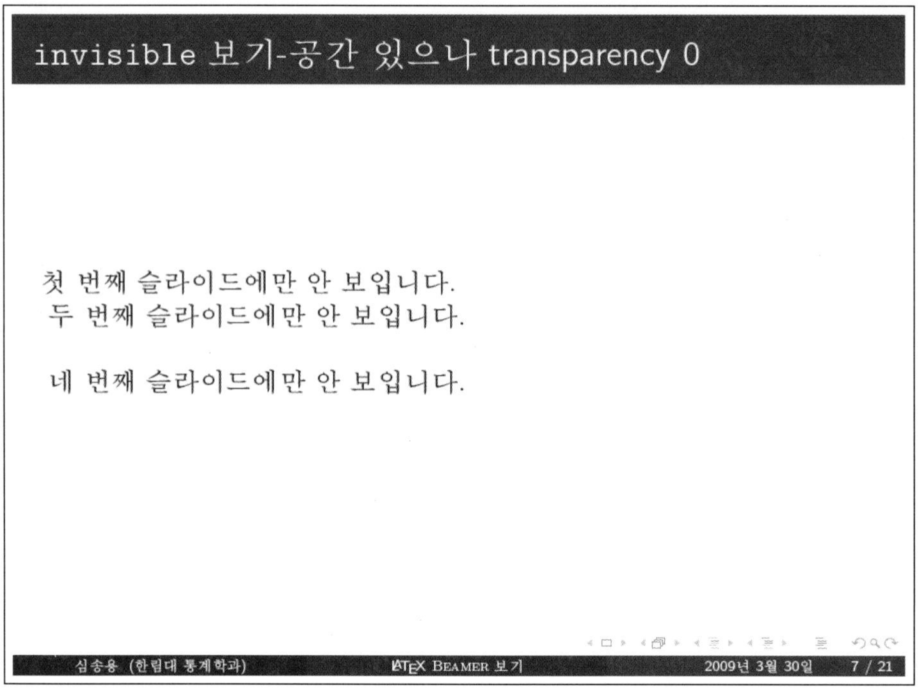
invisible 보기-공간 있으나 transparency 0
첫 번째 슬라이드에만 안 보입니다.
두 번째 슬라이드에만 안 보입니다.
네 번째 슬라이드에만 안 보입니다.
심송용 (한림대 통계학과)
LATEX BEAMER 보기
2009년 3월 30일
7 / 21

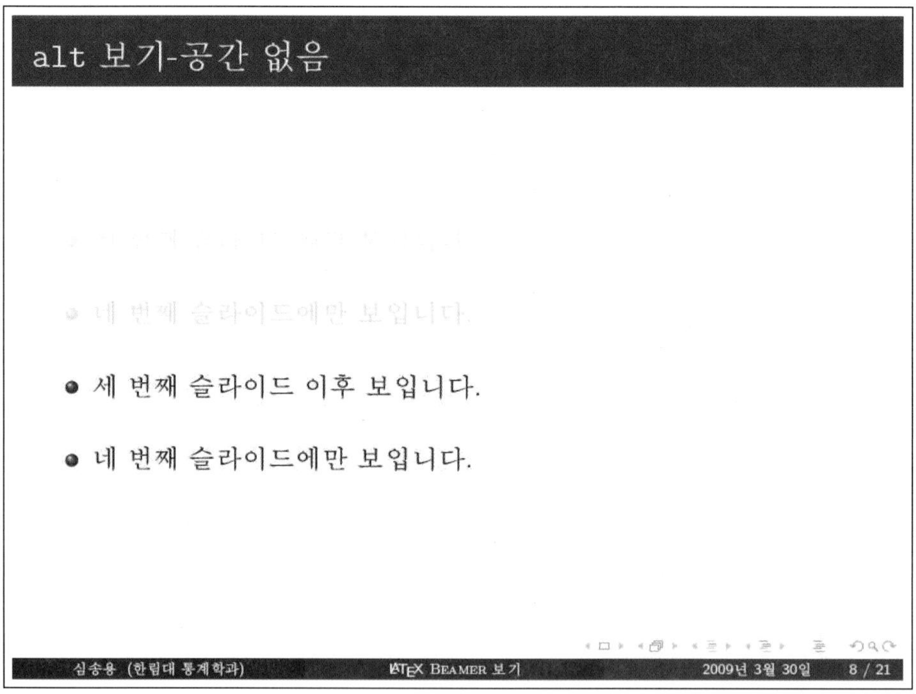
alt 보기-공간 없음
네 번째 슬라이드에만 보입니다.
세 번째 슬라이드 이후 보입니다.
네 번째 슬라이드에만 보입니다.
심송용 (한림대 통계학과)
LATEX BEAMER 보기
2009년 3월 30일
8 / 21

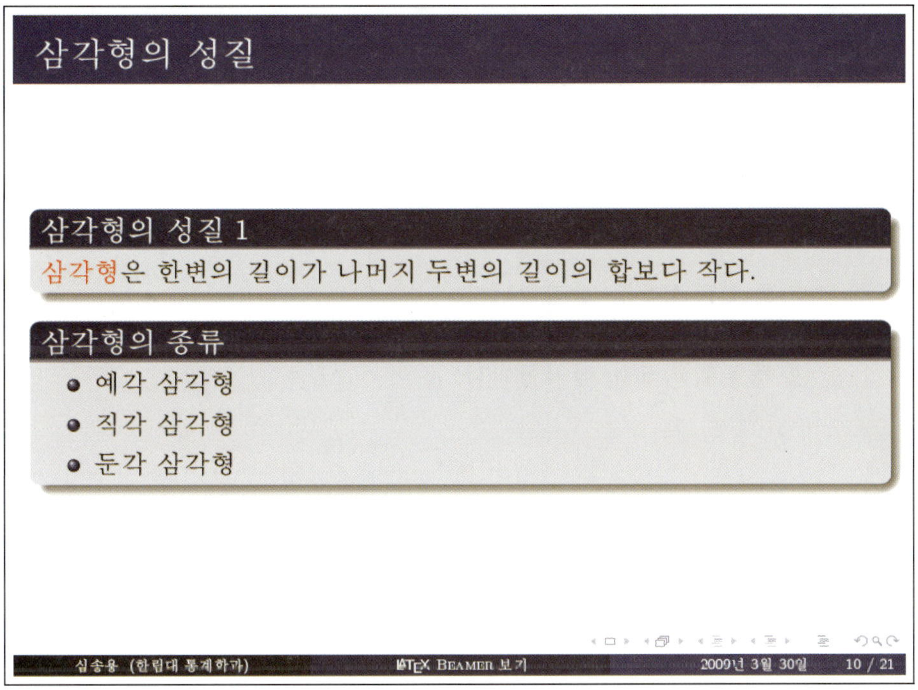
삼각형의 성질
삼각형의 성질 1
삼각형은 한변의 길이가 나머지 두변의 길이의 합보다 작다.
삼각형의 종류
예각 삼각형
직각 삼각형
둔각 삼각형
심송용 (한림대 통계학과)
LaTeX Beamer 보기
2009년 3월 30일
10 / 21

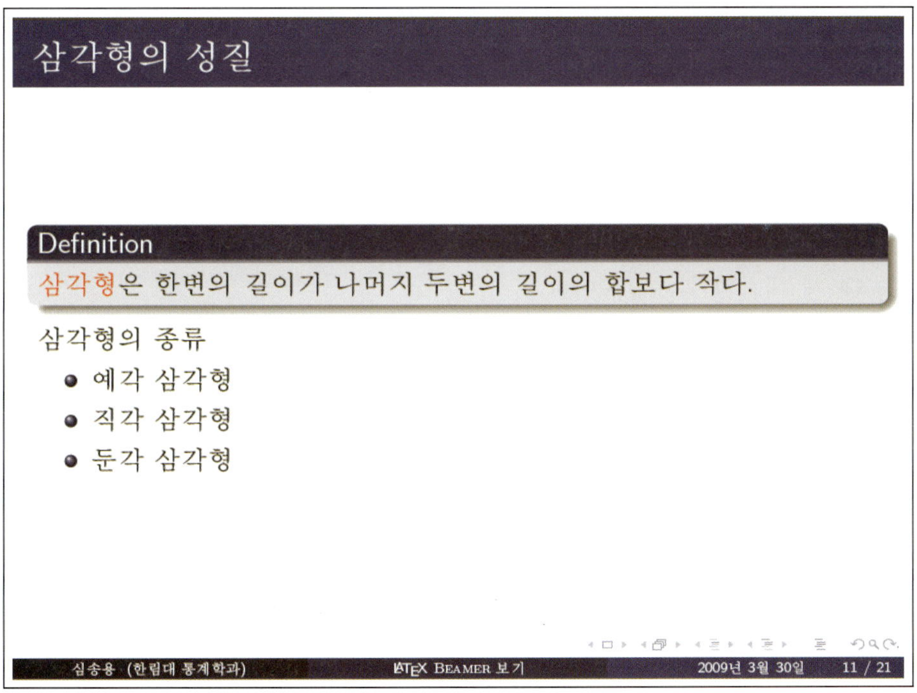
삼각형의 성질
Definition
삼각형은 한변의 길이가 나머지 두변의 길이의 합보다 작다.
삼각형의 종류
예각 삼각형
직각 삼각형
둔각 삼각형
심송용 (한림대 통계학과)
LaTeX Beamer 보기
2009년 3월 30일
11 / 21

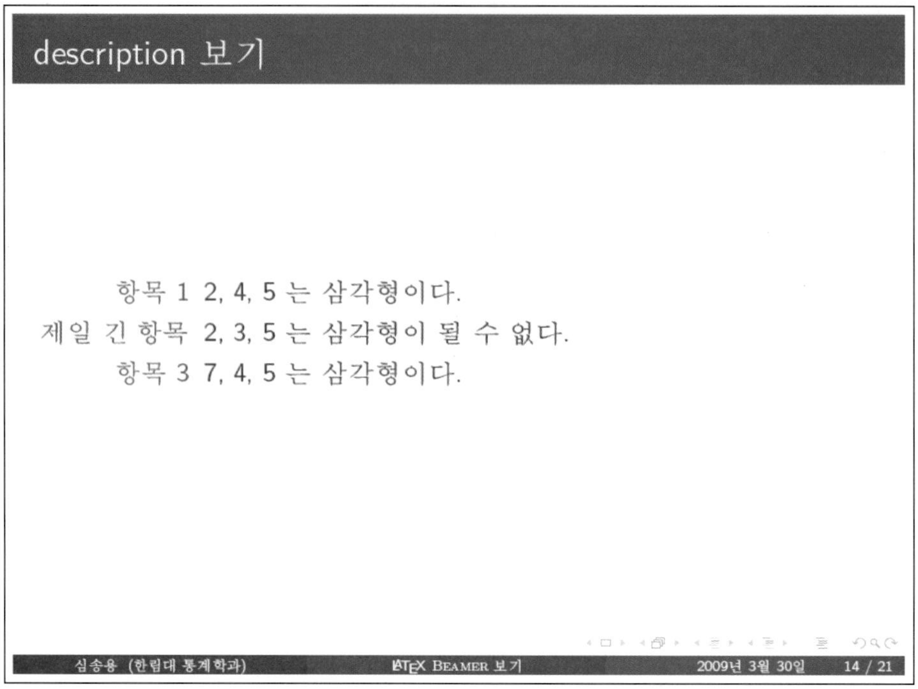
description 보기
항목 1 2, 4, 5 는 삼각형이다.
제일 긴 항목 2, 3, 5 는 삼각형이 될 수 없다.
항목 3 7, 4, 5 는 삼각형이다.
심송용 (한림대 통계학과)
LaTeX Beamer 보기
2009년 3월 30일
14 / 21

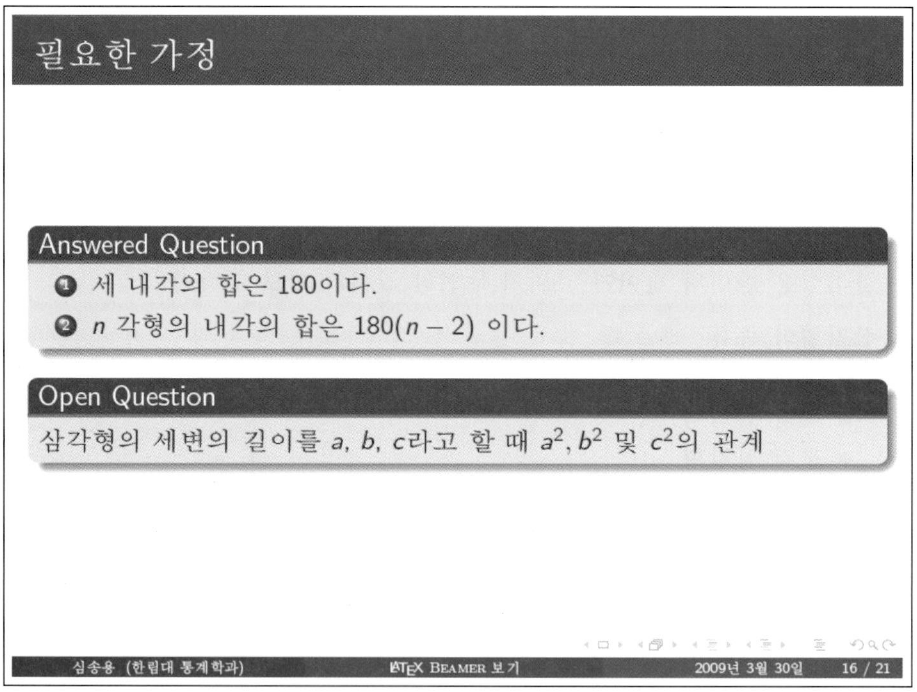
필요한 가정
Answered Question
1 세 내각의 합은 180이다.
2 n 각형의 내각의 합은 180(n − 2) 이다.
Open Question
삼각형의 세변의 길이를 a, b, c라고 할 때 a², b² 및 c²의 관계
심송용 (한림대 통계학과)
LaTeX Beamer 보기
2009년 3월 30일
16 / 21

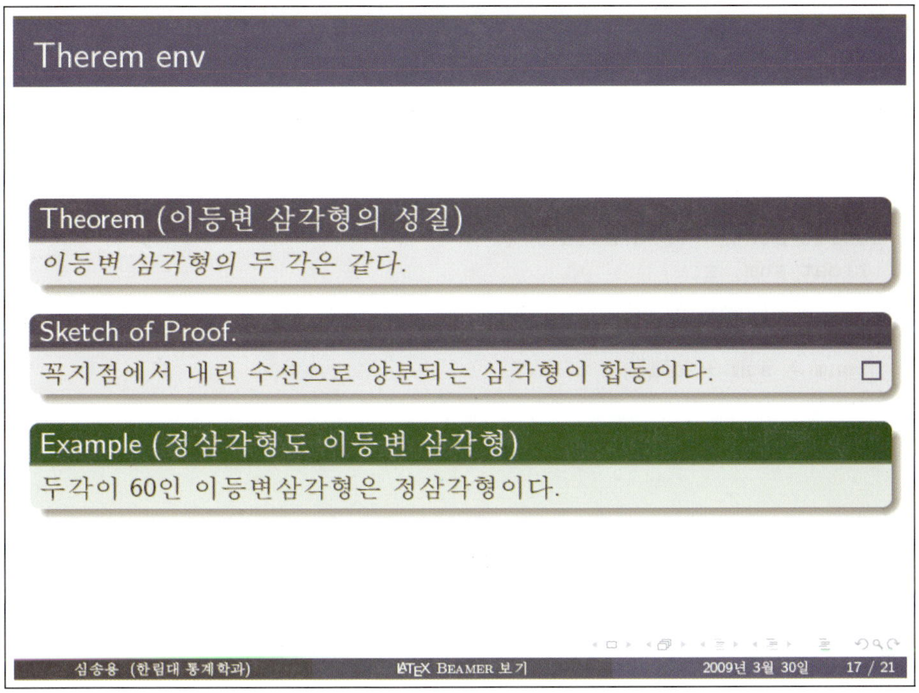
Therem env
Theorem (이등변 삼각형의 성질)
이등변 삼각형의 두 각은 같다.
Sketch of Proof.
꼭지점에서 내린 수선으로 양분되는 삼각형이 합동이다.
Example (정삼각형도 이등변 삼각형)
두각이 60인 이등변삼각형은 정삼각형이다.
심송용 (한림대 통계학과)
LaTeX Beamer 보기
2009년 3월 30일
17 / 21

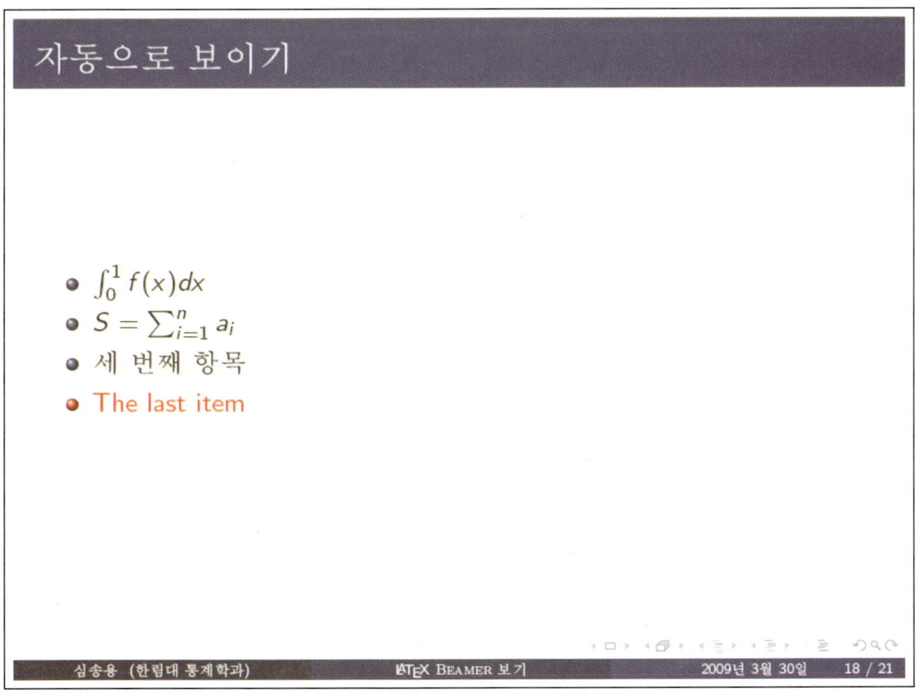
자동으로 보이기
$\int_0^1 f(x)dx$
$S = \sum_{i=1}^n a_i$
세 번째 항목
The last item
심송용 (한림대 통계학과)
LaTeX Beamer 보기
2009년 3월 30일
18 / 21

알고리즘

```
public static void main() {
 float sum, x;
 int n=length(x);
 for (i=0; i < n; i++) {
  sum = sum + x[i];
 }
 print sum;
}
```

심송용 (한림대 통계학과) LaTEX BEAMER 보기 2009년 3월 30일 20 / 21

Normal pdf $N(\mu, \sigma^2)$

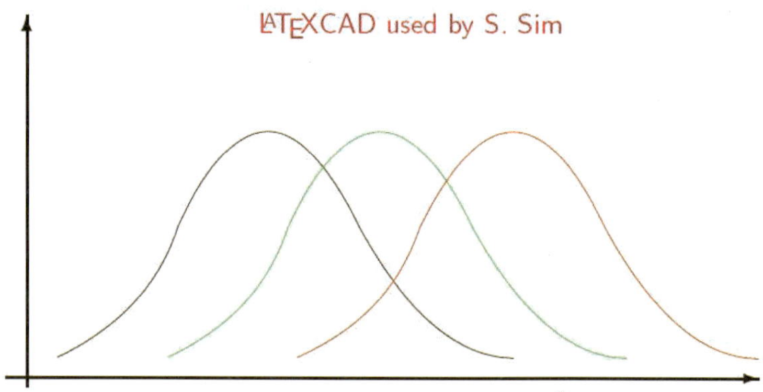

$$f(x) = \frac{1}{\sqrt{2\pi}\sigma} \exp\left\{ -\frac{(x-\mu)^2}{2\sigma^2} \right\}$$

심송용 (한림대 통계학과) LaTEX BEAMER 보기 2009년 3월 30일 21 / 21

A.10. 열 번째 출력–temp10.tex

이 절에서는 animate 패키지를 사용하여 애니메이션을 만든 예를 담아 보았다. 이 파일의 컴파일 순서는 다음과 같다.

1. % latex temp10 : 컴파일 과정에서 .gnuplot 파일이 만들어진다.
2. % wgnuplot *.gnuplot : 이 명령은 Gnuplot 프로그램이 설치되어 있어야 하고, wgnuplot.exe 파일이 있는 곳까지 경로(path)가 설정되어 있야야 실행할 수 있다. 실행결과 .table 파일이 만들어 진다.
3. % pdflatex temp10 : PDF 파일로 변환하여 애니메이션이 작동되는 것을 볼 수 있다.

```
\documentclass[11pt]{article}
\usepackage{hangul}
\usepackage{animate}
\usepackage{tikz}
\newcounter{count}
\setcounter{count}{0}
\newcommand{\tdist}[1]{%
    \draw[thick,blue] plot[id=t\thecount, domain=-3.5:3.5,
samples=401, smooth]
function{gamma((#1+1)/2.)/(sqrt(pi*#1)*gamma(#1/2.))
         *(1.+ x**2 /#1)**(-(#1+1)/2.)};
    \draw[thick] plot[id=snorm, domain=-3.5:3.5,
samples=401, smooth]
function{1/sqrt(2*pi) * exp(-x**2/2.)} (0.00, 0.39894)
node[above] {\small{$N(0,1), \textcolor{blue}{t(df=#1)}$}};
\draw (-3.5,0) -- (3.5,0);
}
```

```
\begin{document}
\title{애니메이션 그리기}
\author{심송용, 강희모}
\maketitle
\begin{figure}
\begin{center}
\animategraphics[poster=first,controls,scale=0.5,
                timeline=./images/timeline.txt]
 {2}{./images/testbmr}{00}{03}
\caption{\mbox{ }이미지 파일로 애니메이션 만들기}
\end{center}
\end{figure}
\begin{figure}[h]
\begin{center}
  \begin{animateinline}[controls, autoplay, palindrome,scale=1.4,
    begin={\begin{tikzpicture}[xscale=1, yscale=7]},
    end={\stepcounter{count}\end{tikzpicture}}]{6}
    \tdist{1};\newframe
    \tdist{2};\newframe
    \tdist{3};\newframe
    \tdist{4};\newframe
    \tdist{5};\newframe
    \tdist{6};\newframe
    \tdist{7};\newframe
    \tdist{8};\newframe
    \tdist{9};\newframe
    \tdist{10};\newframe
    \tdist{20};\newframe
    \tdist{40};\newframe
```

```
    \tdist{60};\newframe
    \tdist{120};
  \end{animateinline}
  \caption{\mbox{ }그래픽으로 애니메이션 만들기}
\end{center}
\end{figure}
\end{document}
```

애니메이션 그리기

심송용, 강희모

2009년 6월 15일

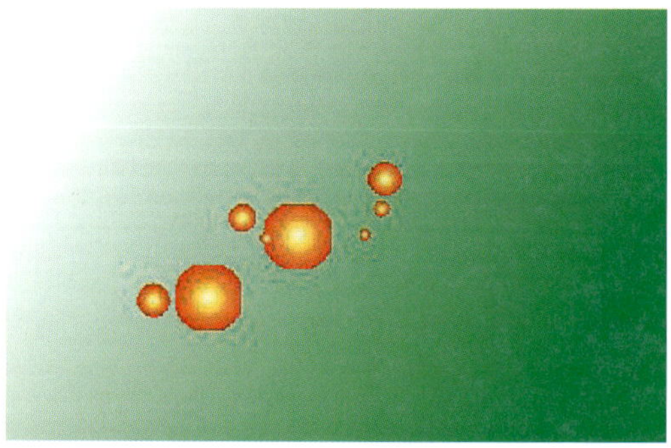

그림 1: 이미지 파일로 애니메이션 만들기

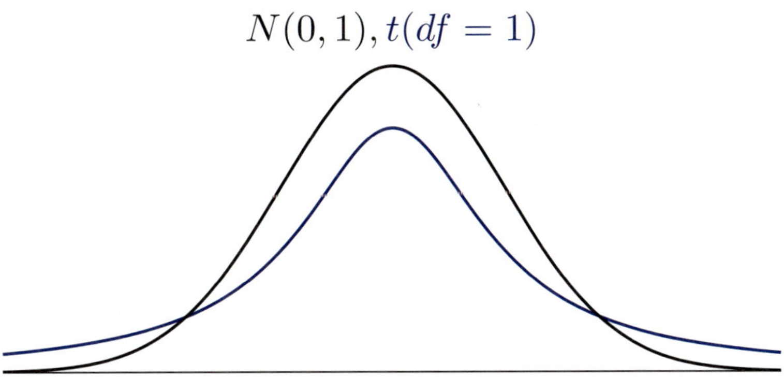

그림 2: 그래픽으로 애니메이션 만들기

부록 B

LaTeX의 글자체

표 B.1: `cmsy10(\mathcal)` 글자체의 symbol

Γ 0	Δ 1	Θ 2	Λ 3	Ξ 4	Π 5	Σ 6	Υ 7
Φ 8	Ψ 9	Ω 10	ff 11	fi 12	fl 13	ffi 14	ffl 15
ı 16	ȷ 17	` 18	´ 19	ˇ 20	˘ 21	¯ 22	˚ 23
¸ 24	ß 25	æ 26	œ 27	ø 28	Æ 29	Œ 30	Ø 31
32	! 33	” 34	# 35	$ 36	% 37	& 38	’ 39
(40	) 41	∗ 42	+ 43	, 44	− 45	. 46	/ 47
′ 48	∞ 49	∈ 50	∋ 51	△ 52	▽ 53	$\not$54	$\mapstochar$55
∀ 56	∃ 57	: 58	; 59	< 60	= 61	> 62	? 63
@ 64	$\mathcal{A}$ 65	$\mathcal{B}$ 66	$\mathcal{C}$ 67	$\mathcal{D}$ 68	$\mathcal{E}$ 69	$\mathcal{F}$ 70	$\mathcal{G}$ 71
$\mathcal{H}$ 72	$\mathcal{I}$ 73	$\mathcal{J}$ 74	$\mathcal{K}$ 75	$\mathcal{L}$ 76	$\mathcal{M}$ 77	$\mathcal{N}$ 78	$\mathcal{O}$ 79
$\mathcal{P}$ 80	$\mathcal{Q}$ 81	$\mathcal{R}$ 82	$\mathcal{S}$ 83	$\mathcal{T}$ 84	$\mathcal{U}$ 85	$\mathcal{V}$ 86	$\mathcal{W}$ 87
$\mathcal{X}$ 88	$\mathcal{Y}$ 89	$\mathcal{Z}$ 90	[91	\ 92	] 93	ˆ 94	_ 95
‘ 96	⊣ 97	⌊ 98	⌋ 99	⌈ 100	⌉ 101	{ 102	} 103
⟨ 104	⟩ 105	∣ 106	‖ 107	↕ 108	⇕ 109	\ 110	≀ 111
√ 112	∐ 113	∇ 114	∫ 115	⊔ 116	⊓ 117	⊑ 118	⊒ 119
§ 120	† 121	‡ 122	– 123	∣ 124	″ 125	˜ 126	¨ 127

표 B.2: cmr10 (\mdseries\upshape\rmfamily; 보통 \textnormal)

Γ 0	Δ 1	Θ 2	Λ 3	Ξ 4	Π 5	Σ 6	Υ 7
Φ 8	Ψ 9	Ω 10	ff 11	fi 12	fl 13	ffi 14	ffl 15
ı 16	ȷ 17	` 18	´ 19	ˇ 20	˘ 21	¯ 22	˚ 23
¸ 24	ß 25	æ 26	œ 27	ø 28	Æ 29	Œ 30	Ø 31
- 32	! 33	” 34	# 35	$ 36	% 37	& 38	’ 39
(40	) 41	* 42	+ 43	, 44	- 45	. 46	/ 47
0 48	1 49	2 50	3 51	4 52	5 53	6 54	7 55
8 56	9 57	: 58	; 59	¡ 60	= 61	¿ 62	? 63
@ 64	A 65	B 66	C 67	D 68	E 69	F 70	G 71
H 72	I 73	J 74	K 75	L 76	M 77	N 78	O 79
P 80	Q 81	R 82	S 83	T 84	U 85	V 86	W 87
X 88	Y 89	Z 90	[91	“ 92	] 93	ˆ 94	˙ 95
‘ 96	a 97	b 98	c 99	d 100	e 101	f 102	g 103
h 104	i 105	j 106	k 107	l 108	m 109	n 110	o 111
p 112	q 113	r 114	s 115	t 116	u 117	v 118	w 119
x 120	y 121	z 122	– 123	— 124	˝ 125	˜ 126	¨ 127

표 B.3: cmtt10(\upshape\mdseries\ttfamily; 보통 \texttt)

Γ 0	Δ 1	Θ 2	Λ 3	Ξ 4	Π 5	Σ 6	Υ 7
Φ 8	Ψ 9	Ω 10	↑ 11	↓ 12	' 13	¡ 14	¿ 15
ı 16	ȷ 17	` 18	´ 19	ˇ 20	˘ 21	¯ 22	˚ 23
¸ 24	ß 25	æ 26	œ 27	ø 28	Æ 29	Œ 30	Ø 31
␣ 32	! 33	" 34	# 35	$ 36	% 37	& 38	’ 39
(40	) 41	* 42	+ 43	, 44	- 45	. 46	/ 47
0 48	1 49	2 50	3 51	4 52	5 53	6 54	7 55
8 56	9 57	: 58	; 59	< 60	= 61	> 62	? 63
@ 64	A 65	B 66	C 67	D 68	E 69	F 70	G 71
H 72	I 73	J 74	K 75	L 76	M 77	N 78	O 79
P 80	Q 81	R 82	S 83	T 84	U 85	V 86	W 87
X 88	Y 89	Z 90	[91	\ 92	] 93	^ 94	_ 95
‘ 96	a 97	b 98	c 99	d 100	e 101	f 102	g 103
h 104	i 105	j 106	k 107	l 108	m 109	n 110	o 111
p 112	q 113	r 114	s 115	t 116	u 117	v 118	w 119
x 120	y 121	z 122	{ 123	| 124	} 125	~ 126	¨ 127

표 B.4: `cmti10` (`\mdseries\itshape\rmfamily`; 보통 `\textit`)

Γ 0	Δ 1	Θ 2	Λ 3	Ξ 4	Π 5	Σ 6	Υ 7
Φ 8	Ψ 9	Ω 10	ff 11	fi 12	fl 13	ffi 14	ffl 15
ı 16	ȷ 17	` 18	´ 19	ˇ 20	˘ 21	¯ 22	˚ 23
¸ 24	ß 25	æ 26	œ 27	ø 28	Æ 29	Œ 30	Ø 31
‐ 32	! 33	” 34	# 35	£ 36	% 37	& 38	’ 39
(40	) 41	* 42	+ 43	, 44	- 45	. 46	/ 47
0 48	1 49	2 50	3 51	4 52	5 53	6 54	7 55
8 56	9 57	: 58	; 59	¡ 60	= 61	¿ 62	? 63
@ 64	A 65	B 66	C 67	D 68	E 69	F 70	G 71
H 72	I 73	J 74	K 75	L 76	M 77	N 78	O 79
P 80	Q 81	R 82	S 83	T 84	U 85	V 86	W 87
X 88	Y 89	Z 90	[91	“ 92	] 93	ˆ 94	˙ 95
‘ 96	a 97	b 98	c 99	d 100	e 101	f 102	g 103
h 104	i 105	j 106	k 107	l 108	m 109	n 110	o 111
p 112	q 113	r 114	s 115	t 116	u 117	v 118	w 119
x 120	y 121	z 122	– 123	— 124	˝ 125	˜ 126	¨ 127

표 B.5: `cmcsc10` (`\mdseries\scshape\rmfamily`; 보통 `\textsc`)

Γ 0	Δ 1	Θ 2	Λ 3	Ξ 4	Π 5	Σ 6	Υ 7
Φ 8	Ψ 9	Ω 10	↑ 11	↓ 12	' 13	¡ 14	¿ 15
I 16	J 17	` 18	´ 19	ˇ 20	˘ 21	¯ 22	˚ 23
¸ 24	SS 25	Æ 26	Œ 27	Ø 28	Æ 29	Œ 30	Ø 31
‐ 32	! 33	” 34	# 35	$ 36	% 37	& 38	’ 39
(40	) 41	* 42	+ 43	, 44	- 45	. 46	/ 47
0 48	1 49	2 50	3 51	4 52	5 53	6 54	7 55
8 56	9 57	: 58	; 59	< 60	= 61	> 62	? 63
@ 64	A 65	B 66	C 67	D 68	E 69	F 70	G 71
H 72	I 73	J 74	K 75	L 76	M 77	N 78	O 79
P 80	Q 81	R 82	S 83	T 84	U 85	V 86	W 87
X 88	Y 89	Z 90	[91	“ 92	] 93	ˆ 94	˙ 95
‘ 96	A 97	B 98	C 99	D 100	E 101	F 102	G 103
H 104	I 105	J 106	K 107	L 108	M 109	N 110	O 111
P 112	Q 113	R 114	S 115	T 116	U 117	V 118	W 119
X 120	Y 121	Z 122	– 123	— 124	˝ 125	˜ 126	¨ 127

표 B.6: `cmmi10` (`\mathit`) 글자체의 symbol

Γ 0	Δ 1	Θ 2	Λ 3	Ξ 4	Π 5	Σ 6	Υ 7
Φ 8	Ψ 9	Ω 10	ff 11	fi 12	fl 13	ffi 14	ffl 15
ı 16	ȷ 17	` 18	´ 19	ˇ 20	˘ 21	¯ 22	˚ 23
¸ 24	ß 25	æ 26	œ 27	ø 28	Æ 29	Œ 30	Ø 31
32	! 33	” 34	# 35	$ 36	% 37	& 38	’ 39
(40	) 41	∗ 42	+ 43	, 44	− 45	. 46	/ 47
0 48	1 49	2 50	3 51	4 52	5 53	6 54	7 55
8 56	9 57	: 58	; 59	< 60	= 61	> 62	? 63
@ 64	A 65	B 66	C 67	D 68	E 69	F 70	G 71
H 72	I 73	J 74	K 75	L 76	M 77	N 78	O 79
P 80	Q 81	R 82	S 83	T 84	U 85	V 86	W 87
X 88	Y 89	Z 90	[91	\ 92	] 93	ˆ 94	_ 95
‘ 96	a 97	b 98	c 99	d 100	e 101	f 102	g 103
h 104	i 105	j 106	k 107	l 108	m 109	n 110	o 111
p 112	q 113	r 114	s 115	t 116	u 117	v 118	w 119
x 120	y 121	z 122	– 123	$\vert$ 124	″ 125	˜ 126	¨ 127

표 B.7: `cmtex10` 글자체의 symbol

· 0	↓ 1	α 2	β 3	∧ 4	¬ 5	∈ 6	π 7
λ 8	γ 9	δ 10	↑ 11	± 12	⊕ 13	∞ 14	∂ 15
⊂ 16	⊃ 17	∩ 18	∪ 19	∀ 20	∃ 21	⊗ 22	⇆ 23
← 24	→ 25	≠ 26	◇ 27	≤ 28	≥ 29	≡ 30	∨ 31
32	! 33	" 34	# 35	$ 36	% 37	& 38	' 39
(40	) 41	* 42	+ 43	, 44	- 45	. 46	/ 47
0 48	1 49	2 50	3 51	4 52	5 53	6 54	7 55
8 56	9 57	: 58	; 59	< 60	= 61	> 62	? 63
@ 64	A 65	B 66	C 67	D 68	E 69	F 70	G 71
H 72	I 73	J 74	K 75	L 76	M 77	N 78	O 79
P 80	Q 81	R 82	S 83	T 84	U 85	V 86	W 87
X 88	Y 89	Z 90	[91	\ 92	] 93	^ 94	_ 95
‘ 96	a 97	b 98	c 99	d 100	e 101	f 102	g 103
h 104	i 105	j 106	k 107	l 108	m 109	n 110	o 111
p 112	q 113	r 114	s 115	t 116	u 117	v 118	w 119
x 120	y 121	z 122	{ 123	$\vert$ 124	} 125	~ 126	∫ 127

표 B.8: `manfnt` 글자체의 symbol

0	1	2	3	4	5
A 6	A 7	A 8	A 9	A 10	A 11
A 12	A 13	A 14	A 15	A 16	17
18	19	20	21	22	23
24	S 25	O 26	I 27	28	29
30	31	32	33	34	35
36	37	38	39	M 40	E 41
T 42	A 43	F 44	O 45	N 46	M 47
E 48	T 49	A 50	F 51	O 52	N 53
▲ 54	▼ 55	*M* 56	*E* 57	*T* 58	*A* 59
F 60	*O* 61	*N* 62	63	64	A 65
M 66	E 67	T 68	E 69	F 70	A 71
F 72	O 73	N 74	75	76	M 77
N 78	O 79	. 80	81	* 82	83
T 84	85	86	87	88	89
90	91	*M* 92	*E* 93	*T* 94	*A* 95
96	97	98	99	100	*F* 101
O 102	*N* 103	M 104	E 105	T 106	A 107
F 108	O 109	N 110	M 111	E 112	T 113
A 114	F 115	O 116	N 117	118	119
▶ 120	121	122	123	124	125
126	127				

표 B.9: `cmex10` 글자체의 symbol

(0	) 1	[2	] 3	⌊ 4	⌋ 5	⌈ 6	⌉ 7
{ 8	} 9	⟨ 10	⟩ 11	| 12	‖ 13	/ 14	\ 15
(16	) 17	(18	) 19	[20	] 21	⌊ 22	⌋ 23
⌈ 24	⌉ 25	{ 26	} 27	⟨ 28	⟩ 29	/ 30	\ 31
(32	) 33	[34	] 35	⌊ 36	⌋ 37	⌈ 38	⌉ 39
{ 40	} 41	⟨ 42	⟩ 43	/ 44	\ 45	/ 46	\ 47
⎛ 48	⎞ 49	⎡ 50	⎤ 51	⎣ 52	⎦ 53	⎢ 54	⎥ 55
⎧ 56	⎫ 57	⎩ 58	⎭ 59	⎨ 60	⎬ 61	⎪ 62	| 63
⎝ 64	⎠ 65	⎜ 66	⎟ 67	⟨ 68	⟩ 69	⊔ 70	⊔ 71
∮ 72	∮ 73	⊙ 74	⊙ 75	⊕ 76	⊕ 77	⊗ 78	⊗ 79
∑ 80	∏ 81	∫ 82	⋃ 83	⋂ 84	⊎ 85	⋀ 86	⋁ 87
∑ 88	∏ 89	∫ 90	⋃ 91	⋂ 92	⊎ 93	⋀ 94	⋁ 95
∐ 96	∐ 97	^ 98	^ 99	^ 100	~ 101	~ 102	~ 103
[104	] 105	⌊ 106	⌋ 107	⌈ 108	⌉ 109	{ 110	} 111
√ 112	√ 113	√ 114	√ 115	√ 116	| 117	┌ 118	‖ 119
↑ 120	↓ 121	◜ 122	◝ 123	◟ 124	◞ 125	⇑ 126	⇓ 127

부록 C

에러 메시지

C.1. LaTeX 에러

다음은 \end{equation}의 철자가 틀린 경우에 나온 LaTeX 에러 메시지이다.

```
LaTeX error.  See LaTeX manual for explanation.
              Type  H <return>  for immediate help.
! \begin{equation} ended by \end{equotion}.
\@latexerr ...diate help.}\errmessage {#1}

\@checkend ...urrenvir \else \@badend {#1}
                                                   \fi
\end ...me end#1\endcsname \@checkend {#1}
                           \expandafter \endgroup \if@...
l.27 \end{equotion}

?
```

여기서의 핵심은

```
! \begin{equation} ended by \end{equotion}.
```

인데 이 메시지는 \begin으로 시작한 어떤 환경이 \end로 끝내지 않은 경우에 나온다. 마지막의

```
l.27 \end{equotion}
```

는 입력파일 27번째 줄의 \end{equotion}이 잘못 되었을 가능성이 가장 크다는 의미이다. 여기서 ?에는 몇 가지의 입력 가능한 명령이 있는데

x: x를 입력하는 것은 LaTeX의 실행을 중단하라는 것이다. 이 에러가 나오기 전까지의 출력은 만들어진다.

e: e는 편집기(editor)를 부르라는 뜻인데 에러가 나온 그 줄에 커서를 옮겨 준다. LaTeX에서 편집기를 연결하는 것은 C.3절을 참고하기로 한다.

Enter 키: 자판의 Enter를 입력하면 LaTeX은 이 에러를 무시하고 계속 진행하는데 때로는 이 방법도 도움이 된다.

H: H를 입력하면

```
Your command was ignored.
Type I <command> <return> to replace it with another...
or  <return>  to continue without it.
?
```

여기 ignore된 command란 조금 전의 H가 아니고 \end{equotion} 이니 착오 없길 바란다. 여기서 ?에 I \end{equation}를 입력하면 된다. 그런데 그런 후에도 다음과 같은 메시지가 나오는데

```
! Extra \endgroup.
```

```
<recently read> \endgroup

\end ...\endgroup \if@endpe \@doendpe \fi
                        \if@ignore \global \@ignore...
l.27 \end{equotion}

?
```

이 에러 메시지는 LaTeX이 아닌 plainTeX의 에러 메시지이다. 여기서는 Enter 키만 누르면 된다.

> 주의: 여기서 LaTeX이 \end{equotion}을 \end{equation}으로 바꾸었다고 해도 입력파일 자체는 변하지 않았기 때문에 고쳐 주는 것이 좋다. 필자는 에러에서 주로 e 를 입력하여 바로 편집기로 가서 고친다.
>
> 참고 : 위의 방법은 LaTeX환경이 여러 번 사용되지 않았을 때는 의도한 대로 작용하지만 환경이 겹친(nested) 경우에는(예 : Theorem 안의 equation) 의도한 대로 되지 않는 경우가 있다.

I 위에서 본 것처럼 에러가 발생한 줄의 명령을 대신할 명령을 입력한다.

C.2. LaTeX 에러 메시지 리스트

이 절에서는 자주 만나는 LaTeX 에러 메시지에 대해 알아보자.

`! . . . undefined`

\renewcommand나 \renewenvironment에 정의된 명령이나 환경은 이미 정의된 것이라야 하는데 그렇지 않을 경우.

! Bad \line or \verctor argument

\line이나 \vector의 첫 번째 변수는 각을 나타내는데 이 것이 잘못 된 경우. 제12장을 참고할 것.

! Bad use of \\.

\\ 는 줄을 바꿀 때 사용하는데 이를 두 번 이상 반복하였거나 문단이 바뀌는 위치에서 사용한 경우.

! Can be used only in preamble

\documentstyle, \makeindex, \nofiles, \includeonly 등의 명령은 \begin{document} 전에 나와야 하는 명령인데 이 명령이 후에 나온 경우.

! Command name ... already used

\newcommand \newtheorem \newlength \newcounter 등에서 정의한 것이 이미 정하여진 경우. \nenewcommand 이용.

! Counter too large

번호기 중의 영문 알파벳이 26보다 크거나 한글 번호기 \hangula 또는 \hangulb가 각각 14 또는 12보다 큰 경우.

! Environment ... undefined

\begin{뭐}와 \end{뭐}에서 정의된 "뭐"가 정의되지 않았다는 메시지로 주로 오타로 인해 생긴다.

! Float(s) lost

figure나 table 환경이 minipage나 \marginpar 또는 \footnote 등에서 사용된 경우.

! Missing \begin{document}

\begin{document} 명령이 빠졌거나 *preamble*에 올 수 없는 명령이나 텍스트의 일부가 \begin{document} 전에 있는 경우.

`! Illegal character in arrar arg`

tabular나 array의 열을 나타내 주는 부분에 들어 갈 수 없는 문자열이 있는 경우.

`! Too deeply nested`

list enumerate 등이 너무 많이 겹친 경우. itemize, description 등은 네 번까지이다.

`! Too many unprocessed floats`

이는 한 면에 너무 많은 \marginpar가 있거나 아니면 출력되지 않은 table 및 figure 등의 유동체가 너무 많다는 것이다(제9장 참조). 이 때는 중간중간에 \clearpage를 주어서 그 동안 출력되지 못한 유동체를 출력시키면 된다.

`! Lonely \item--perhaps a missing list environment`

이는 itemize, list 등의 \begin 없이 \item이 먼저 나왔다는 뜻이다.

`! No such counter`

는 번호기에 사용된 번호기가 정의되어 있지 않은 경우이다. 철자를 확인하고 맞다면 \newcounter 명령으로 번호기를 정의하여야 한다.

`! No theorem environment '...' defined`

정리 등의 환경에서는 그 번호를 다른 정리 등의 환경에 따라서 붙일 수 있는데 그 환경이 정의되지 않았다는 뜻이다. 즉

```
\newtheorem{theorem}[axiom]{Theorem}
```

에서 axiom이 정의되지 않았을 경우이다.

이와 같이 에러 메세지는 다양하며 에러가 발생하였을 때 적절하게 수정할 수 있어야 LaTeX을 효율적으로 사용할 수 있다.

C.3. LaTeX에서 편집기 연결

LaTeX에러에서 ?에 e를 입력하면 바로 편집기를 불러서 에러가 발생한 줄에 커서가 옮겨 놓을 수 있다.(UNIX 등에서는 시스템 매니저가 이미 해 놓은 경우가 더 많을 것이다.)

3.3.1. MiKTeX의 경우

MiKTeX의 경우 설치 디렉토리가 `\texmf`인 경우

```
C:\texmf\miktex\config
```

의 `miktex.ini` 파일을 찾아서 `Editor` 환경을 설정한다. 예를 들면

```
Editor="$(windir)\gvim.bat" "+%l" "%f"
```

라고 명령할 수 있다. 이 경우 LaTeX 에러의 프롬프트 ?에 e를 입력하면 윈도우가 설치된 디렉토리(`$(windir)`)에 있는 `gvim.bat`을 사용하여 파일 `"%f"`를 열되 에러가 발생된 줄(`"+%l"`)로 바로 가라는 뜻이다. 즉, `test.tex`을 컴파일하다가 10번째 줄에서 에러가 나서 ?가 생겼을 때 e를 입력하면 `test.tex`을 `gvim`을 이용하여 열면서 바로 10번째 줄로 커서가 이동한다.

`Editor` 환경 설정에서 사용할 수 있는 매개변수는

`%f` 컴파일 중인 LaTeX 파일의 이름

`%h` 도움말

`%l` 에러가 발생한 줄의 번호

`%m` 에러 메세지 자체

`%t` transcript 파일의 이름

이 있다. 몇가지 경우에 설정 가능한 예는 다음과 같다.

WinEdit: `Editor=winedt "[Open('%f');SelPar(%l,7)]"`

emacs: `Editor=emacs +%l "%f"`

메모장: `Editor="$(windir)\notepad.exe" "%f"`

vi: `Editor="$(windir)\vi.bat" "+%l" "%f"`

C.4. CTAN – 어디서

CTAN은 The Comprehensive TeX Archive Network의 머릿글로서 전세계에서 인터넷을을 통하여 TeX과 관계된 프로그램들을 가져올 수 있는 장소를 말한다. 특히 World Wide Web(WWW)가 보급되면서 이들 공개 프로그램을 다운로드하기가 훨씬 편리해졌다. CTAN의 홈페이지는

```
http://www.ctan.org/
```

이며 LaTeX 관련 내려받기는 위 사이트를 포함한 미러 사이트(mirror sites)에서 가능하다. 대한민국의 공식 미러 사이트는

```
ftp.kaist.ac.kr (Korea)
   ftp://ftp.kaist.ac.kr/tex-archive/
   rsync://ftp.kaist.ac.kr/ctan/
   http://ftp.kaist.ac.kr/pub/tex-archive/

ftp.kreonet.re.kr (Korea)
   ftp://ftp.kreonet.re.kr/CTAN

ftp.ktug.or.kr (Korea)
```

ftp://ftp.ktug.or.kr/tex-archive

http://ftp.ktug.org.kr/

rsync://rsync.ktug.or.kr/CTAN/

이다.

전세계 CTAN의 미러 사이트 목록은

http://www.ctan.org/tex-archive/CTAN.sites

에서 확인할 수 있다.

TEX에 관련한 파일이 여러 분야에 걸쳐서 워낙 많기 때문에 CTAN이나 미러 사이트에서 경로를 따라서 필요한 파일을 찾아내기가 쉽지 않은 경우도 있다. 이런 경우 CTAN의 검색창을 이용하면 편리하다. 검색창은

http://tug.ctan.org/search.html

이며 그림 C.1는 CTAN의 검색창에 접속한 화면이다. 그리고 이들 장소는 장소 별로 특정한 프로그램만 있는 것처럼 나누어 기록하였으나 한 장소에 여러 종류가 겹쳐 있다.

그리고 이 책에서 설명한 많은 패키지는 저자의 홈페이지인

http://jupiter.hallym.ac.kr

의 LaTeX 메뉴에도 올려 놓았다.

MiKTEX과 KC2008

MiKTEX은

http://www.miktex.org/

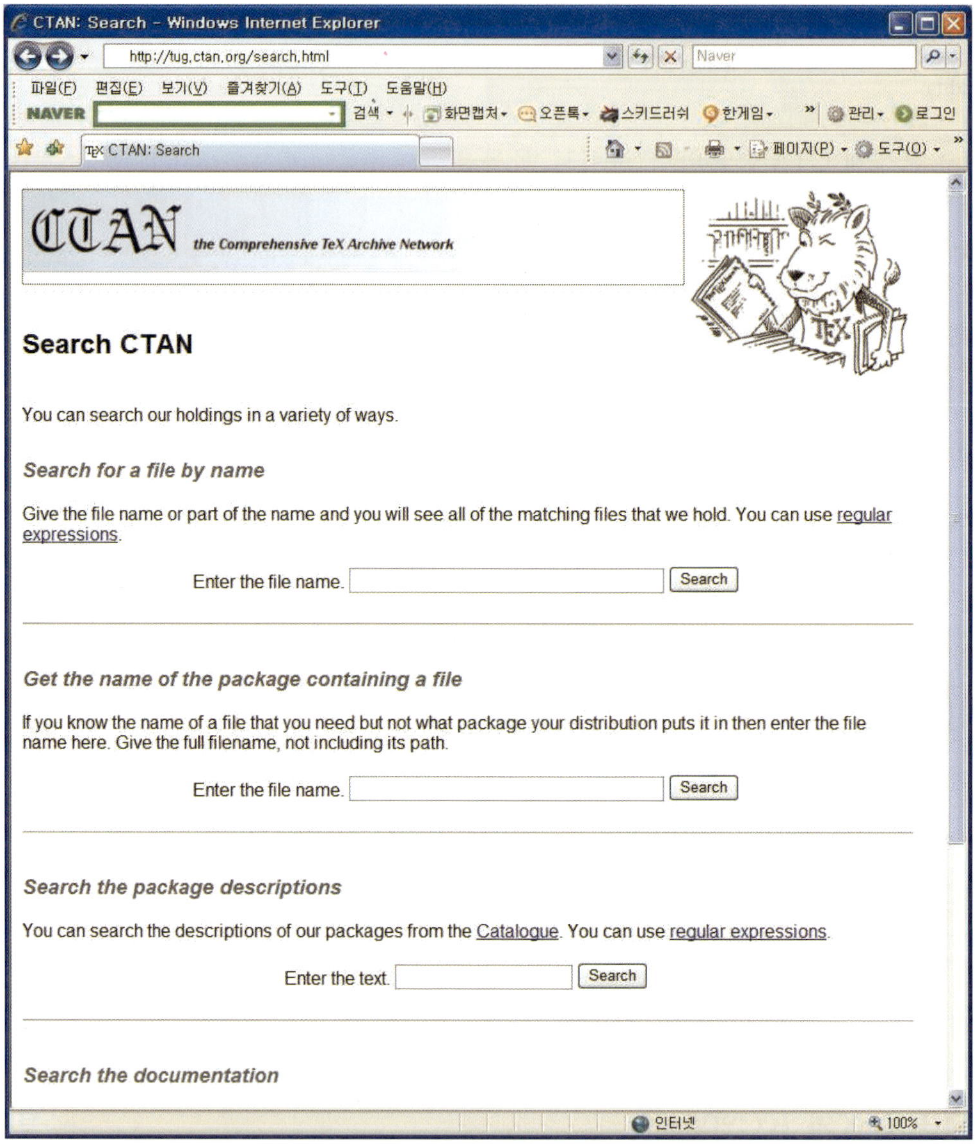

그림 C.1: CTAN의 검색화면

에서, KC2008은

`http://www.ktug.or.kr/`

에서 얻을 수 있다.

GVIM

GVIM은 윈도우용 vi 에뮬레이터 프로그램으로

`http://www.vim.org/`

에서 얻을 수 있다. 실행 파일을 내려받아서 실행하면 설치가 완료된다. 설치 중에 .bat 파일을 만들 것인지 물어 보는데, YES라고 하면 경로 상에(C:\WINDOWS 디렉토리)에 gvim.bat라는 파일을 만들어준다.

Notepad++

공개 프로그램으로 Notepad++는

`http://notepad-plus.sourceforge.net/uk/site.htm`

에서 내려 받을 수 있다.

Ghostscript와 Ghostview

Encapsulated PostScript 또는 PostScript 파일을 화면으로 보거나 PostScript 를 지원하지 않는 프린터에서 인쇄할 수 있게 하는 프로그램인 Ghostscript 및 Ghostview는 다음 장소에서 구할 수 있다.

http://pages.cs.wisc.edu/~ghost/

http://pages.cs.wisc.edu/~ghost/gsview/index.htm

EmacsW32

윈도스용 편집기이면서 기능이 우수한 EmacsW32는 다음 장소에서 구할 수 있다.

http://ourcomments.org/Emacs/EmacsW32.html

GraphicsMagick

그림 파일을 보거나 변환하는 프로그램 GraphicsMagick는

http://www.graphicsmagick.org/

에서 얻을 수 있다.

GNUplot

그래프 등을 그리는 윈도스용 공개 프로그램인 GNUplot은 그림을 LaTeX의 명령어로 바꾸어주는 기능이 있기 때문에 LaTeX 사용자에게는 아주 유용하다. GNUplot은 다음 장소에서 구할 수 있다.

http://www.gnuplot.info/

한글 글자체

http://www.tex.ac.uk/tex-archive/language/korean/

를 포함한 CTAN에서 얻을 수 있다.

R 언어

각종 그래픽을 포함하여 다양한 기능 및 함수를 제공하는 공개 프로그램인 R 언어는

http://www.r-project.org/

에서 지원된다.

C.5. 패키지 정보

이 책의 출력을 얻기 위해 사용한 패키지의 파일 이름, 날짜 등은 다음과 같다. 부록에서 사용한 예는 각각이 독립된 LaTeX 파일들이므로 거기서 사용한 일부 패기지는 여기에 실리지 않았다. 또한 사용한 그림 파일 목록도 포함하지 않았다.

```
 *File List*
  report.cls    2005/09/16 v1.4f Standard LaTeX document class
  size11.clo    2005/09/16 v1.4f Standard LaTeX file (size option)
  syshan.sty    2002/05/19 Document Package for 한글LaTeX
subfigure.sty    2002/07/30 v2.1.4 subfigure package
subfigure.cfg
latexsym.sty    1998/08/17 v2.2e Standard LaTeX package (lasy symbols)
emlines2.sty
   color.sty    1999/02/16
   color.cfg    2007/01/18 v1.5 color configuration of teTeX/TeXLive
   dvips.def    1999/02/16 v3.0i Driver-dependant file (DPC,SPQR)
dvipsnam.def    1999/02/16 v3.0i Driver-dependant file (DPC,SPQR)
   float.sty    2001/11/08 v1.3d Float enhancements (AL)
   alltt.sty    1997/06/16 v2.0g defines alltt environment
```

```
graphpap.sty    1994/08/09 v1.0c Standard LaTeX graphpap package (LL)
 comment.sty
    tikz.sty    2008/02/13 v2.00 (rcs-revision 1.27)
     pgf.sty    2008/01/15 v2.00 (rcs-revision 1.12)
  pgfrcs.sty    2008/02/20 v2.00 (rcs-revision 1.21)
  pgfrcs.code.tex
 pgfcore.sty    2008/01/15 v2.00 (rcs-revision 1.6)
graphicx.sty    1999/02/16 v1.0f Enhanced LaTeX Graphics (DPC,SPQR)
  keyval.sty    1999/03/16 v1.13 key=value parser (DPC)
graphics.sty    2006/02/20 v1.0o Standard LaTeX Graphics (DPC,SPQR)
    trig.sty    1999/03/16 v1.09 sin cos tan (DPC)
graphics.cfg    2007/01/18 v1.5 graphics configuration of teTeX/TeXLive
  pgfsys.sty    2008/02/07 v2.00 (rcs-revision 1.31)
  pgfsys.code.tex
pgfsyssoftpath.code.tex    2008/01/23  (rcs-revision 1.6)
pgfsysprotocol.code.tex    2006/10/16  (rcs-revision 1.4)
  xcolor.sty    2007/01/21 v2.11 LaTeX color extensions (UK)
   color.cfg    2007/01/18 v1.5 color configuration of teTeX/TeXLive
 pgfcore.code.tex
pgfcomp-version-0-65.sty    2007/07/03 v2.00 (rcs-revision 1.7)
pgfcomp-version-1-18.sty    2007/07/23 v2.00 (rcs-revision 1.1)
  pgffor.sty    2007/11/07 v2.00 (rcs-revision 1.8)
  pgffor.code.tex
    tikz.code.tex
slashbox.sty
    misc.sty
   boxit.sty
  epsfig.sty    1999/02/16 v1.7a (e)psfig emulation (SPQR)
latexcad.sty    2000/09/19 1.3
```

```
fancyhdr.sty
    epic.sty
   eepic.sty
longtable.sty    2004/02/01 v4.11 Multi-page Table package (DPC)
 wrapfig.sty    2003/01/31  v 3.6
subeqnarray.sty    2004/04/15 v2.1c subeqnarray package
fancybox.sty    2000/09/19 1.3
   amscd.sty    1999/11/29 v1.2d
  amsgen.sty    1999/11/30 v2.0
 amssymb.sty    2002/01/22 v2.2d
amsfonts.sty    2001/10/25 v2.2f
 amsmath.sty    2000/07/18 v2.13 AMS math features
 amstext.sty    2000/06/29 v2.01
  amsbsy.sty    1999/11/29 v1.2d
  amsopn.sty    1999/12/14 v2.01 operator names
 amsxtra.sty    1999/11/15 v1.2c
    ulem.sty    2000/05/26
rotating.sty    2008/10/05 v2.15c rotated objects in LaTeX
  ifthen.sty    2001/05/26 v1.1c Standard LaTeX ifthen package (DPC)
colortbl.sty    2001/02/13 v0.1j Color table columns (DPC)
   array.sty    2005/08/23 v2.4b Tabular extension package (FMi)
  psfrag.sty    1998/04/11 v3.04 PSfrag (MCG)
colordvi.sty
textcomp.sty    2005/09/27 v1.99g Standard LaTeX package
  ts1enc.def    2001/06/05 v3.0e (jk/car/fm) Standard LaTeX file
   hswmj.fd
   hwwmj.fd
   hhwmj.fd
  ts1cmr.fd    1999/05/25 v2.5h Standard LaTeX font definitions
```

```
   ulasy.fd    1998/08/17 v2.2e LaTeX symbol font definitions
    umsa.fd    2002/01/19 v2.2g AMS font definitions
    umsb.fd    2002/01/19 v2.2g AMS font definitions
   hwwgt.fd
  omscmr.fd    1999/05/25 v2.5h Standard LaTeX font definitions
 ts1cmtt.fd    1999/05/25 v2.5h Standard LaTeX font definitions
   hwwgr.fd
   hswgt.fd
    ueuf.fd    2002/01/19 v2.2g AMS font definitions
 ***********
```

참고문헌

[1] 심송용(1996) LaTeX으로 쓴 LaTeX 안내, 경문사, 서울.

[2] 심송용(2005) 통계그래픽스, 교우사, 서울.

[3] American Mathematical Society (1995) *AMSLaTeX version 1.2 User's Guide.*

[4] Lamport, L (1986) LaTeX *User's Guide & Reference Manual* Addison-Wesley, Reading, MA.

[5] Lamport, L (1994) LaTeX *User's Guide & Reference Manual Updated for LaTeX 2ε*, Addison-Wesley, Reading, MA.

[6] ossens M., Mittelbach F., Samarin A. (1994) *The LaTeX Companion Book*, Addison-Wesley, Reading, MA.

[7] Kopka, H. and Daly, P. W. (1993) *A Guide to LaTeX* Addison Wesley Publishing, Reading, MA.

[8] Kopka, H. and Daly, P. W. (1995) *A Guide to LaTeX 2ε* Addison Wesley Publishing, Reading, MA.

[9] Knuth, D. E. (1984) *The TeXbook*, Computers and Typesetting, Vol **A**, Addison Welsley, Reading MA.

[10] Spivak, M.D. (1986) *The Joy of TEX*, American Mathematical Society, Providence, RI.

찾아보기

저자 약력

심 송 용

서울대학교 계산통계학과 졸업
서울대학교 계산통계학과 석사
University of Wisconsin-Madison Ph.D.
현재 한림대학교 통계학과 교수
홈페이지 : http://jupiter.hallym.ac.kr

강 희 모

한림대학교 통계학과 졸업
한림대학교 통계학과 석 · 박사
현재 한림대학교 통계학과 재직 중
홈페이지 : http://pluto.hallym.ac.kr

아름다운 수식문서작성 프로그램
LATEX (II) 활용편

2009년 7월 20일 초판 인쇄
2009년 8월 1일 초판 발행

편저자 / 심송용 · 강희모
발행자 / 오판근
발행처 / 교우사

주 소 / 서울 동대문구 제기2동 148-19
전 화 / 925-2861(代), 편집부 / 925-2825
팩 스 / 925-2860
E-mail / kyowoo@kyowoo.co.kr
http://www.kyowoo.co.kr

등록 / 1994. 3. 24 제6-0256호

ISBN 978-89-8172-805-2 (93000)
978-89-8172-803-8 (93000) (세트)

값 **30,000**원